3,50

HEYNE<

Nora Roberts

Schattenmond

Roman

Aus dem Amerikanischen von Heinz Tophinke

WILHELM HEYNE VERLAG
MÜNCHEN

Die Originalausgabe *YEAR ONE (Chronicles of The One, Book 1)*
erschien 2017 bei St. Martin's Press, New York

Sollte diese Publikation Links auf Webseiten Dritter enthalten,
so übernehmen wir für deren Inhalte keine Haftung, da wir uns diese
nicht zu eigen machen, sondern lediglich auf deren Stand
zum Zeitpunkt der Erstveröffentlichung verweisen.

Verlagsgruppe Random House FSC® N001967

Vollständige deutsche Erstausgabe 09/2018
Copyright © 2017 by Nora Roberts
Published by Arrangement with Eleanor Wilder
Copyright © 2018 der deutschsprachigen Ausgabe
by Wilhelm Heyne Verlag, München
in der Verlagsgruppe Random House GmbH,
Neumarkter Straße 28, 81673 München
Printed in Germany
Satz: GGP Media GmbH, Pößneck
Druck und Bindung: GGP Media GmbH, Pößneck
ISBN: 978-3-453-42250-6

www.heyne.de

Für Logan,
für den Rat

Inhalt

ERSTER TEIL

DAS VERDERBEN

Es ist die leise, schwache Stimme,
auf die die Seele hört,
nicht das betäubende Getöse des Untergangs.

– William Dean Howells

Kapitel 1

Dumfries, Schottland

Als Ross MacLeod abdrückte und den Fasan herunterholte, konnte er nicht ahnen, dass er damit sich selbst getötet hatte. Und Milliarden andere.

An einem kalten, feuchten Tag, dem letzten Tag des Jahres, das sein letztes werden sollte, ging er mit seinem Bruder und seinem Cousin zur Jagd, überquerte unter einem blassblauen Winterhimmel das unter seinen Schritten knackende, reifbedeckte Feld. Er fühlte sich gesund und fit, ein Mann von vierundsechzig Jahren, der dreimal die Woche zum Training ging und ein leidenschaftlicher Golfer war (was sich in einem Handicap von neun zeigte).

Mit seinem Zwillingsbruder Rob hatte er in New York und London ein erfolgreiches Marketingunternehmen aufgebaut, das sie noch immer leiteten. Seine Frau, mit der er seit neununddreißig Jahren verheiratet war, und die Ehefrauen seines Bruders Rob und ihres Cousins Hugh waren in dem bezaubernden alten Farmhaus geblieben.

Die Frauen zogen es vor, am prasselnden offenen Kamin, in dem immer ein Kessel mit Wasser hing, zu kochen und zu backen und sich mit der bevorstehenden Silvesterparty zu befassen.

Die Männer stapften derweil gut gelaunt in ihren Gummistiefeln über den Acker.

Die MacLeod-Farm, seit mehr als zweihundert Jahren vom Vater an den Sohn weitergegeben, war über achtzig Hektar groß. Hugh liebte sie fast so sehr, wie er seine Frau, seine Kinder und seine Enkel liebte. Im Osten zogen sich hinter dem Feld, über das sie schritten, ferne Hügel am Horizont entlang. Und nicht allzu weit im Westen wogte die Irische See.

Die Brüder unternahmen viele Reisen zusammen mit ihren Familien, doch der alljährliche Trip zur Farm war stets und für alle das Highlight. Als Jungen hatten sie im Sommer oft einen ganzen Monat auf der Farm verbracht, waren mit Hugh und seinem Bruder Duncan über die Felder gerannt – Duncan, der nun tot war, weil er sich dafür entschieden hatte, Soldat zu werden. Ross und Rob, die Jungen aus der Stadt, hatten sich immer für die Arbeit auf der Farm begeistert, die ihnen ihr Onkel Jamie und ihre Tante Bess aufgetragen hatten.

Sie hatten gelernt, zu angeln, zu jagen, Hühner zu füttern und Eier einzusammeln. Und sie hatten zu Fuß und auf dem Pferd Wald und Flur durchstreift.

Oft waren sie in dunklen Nächten aus dem Haus geschlichen und zu eben dem Feld gelaufen, über das sie nun gingen, um geheime Treffen abzuhalten und in dem kleinen Steinkreis, den die Einheimischen *sgiath de solas*, Schild des Lichts, nannten, die Geister zu beschwören.

Es war ihnen nie gelungen, und sie hatten auch nie die Geister oder Feen angetroffen, die nach der Überzeugung kleiner Jungen in den Wäldern hausten. Auch wenn Ross bei einem dieser mitternächtlichen Abenteuer, als die Luft komplett stillzustehen schien, einmal schwor, er habe eine dunkle Präsenz gespürt, das

Rauschen von Flügeln gehört und sogar einen schlecht riechenden Atem wahrgenommen.

Und er habe gespürt – das ließ er sich nie ausreden –, dass dieser Atem in ihn eingedrungen sei.

In jugendlicher Panik war er wie wild aus dem Kreis geflohen und hatte sich dabei an einem Stein die Hand aufgekratzt.

Ein einziger Tropfen seines Blutes fiel auf die Erde.

Heute lachten und scherzten sie noch immer über jene längst vergangene Nacht und hielten diese Erinnerung hoch.

Als erwachsene Männer hatten sie ihre Frauen und dann ihre Kinder mit auf die Farm gebracht wie auf eine jährliche Wallfahrt, die am zweiten Weihnachtstag begann und am zweiten Januar endete.

Ihre Söhne und deren Frauen waren erst an diesem Morgen nach London abgereist, wo sie alle mit Freunden das neue Jahr begrüßen und sich noch einige Tage geschäftlich aufhalten würden. Nur Ross' Tochter Katie, die im siebten Monat mit Zwillingen schwanger war, war in New York geblieben.

Sie plante ein Wiedersehensdinner für ihre Eltern, das jedoch nie stattfinden würde.

An diesem erfrischenden letzten Tag des Jahres fühlte sich Ross MacLeod so fit und voller Freude wie der Junge, der er damals gewesen war. Er wunderte sich nur über die Krähen, die rufend über dem Steinring kreisten, und den kurzen Schauer, der ihm den Rücken hinablief. Doch gerade, als er ihn abschüttelte, erhob sich der Fasan, ein flirrendes Farbenspiel vor dem blassen Himmel, in die Luft.

Ross riss die Flinte Kaliber zwölf hoch, die ihm sein Onkel geschenkt hatte, als er sechzehn geworden war, und folgte dem Flug des Vogels. Womöglich juckte der Handballen einen Augenblick

13

lang, den er sich damals, vor mehr als fünfzig Jahren, aufgescheu-
ert hatte, oder pulsierte noch einen Moment.

Trotzdem …

Er drückte ab.

Der Schuss zerriss die Stille, die Krähen kreischten auf, doch
sie stoben nicht auseinander. Stattdessen löste sich eine aus der
Gruppe, als wolle sie sich die Beute holen. Einer der Männer
lachte, als der herabstoßende schwarze Vogel mit dem fallenden
Fasan kollidierte.

Das tote Tier fiel genau in die Mitte des Steinkreises. Sein Blut
besudelte den von Reif überzogenen Boden.

Rob legte eine Hand auf Ross' Schulter, die drei Männer grinsten, und einer von Hughs aufgeweckten Labradors rannte los, um
den Vogel zu apportieren. »Hast du die verrückte Krähe gesehen?«

Kopfschüttelnd lachte Ross noch einmal. »Die wird leider keinen Fasan zum Abendessen haben.«

»Aber wir«, sagte Hugh. »Das sind drei für jeden, genug für ein
Festmahl.«

Die Männer sammelten ihre Vögel ein, und Rob zog einen Sel-
fiestick aus seiner Tasche.

»Allzeit bereit.«

So posierten sie – drei Männer mit von der Kälte roten Wangen und alle drei mit den für die MacLeods typischen blauen
Augen, bevor sie sich vergnügt auf den Weg zurück zur Farm
machten.

Hinter ihnen sickerte das Blut des Vogels, wie von einer
Flamme erhitzt, in den gefrorenen Boden ein. Und pulsierte,
während der Schild zerbrach.

Die erfolgreichen Jäger marschierten vorbei an Feldern mit
Wintergerste, die sich im leichten Wind bewegte, und an Scha-

fen, die auf einem Hügel grasten. Eine der Kühe, die Hugh zur Mast hielt, muhte träge.

Während sie so ausschritten, wähnte sich Ross einen zufriedenen Mann, der auf der Farm im Kreise seiner Lieben ein Jahr beendete und ein neues begann.

Rauch stieg aus den Kaminen des gedrungenen Steinhauses auf. Als sie näher kamen, rannten die Hunde – sie hatten ihr Tagwerk getan – voraus, rauften und spielten. Die Männer kannten die Regeln und hielten auf eine kleine Scheune zu.

Hughs Millie, eine Bauerstochter und nun selbst Bäuerin, war unnachgiebig, wenn es um das Säubern von erlegtem Wild ging. Deshalb machten sie sich auf einer Bank, die Hugh eigens für diesen Zweck gezimmert hatte, daran, das selbst zu erledigen.

Sie unterhielten sich – über die Jagd, das bevorstehende Abendessen –, und Ross trennte mit einer scharfen Schere die Flügel des Fasans ab. Er säuberte ihn, wie es ihm sein Onkel beigebracht hatte. Einige Teile würden für eine Suppe Verwendung finden; sie wanderten in eine dicke Plastiktüte für die Küche. Andere landeten zur Entsorgung in einer weiteren Tüte.

Rob hob einen abgetrennten Kopf hoch und krächzte laut. Ross musste unwillkürlich lachen. Er schaute zu ihm hinüber und verletzte sich an einem gesplitterten Knochen den Daumen.

»Mist«, murmelte er und versuchte, mit dem Zeigefinger das Blut zu stoppen.

»Solltest du eigentlich wissen, dass man da aufpassen muss«, meinte Hugh leicht spöttisch.

»Jaja. Bin halt ein alter Trottel.« Als er die Haut zurückschob, vermischte sich das Blut des Vogels mit seinem.

Nach getaner Arbeit wuschen sie die Vögel in eisigem Wasser aus dem Brunnen und brachten sie ins Haus.

Die Frauen saßen in der großen Bauernküche, wo es herrlich nach Gebackenem roch und die Wärme des Feuers im Kamin Gemütlichkeit verbreitete.

Es kam Ross alles so anheimelnd vor – eine perfekte Szene, die sein Herz berührte. Er legte seine Vögel auf die breite Anrichte und umarmte seine Frau mit einer großen Geste, die sie zum Lachen brachte.

»Die Rückkehr der Jagdgenossen.« Angie gab ihm einen raschen, schmatzenden Kuss.

Hughs Millie mit ihrer hochgesteckten roten Lockenmähne begutachtete die Vögel und nickte anerkennend. »Genug für den Festbraten, und für die Party reicht es auch noch. Vielleicht sollten wir Fasanenpastetchen mit Walnuss machen. Ich weiß noch, dass du die gern magst, Robbie.«

Der klopfte sich grinsend auf sein Bäuchlein. »Vielleicht sollte ich losgehen und noch ein paar holen, damit die anderen auch alle was abbekommen.«

Robs Frau, Jayne, bohrte ihm einen Finger in den Bauch. »Da du allmählich etwas dick wirst, solltest du dir dein Essen erst verdienen müssen.«

»Genau«, stimmte Millie zu. »Hugh, du und die Jungs schafft den langen Tisch in die große Stube. Bringt auch die Spitzendecke meiner Mutter und die festlichen Kerzenständer mit. Und stellt noch ein paar Stühle aus dem Kämmerchen dazu.«

»Ganz egal, wo wir sie hinstellen, du willst sie ja doch wieder anderswo haben.«

»Dann fangt am besten gleich damit an.« Millie beäugte die Vögel und rieb sich die Hände. »Gut, Ladys, schmeißen wir die Männer raus und widmen uns dem Essen.«

Sie bekamen ihr Festmahl, gebratenen wilden Fasan, gewürzt

mit Estragon und gefüllt mit Orangen, Äpfeln, Schalotten und Salbei, auf einem Bett aus Karotten, Kartoffeln und Tomaten. Dazu Erbsen, gutes dunkles Brot aus dem Backofen und Bauernbutter.

Eine glückliche Familie, gleichermaßen befreundet und verwandt, genoss das letzte Essen des Jahres mit zwei Flaschen Champagner, die Ross und Angie zu diesem Anlass aus New York mitgebracht hatten.

Ein leichter, feiner Schnee wehte draußen vor den Fenstern, als sie abräumten, spülten, es sich in der Wärme gemütlich machten und sich auf die bevorstehende Party freuten.

Kerzen brannten, Feuer prasselten, noch mehr Essen – schon seit zwei Tagen vorbereitet – wurde auf den Tischen verteilt. Wein und Whiskey und Sekt. Traditionelle Kräuterliköre mit Scones und Haggis und Käse für die Silvesterfeier.

Einige Nachbarn und Freunde kamen früh, noch vor Mitternacht, um zu essen, zu trinken und zu plaudern und um zur Musik von Dudelsack und Fiedel mit den Füßen zu wippen. Das Haus füllte sich mit Klängen und Liedern, bis die alte Wanduhr die Mitternachtsstunde verkündete.

Mit dem letzten Schlag starb das alte Jahr, und das neue wurde mit Jubel, Küssen und der alten schottischen Weise »Auld Lang Syne« begrüßt. Ross strömte vor Freude und Rührung das Herz über; er hielt Angie an sich gedrückt und hängte sich mit dem anderen Arm bei seinem Bruder ein.

Am Ende des Liedes, als die Gläser erhoben wurden, ging plötzlich die Haustür weit auf.

»Der erste Besucher am Neujahrsmorgen!«, rief jemand.

Ross blickte zur Tür in der Erwartung, einer der Frazier-Jungs oder vielleicht Delroy MacGruder würde kommen. Alles dunkelhaarige, gutmütige Jungen, die ihrer Tradition folgten. Einer von ihnen musste der Erste sein, der im neuen Jahr das Haus betrat, denn das brachte Glück.

Aber alles, was hereinfegte, waren der Wind, der feine Schnee und das tiefe Dunkel über dem Land.

Ross stand der Tür am nächsten, und so ging er hinaus und sah sich um. Den Schauder, der ihn durchlief, schrieb er dem tosenden Wind zu und einer eigenartig stehenden Stille unter dem Wind.

Als ob die Luft den Atem anhielte.

War da ein Rauschen von Flügeln, ein langer Schatten – dunkel über der Dunkelheit?

Mit einem zweiten raschen Schauder trat Ross MacLeod wieder ins Haus; ein Mann, der sich nie mehr an einem Fest erfreuen oder ein neues Jahr willkommen heißen sollte. Und wurde so der erste Besucher am Neujahrsmorgen.

»Die Tür ist wohl von allein aufgesprungen«, meinte er und schloss sie wieder.

Noch immer fröstelnd, trat er ans Feuer, hielt die Hände über die Flamme. Eine alte Frau saß neben dem Kamin, den Schal fest um sich geschlagen, ihr Stock lehnte am Stuhl. Er kannte sie; es war die Uroma der jungen Frazier-Buben.

»Kann ich Ihnen einen Whiskey bringen, Mrs Frazier?«

Sie streckte ihm eine dünne, von Altersflecken übersäte Hand entgegen und ergriff die seine mit überraschender Kraft, als sie sie ihr reichte. Ihre dunklen Augen bohrten sich in ihn.

»Es steht schon so lang geschrieben, dass es die meisten vergessen haben.«

»Was denn?«

»Der Schild wird zerbrochen, der Stoff zerrissen, durch das

Blut der Tuatha de Danann. Jetzt kommen das Ende und der Kummer, der Streit und die Furcht – der Anfang und das Licht. Hätte nie gedacht, dass ich das noch erlebe.«

Ross legte seine Hand auf ihre, sanft, voller Nachsicht. Er wusste, manche hielten sie für eine Art Hellseherin. Andere einfach für eine alte Tattergreisin. Doch der Schauder packte ihn wieder, traf ihn in die Basis der Wirbelsäule wie ein Eispickel.

»Es beginnt mit dir, Kind der Alten.«

Ihr Blick verdunkelte sich, die Stimme sank, jagte einen neuerlichen Angstschauder seinen Rücken hinab.

»Jetzt erhebt sich zwischen dem Entstehen und dem Vergehen der Zeit die Kraft – die dunkle wie die helle – aus dem langen Schlummer. Jetzt beginnt die blutgetränkte Schlacht zwischen ihnen. Und mit den Blitzen und den Geburtswehen einer Mutter kommt Die Eine, die das Schwert schwingt. Die Gräber sind viele, und das erste ist deins. Der Krieg ist lang, und kein Ende steht geschrieben.«

Mitleid trat in ihre Züge, ihre Stimme wurde noch einmal dünner, die Augen jedoch klarer. »Aber dich trifft keine Schuld, und Segnungen kommen, wenn Magier nach langer Zeit wieder aus dem Schatten treten. Auf die Tränen kann Freude folgen.«

Mit einem Seufzer drückte sie leicht seine Hand. »Ich nehm einen Whiskey, und vielen Dank auch.«

»Aber gern.«

Ross sagte sich, es sei dumm, sich von diesen unsinnigen Worten oder ihrem bohrenden Blick erschüttern zu lassen. Aber er musste sich erst einmal setzen, ehe er ihr den Whiskey einschenkte – und einen zweiten für sich selbst.

Auf ein kräftiges Klopfen an der Haustür hin verstummte der Raum vor Anspannung. Hugh öffnete, und einer der Frazier-Jungs stand da – welcher, das wusste Ross nicht –, der mit Applaus und Freude begrüßt wurde, als er breit grinsend und mit einem Laib Brot im Arm eintrat.

Auch wenn die Zeit, um Glück zu bringen, bereits verstrichen war.

Dennoch, bis die letzten Gäste gegen vier Uhr morgens gegangen waren, hatte Ross sein Unbehagen vergessen. Vielleicht trank er ein wenig zu viel, aber in dieser Nacht war Feiern angesagt, und er musste ja nur die Treppe hinauf ins Bett.

Angie legte sich zu ihm – nichts konnte sie davon abhalten, sich abzuschminken und ihre Nachtcreme aufzutragen – und seufzte.

»Frohes Neues Jahr, Baby«, murmelte sie.

Er legte im Dunkel einen Arm um sie. »Frohes Neues Jahr, Baby.«

Und Ross schlief ein, verfiel in Träume von einem blutigen Fasan, der in dem kleinen Steinkreis auf die Erde schlug, von Krähen mit schwarzen Augen, die so zahlreich am Himmel kreisten, dass sie die Sonne verdunkelten. Vom Wind, der heulte wie ein Wolf, von bitterer Kälte und sengender Hitze. Vom Weinen und Klagen, vom Dröhnen und Läuten, welches das Verstreichen der Zeit verkündet.

Und einer plötzlichen, schrecklichen Stille.

Er wachte erst lang nach Mittag auf, mit heftigen Kopfschmerzen und einem verstimmten Magen. Den Kater hatte er sich verdient, also zwang er sich aufzustehen, tastete sich ins Bad und suchte nach Aspirin im Kulturbeutel seiner Frau.

Er nahm vier Tabletten und trank zwei Glas Wasser in dem

Versuch, das Kratzen in seinem Hals zu lindern. Er versuchte es mit einer heißen Dusche, woraufhin er sich ein wenig besser fühlte, zog sich an und ging hinunter.

Am Küchentisch saßen die anderen bei Eiern, Bacon, Scones und Käse. Der Geruch, weniger der Anblick, des Essens ließ ihn unelegant aufstoßen.

»Da bist du ja«, begrüßte ihn Angie mit einem Lächeln, legte den Kopf schräg und musterte ihn unter ihrem blonden Pony hervor. »Du siehst mitgenommen aus, mein Lieber.«

»Du wirkst wirklich ein wenig angeschlagen«, pflichtete ihr Millie bei und stand auf. »Setz dich, ich hol dir was zu trinken.«

»Ein Ingwertee hilft immer«, schlug Hugh vor. »Das ist das einzig Wahre für den Morgen danach.«

»Wir haben alle ganz schön über den Durst getrunken.« Rob nahm einen Schluck Tee. »Ich bin auch nicht recht auf dem Damm. Aber das Essen hat mir gutgetan.«

»Das lasse ich für den Moment lieber bleiben.« Ross nahm den Ingwertee, den Millie ihm reichte, bedankte sich und nippte vorsichtig daran. »Ich glaube, ich gehe ein wenig an die frische Luft und lasse mir den Kopf durchpusten. Und um mich daran zu erinnern, dass ich zu alt bin, um bis in den frühen Morgen zu bechern.«

»Das hast *du* gesagt.« Und obwohl auch er etwas blass wirkte, biss Rob in ein Brötchen.

»Immerhin bin ich dir noch immer vier Minuten voraus.«

»Drei Minuten dreiundvierzig Sekunden.«

Ross schlüpfte in seine Gummistiefel und zog eine warme Jacke an. Mit Rücksicht auf seinen kratzigen Hals schlang er auch einen Schal um den Nacken und setzte eine Mütze auf. Und dann ging er mit seiner Teetasse in die kalte, frische Luft hinaus.

21

Er schlürfte den heißen Tee, begann zu laufen, und Bilbo, der schwarze Labrador, gesellte sich zu ihm. Er ging ein langes Stück und beschloss, sich nun stabiler zu fühlen. Ein Kater mochte etwas Ekelhaftes sein, aber er dauerte nicht ewig. Und er würde in seinen letzten Stunden in Schottland nicht darüber grübeln, dass er zu viel Whiskey und Wein getrunken hatte.

Einen belebenden Spaziergang querfeldein mit einem guten Hund an der Seite konnte man sich schließlich nicht von einem blöden Kater vermiesen lassen.

Kurz darauf fand er sich auf demselben Feld wieder, auf dem er bei der Jagd den letzten Fasan heruntergeholt hatte, und ging auf den kleinen Steinkreis zu, in den der Vogel gefallen war.

War das sein Blut auf dem winterbleichen Gras unter der dünnen Schneeschicht? War es tatsächlich schwarz?

Er wollte nicht näher hin, wollte es nicht sehen. Als er sich abwandte, vernahm er ein Rascheln.

Der Hund knurrte leise, tief in der Kehle, als sich Ross umdrehte und auf das Gehölz aus knorrigen alten Bäumen am Rand des Feldes starrte. Da ist etwas, dachte er mit einem kalten Schaudern. Er meinte zu hören, wie etwas sich bewegte. Konnte ein Rascheln hören.

Bloß ein Reh, dachte er. Ein Reh oder ein Fuchs. Vielleicht auch ein Wanderer.

Doch Bilbo fletschte die Zähne, und seine Nackenhaare stellten sich auf.

»Hallo?«, rief Ross, hörte jedoch nichts als ein leises Rascheln, wie von einer Bewegung.

»Der Wind«, sagte er bestimmt. »Das ist bloß der Wind.«

Und wusste dennoch, genau wie der Junge von einst, dass es das nicht war.

Er trat ein paar Schritte zurück, suchte die Bäume ab. »Komm, Bilbo. Komm, wir gehen nach Hause.«

Er machte kehrt und schritt rasch fort, mit einem beklemmenden Gefühl in der Brust. Als er zurückblickte, sah er, dass der Hund noch immer steifbeinig und mit gesträubtem Fell dastand.

»Bilbo! Komm jetzt!« Ross klatschte in die Hände.

»Sofort!«

Der Hund sah ihn an, und für einen Moment waren seine Augen fast wölfisch, wild und wütend. Dann kam er mit hängender Zunge artig auf Ross zugetrabt.

Bis zum Rand des Feldes legte Ross ein kräftiges Tempo vor. Er streichelte den Hund am Kopf – wobei seine Hand leicht zitterte. »Okay, wir sind zwei Vollidioten. Aber wir werden nie ein Wort darüber verlieren.«

Seine Kopfschmerzen hatten etwas nachgelassen, als er zu Hause ankam, und sein Magen schien sich so weit beruhigt zu haben, dass er etwas Tee mit Toast zu sich nehmen konnte.

Überzeugt davon, dass das Schlimmste schon vorüber war, setzte er sich mit den anderen Männern vor den Fernseher, um ein Spiel zu verfolgen, verfiel dabei aber immer wieder in dunkle Traumsequenzen.

Das Nickerchen half dennoch, und die einfache Suppe zum Abendessen schmeckte einfach himmlisch. Er packte sein Reisegepäck und Angie das ihre.

»Ich werde heute früh zu Bett gehen«, ließ er sie wissen. »Bin doch ziemlich fertig.«

»Du siehst ... irgendwie geknickt aus.« Angie tätschelte seine Wange. »Hast womöglich ein wenig Temperatur.«

»Ich fürchte, bei mir ist eine Erkältung im Anzug.«

Mit einem kurzen Nicken ging sie ins Badezimmer und suchte nach etwas, bevor sie mit zwei grellgrünen Tabletten und einem Glas Wasser zurückkam.

»Nimm die und leg dich ins Bett. Die sind gut gegen Erkältung und helfen auch beim Einschlafen.«

»Du denkst einfach an alles.« Er schluckte die Pillen. »Sag den anderen, ich sehe sie morgen früh.«

»Schlaf jetzt ein bisschen.«

Sie deckte ihn warm zu, und er musste lächeln. Dann küsste sie ihn auf die Stirn.

»Vielleicht ein bisschen Fieber.«

»Ich werd mich ausschlafen.«

»Ja, mach das.«

* * *

Am Morgen glaubte er, genau das getan zu haben. Doch er war nicht wirklich auf der Höhe – dieser dumpfe, bohrende Kopfschmerz war wieder da, und er hatte beinahe Durchfall –, aber er bekam ein gutes Frühstück mit Porridge und starkem schwarzem Kaffee.

Ein letzter Spaziergang und das Beladen des Wagens danach brachten seinen Kreislauf in Schwung. Er umarmte zuerst Millie, dann Hugh.

»Kommt im Frühjahr nach New York.«

»Ja, vielleicht. Unser Jamie kann hier schon ein paar Tage ohne uns klarkommen.«

»Grüßt ihn von uns.«

»Machen wir. Er wird wahrscheinlich bald heimkommen, aber ...«

»Wir müssen unseren Flieger kriegen.« Rob umarmte die beiden.

»Oh, ich werde euch vermissen«, sagte Millie, während sie die beiden Frauen an sich drückte. »Guten Flug, kommt gesund nach Hause!«

»Besucht uns!«, rief Angie beim Einsteigen. »Alles Liebe!« Sie warf ihnen eine Kusshand zu, und dann fuhren sie zum letzten Mal von der Farm der MacLeods weg.

Sie gaben den Mietwagen zurück und infizierten, ohne es zu wissen, den Angestellten und den Geschäftsmann, der ihn als Nächster mietete. Sie infizierten den Gepäckträger, der sich ihrer Koffer annahm, als sie ihm das Trinkgeld aushändigten. Bis sie die Sicherheitskontrolle erreichten und passierten, war die Infektion leicht an zwei Dutzend Menschen weitergegeben.

Weitere folgten in der First Class Lounge, wo sie Bloody Marys tranken und Augenblicke ihres Urlaubs Revue passieren ließen.

»Es wird Zeit, Jayne.« Rob stand auf, umarmte seinen Bruder und klopfte ihm auf den Rücken, drückte Angie und küsste sie auf die Wange. »Wir sehen uns nächste Woche.«

»Halt mich mit dem Colridge-Bericht auf dem Laufenden«, sagte Ross zu Rob.

»Werde ich. Wir haben nur einen kurzen Flug nach London. Falls du irgendwas wissen musst, hast du es, wenn ihr in New York landet. Schlaft ein wenig im Flugzeug. Du bist noch immer ziemlich blass.«

»Du schaust auch nicht gerade blendend aus.«

»Ich werde schon wieder«, entgegnete Rob, griff mit einer Hand nach seiner Aktentasche und salutierte mit der anderen rasch seinem Zwillingsbruder. »Ab über den großen Teich, Brüderchen.«

Rob und Jayne MacLeod brachten das Virus nach London. Auf dem Weg dahin gaben sie es weiter an Passagiere, die Paris, Rom, Frankfurt, Dublin und andere Ziele ansteuerten. In Heathrow ging der Infekt, der als *Das Verderben* bekannt werden sollte, auf Passagiere über, die nach Tokio und Hongkong flogen, nach Los Angeles, Washington, D. C. und Moskau.

Der Fahrer, der sie zu ihrem Hotel brachte, ein Vater von vier Kindern, nahm ihn mit nach Hause und weihte beim Abendessen seine gesamte Familie dem Untergang.

Die Empfangschefin des Dorchester checkte sie bestens gelaunt ein. Sie *fühlte* sich bestens. Schließlich wollte sie am nächsten Morgen für eine ganze Woche in den Urlaub auf die Bahamas fliegen.

Sie nahm das Verderben mit.

Am Abend, als sie bei Drinks und zum Dinner mit ihrem Sohn und ihrer Schwiegertochter, ihrem Neffen und dessen Frau zusammensaßen, verteilten sie den Tod an weitere Mitglieder der Familie und gaben ihn neben einem großzügigen Trinkgeld auch an den Kellner weiter.

In jener Nacht schrieb Rob seinen rauen Hals, seine Müdigkeit und Übelkeit einem Bazillus zu, den er sich von seinem Bruder eingefangen hatte – womit er nicht unrecht hatte –, und nahm etwas gegen Erkältung ein, um schlafen zu können.

Auf dem Flug über den Atlantik wollte sich Ross in ein Buch vertiefen, doch er konnte sich nicht konzentrieren. Er versuchte es mit Musik in der Hoffnung, so einschlafen zu können. Neben ihm entspannte sich Angie bei einem Film, einer romantischen Komödie so leicht und seicht wie der Sekt in ihrem Glas.

Auf halbem Weg, mitten über dem Ozean, wachte er von

einem heftigen Hustenanfall auf. Angie fuhr erschreckt hoch und klopfte ihm auf den Rücken.

»Ich besorge dir ein Glas Wasser«, begann sie, doch er hielt kopfschüttelnd eine Hand hoch.

Er fummelte an seinem Gurt herum, bis er offen war, und stand auf, um auf die Toilette zu eilen. Die Kloschüssel mit den Händen umklammernd, hustete er dicken gelben Schleim hoch, der brennend direkt aus seiner gequälten Lunge zu kommen schien. Selbst beim bloßen Versuch, Atem zu holen, musste er erneut husten.

Als er noch mehr Schleim auswarf und dazu ein wenig brechen musste, hatte er einen albernen Gedanken an Ferris Bueller aus dem Film *Ferris macht blau*.

Dann ließ ihm ein heftiger, stechender Krampf kaum mehr Zeit, die Hose herunterzulassen. Jetzt hatte er das Gefühl, seine ganzen Gedärme würden nach außen gestülpt, und gleichzeitig brach ihm im Gesicht der Schweiß aus. Benommen drückte er eine Hand an die Wand und schloss die Augen, während sich sein Körper brutal entleerte.

Als die Krämpfe nachließen, die Benommenheit verging, hätte er vor Erleichterung weinen können. Erschöpft säuberte er sich, spülte sich mit der Mundspülung am Waschbecken den Mund, spritzte sich kühles Wasser ins Gesicht. Und fühlte sich besser.

Er studierte sein Gesicht im Spiegel, räumte ein, noch immer etwas hohläugig zu wirken, meinte aber auch, ein wenig besser auszusehen. Er beschloss, dass er diesen hässlichen Bazillus – welchen auch immer –, der in ihn gekrochen war, verjagt hatte.

Als er die Toilette verließ, warf ihm die Flugbegleiterin einen ernsten Blick zu. »Ist alles in Ordnung, Mr MacLeod?«

»Ich denke schon.« Etwas verlegen verbarg er sich hinter einem Zwinkern und einem Scherz. »Zu viel Haggis.«

Sie lachte verbindlich, nicht ahnend, dass sie in weniger als zweiundsiebzig Stunden genauso heftig erkrankt sein würde.

Er ging zurück zu Angie, ließ sich neben ihr auf den Fensterplatz sinken.

»Alles okay, Baby?«

»Ja, ja. Ich glaube schon.«

Nach einem kritischen Blick rieb sie seine Hand. »Du hast wieder etwas Farbe. Möchtest du einen Tee?«

»Vielleicht. Ja.«

Er nippte an seinem Tee und fand seinen Appetit genügend angeregt, um ein wenig von dem Hühnchen mit Reis auf der Speisekarte zu probieren. Eine Stunde vor der Landung hatte er einen erneuten Anfall mit Husten, Erbrechen und Durchfall, der ihm aber schwächer vorkam als der erste.

Mit Angies Hilfe schaffte er es durch den Zoll, die Passkontrolle und konnte gerade noch den Gepäckwagen bis zu dem wartenden Angestellten ihres Fahrdienstes schieben.

»Schön, Sie zu sehen! Lassen Sie mich das machen, Mr MacLeod.«

»Danke, Amid.«

»Wie war Ihre Reise?«

»Ganz wunderbar«, antwortete Angie, während sie sich durch die Massen des Kennedy-Airports quälten. »Aber Ross geht es nicht so gut. Er hat sich unterwegs was eingefangen.«

»Tut mir leid, das zu hören. Wir bringen Sie so schnell wie möglich nach Hause.«

Für Ross verging die Heimfahrt in dumpfer Erschöpfung: der Weg durch den Flughafen zum Wagen, das Einladen des Gepäcks, der Flughafen-Verkehr, die Fahrt nach Brooklyn, schließlich das hübsche Haus, in dem sie zwei Kinder großgezogen hatten.

Einmal mehr überließ er die Details Angie und war froh über ihren Arm um seine Hüfte, mit dem sie ihn nach oben führte und ihn dabei etwas stützte.

»Ab ins Bett mit dir.«

»Hab ich nichts dagegen, aber erst möchte ich noch duschen. Ich habe das Gefühl … eine Dusche zu brauchen.«

Sie half ihm, sich auszuziehen, was er als eine unglaubliche Zärtlichkeit empfand. Er lehnte den Kopf an ihre Brust. »Was würde ich ohne dich bloß tun?«

Die Dusche fühlte sich himmlisch an; danach glaubte er, das Schlimmste ganz sicher überstanden zu haben. Als er aus dem Bad kam und sah, dass sie das Bett aufgedeckt und daneben eine Flasche Wasser, ein Glas Ginger Ale und sein Telefon bereitgelegt hatte, stiegen ihm tatsächlich vor Dankbarkeit Tränen in die Augen.

Sie ließ die Rollos an den Fenstern herunter. »Trink etwas Wasser oder Ginger Ale, damit du nicht dehydrierst. Und wenn es dir morgen nicht besser geht, dann bringe ich dich zum Arzt.«

»Geht schon besser«, behauptete er, gehorchte jedoch und trank von dem Ginger Ale, ehe er sich selig ins Bett gleiten ließ.

Sie deckte ihn sorgsam zu und legte eine Hand auf seine Stirn. »Du hast definitiv Fieber. Ich hole das Thermometer.«

»Später«, sagte er. »Lass mich erst ein paar Stunden schlafen.«

»Gut, ich bin unten.«

Er schloss die Augen und seufzte. »Ich brauche nur ein bisschen Schlaf in meinem eigenen Bett.«

Sie ging hinunter, holte ein Hühnchen aus dem Gefrierschrank und hielt es unter kaltes Wasser, um das Auftauen zu beschleunigen. Sie würde einen großen Topf Hühnersuppe kochen, ihr Heilmittel für alles. Sie wollte auch selbst etwas davon, denn sie war hundemüde und hatte hinter Ross' Rücken selbst schon etwas Medizin gegen ihren rauen Hals genommen.

Er musste sich ja nicht auch noch Sorgen um sie machen, wenn es ihm so schlecht ging. Außerdem war sie von Natur aus robuster als Ross; wahrscheinlich würde es vorbei sein, bevor sich das Unwohlsein richtig festsetzen konnte.

Während der Arbeit sprach sie mit laut gestelltem Telefon mit ihrer Tochter Katie. Sie plauderten fröhlich, während Angie das kalte Wasser laufen ließ und sich Tee machte.

»Ist Dad in der Nähe? Ich möchte ihm Hallo sagen.«

»Er schläft. Er hat sich an Neujahr etwas eingefangen.«

»Oh, nein!«

»Keine Sorge. Ich mache schon Hühnersuppe. Bis wir am Samstag zum Essen kommen, ist er wieder wohlauf. Wir können es kaum erwarten, dich und Tony zu sehen. Oh, Katie, ich habe ein paar wunderschöne Sachen für die Babys gefunden! Ein paar ganz süße Anziehsachen. Du wirst sehen. Aber ich muss jetzt aufhören.« Beim Sprechen tat ihr der Hals höllisch weh. »Wir sehen uns in ein paar Tagen. Und kommt nicht hierher, Katie, im Ernst. Dein Dad ist wahrscheinlich ansteckend.«

»Sag ihm bitte, ich hoffe, dass es ihm bald besser geht, und er soll mich anrufen, wenn er aufwacht.«

»Mache ich. Hab dich lieb, meine Süße.«

»Ich dich auch.«

Angie schaltete den Fernseher in der Küche ein, um ein wenig Ablenkung zu haben, und beschloss, ein Glas Wein würde ihr besser schmecken als Tee. Das Hühnchen landete im Topf, dann schaute sie kurz nach oben zu ihrem Mann. Beruhigt, da er leise schnarchte, ging sie wieder nach unten und begann, Kartoffeln und Karotten zu schälen und Sellerie aufzuschneiden.

Sie konzentrierte sich auf die Arbeit, beachtete das Fernseh-programm nicht wirklich und ignorierte verbissen den Kopf-schmerz, der sich zunehmend hinter ihren Augen zusammen-braute.

Sobald es Ross besser ging und das Fieber aufhörte, würde sie ihn vom Schlafzimmer ins Wohnzimmer herunterholen. Und bei Gott, sie würde selbst in einen Pyjama schlüpfen, denn auch sie fühlte sich ganz schön mies. Dann würden sie sich aneinander-kuscheln, Hühnersuppe essen und fernsehen.

Sie kochte die Suppe, schnitt das Fleisch in nicht zu kleine Stücke, gab das Gemüse, die Kräuter, Gewürze und ihre eigene Gemüsebrühe dazu.

Dann stellte sie eine niedrige Kochstufe ein, ging wieder nach oben und schaute nach Ross. Da sie ihn nicht stören, aber in sei-ner Nähe bleiben wollte, schlich sie ins ehemalige Zimmer ihrer Tochter, nun das der Enkel, wenn sie zu Besuch kamen. Und stürzte anschließend ins Gästebad, um die Pasta zu erbrechen, die sie im Flugzeug gegessen hatte.

»Verdammt, Ross, *was* hast du dir da bloß eingefangen?«

Sie holte das Thermometer, schaltete es ein, steckte es ins Ohr. Und starrte, als es piepste, entsetzt auf die Anzeige: 38,5.

»Also Hühnersuppe im Bett für uns beide.«

Aber erst einmal nahm sie ein paar Schmerztabletten, ging hinunter und schenkte sich ein Glas Ginger Ale mit Eis ein. Stahl sich dann ins gemeinsame Schlafzimmer, um ein Sweatshirt und eine Flanellhose zu holen – dazu dicke Socken, weil sie spürte, dass sie Schüttelfrost bekam. Im anderen Zimmer zog sie sich um, legte sich hin und raffte den hübschen Plaid um sich, der gefaltet am Fußende des Bettes lag. Innerhalb von Sekunden war sie in einen unruhigen Schlaf verfallen.

Und träumte von schwarzen Blitzen und schwarzen Vögeln, einem Fluss voll brodelndem rotem Wasser.

Als sie aus dem Schlaf hochschreckte, brannte ihre Kehle, und der Kopf schmerzte. Hatte sie einen Schrei gehört, ein Rufen? Während sie sich umständlich von dem Plaid befreite, hörte sie einen dumpfen Aufschlag.

»Ross!« Der Raum drehte sich, als sie aufsprang. Sie stieß einen Fluch aus, rannte ins Schlafzimmer und schrie nun selbst auf.

Er lag auf dem Boden neben dem Bett und krümmte sich. Eine Lache Erbrochenes, eine zweite aus wässrigem Exkrement, und in beiden sah sie das Blut.

»Oh Gott, Gott!« Sie eilte zu ihm, versuchte, ihn auf die Seite zu drehen – machte man das nicht so? Sie wusste es nicht genau, nicht sicher. Dann griff sie nach dem Telefon auf dem Nachtkästchen und wählte den Notruf.

»Ich brauche einen Krankenwagen. Ich brauche Hilfe. Gott!« Sie sprudelte die Adresse heraus. »Mein Mann, mein Mann. Er hat einen Anfall. Er hat total überhöhte Temperatur, er glüht vor Fieber. Er hat gebrochen. Und es ist Blut dabei.«

»Hilfe ist unterwegs, Ma'am.«

»Schnell. Bitte kommen Sie schnell.«

Kapitel 2

Jonah Vorhies, ein dreiunddreißig Jahre alter Sanitäter, roch die kochende Suppe und drehte die Platte aus, ehe er und seine Kollegin Patti Ann den Patienten aus dem Haus brachten und in den Rettungswagen schoben.

Seine Kollegin sprang hinter das Steuer und schaltete die Sirene ein, er blieb hinten und versuchte, MacLeod zu stabilisieren. Die Ehefrau des Patienten fuhr ebenfalls mit.

Und behielt die Nerven, dachte Jonah. Keine Hysterie. Er konnte fast spüren, wie sie ihren Mann unbedingt dazu bringen wollte aufzuwachen.

Aber Jonah erkannte den Tod, wenn er ihn sah. Manchmal konnte er ihn fühlen. Er versuchte, das auszublenden – es konnte seiner Arbeit in die Quere kommen –, versuchte, dieses *Wissen* abzublocken. So wie er manchmal wusste, dass ein Typ, der auf der Straße an ihm vorbeiging, Krebs hatte. Oder ein Kind, das vorbeilief, noch am selben Nachmittag vom Fahrrad fallen und sich eine Grünholzfraktur des rechten Handgelenks zuziehen würde.

Manchmal wusste er sogar den Namen des Kindes, sein Alter, wo es wohnte. So konkret konnte es sein, und deshalb hatte er eine Zeit lang eine Art Spiel daraus gemacht. Doch irgendwie hatte es ihm dann Angst gemacht, und deshalb hörte er wieder damit auf.

Bei MacLeod war das Wissen rasch und untrüglich da, und es wollte sich nicht verdrängen lassen. Schlimmer noch, es kam mit etwas Neuem. Einem *Sehen*. Der Anfall war vorbei, als er und Patti Ann eintrafen, doch während er arbeitete und für Patti Ann laut Details hersagte, die sie per Funk weiterleitete, konnte Jonah *sehen*, wie sich der Patient im Bett wälzte, sich auf den Boden erbrach. Um Hilfe rief, ehe er aus dem Bett fiel und sich vor Schmerz krümmte.

Er konnte *sehen*, wie die Ehefrau ins Zimmer stürzte, ihre Stimme hören, als sie aufschrie. Er konnte alles hören und sehen, als würde er es auf einem großen Bildschirm verfolgen.

Und verflucht, *das* gefiel ihm ganz und gar nicht.

Bei der Ankunft vor der Ambulanzeinfahrt tat er sein Bestes, diesen inneren Bildschirm auszuschalten, zu tun, was immer er konnte, um zu helfen; das Leben, von dem er bereits wusste, dass es vorüber war, doch noch zu retten.

Er ratterte Vitalfunktionen herunter, Details von Symptomen und der bisherigen Notfallbehandlung, während Dr. Rachel Hopman (die Ärztin, in die er ganz schön verschossen war) und ihr Team den Patienten im Laufschritt zu einem Behandlungszimmer schoben.

Dort angelangt, ergriff er einen Arm der Ehefrau, ehe sie sich durch die Flügeltür schieben konnte. Und ließ ihn los, als habe er sich daran verbrannt, weil er sah, dass sie ebenfalls dem Tod geweiht war.

Sie sagte »Ross« und legte eine Hand auf die Tür, um sie aufzustoßen.

»Ma'am. Mrs MacLeod, Sie müssen hier draußen bleiben. Dr. Hopman ist die beste. Sie wird für Ihren Mann alles tun, was sie kann.«

Und recht bald auch für dich. Aber es wird nicht reichen.

»Ross. Ich muss …«

»Wollen Sie sich vielleicht setzen? Einen Kaffee vielleicht?«

»Ich – nein.« Sie presste eine Hand auf die Stirn. »Nein, danke. Nein. Was hat er denn? Was ist passiert?«

»Dr. Hopman findet es heraus. Können wir jemanden für Sie anrufen?«

»Unser Sohn ist in London. Er kommt erst in ein paar Tagen nach Hause. Meine Tochter … Aber sie ist schwanger, mit Zwillingen. Sie sollte sich nicht aufregen. Aber das würde sie … Meine Freundin Marjorie.«

»Soll ich Marjorie anrufen?«

»Ich …« Sie blickte auf die Handtasche, die sie umklammerte. Sie hatte sie ganz automatisch mitgenommen, genauso, wie sie Mantel und Schuhe angezogen hatte. »Ich habe mein Handy dabei.« Sie holte es heraus, starrte dann einfach darauf.

Jonah trat beiseite, schnappte sich eine Krankenschwester. »Jemand muss sich um sie kümmern.« Er zeigte auf Mrs MacLeod. »Ihr Mann ist da drinnen, es sieht schlecht aus. Und ich glaube, sie ist auch krank.«

»Hier sind viele krank, Jonah.«

»Sie hat Fieber. Ich weiß nicht, wie hoch.« Er wusste es genau: 38,5 Grad und steigend. »Der Patient auch. Ich muss weitermachen.«

»Okay, okay, ich sehe sie mir an. Wie schlimm?«, fragte sie mit einem Nicken in Richtung des Behandlungsraums.

Gegen seinen Willen schaute Jonah hinein, beobachtete, wie die Frau, die er aus Angst vor einem Korb noch immer nicht nach einem ernsthaften Date gefragt hatte, auf die Uhr schaute und den Zeitpunkt nannte.

»Schlimm«, sagte er nur und machte sich aus dem Staub, bevor Rachel herauskam, um der Ehefrau zu sagen, dass ihr Mann tot war.

Auf der anderen Seite des East River, in einem Loft in Chelsea, schrie Lana Bingham auf, als ihr Orgasmus den ganzen Körper erfasste. Aus dem Schrei wurde ein Stöhnen und daraus ein Seufzer, ihre Finger ließen das krampfhaft umklammerte Bettlaken los, und als Max kam, schlang sie die Arme um ihn.

Sie seufzte noch einmal, eine Frau, erfüllt, ermattet und befriedigt, mit dem Gewicht ihres Geliebten auf sich und sein noch immer wild gegen ihre Brust hämmerndes Herz spürend. Träge strichen ihre Finger durch sein dunkles Haar. Er musste wohl zum Friseur, aber sie mochte es, wenn die Haare ein wenig länger waren und sie die Enden um den Finger wickeln konnte.

Seit sechs Monaten wohnten sie nun zusammen, ging es ihr durch den Kopf, und es wurde immer besser.

Sie spürte nach, schloss die Augen, seufzte noch einmal.

Und schrie plötzlich auf, als etwas Wildes, Wunderbares durch sie schoss, in sie drang, über sie kam. Stärker als der Orgasmus, tiefer, und mit einer unglaublichen Mischung aus Lust und Schock, die sie niemals hätte beschreiben können. Wie explodierendes Licht, ein Blitz, der ihr Innerstes traf, ein flammender Pfeil in ihr Herz, der sich durch den ganzen Körper bohrte. Sie meinte fast zu spüren, wie ihr Blut glühte.

Noch immer auf ihr, in ihr, zuckte Max' Körper plötzlich. Sie merkte, wie sein Atem stockte, wie er für einen Moment sogar noch einmal steif wurde.

Dann beruhigte sich alles, ebbte ab, wurde zu nicht mehr als einem Flimmern hinter ihren Lidern, bis selbst dieses verblasste.

Max stützte sich auf die Ellbogen und blickte im Licht von einem Dutzend flackernder Kerzen auf sie. »Was war das?«

Noch leicht benommen, atmete sie lange aus. »Ich weiß nicht. Das größte postkoitale Nachbeben der Welt?«

Er lachte, küsste sanft ihre Lippen. »Ich glaube, wir müssen noch eine Flasche von dem neuen Wein kaufen, den wir aufgemacht haben.«

»Am besten gleich einen ganzen Karton. Wow.« Sie streckte sich unter ihm, legte die Arme zurück. »Ich fühle mich irre.«

»Du siehst auch irre aus. Meine hübsche, schöne Hexe.«

Nun lachte sie. Sie wusste – wie er auch –, dass sie bestenfalls eine Anfängerin war. Und sie war absolut glücklich damit, eine zu bleiben und sich ein wenig an Zaubereien und Kerzenritualen zu versuchen.

Seit sie Max Fallon bei einem Wintersonnwendfest getroffen und sich vor Ostara dann heftig in ihn verliebt hatte, versuchte sie immer wieder einmal, diese Gabe zu verbessern.

Aber ihr fehlte der spezielle Funke, und ehrlich gesagt kannte sie auch nur wenige, die ihn hatten. Die meisten – wenn nicht alle –, die sie kannte oder bei Festivals, Ritualen und so weiter traf, waren Amateure, genau wie sie. Einige waren ihrer Einschätzung nach auch etwas verrückt. Andere viel zu sehr besessen.

Manche konnte man sogar als gefährlich einstufen, wenn sie denn wirklich über solche Kräfte verfügten.

Und dann, oh ja, dann war da Max.

Er hatte diesen Funken. Hatte er nicht die Kerzen im Schlafzimmer mit seinem Atem angezündet – etwas, das sie jedes Mal erregte? Und wenn er sich wirklich konzentrierte, konnte er sogar kleine Gegenstände zum Schweben bringen.

Einmal hatte er eine volle Tasse Kaffee quer durch die Küche fliegen lassen und direkt vor ihr auf der Anrichte abgestellt.

Irre.

Und er liebte sie. Diese Art von Magie war Lana die allerwichtigste.

Er küsste sie noch einmal, rollte zur Seite. Und nahm eine nicht brennende Kerze in die Hand.

Lana verdrehte die Augen und stöhnte übertrieben.

»Wenn du entspannt bist, dann bist du immer besser.« Sein Blick tastete langsam ihren Körper ab. »Du siehst entspannt aus.«

Sie lag da, nackt, behaglich, die Arme hinter dem Kopf verschränkt, das lange karamellfarbene Haar auf dem Kissen ausgebreitet, die vollen Lippen sanft geschwungen.

»Noch entspannter und ich wäre besinnungslos.«

»Dann probiere es doch mal.« Er nahm ihre Hand und küsste die Finger. »Fokussiere dich. Das Licht ist in dir.«

Sie wollte, dass es so war, weil er es wollte. Und weil sie es hasste, ihn zu enttäuschen, setzte sie sich auf, schüttelte die Haare zurück.

»Okay.«

Sie fasste sich, schloss die Augen, atmete gleichmäßig. Sie versuchte, wie er es ihr beizubringen *versucht* hatte, das Licht emporzuziehen, das sie seiner Meinung nach in sich trug.

Seltsamerweise meinte sie zu spüren, dass sich etwas in ihr regte. Sie öffnete überrascht die Augen und ließ den Atem ausströmen.

Der Docht begann zu brennen.

Sie starrte darauf, und er grinste.

»Siehst du!«, sagte er voller Stolz.

»Ich – Aber ich habe doch gar nicht …« Sie hatte schon ein paar Kerzen zum Brennen gebracht, nach minutenlanger, voller Konzentration. »Ich war noch gar nicht so weit anzufangen und … Das warst du.«

Belustigt, und insgeheim ein wenig erleichtert, bohrte sie einen Finger in seine Brust. »Versuchst du etwa, mein Selbstvertrauen zu steigern?«

»Das war ich nicht.« Er legte seine freie Hand auf ihr Knie. »Das würde ich nicht tun, und ich werde dich nie belügen. Das warst allein du, Lana.«

»Aber ich … Du warst es echt nicht? Und du hast auch nicht, keine Ahnung, irgendwie nachgeholfen?«

»Nein, du selber hast das geschafft. Probiere es noch mal.« Er blies die Kerze aus und gab sie ihr dieses Mal in die Hand.

Nervös geworden, schloss sie die Augen – hauptsächlich um sich zu beruhigen. Aber wenn sie an die Kerze dachte, daran, sie zu entzünden, spürte sie dieses *Anheben* in sich. Als sie die Augen öffnete und einfach an die Flamme dachte, erschien diese.

»Oh, oh Gott.« Ihre leuchtenden sommerblauen Augen reflektierten das Kerzenlicht. »Ich kann es wirklich selbst.«

»Was hast du denn dabei gefühlt?«

»Es war … als ob sich in mir etwas gehoben hätte. Hochstieg, sich ausbreitete, ich weiß nicht genau. Aber es fühlte sich natürlich an, Max. Kein großer Flash und Knall. Einfach wie, na ja, wie atmen. Aber trotzdem ein wenig unheimlich. Das behalten wir für uns, okay?«

Sie blickte ihn durch das Licht an.

Sie sah den Stolz und das Interesse in seinen schönen, sensiblen Zügen, mit den markanten Wangenknochen und den Bartstoppeln, weil er sich nicht rasiert hatte.

Sie sah beides in seinen Augen, die grau im Kerzenschein leuchteten.

»Ich meine, schreib nicht darüber oder so. Zumindest nicht, bis wir sicher sind, dass es kein Zufall war oder einfach nur eine einmalige Sache.«

»Eine Tür hat sich in dir geöffnet, Lana. Ich habe es an deinen Augen bemerkt, so wie ich diese Fähigkeit schon damals, als wir uns das erste Mal sahen, in dir erkannt habe. Aber wenn du willst, dass es unter uns bleibt, geht das klar.«

»Gut.« Sie verließ das Bett und stellte ihre Kerze zu seiner. Ein Symbol unserer Einheit, dachte sie. Als sie sich umdrehte, flackerte das Kerzenlicht hinter ihr.

»Ich liebe dich, Max. Das ist mein Licht.«

Er stand auf, geschmeidig wie eine Katze, zog sie an sich. »Ich kann mir ein Leben ohne dich gar nicht mehr vorstellen. Noch etwas Wein?«

Sie legte den Kopf zurück.

»Was hast du vor?«

Er lächelte und küsste sie. »Ich denke an Wein und daran, uns etwas zu essen nach Hause kommen zu lassen – ich habe nämlich Hunger. Danach sehen wir weiter.«

»Für das alles bin ich sehr zu haben. Ich kann uns auch etwas kochen.«

»Klar, kannst du, aber das hast du heute schon den ganzen Tag gemacht. Heute Abend hast du frei. Wir hatten eigentlich vor auszugehen ...«

»Ich bleibe lieber zu Hause. Mit dir.« Viel lieber, merkte sie.

»Großartig. Was möchtest du denn essen?«

»Überrasche mich«, sagte sie und zog die schwarze Hose und ihr T-Shirt an, die Sachen, die sie unter ihrer Arbeitskleidung als zweite Küchenchefin getragen und die er ihr ausgezogen hatte, kaum dass sie vom Restaurant nach Hause gekommen war.

»Zwei Doppelschichten diese Woche, da bleibe ich gerne daheim und esse etwas – irgendwas –, das jemand anderer gekocht hat.«

»Alles klar.« Er zog seine Jeans und den dunklen Pullover an, die er zum Arbeiten angehabt hatte – er war Schriftsteller und hatte sein Büro in seinem Loft. »Ich mache schon mal den Wein auf, und mit dem Rest überrasche ich dich.«

»Ich freu mich drauf«, sagte sie lächelnd und ging zum Kleiderschrank.

Sobald sie zusammenzogen waren, hatte sie versucht, nur mehr die Hälfte des Schranks zu beanspruchen, aber … Sie liebte Klamotten, war ein Modefan, und da sie so oft nur einen weißen Kittel und eine schwarze Hose trug, musste sie in ihrer Freizeit irgendwie für Ausgleich sorgen.

Leger, dachte sie, konnte ja auch hübsch sein, sogar ein bisschen romantisch für einen Abend zu Hause. Sie wählte ein marineblaues Kleid mit einem roten Saum, der unterhalb der Knie die Beine umspielte. Und sie hatte ebenfalls eine Überraschung parat – sexy Unterwäsche –, für den späteren Verlauf des Abends.

Sie zog sich an und studierte dann ihr Gesicht im Spiegel. Kerzenlicht schmeichelte, aber … Sie legte die Hände an ihr Gesicht und zauberte ein wenig – etwas, wofür sie schon seit ihrer Pubertät Talent gezeigt hatte.

Oft fragte sie sich, ob es bei ihrem wie auch immer gearteten Funken nicht mehr um Eitelkeit ging als um wirkliche Kraft.

Doch das war okay für Lana. Sie schämte sich absolut nicht dafür, sich ihres hübschen Aussehens bewusster zu sein als ihrer

Kraft. Vor allem nicht, wenn ein Mann wie Max sie attraktiv fand, egal, was immer von beidem sie auch hatte.

Bevor sie den Raum verließ, erinnerte sie sich an die Kerzen.

»Lass sie nicht unbeaufsichtigt«, murmelte sie und machte kehrt, um sie auszublasen.

Dann hielt sie inne, überlegte. Wenn sie sie anzünden konnte, konnte sie sie dann auch *löschen*?

»Es ist doch einfach nur umgekehrt, oder?«, sagte sie und beschloss, es auszuprobieren. Sie konzentrierte sich auf eine Kerze, und die Flamme erlosch.

»Ah … hmmm. Wow.« Sie wollte Max rufen, dachte dann aber, dass er so begeistert sein würde und sie am Ende nur mehr üben und studieren würden, anstatt ein gemütliches Abendessen zu Hause zu genießen.

Also ging sie einfach nur in Gedanken von Kerze zu Kerze, bis der Raum dunkel war. Sie konnte nicht erklären, was sie fühlte oder wie diese Tür, von der Max gesprochen hatte, sich plötzlich geöffnet hatte.

Darüber kann ich mir später Gedanken machen, beschloss sie.

Jetzt hatte sie Lust auf ein Glas Wein.

Während Lana und Max ihren Wein genossen – und dazu Appetithappen aus geschmolzenem Brie auf getoasteten Baguettescheiben, die Lana unbedingt noch hatte machen müssen –, eilte Katie MacLeod in eine Klinik in Brooklyn.

Die Tränen waren noch nicht gekommen, weil sie nicht glaubte, ja, sich weigerte zu glauben, dass ihr Vater tot war und ihre Mutter plötzlich so krank, dass sie auf der Intensivstation lag.

Eine Hand auf den Bauch gelegt, den Arm ihres Mannes um

ihre nun nicht mehr vorhandene Taille, folgte sie den Schildern zum Lift, der sie auf die Intensivstation brachte.

»Das stimmt alles nicht. Das ist ein Irrtum. Ich habe dir doch gesagt, dass ich vor ein paar Stunden erst mit ihr gesprochen habe. Dad fühlte sich nicht wohl – eine Erkältung oder so –, und sie hat Suppe gekocht.«

Das hatte sie schon auf der Fahrt zum Krankenhaus immer wieder gesagt. Tony ließ einfach seinen Arm um sie gelegt. »Es wird alles gut«, sagte er, denn etwas anderes wollte ihm nicht einfallen.

»Das Ganze ist ein Irrtum«, wiederholte sie. Aber als sie das Schwesternzimmer erreichten, brachte sie kein Wort heraus. Hilflos blickte sie zu Tony auf.

»Man sagte uns, Angie – Angela MacLeod – wurde heute hier eingeliefert. Das ist ihre Tochter Kathleen – meine Frau Katie.«

»Ich muss meine Mutter sehen. Ich muss sie sehen.« Etwas im Blick der Schwester ließ Katies Stimme vor Panik beben. »Ich muss meine Mutter sehen! Ich will mit Dr. Hopman sprechen. Sie sagte –« Katies Stimme brach ab.

»Dr. Gerson behandelt Ihre Mutter«, begann die Schwester.

»Ich will nicht Dr. Gerson sehen. Ich will meine Mutter sehen! Ich will mit Dr. Hopman sprechen.«

»Na komm, Katie, komm schon. Du musst dich ein bisschen beruhigen. Denk an die Babys.«

»Ich versuche, Dr. Hopman zu erreichen.« Die Schwester kam hinter der Theke hervor. »Warten Sie so lange hier, dort können Sie sich hinsetzen. Im wie vielten Monat sind Sie?«

»Neunundzwanzig Wochen und vier Tage«, sagte Tony.

Jetzt kamen die Tränen, rollten langsam über ihre Wangen. »Du zählst auch die Tage«, brachte sie heraus.

»Natürlich, Liebes. Klar tue ich das. Wir bekommen Zwillinge«, sagte er der Schwester.

»Was für eine Freude für Sie.« Die Schwester lächelte, doch ihre Miene wurde ernst, als sie wieder zur Theke zurückging.

Rachel antwortete auf den Piepser, sobald sie konnte – und schätzte die Situation rasch ein, als sie den Mann und die Frau sah. Sie musste einer Schwangeren die traurige Nachricht überbringen.

Dennoch hielt sie es für besser, dass sie vor Gerson gekommen war. Er war ein hervorragender Internist, aber er konnte so brüsk sein, dass es an Grobheit grenzte.

Die Schwester an der Theke nickte Rachel zu. Sie nahm sich zusammen und ging zu dem Paar hinüber.

»Ich bin Dr. Hopman. Mein Beileid wegen Ihres Vaters.«

»Das ist ein Irrtum.«

»Sie sind Katie?«

»Ich bin Katie MacLeod Parsoni.«

»Katie«, sagte Rachel. »Wir haben alles getan, was wir konnten. Ihre Mutter hat alles getan, was sie konnte. Sie rief den Notarzt und hat ihn so schnell wie möglich zu uns gebracht. Aber er war zu krank.«

Katies Augen, die so grün waren wie die ihrer Mutter, hefteten sich an Rachels. Flehten. »Er hatte eine Erkältung. Einen kleinen Infekt. Meine Mutter hat ihm Hühnersuppe gekocht.«

»Ihre Mutter konnte uns einige Informationen geben. Sie waren in Schottland? Aber Sie sind nicht mit ihnen gereist?«

»Ich habe eingeschränkte Bettruhe.«

»Zwillinge«, erklärte Tony. »Neunundzwanzig Wochen, vier Tage.«

»Können Sie mir sagen, wo in Schottland Ihre Eltern waren?«

»In Dumfries. Was spielt das für eine Rolle? Wo ist meine Mutter? Ich muss sie sehen!«

»Sie ist isoliert.«

»Was soll denn das heißen?«

Rachel wand sich etwas, doch ihr Blick war so ruhig und stet wie ihre Stimme. »Das ist eine Vorsichtsmaßnahme, Katie. Falls sie und Ihr Vater an einem Infekt erkrankt sind oder einer ihn dem anderen weitergegeben hat, müssen wir uns vor Ansteckung schützen. Ich kann Sie ein paar Minuten zu ihr lassen, aber Sie müssen darauf vorbereitet werden. Ihre Mutter ist sehr krank. Sie müssen eine Maske, Handschuhe und einen Schutzanzug tragen.«

»Es ist mir gleich, was ich tragen muss, ich will meine Mutter sehen.«

»Sie dürfen sie nicht berühren«, fügte Rachel hinzu. »Und Sie dürfen sie nur einige Minuten sehen.«

»Ich begleite meine Frau.«

»In Ordnung. Zuerst müssen Sie mir alles über ihre Zeit in Schottland erzählen, was Sie wissen. Ihre Mutter sagte, sie sind erst heute zurückgekommen, und sie waren seit einem Tag nach Weihnachten dort. Wissen Sie, ob Ihr Vater schon vor seiner Abreise krank war?«

»Nein, nein, war er nicht. Wir haben Weihnachten zusammen gefeiert. Wir reisen immer am Tag danach auf die Farm. Wir alle zusammen, nur diesmal nicht, wegen meiner Schwangerschaft.«

»Haben Sie mit ihnen gesprochen, während sie weg waren?«

»Natürlich. Fast jeden Tag. Ich sage Ihnen, sie waren gesund. Sie können Onkel Rob fragen – das ist der Zwillingsbruder meines Vaters. Sie waren alle dort, und es ging ihnen gut. Fragen Sie ihn. Er ist in London.«

»Können Sie mir seine Telefonnummer geben?«

»Das mache ich.« Tony ergriff Katies Hand. »Ich habe die Nummer und gebe Ihnen alles, was Sie brauchen. Aber Katie muss ihre Mutter sehen.«

Sobald die Angehörigen Schutzkleidung und Handschuhe trugen, tat Rachel, was sie konnte, um sie darauf vorzubereiten.

»Ihre Mutter wird gegen die Dehydrierung behandelt. Sie hat hohes Fieber, und wir arbeiten daran, es zu senken.« Vor dem Raum mit der Glaswand blieb sie stehen, eine feingliedrige Frau, deren unglaubliche schwarze Lockenmähne energisch mit tausend Klammern gezähmt war. Der Blick ihrer schokoladenbraunen Augen verriet Müdigkeit, doch ihr Ton war forsch.

»Der Plastikvorhang schützt vor Infizierung.«

Alles, was Katie tun konnte, war, durch das Glas zu starren, durch den Plastikfilm in dem Raum, auf die Frau in dem schmalen Krankenhausbett.

»Ich habe doch eben noch mit ihr geredet. Eben habe ich noch mit ihr geredet«, murmelte sie.

Sie ergriff Tonys Hand, trat ein.

Monitore piepsten. Grüne Schnörkel und Zacken liefen über die Bildschirme. Eine Art Ventilator summte wie ein Schwarm Wespen. Und über alldem hörte sie den keuchenden Atem ihrer Mutter.

»Mom«, sagte sie, doch Angie regte sich nicht. »Ist sie sediert?«

»Nein.«

Katie räusperte sich, sprach lauter, deutlicher. »Mom, ich bin es, Katie. Mom.«

Angie bewegte sich, stöhnte. »Müde, so müde. Mach die Suppe. Krankentag, wir machen einen Krankentag. Mami, ich will meinen Schäfchen-Pyjama. Kann heute nicht in die Schule gehen.«

»Mom, ich bin es, Katie.«

»Katie, Katie.« Angie drehte den Kopf nach links, rechts, links, rechts. »Mami sagt Katie, verriegle die Tür. Verriegle die Tür, Katie.« Angies Lider öffneten sich zuckend, ihr fiebriger Blick irrte durch den Raum. »Lass es nicht reinkommen. Hörst du, wie es in den Büschen raschelt? Katie, verriegle die Tür!«

»Keine Sorge, Mom. Mach dir keine Sorgen.«

»Siehst du die Krähen? All die kreisenden Krähen.«

Der glasige, blinde Blick landete auf Katie – und etwas, das Katie als ihre Mutter erkannte, trat in ihn. »Katie. Da ist mein Babylein.«

»Ich bin hier, Mom. Bei dir.«

»Dad und mir geht es nicht so gut. Wir werden im Bett Hühnersuppe essen und fernsehen.«

»Das ist gut.« Tränen raubten Katie die Sprache, doch sie würgte die Worte dennoch heraus. »Bald wird es euch besser gehen. Ich liebe euch.«

»Du musst mir die Hand geben, wenn wir über die Straße gehen. Es ist ganz wichtig, nach links und nach rechts zu schauen.«

»Ich weiß.«

»Hast du das gehört?« Angies Atem ging schneller, ihre Stimme verblasste zu einem Flüstern. »Etwas raschelt in den Büschen. Etwas beobachtet uns.«

»Da ist nichts, Mom.«

»Doch! Ich liebe dich, Katie. Ich liebe dich, Ian. Meine Babys.«

»Ich liebe dich, Mom«, sagte Tony, der begriff, dass sie ihn für Katies Bruder hielt. »Ich liebe dich«, wiederholte er, denn es stimmte.

»Später machen wir ein Picknick im Park, aber … Nein, nein, Sturm zieht auf. Es kommt mit dem Sturm. Rote Blitze, Brennen und Bluten. Lauft!« Sie setzte sich halb auf. »Lauft!«

Ein heftiger Hustenanfall schüttelte Angie, der Plastikvorhang wurde mit Auswurf und Schleim übersät.

»Bringen Sie sie hinaus!«, befahl Rachel und drückte den Rufknopf für die Schwestern.

»Nein! Mom!«

Katie protestierte, doch Tony zog sie aus dem Raum.

»Es tut mir leid. Es tut mir so leid, aber wir müssen rausgehen, damit sie ihr helfen können. Komm.« Seine Hände zitterten, als er mit anpackte, um ihr die Schutzkleidung auszuziehen. »Wir müssen das alles hier ausziehen, weißt du noch?«

Er nahm zuerst ihre Handschuhe ab, dann die seinen, legte sie beiseite, als die Schwester gerade eintraf, um zu assistieren.

»Du musst dich setzen, Katie.«

»Was ist mit ihr, Tony? Sie hat total fantasiert.«

»Das muss das Fieber sein.« Er führte sie zu den Stühlen zurück, spürte dabei, wie sehr sie bebte. »Sie werden das Fieber senken.«

»Mein Vater ist tot. Er ist tot, und ich kann nicht an ihn denken. Ich muss an sie denken. Aber –«

»Richtig.« Er hielt sie im Arm, zog ihren Kopf an seine Schulter, streichelte ihr lockiges braunes Haar. »Wir müssen an sie denken. Ian wird hier sein, sobald er kann. Vielleicht ist er schon unterwegs. Er wird uns auch brauchen, besonders wenn Abby und die Kinder nicht mit ihm kommen können, falls es für den Rückflug nicht genügend Plätze für alle gegeben hat.«

Einfach nur reden, dachte Tony, einfach nur reden und Katie davon ablenken, was da gerade hinter diesem schrecklichen Plastikvorhang geschah. »Weißt du noch, er hat eine SMS geschrieben, dass er einen Flug nach Dublin und von dort einen Direktflug bekommen hat. Weißt du noch? Und er sorgt dafür, dass Abby und die Kids einen Flug ab London bekommen, sobald er kann.«

»Sie dachte, du wärst Ian. Sie liebt dich, Tony.«

»Ich weiß. Es ist okay. Ich weiß das.«

»Tut mir leid.«

»Ah, na komm, Katie.«

»Nein, es tut mir leid. Ich habe Wehen.«

»Warte – was? Wie oft?«

»Weiß ich nicht. Ich weiß nicht, aber ich habe welche. Und ich fühle …«

Als sie auf dem Stuhl schwankte, fing er sie auf. Er stand auf – hielt seine Frau und ihre Babys, spürte die Welt unter sich zusammenstürzen – und rief um Hilfe.

Sie wurde stationär aufgenommen, und nach einer zermürbenden Stunde stoppten die Wehen endlich. Das Martyrium nach dem Albtraum, die darauf folgende Bettruhe im Krankenhaus und die ständige Überwachung durch medizinische Geräte brachten sie beide an den Rand der Erschöpfung.

»Wir machen eine Liste, was du von zu Hause brauchst, und dann sause ich los und hole alles. Und heute Nacht bleibe ich hier.«

»Ich kann nicht richtig denken.« Obwohl ihre Lider bleischwer waren, konnte Katie die Augen nicht schließen.

Er nahm ihre Hand, bedeckte sie mit Küssen. »Ich mache das schon. Und du machst, was der Doktor sagt. Du musst dich ausruhen.«

»Ich weiß, aber … Tony, kannst du einfach mal nachsehen?

Kannst du nachsehen, wie es Mom geht? Ich glaube, ich komme nicht zur Ruhe, bis ich Bescheid weiß.«

»Okay, aber du stehst weder auf, noch turnst du hier im Zimmer herum, während ich weg bin.«

Sie lächelte matt. »Ganz sicher nicht.«

Er stand auf und küsste sie auf den Bauch. »Und ihr beide gebt ebenfalls Ruhe. Kinder.« Er verdrehte die Augen zu Katie hin. »Dauernd haben sie's eilig.«

Draußen vor dem Zimmer lehnte er sich an die Tür und kämpfte gegen das nagende Verlangen an zusammenzubrechen. Katie ist die Zähe, dachte er, sie ist die Starke. Aber nun musste er es sein. Also würde er es auch sein.

Er schritt durch die Babystation – ein Irrgarten –, fand die Türen zum Wartebereich, die Rezeption, die Lifte. Tony befürchtete, Katie werde so lange bleiben müssen, dass er lernen würde, sich hier zurechtzufinden.

Als er auf den Lift zuging, stieg eine zierliche, hübsche schwarze Frau mit weißem Laborkittel und schwarzen Turnschuhen aus.

Sein Kopf wurde klar. »Dr. Hopman.«

»Mr Parsoni, wie geht es Katie?«

»Tony, bitte, und sie versucht sich auszuruhen. Alles ist gut. Keine Wehen mehr die letzte Stunde, und den Babys geht es auch gut. Sie soll zumindest diese Nacht hierbleiben, wahrscheinlich sogar ein paar Tage. Sie fragt nach ihrer Mom, deshalb wollte ich noch einmal nachsehen.«

»Wollen wir uns kurz setzen?«

Er arbeitete seit seiner Jugend im Sportgeschäft seiner Familie, leitete inzwischen die Hauptfiliale. Er kannte sich mit Menschen aus. Durchschaute sie.

»Nein …«

50

»Es tut mir leid, Tony.« Sie nahm seinen Arm, führte ihn zu den Stühlen. »Ich habe Dr. Gerson gesagt, ich würde runterkommen, aber ich kann ihn per Pager holen, damit er mit Ihnen spricht.«

»Nein, ich kenne ihn nicht, das brauche ich nicht.« Er sank nieder, stützte den Kopf in die Hände. »Was geht hier vor? Ich verstehe nicht, was hier passiert. Warum sind sie gestorben?«

»Wir machen Tests, suchen nach der Art der Infektion. Wir glauben, sie haben sich das in Schottland zugezogen, da Ihr Schwiegervater schon vor seiner Abreise dort Symptome zeigte. Katie sagte, sie wohnten auf einer Farm, in Dumfries?«

»Ja, die Farm der Familie – sie gehört einem Cousin. Ein wunderbarer Ort.«

»Ein Cousin?«

»Ja, Hugh, Hugh MacLeod. Und Millie. Gott, ich muss ihnen Bescheid geben. Und Rob und Ian. Was soll ich Katie bloß sagen?«

»Kann ich Ihnen einen Kaffee bringen?«

»Nein, danke. Was ich jetzt brauchen könnte, wäre ein guter Drink, aber ...« Er musste stark sein, erinnerte er sich – und wischte sich mit dem Handrücken die Tränen ab. »Lieber eine Cola.«

Als er aufstehen wollte, hielt Rachel ihn zurück. »Ich hole Ihnen eine. Eine normale?«

»Ja.«

Sie ging zu den Getränkeautomaten hinüber, holte Kleingeld heraus. Eine Farm, dachte sie. Schweine, Hühner. Womöglich ein Erreger einer Schweine- oder Vogelgrippe?

Nicht ihr Fachgebiet, doch sie würde die Information bekommen und weiterleiten.

Sie brachte Tony die Cola. »Wenn Sie mir die Kontaktdaten für Hugh MacLeod und für Ross MacLeods Bruder geben, könnte uns das helfen.«

Sie tippte alles in ihr Handy. Den Cousin, den Zwillingsbruder, den Sohn, sogar die Neffen, da Tony es ihr anbot.

»Hier ist meine Nummer.« Sie nahm sein Handy und fügte sie seiner Kontaktliste hinzu. »Rufen Sie mich an, wenn ich etwas tun kann. Haben Sie vor, heute Nacht bei Katie zu bleiben?«

»Ja.«

»Dann lasse ich alles für Sie arrangieren. Es tut mir leid, Tony. Wirklich sehr leid.«

Er atmete lang gezogen aus. »Ross und Angie, sie waren … Ich habe sie geliebt wie meine eigenen Eltern. Es hilft, zu wissen, dass sie zum Schluss in guten Händen waren, bei jemandem, der sich um sie gekümmert hat. Das zu wissen wird auch Katie helfen.«

Er ging langsam zu Katies Zimmer zurück, nahm sogar einmal eine falsche Abzweigung, um sich mehr Zeit zu geben.

Als er eintrat, sie da liegen sah, wie sie an die Decke starrte, ihre Hände schützend über die Babys in ihrem Bauch gelegt, wusste er, was er zu tun hatte.

Zum ersten Mal, seit er sie kannte, belog er sie.

»Mom?«

»Sie schläft. Und du musst auch schlafen.« Er beugte sich über das Bett, küsste sie. »Ich fahre schnell nach Hause und packe uns ein paar Sachen ein. Das Essen hier ist wahrscheinlich nicht so das Wahre, deshalb hole ich uns bei Carmines noch Lasagne. Die Kinder müssen was essen.« Er tätschelte ihren Bauch. »Und sie brauchen ein wenig Fleisch.«

»Okay, du hast recht. Du bist mein Fels in der Brandung, Tony.«

»Du warst immer der meine. Ich bin gleich wieder zurück. Und keine wilden Partys, während ich weg bin.«

Ihre Augen flimmerten, ihr Lächeln war unsicher. Aber seine Katie war schon immer für alles zu haben gewesen. »Ich habe die Stripper schon bestellt.«

»Sag ihnen, sie sollen angezogen bleiben, bis ich wieder da bin.«

Er ging hinaus, verließ die Klinik und stapfte zu seinem Wagen. Es begann ganz leicht, kaum wahrnehmbar, zu schneien. Er glitt in den Minivan, den sie erst vor zwei Wochen gekauft hatten, als Vorbereitung auf die Zwillinge.

Dann senkte sich sein Kopf auf das Steuer, und er weinte sich das Herz aus dem Leib.

Kapitel 3

Am Ende der ersten Januarwoche überstieg die Anzahl der gemeldeten Todesopfer bereits die Millionengrenze. Die Weltgesundheitsorganisation erklärte, eine Pandemie breite sich mit nie da gewesener Geschwindigkeit aus. Die Zentren für Krankheitskontrolle und Prävention identifizierten den Erreger als einen neuen Stamm von Vogelgrippe, der sich durch Kontakt von Mensch zu Mensch verbreite.

Aber niemand konnte erklären, weshalb die untersuchten Vögel keine Anzeichen einer Infektion zeigten. Keiner der Truthähne, Fasane, Wachteln, Gänse oder Hühner, die in einem Radius von hundert Kilometern um die MacLeod-Farm konfisziert oder gefangen wurden, wies irgendeine Infektion auf.

Doch die Menschen – die Familie MacLeod in Schottland, ihre Nachbarn, die Dorfbewohner – starben scharenweise.

Dieses Detail hielten die WHO, die Seuchenschutzbehörde und das Nationale Gesundheitsinstitut aber fest unter Verschluss.

Im Wettlauf um Impfstoffe ging die Verteilung komplexe und unglaublich verschlungene Wege. Verzögerungen führten zu Krawallen, Plünderungen, Gewalt.

Doch das spielte im Grunde keine Rolle, denn die Impfungen erwiesen sich als so wirkungslos wie die betrügerischen Heilmittel, die sofort im Internet angeboten wurden.

Überall auf der Welt drängten Staatschefs auf Ruhe und riefen nach Ordnung, versprachen Beistand, verkündeten Maßnahmen. Schulen schlossen, unzählige Firmen stellten die Arbeit ein und drängten ihre Beschäftigten, Kontakte generell einzuschränken. Der Verkauf von Gesichtsmasken, Handschuhen, frei verkäuflichen und verschreibungspflichtigen Grippe-Medikamenten, Bleich- und Desinfektionsmitteln schnellte in die Höhe.

Nichts half. Tony Parsoni hätte es ihnen sagen können, doch er starb weniger als zweiundsiebzig Stunden nach seiner Schwiegermutter im selben Krankenhausbett wie sie.

Plastikbarrieren, Latexhandschuhe, Mundschutz? Das Verderben spottete über all das und verbreitete tückisch seine Gifte.

In der zweiten Woche des neuen Jahres stieg die Anzahl der Toten auf über zehn Millionen ohne ein Anzeichen dafür abzuebben. Auch wenn über seine Erkrankung nicht berichtet und sein Tod fast zwei Tage lang geheim gehalten wurde – selbst der Präsident der Vereinigten Staaten erlag der Seuche.

Staatsoberhäupter fielen einer nach dem anderen wie Dominosteine. Trotz extremer Vorkehrungen erwiesen sie sich als nicht weniger anfällig als der Obdachlose, der in Panik geratene, der Kirchgänger, der Atheist, der Priester und der Sünder.

Als das Verderben in der dritten Woche über Washington, D. C. hinwegfegte, fanden mehr als sechzig Prozent der Kongressabgeordneten den Tod oder lagen im Sterben, zusammen mit über einer Milliarde Menschen weltweit.

Die Regierung versank im Chaos, und neue Ängste vor terroristischen Attacken flammten auf. Doch die Terroristen starben so rasch wie alle anderen auch.

Urbane Gebiete wurden zu Kriegszonen, in denen ausgedünnte Polizeikräfte gegen Überlebende kämpften, die das Ende der Menschheit als eine Gelegenheit für Bluttaten und Brutalität nutzten. Oder für Profit.

Zahllose Gerüchte wurden laut, über bizarre, tanzende Lichter, über Menschen mit seltsamen Fähigkeiten, die Verbrennungen ohne Salben heilten und die in Fässern ohne Brennstoff Feuer zum Wärmen entzündeten. Oder die sie entzündeten, nur um gespannt zu beobachten, wie die Flammen hochzüngelten. Einige behaupteten, sie hätten eine Frau gesehen, die durch eine Wand gelaufen sei, andere schworen, einen Mann beobachtet zu haben, der mit einer Hand ein Auto hochhob. Es wurde auch von jemandem berichtet, der einen ganzen Fuß über dem Erdboden eine Jig getanzt habe.

In Woche zwei wurde der kommerzielle Luftverkehr eingestellt in der vergeblichen Hoffnung, die Ausbreitung zu stoppen oder zu verlangsamen. Die meisten, die noch vor den Reiseverboten flohen, ihr Zuhause, ihre Stadt oder sogar ihr Land verließen, starben irgendwo anders.

Andere entschieden sich dafür, die Krise auszusitzen, horteten Vorräte in ihren Häusern und Wohnungen – sogar in Bürogebäuden – und verbarrikadierten Türen und Fenster, häufig mit bewaffneten Wachen davor.

Und genossen den Komfort, im eigenen Bett zu sterben.

Jene, die sich einschlossen und überlebten, klammerten sich an immer sporadischer werdende Nachrichtensendungen und hofften auf ein Wunder.

In der dritten Woche waren Nachrichten so kostbar wie Diamanten, aber wesentlich rarer.

Arlys Reid glaubte nicht an Wunder, aber an das Recht der Öffentlichkeit, sich zu informieren. Sie hatte sich von einer kleinen Frühmorgen-Nachrichtensprecherin in Ohio, wo sie mit landwirtschaftlichen Themen und Reportagen von lokalen Leistungsschauen und Festivitäten befasst gewesen war, zu einer Klatschreporterin bei einer Tochtergesellschaft in New York hochgearbeitet.

Ihre Popularität stieg, auch wenn sie nach wie vor keine großen Chancen hatte, wirklich wichtige Sendungen zu sprechen.

Mit zweiunddreißig hatte sie noch immer die nationalen Nachrichten im Auge. Doch dann verschwand vor dem Ende der ersten Woche der Pandemie der Star von *The Evening Spotlight* – der über mehr als zwei Jahrzehnte voller Weltkrisen hinweg eine beständige, sachliche Stimme gewesen war – von der Bildfläche. Seine Nachfolger schieden einer nach dem anderen durch Tod, Flucht oder, im Fall ihres unmittelbaren Vorgängers, einen Zusammenbruch mit Weinkrampf während der Sendung aus.

Jeden Morgen, wenn Arlys in ihrer fast leeren Wohnung nur ein paar Blocks vom Studio entfernt aufwachte, machte sie eine Bestandsaufnahme.

Kein Fieber, kein Schwindel, kein Krampf, kein Husten, keine Wahnvorstellungen. Und auch keine seltsamen Fähigkeiten – wiewohl sie diesen Gerüchten ohnehin nicht glaubte.

Sie aß von ihren mageren Vorräten. Normalerweise trockenes Müsli, da Milch fast nicht mehr zu bekommen war; es sei denn, man vertrug Milchpulver. Und das tat sie nicht.

Sie zog sich Jogging-Kleidung an, denn sie hatte entdeckt, dass es notwendig sein konnte, schnell weglaufen zu können, selbst am helllichten Tag und für nur einige Blocks. Die Aktentasche hängte sie sich quer über den Körper. Darin hatte sie eine Pistole, die sie auf der Straße gefunden hatte. Sie sperrte die Tür ab und ging hinaus.

Wenn sie sich einigermaßen sicher fühlte, machte sie unterwegs Fotos mit ihrem Handy. Zu dokumentieren gab es immer etwas. Eine weitere Leiche, noch ein ausgebranntes Auto, ein zerbrochenes Schaufenster. Ansonsten joggte sie unentwegt weiter.

Sie hielt sich fit – schon immer – und konnte notfalls auch lossprinten. Am Morgen blieben die Straßen meist gespenstisch ruhig, leer bis auf zurückgelassene Autos, Wracks. Die, die auf der Suche nach Beute die Nacht durchstreiften, hatten sich wie Vampire mit dem Sonnenlicht in ihre Löcher verkrochen.

Sie benutzte den Seiteneingang, da Tim von der Security ihr vor seinem Verschwinden einen kompletten Schlüsselbund und Schlüsselkarten gegeben hatte. Seit es ein paar Mal zu einem Stromausfall gekommen war, benutzte sie immer die Treppe. Fünf Stockwerke hinaufzusteigen war der Ersatz für fünfmal die Woche eine Stunde Fitnesscenter.

Vom Widerhall und von der Stille des leeren Gebäudes ließ sie sich nicht mehr einschüchtern. Kaffee gab es noch immer in der Kantine und bei der Intendanz. Bevor sie sich einen Becher einschenkte, mahlte sie noch zusätzlich Bohnen für die Plastiktüte in ihrer Aktentasche. Immer nur genügend Vorrat für einen Tag – schließlich war sie nicht die einzige Person, die noch immer zur Arbeit kam und diesen guten Kick brauchte.

Manchmal brachte Little Fred – die enthusiastische Praktikantin, die wie Arlys weiterhin täglich für den Sender berichtete – Nachschub mit. Arlys fragte nie nach, woher der lebhafte kleine Rotschopf die Kaffeebohnen, die Schachteln mit Schokoriegeln oder die Fertigkuchen hatte.

Sie genoss einfach die Freigebigkeit.

Heute füllte sie ihre Thermoskanne mit Kaffee, entschied sich für eine Biskuitrolle und machte sich auf den Weg in die Nachrichtenabteilung. Sie hätte sich ein eigenes Büro nehmen können – inzwischen waren viele frei geworden –, zog jedoch das Gefühl der Offenheit des Redaktionszimmers vor.

Sie schaltete die Beleuchtung ein, schaute zu, wie die Lampen über leeren Schreibtischen, schwarzen Bildschirmen und stummen Computern angingen.

Sie versuchte, nicht an den Tag zu denken, an dem sie die Schalter betätigen und nichts geschehen würde.

Wie immer setzte sie sich an ihren Schreibtisch, drückte die Daumen, dass alles funktionierte, und fuhr den Rechner hoch. Das WLAN in dem Gebäude, wo sie wohnte, hatte vor zwei Wochen den Geist aufgegeben, doch dieses arbeitete noch.

Es ging quälend langsam, schaltete sich häufig aus und wieder ein, aber es funktionierte. Sie klickte auf Verbinden, schenkte sich Kaffee ein, lehnte sich zurück, um einen Schluck zu trinken, und wartete – immer noch hoffend.

»Wir leben also noch einen weiteren Tag«, sagte sie laut, als der Bildschirm hell wurde.

Sie klickte auf ihr E-Mail-Programm, trank einen Schluck und wartete, bis es da war. Wie immer suchte sie mehrmals am Tag nach einer Nachricht von ihren Eltern, ihrem Bruder, ihren Freunden in Ohio. Seit mehr als einer Woche hatte sie kein Glück gehabt bei dem Versuch, sie mit einem Anruf oder einer SMS zu erreichen. Als sie es das letzte Mal schaffte, mit ihren Eltern Kontakt aufzunehmen, hatte ihre Mutter gesagt, sie seien wohlauf. Aber ihre Stimme war rau und leise gewesen.

Dann nichts mehr. Anrufe gingen nicht durch, SMS und E-Mails blieben unbeantwortet.

Sie schickte eine weitere Gruppenmail.

Bitte meldet euch. Ich checke meine Mails mehrmals am Tag. Ihr könnt auch auf dem Handy anrufen, es funktioniert noch. Ich muss wissen, wie es euch geht. Irgendeine Info über euch und wo ihr seid. Ich mache mir wirklich Sorgen. Melly, wenn du dies erhältst, bitte, bitte, sieh nach meinen Eltern. Ich hoffe, dir und den deinen geht es gut. Arlys.

Sie drückte auf Senden, und da sie nichts weiter tun konnte, machte sie sich an die Arbeit.

Sie sah sich die *New York Times* und die *Washington Post* an. Die Berichte waren dünner geworden, doch sie konnte noch etwas Substanz herausziehen.

Der frühere Außenminister und aufgrund der Amtsnachfolge jetzige Präsident sprach per Videokonferenz mit dem Gesundheitsminister, dem derzeitigen Chef der Seuchenschutzbehörde (der frühere war am neunten Tag der Pandemie gestorben) und dem neu ernannten Leiter der WHO. Elizabeth Morelli war die Nachfolgerin von Carlson Track, der der Krankheit erlegen war. Fragen zu Details des Todes von Dr. Track waren nicht beantwortet worden.

Arlys stellte fest, dass Morelli ein Statement abgab, in dem behauptet wurde, durch vereinte globale Anstrengungen solle in einer Woche ein neuer Impfstoff gegen H5N1-X zur Verteilung kommen.

»Komisch, das hat Track schon vor zehn Tagen gesagt. Aber Mist, der hermetisch abgeriegelt wird, ist eben immer noch Mist.«

Sie las über eine Gruppe Menschen, die in einer Schule in Queens Nahrungsmittel, Wasser und andere Vorräte horteten und auf jeden schossen, der dort einzubrechen versuchte.

Fünf Tote, darunter eine Frau mit einem zehn Monate alten Baby.

Am anderen Ende des Spektrums verteilte eine Kirche in den Suburbs von Maryland Decken, Notrationen, Kerzen, Batterien und andere wichtige Dinge.

Artikel über Mord, Selbstmord, Vergewaltigung, Verstümmelung. Und vereinzelt Berichte, die von Zivilcourage, Heroismus und schlichter Menschenfreundlichkeit handelten.

Natürlich gab es auch geisteskranke Geschichten über Leute, die angeblich Kreaturen gesehen hatten, die mit leuchtenden Schwingen herumflogen. Oder von einem Mann, der einen anderen mit flammenden Pfeilen pfählte, die aus seinen Fingerspitzen schossen.

Sie las Meldungen, wonach das Militär Freiwillige, die als immun galten und untersucht werden sollten, zu gesicherten Einrichtungen transportierte. Wo sind die?, fragte sie sich. Und Quarantänen für ganze Ortschaften, Massenbestattungen, Blockaden, eine Brandbombe, die auf den Rasen vor dem Weißen Haus geworfen wurde.

Über den fanatischen Prediger Reverend Jeremiah White, der behauptete, die Pandemie sei Gottes Zorn über eine gottlose Welt, und verkündete, die Tugendhaften würden nur überleben, wenn sie die Bösen bezwängen.

»Sie sind unter uns!«, war sein letzter Aufschrei, »aber sie sind nicht wie wir. Sie sind wie die aus der Hölle und müssen ins Feuer zurückgetrieben werden!«

Arlys machte sich Notizen, sah sich andere Webseiten an. Mit jedem Tag werden es mehr auf der dunklen Seite, dachte sie beim Surfen.

Nach einem Blick auf ihre Uhr schaltete sie Skype ein, um sich mit einer Quelle zu verbinden, der sie mehr vertraute als allen anderen.

Er grinste ihr breit zu, sobald er auf dem Bildschirm erschien. Die Haare standen ihm überall hoch, weiß glänzend wie bei Billy Idol, umrahmten sie sein freundlich-naives Gesicht.

»Hey, Chuck.«

»Hey, Wahnsinns-Arlys! Noch alles paletti?«

»Ja, und bei dir?«

»Gesund, reich und weise. Hast du noch jemanden verloren?«

»Weiß ich noch nicht. Hab heute Morgen noch niemanden gesehen. Bob Barrett lässt sich noch immer nicht blicken. Lorraine Marsh hat gestern aufgegeben.«

»Ja, hab ich gesehen.«

»Ich übernehme ihren Nachmittagsbericht, denn dass sie wieder kommt, das sehe ich nicht. Wir haben noch einige Leute. Carol ist in der Kabine, und Jim Clayton kommt seit ungefähr zehn Tagen jeden Tag. Es ist ziemlich abgefahren, wenn der Rundfunkchef kommt und einspringt, wo immer gerade Not am Mann ist. Und Little Fred bestückt noch immer die Intendanz, erledigt Schreibkram, spielt den Laufburschen und geht ab und zu auf Sendung.«

»Sie ist total süß. Warum verkuppelst du mich nicht mit ihr?«

»Mach ich gerne. Gib mir deine Adresse, und ich schicke sie zu dir.«

Er grinste wie anfangs. »Würde ich ja gern, aber die Wände haben Ohren. Sogar die gottverdammte Luft. Dein freundlicher Hacker aus der Nachbarschaft braucht seine Bat-Höhle.«

»Batman war nicht freundlich, er war ein genialer Psycho. Und Spiderman hatte keine Höhle.«

Er lachte gackernd. »Nur ein weiterer Grund, weshalb ich dein größter Fan bin. Du kannst mir was über Superhelden beibringen. Dein Lieblingsreport, den du heute Morgen liest?«

»Der über die nackte Frau in SoHo, die auf einem Einhorn ritt.«

»Mann, ich würde gern mal wieder 'ne nackte Frau sehen, ob mit oder ohne Einhorn. Ist schon 'ne Weile her.«

»Ich zieh mich nicht für dich aus, Chuck. Nicht einmal dann, wenn du auf total begeistert machst.«

»Wir sind Kumpels, Arlys. Kumpels brauchen das nicht.«

»Also, hast du was, was mich begeistern könnte?«

Das Grinsen verblasste. »Hast du heute schon die Strichliste mitgekriegt?«

»Ja.« Die *Times* und die *Post* veröffentlichten täglich die Gesamtzahl der erfassten Todesfälle. »Wir haben die Milliarde um fünfhundert Millionen, dreihundertzweiundzwanzigtausend, vierhundertsechzehn überschritten.«

»Das ist die offizielle Zählung für die Medien. Die echte beläuft sich auf über zwei.«

Sie erschrak. »Mehr als zwei Milliarden? Woher hast du die Zahl?«

»Da muss ich mich bedeckt halten. Aber es stimmt, Arlys, und sie steigt viel schneller, als die Leute, die dieses Riesendurcheinander zu verantworten haben, zugeben.«

»Aber … Mein Gott, Chuck, das ist fast ein Drittel der Weltbevölkerung. Ein Drittel der Weltbevölkerung ausgelöscht, innerhalb von Wochen?« Niedergeschlagen schrieb sie die Zahl auf.

»Und da sind die Morde, die Selbstmorde, die Unfalltoten, die, die bei Bränden oder Massenpaniken umkamen, und die Erfrorenen noch nicht einmal dabei.«

»Es kommt noch schlimmer, Arlys. In der Geschichte der rotierenden Präsidenten der Vereinigten Staaten ist Carnegie auch schon wieder out.«

»Was heißt out?«

»Tot.« Er rieb sich die blassblauen Augen und fuhr sich über das leicht sommersprossige Gesicht. »Heute Morgen um zwei haben sie den neuen eingeschworen. Die Landwirtschaftsministerin – die vor ihr hat es auch schon erwischt. Und jetzt soll eine gottverdammte Bauersfrau leiten, was von der freien Welt noch übrig ist. Wenn du das berichtest, werden dir die Unterdrücker dieser Welt die Tür eintreten.«

»Ja. Ich mache den Computer kaputt, wie du es mir gesagt hast, falls ich beschließe, damit auf Sendung zu gehen. Landwirtschaft.« Sie musste Notizen durchblättern bis zu der Liste, die sie gemacht hatte. »Sie stand in der Reihenfolge an achter Stelle.«

Während sie sprach strich Arlys die Namen dazwischen aus und bemerkte, dass sie auch schon einige folgende durchgestrichen hatte.

»Wenn sie es nicht schafft, bekommen wir den Bildungsminister, und nach dem gibt es niemanden mehr.«

»Süße, die Regierung ist am Ende. Nicht nur hier, in der gesamten Hölle und wieder zurück. Das ist ein teuflischer Weg, beschissene Diktatoren loszuwerden, aber es ist ein Weg. Nordkorea, Russland –«

»Moment mal. Der Präsident von Nordkorea? Er ist tot? Wann?«

»Vor zwei Wochen. Sie behaupten, er würde noch leben, aber das ist Schwindel. Darauf kannst du dich verlassen. Doch das ist noch nicht das größte Gerücht. Es ist mutiert, Arlys. Carnegie –

Präsident für einen Tag? Na gut, drei Tage. Er hatte wunde Stellen, die überall an seinem Körper ausbrachen – und in seinen Körperöffnungen –, bevor er die erwarteten Symptome des Verderbens bekam. Er wurde abgeschottet, war rund um die Uhr unter Beobachtung, wurde dreimal am Tag untersucht, und trotzdem hat es ihn erwischt.«

»Wenn es mutiert ist ...«

»Genau, das heißt alles wieder auf Anfang mit über zwei Milliarden, Tendenz steigend. Aber hier ist der große Knaller: Sie wissen einfach nicht, was es ist. Eine Art Vogelgrippe? Das ist doch Bockmist.«

»Wie meinst du das?«, fragte Arlys. »Sie haben den Erregerstamm identifiziert. Der Patient null –«

»Das ist Quatsch, Arlys. Der Tote in Brooklyn, ja, vielleicht. Aber das Verderben ist keine Vogelgrippe. Vögel sind nicht infiziert. Sie haben Hühner und Fasane untersucht und alle möglichen anderen unserer gefiederten Freunde, und nichts. Und Vierbeiner? Denen geht es einfach prächtig. Es sind nur Menschen betroffen. Nur Menschen.«

Ihre Kehle wollte sich zuschnüren, doch sie presste die Worte heraus. »Biologische Kriegsführung? Terrorismus?«

»Es gibt keine Gerüchte diesbezüglich, einfach nichts, und du kannst drauf wetten, dass sie in der Richtung suchen. Was immer das auch ist, niemand hat es je zuvor gesehen. Was ist noch übrig von denen da oben? Sie lügen und greifen auf die Nur-keine-Panik-Masche zurück. Scheiß drauf. Die Panik ist längst da.«

»Wenn sie das Virus nicht identifizieren können, können sie auch keinen Impfstoff herstellen.«

»Bingo.« Chuck machte mit dem Finger ein Häkchen in der

Luft. »Aber sie versuchen einen anderen Weg, und der erfüllt einen nicht gerade mit Zuversicht. Ich höre, dass das Militär Leute zusammentreibt, dass Leute, die – bislang – ohne Symptome sind, aus ihren Wohnungen geholt und zu Orten wie Raven Rock oder Fort Detrick gebracht werden. Sie haben Checkpoints aufgestellt und machen Razzien in ganzen Stadtvierteln, schotten urbane Gebiete ab. Falls du vorhast, New York zu verlassen, Süße, dann tu es bald.«

»Wer würde dann die Nachrichten sprechen?« Doch ihr Magen krampfte sich zusammen. »Und wie könnte ich dann jeden Tag mit dir reden?«

»Ich schätze, mir bleibt noch etwas Zeit, bis sie kommen und anklopfen. Und ich habe ein Hintertürchen. Wenn du das benutzen willst, Arlys, überleg nicht groß, verschwinde. Besorg dir so viele Vorräte, wie du mitnehmen kannst, und dann raus mit dir aus der Stadt.«

Er hielt inne, zeigte wieder dieses Grinsen. »In diesem Sinne. Auf geht's, Frank!«

Arlys schloss die Augen und lachte matt, als sie Sinatra »New York, New York« schmachten hörte.

»*Start spreading the news.* Ja, ich verbreite die Nachricht.«

»Er hat's ganz sicher geschafft. Der kleine Dünne aus Hoboken. Hey, ich bin auch dünn. Da gibt es einen Ring, richtig? In Hoboken.«

Sein Grinsen blieb breit, doch sie sah seine Augen – seinen intensiven, ernsten Blick. »Ja, ich hab da eine nette Schmonzette gemacht, vor einer Million Jahren.«

»Podoken Hoboken. Ist nicht gerade die Park Avenue, und trotzdem hat es der number-one boy, der von dort kam, weit gebracht. Jedenfalls, ich habe da ein Buch. Hab bis drei Uhr morgens rumgehackt – das ist sogar für einen wie mich ganz schön spät. Bleib sauber!«

»Du auch, Chuck.«

Sie beendete den Anruf und zog eine Straßenkarte von Hoboken heraus.

»Park Avenue«, murmelte sie. »Ah, da ist sie ja. Number One Park Avenue vielleicht? Oder … Die Park Avenue quert die First Street. Park und First, drei Uhr früh, falls ich aus Manhattan rauskomme.«

Sie stand auf, schritt auf und ab, versuchte, alles aufzunehmen, was Chuck ihr gesagt hatte. Sie vertraute ihm – fast alles, was er ihr bis zu diesem Morgen erzählt hatte, hatte gestimmt. Und was nicht offiziell verifiziert worden war, war in der Kategorie anonyme Quellen gelandet.

Zwei Milliarden Tote. Mutiertes Virus. Ein weiterer toter Präsident. Sie musste über Sally MacBride recherchieren – die Landwirtschaftsministerin, die Chuck zufolge die neue Präsidentin geworden war. Dann würde sie bereit sein, falls und wenn der Machtwechsel angekündigt wurde.

Wenn sie damit auf Sendung ging, würden die Uniformen – oder die Männer in Schwarz – sicher in Scharen im Sender auftauchen. Sie festnehmen, um sie zu befragen, oder am Ende sogar alles stilllegen. In der Welt von früher wäre sie, um eine Quelle zu schützen, das Risiko eingegangen, verhört zu werden, vor Gericht gestellt zu werden. Doch dies war nicht mehr die Welt von früher.

Sie würde sich für ihre Morgenausgabe an offiziell verifizierte Berichte halten, daran und an ihre eigenen Beobachtungen. Dann würde sie einen Text auf der Basis von Chucks Infos schreiben. Das Internet checken – dabei konnte Little Fred ihr helfen. Wenn sie noch eine weitere Quelle nennen konnten, selbst eine aus dem Deep Web, würde sie damit Chuck und sich selbst schützen können. Und den Sender.

Sie setzte sich wieder hin, schenkte Kaffee nach, textete, verbesserte, formulierte neu, druckte aus. Fred würde den Text in den Teleprompter eingeben.

Anschließend nahm sie den Ausdruck mit zur Garderobe und suchte ein Jackett aus, bevor sie hineinging, um sich selbst zu schminken und zu frisieren. Die Welt mochte zugrunde gehen, doch sie würde professionell aussehen, wenn sie darüber berichtete.

Im Studio traf sie Little Fred, die lebhafte Rothaarige; sie plauderte mit dem Kameramann mit dem traurigen Blick.

»Hi Arlys! Du hast so vor dich hingearbeitet, da wollte ich dich nicht unterbrechen. Ich habe ein paar Äpfel und Orangen, hab sie in den Pausenraum gelegt.«

»Wo hast du die denn gefunden?«

»Oh, man muss einfach nur wissen, wo man suchen muss.«

»Na gut, dass du das draufhast. Kannst du dich um meinen Text kümmern?«

»Klar doch.« Sie senkte die Stimme. »Steve geht es nicht gut. Er hat gestern Abend gesehen, wie so ein Arsch einen Hund erschoss. Als er auf die Straße runterkam, war der Typ verschwunden und der Hund tot. Wieso müssen die Leute so fies sein?«

»Ich weiß es nicht. Aber es gibt auch Leute wie Steve, die auf die Straße gehen würden, um einem Hund zu helfen, das ist die andere Seite der Medaille.«

»Das stimmt. Vielleicht finde ich ja einen Hund für ihn. Es gibt jetzt so viele Streuner.«

Ehe Arlys etwas dazu sagen konnte, stürzte Little Fred los, um den Teleprompter zu laden.

Arlys ging hinter den Sprechertisch und steckte ihre Ohrmuschel an.

»Hört ihr mich?«

»Wir haben dich, Arlys.«

»Guten Morgen Carol. Ich habe zehn Minuten harten Stoff und zehn Minuten andere Sachen. Little Fred lädt gerade.«

Sie sprachen über die Regie, fügten Texte von Carol und Jim hinzu, legten sich Anfang und Ende zurecht – das Einhorn kam ans Ende – und kalkulierten, dass sie einen vollen dreißigminütigen Bericht anbieten konnten.

»Wenn wir damit fertig sind, Arlys«, sagte Jim ihr ins Ohr, »und die Welt ist wieder – relativ – bei Verstand, dann behältst du diesen Sprechertisch beim *Evening Spotlight*.«

Die großen Tiere, dachte sie. Und sie dachte auch daran, was sie von Chuck erfahren hatte. Es würde nie geschehen.

»Ich erinnere dich daran.«

»Großes Ehrenwort.«

Fred legte die gedruckte Kopie auf den Tisch, stellte ein Glas Wasser dazu. »Danke.« Arlys prüfte ihr Gesicht, glättete ihr langes dunkelbraunes Haar und ging einige Zungenbrecher durch, bis das Dreißig-Sekunden-Zeichen aufleuchtete.

Bei zehn rollte sie die Schultern, bei fünf drehte sie sich zur Kamera und wartete auf Steves Signal.

»Guten Morgen. Hier ist Arlys Reid in New York mit dem *Morgenbericht* für Sie. Die Weltgesundheitsorganisation WHO schätzt, dass die Anzahl der Toten durch das Virus H5N1-X heute eineinhalb Milliarden überschritten hat. Gestern traf sich Präsident Carnegie mit den Chefs und weiteren Vertretern der WHO und der Seuchenschutzbehörde sowie Wissenschaftlern, die rund um die Uhr daran arbeiten, einen Impfstoff gegen das Virus zu finden.«

Ich lüge, dachte sie, während sie fortfuhr. Ich lüge, weil ich Angst habe, die Wahrheit zu sagen.

Weil ich selbst Angst habe.

Kapitel 4

Arlys sprach ihren Bericht, und Lana hörte die aufeinanderfolgenden schlimmen Nachrichten und schaute dabei aus dem Fenster.

Sie liebte die von der Decke bis zum Boden reichenden Fenster des Lofts, liebte es, ihre neue Nachbarschaft sehen zu können. Wie oft waren sie oder Max schon morgens zu der kleinen Bäckerei hinübergelaufen, um frische Bagels zu holen? Nun waren statt eines Schaufensters mit leckeren, verlockenden Backwaren nur mehr Bretter zu sehen, die mit obszönen Graffiti beschmiert waren.

Ihr Blick schwenkte zu dem Feinkostladen an der Ecke, wo sie so oft mit der gutgelaunten Frau hinter der Theke gescherzt hatte. Doris, erinnerte sich Lana. Sie hieß Doris, und sie hatte immer eine weiße Mütze über straffen grauen Locken und einen grellroten Lippenstift getragen.

Erst einen Tag zuvor hatte Lana aus eben diesem Fenster hinausgesehen und feststellen müssen, dass von dem kleinen Familiengeschäft nichts mehr übrig war als verkohlte Ziegel, noch immer rauchendes Holz und zerbrochenes Glas.

Bestimmt nur aus gemeiner Böswilligkeit.

So viele Geschäfte und Restaurants, bei denen sie und Max Kunden gewesen waren, hatten zugemacht oder waren von Plünderern oder Vandalen zerstört worden.

Andere Lofts und Apartments waren leer oder fest verschlossen. Waren darin Lebende oder Tote?

Niemand war an diesem Morgen auf dem Gehsteig zu sehen. Nicht einmal die, die sich manchmal hinauswagten, um Essen oder Vorräte zu ergattern und sich dann gleich wieder einzuschließen. Nicht ein Auto fuhr vorbei.

Sie kamen nachts, in der Dunkelheit. Die, die sich selbst die Raider nannten, die Räuber. Gab es irgendein anderes Wort für sie?, dachte Lana nach. Sie kamen aus ihren Löchern heraus, streiften in Rudeln umher wie tollwütige Wölfe, dröhnten auf Motorrädern durch die Straßen. Ballerten herum, warfen Steine oder Feuerbomben in Fenster. Demolierten, brandschatzten, plünderten, lachten.

In der Nacht zuvor war Lana von den Schreien und den Schüssen aufgewacht und hatte einen Blick hinaus riskiert. Sie entdeckte eine ganze Gruppe Raider fast direkt vor ihrer eigenen Haustür. Sah zu, wie zwei von ihnen sich stritten, kämpften und Messer zogen, und die anderen darum herum standen und grölten, als Blut floss. Den Besiegten ließen sie auf der Straße verbluten – allerdings nicht, ohne ihn zuvor noch mit Füßen zu treten und auf ihm herumzutrampeln.

Max hatte die Polizei gerufen. Seine eigenen wachsenden Kräfte halfen ihm, das Signal zu verstärken, da per Telefon – Festnetz wie auch Handys – nur mehr selten Verbindungen zustande kamen.

Eine volle Stunde nach dem Anruf waren sie dann gekommen, in Kampfausrüstung. Die Leiche nahmen sie mit, machten sich aber nicht die Mühe, Lana oder Max zu befragen.

Vom Fenster aus sah sie jetzt noch das Blut auf der Straße.

Wie hatte die Welt so dunkel, so grausam werden können? Und das zur selben Zeit, in der zu ihr, in sie, ein solches Licht gekommen war? Sie spürte es erstarken, spürte es glühen, spürte diesen Ansturm von Kraft, immer wenn sie sich ihr öffnete.

Sie wusste, dass es bei Max ebenso war, dieses Erstarken, diese Entdeckung. Sie hatte es auch schon bei anderen bemerkt. Bei der Frau, die sie vom Dach des Gebäudes gegenüber hatte springen sehen – nicht aus Verzweiflung, sondern um sich auf leuchtenden Schwingen voller Freude in die Luft zu erheben.

Oder bei dem vielleicht zehn Jahre alten Jungen, der den Gehsteig entlanghüpfte und mit fuchtelnden Armen die Straßenbeleuchtung an- und ausschaltete.

Sie hatte den Tanz winziger Lichter gesehen und beobachtet, wie einige so nah an ihr Fenster flatterten, dass sie ihre Gestalten wahrnehmen konnte – manche waren männlich, manche weiblich.

Wunder, dachte sie. Von eben diesem Fenster aus hatte sie Wunder beobachtet. Und Verderbtheit. Menschliche Grausamkeit, die mit Pistolen und Messern und wilden Blicken wütete. Die dunkle Seite von Magiern, die tödliche Feuerbälle schleuderten oder andere mit schwarzen Schwertern niederstreckten.

Ihr Licht erstarkte, und doch starb die Welt vor ihren Augen.

Mit schauderndem Herzen dachte Lana an die Zahlen, die die Frau im Fernsehen genannt hatte. Mehr als anderthalb Milliarden Tote. Eineinhalb Milliarden Leben ausgemerzt, nicht durch Terrorismus, nicht durch Bomben und Panzer oder eine wahnsinnige Ideologie. Sondern durch ein Virus, Bazillen, mikroskopisch kleine Wesen, die Wissenschaftler leidenschaftslos mit Buchstaben bezeichnet hatten.

Und die die Leute ganz lapidar *das Verderben* nannten.

Arlys Reid war nun Lanas wichtigste Richtschnur für die Welt außerhalb ihres Lofts. Sie klammerte sich an die täglichen

Sendungen, weil diese Reporterin so ruhig schien, so unglaublich gefasst, wenn sie über den Horror berichtete.

Und über die Hoffnung, erinnerte sich Lana. Über die fortwährende Arbeit an einem Heilmittel. Aber selbst wenn es kam, würde nichts wieder so sein, wie es gewesen war.

Das Verderben verbreitete sein Gift so schnell, während Magier, schwarze und weiße, sich erhoben, um die Leere zu füllen, die der Tod schuf.

Was würde am Ende bleiben?

»Lana, geh vom Fenster weg. Es ist nicht sicher.«

»Ich habe es abgeschirmt. Niemand kann hereinsehen.«

»Hast du es auch kugelsicher gemacht?« Max ging zu ihr und zog sie zurück.

Sie drehte sich zu ihm, schloss die Augen. »Oh, Max. Wie kann das wirklich sein? Im Westen ist Rauch. Er verdunkelt den Himmel. New York stirbt, Max.«

»Ich weiß.« Er umarmte sie und blickte über sie hinweg auf den Rauch, in den grauen Himmel, an dem schwarze Vögel kreisten. »Ich habe endlich Eric erreicht.«

Lana trat rasch zurück. Max hatte tagelang versucht, seinen jüngeren Bruder zu kontaktieren. »Gott sei Dank! Geht es ihm gut?«

»Ja. Er konnte unsere Eltern auch nicht erreichen. Sie waren ja in Frankreich unterwegs, als das begann … Man kann nichts in Erfahrung bringen. Ich habe es nicht geschafft, das Signal so weit zu transportieren. Noch nicht.«

»Ich weiß, dass es ihnen gut geht. Ich weiß es einfach. Wo ist Eric?«

»Noch immer in Pennsylvania an der Uni, aber er sagt, es ist schlimm. Er will versuchen, heute Nacht dort wegzukommen. Er will nach Westen, weg aus der Stadt. Hat eine Gruppe von Leuten, mit denen er reisen kann, und sie horten Vorräte. Er konnte mir den Ort noch nennen, bevor das Signal abbrach. Ich konnte es einfach nicht mehr halten.«

»Aber du hast ihn erreicht, und es geht ihm gut.« Sie klammerte sich daran, und an Max' Hände. »Du willst los, ihn finden.«

»Wir müssen aus New York raus, Lana. Du hast selbst gesagt, die Stadt stirbt.«

Sie schaute zum Fenster hinüber. »Mein ganzes Leben«, sagte sie. »Ich habe mein ganzes Leben hier verbracht. Habe hier gearbeitet, dich kennengelernt. Aber es ist nicht mehr unser Zuhause. Und du musst Eric finden. Wir müssen gehen, ihn finden.«

Erleichtert, dass sie begriff, legte er seine Wange auf ihren Kopf. Er hatte hier seinen Platz gefunden und betrachtete diese Stadt sogar als sein Kraftzentrum – für das Schreiben, das er so liebte, die Magie, die er in sich entdeckt hatte. Hier hatte er studiert, an seiner Gabe gearbeitet, eine befriedigende Karriere aufgebaut. Hier hatte er Lana gefunden; und hier hatten sie ihr gemeinsames Leben begonnen.

Doch nun brannte und blutete die Stadt. Er hatte genug gesehen, um zu wissen, dass New York sie mit sich in die Hölle reißen würde, wenn sie blieben.

»Ich muss Eric finden, aber du – dich in Sicherheit zu wissen –, das ist mir das Allerwichtigste.«

Sie küsste ihn sanft auf den Hals. »Wir passen aufeinander auf. Vielleicht kommen wir eines Tages zurück und helfen beim Wiederaufbau.«

Dazu sagte er nichts. Er war draußen gewesen, hatte die Straßen nach Proviant und Brauchbarem durchstöbert. Seine Hoffnungen auf eine Rückkehr hatten sich bereits zerschlagen.

»Jemand aus Erics Gruppe hat ein Ferienhaus in den Alleghe-nies, dort fahren sie alle hin. Es liegt ziemlich abgeschieden.« Max blickte weiter aus dem Fenster, wo Vögel – waren es jetzt mehr? – im aufsteigenden Rauch kreisten. »Da sollte es sicher sein, abseits der Ballungsgebiete. Ich habe mir die Route angesehen.«

»Es ist eine lange Fahrt bis dorthin. Den Berichten Arlys Reids zufolge sind die Tunnels blockiert. Und das Militär hat jetzt Bar-rikaden errichtet – man versucht, die Leute unter Kontrolle zu halten.«

»Wir kommen schon durch.« Er zog sie nach hinten, umfasste ihre Schultern und strich ihre Arme entlang, als wollte er seine Entschlossenheit auf sie übertragen. »Wir kommen hier raus. Pack zusammen, was du brauchst, nur das Nötigste. Ich gehe in-zwischen raus, ein paar Sachen besorgen. Dann klauen wir uns ein Auto – es stehen viele herrenlos auf den Straßen herum. Ich kann eines starten.«

Er blickte auf seine Hände. »Ich kann das. Zunächst fahren wir nach Norden, in die Bronx.«

»In die Bronx?«

»Die größten Probleme gibt es mit den Tunnels und den Brü-cken. Wir müssen über den Harlem River kommen, aber nach dem, was ich zuletzt gehört habe, wird man auf dem Weg in die Bronx nicht aufgehalten.«

»Und wie kommen wir da hin?«

»Am schnellsten geht es anscheinend über die Park Avenue Bridge.« Er studierte schon seit Tagen Landkarten. »Das ist zwar eine Bahnbrücke, aber ein Pick-up-Truck oder SUV könnte es schaffen. Sie ist nur gut hundert Meter lang, also kommt man wirklich schnell rüber. Und dann fahren wir weiter nach Norden, bis wir westwärts abbiegen können und nach Pennsylvania kommen. Wir müssen auf jeden Fall aus New York raus. Es wird noch schlimmer, Lana.«

»Ich weiß. Ich kann es fühlen.« Sie ergriff Max' Hand und drehte sich zum Fernseher. »Die Nachrichtensprecherin sagt, die Regierung, die Wissenschaftler, die Beamten, alle würden behaupten, dass es bald einen Impfstoff gibt, aber das fühle ich nicht. Ich fühle es einfach nicht, Max, auch wenn ich es noch so sehr will.«

Entschlossen trat Lana zurück. »Ich packe, für uns beide. Wir brauchen nicht viel.«

»Warme Klamotten«, sagte er. »Und zieh etwas an, womit du dich gut bewegen und falls nötig auch rennen kannst. Und etwas zu essen – aber auch davon nicht zu viel. Taschenlampen, Ersatzbatterien, Wasser, ein paar Decken. Unterwegs können wir uns dann noch mehr Sachen besorgen.«

Sie blickte zu den Bücherregalen an der Wand, die vom Boden bis zur Decke reichten, und auf die vielen, vielen Bücher – einige davon mit seinem Namen darauf.

Er begriff und zuckte die Achseln. »Gelesen habe ich sie ja. Ich gehe los und besorge uns ein paar Rucksäcke. Du kannst inzwischen eine Tasche packen, Lana, für uns beide.«

»Geh kein Risiko ein.«

Er umfasste ihr Gesicht, küsste sie. »Ich bin in einer Stunde wieder da.«

»Bis dahin bin ich auch fertig.« Doch ihre Nerven spielten verrückt, und so hielt sie sich an ihm fest. »Lass uns jetzt gleich gehen, Max, zusammen. Alles, was wir brauchen, kriegen wir auch außerhalb der Stadt.«

»Lana.« Nun küsste er sie auf die Stirn. »Viele, die sich unvorbereitet auf den Weg machten, haben das mit dem Leben bezahlt.

Es ist besser, wir behalten einen kühlen Kopf und gehen Schritt für Schritt vor. Denk an warme Anziehsachen«, wiederholte er und ging los, um in seinen Mantel zu schlüpfen und eine Skimütze aufzusetzen. »Eine Stunde. Verriegle die Tür hinter mir.«

Sobald er draußen war, sperrte sie alle Schlösser ab, die er seit dem Beginn des Wahnsinns montiert hatte.

Er kommt zurück, sagte sie sich. Er würde zurückkommen, weil er clever und schnell war, weil er magische Kräfte hatte. Und weil er sie nie allein lassen würde.

Sie ging ins Schlafzimmer und starrte auf die Kleidung in ihrem Schrank. Keine schicken Kleider, keine modischen Schuhe oder sexy Stiefel. Sie spürte einen kleinen Stich und stellte sich vor, dass es Max bezüglich seiner Bücher ebenso ging.

Stattdessen packte sie Pullover, Sweatshirts, dicke Leggings, Wollhosen, Jeans, Flanellhemden, Socken, Unterwäsche ein. Eine Decke, einen großen, warmen Plaid, zwei Handtücher, ein Täschchen mit den wichtigsten Toilettenartikeln.

Im Bad seufzte sie angesichts ihrer Sammlung von Haut- und Haarpflegeprodukten, ihres Make-ups, der ganzen Badeöle. Überredete sich dazu, dass ein, nur ein Glas ihrer Lieblings-Feuchtigkeitscreme wirklich notwendig war.

Sie ging gerade ins Wohnzimmer, als Arlys Reid ihre Sendung mit dem Bericht über eine nackte Frau beendete, die auf der Madison Avenue auf einem Einhorn geritten sei.

»Hoffentlich stimmt das«, murmelte Lana und schaltete zum letzten Mal den Fernseher aus.

Aus einem tiefen Gefühl der Zuneigung heraus wählte sie ihr Lieblingsfoto von sich und Max aus. Darauf stand er hinter ihr, die Arme um sie geschlungen, ihre Hände kreuzten die seinen. Er trug eine schwarze Jeans und ein blaues Hemd, die Ärmel bis zu den Ellbogen aufgerollt, und sie ein leichtes Sommerkleid. Um sie herum das üppige Grün des Central Parks.

Sie packte es mitsamt dem Rahmen zwischen die Handtücher. Und legte noch ein Exemplar seines ersten veröffentlichten Romans dazu, *The Wizard King*.

Aus einem Gefühl von Hoffnung heraus holte sie aus seinem Büro den USB-Stick mit den Sicherungskopien der Projekte, die er gerade in Arbeit hatte. Eines Tages, wenn die Vernunft wieder in die Welt zurückfand, würde er ihn haben wollen.

Sie nahm die beiden Taschenlampen aus dem kleinen Küchenschrank, dazu die Ersatzbatterien. Sie packte Brot ein, das sie erst am Tag zuvor gebacken hatte, eine Tüte Nudeln, eine Packung Reis, selbst getrocknete Küchenkräuter, Kaffee, Tee. Für die wenigen verderblichen Sachen, ein paar Hähnchenbrüste, nahm sie eine kleine Kühltasche.

Zumindest in den ersten Tagen würden sie keinen Hunger leiden.

Sie rollte ihre Messertasche auf, die mit den fantastischen japanischen Klingen, auf die sie so lang gespart hatte.

Wahrscheinlich sollte sie nicht alle mitnehmen, doch sie gestand sich ein, wenn sie auch nur eines zurückließ, würde ihr das mehr das Herz brechen, als ihre Garderobe aufzugeben. Außerdem waren es Werkzeuge.

Sie packte sie wieder ein und legte sie zur Seite. Es waren ihre Werkzeuge, also würde sie sie in ihrem Rucksack tragen. Ihre Werkzeuge, ihr Gewicht.

Und auch wenn es noch so dumm war, ging sie ins Schlafzimmer, machte sorgfältig das Bett und arrangierte die Kissen.

Dann zog sie sich an – warme Kleidung, dicke Socken, feste Stiefel.

Als sie Max klopfen hörte – siebenmal, drei-drei-eins – rannte sie fast auf die Tür zu, sperrte auf und warf sich in seine Arme.

»Ich habe mir verboten, mir Sorgen zu machen, während du weg warst.« Sie zog ihn herein. »Aber Gott sei Dank, dass du wieder da bist.«

Tränen traten ihr in die Augen, schimmerten darin – doch als er einen burgunderroten Rucksack mit pinkfarbenen Ziernähten hochhielt, brach sie in Lachen aus.

Er erwiderte ihr Grinsen. »Du magst doch Pink. Einen hatten sie noch da.«

»Max.« Sie blinzelte die Tränen weg und nahm den Rucksack in Empfang. »Wow. Der ist ja jetzt schon schwer.«

»Ich habe sie beide bereits mit Tarnanzügen bestückt.«

Was er ihr allerdings nicht sagte, war, dass seiner auch noch eine Neun-Millimeter-Pistole und zusätzliche Ladestreifen enthielt, die er in einem geplünderten Lager gefunden hatte.

»Außerdem habe ich für jeden von uns ein Multifunktionswerkzeug und einen Wasserfilter und ein paar Spanngurte.« Er nahm die Mütze ab und fuhr sich durch die Haare. »Wir sind New Yorker, Lana. Städter. Da draußen werden wir Fremde in einem fremden Land sein.«

»Wir werden zusammen sein.«

»Ich lasse nicht zu, dass dir jemand etwas antut.«

»Gut. Ich lasse auch nicht zu, dass jemand dir etwas antut.«

»Packen wir fertig. Wir müssen vielleicht ein Stück laufen, bis wir etwas Fahrbares finden. Ich möchte aus New York raus sein, bevor es dunkel wird.«

Während sie ihre Rucksäcke komplettierten, entdeckte er die Rolle mit ihren Messern.

»Die alle?«

»Ich habe kein einziges Paar meiner hochhackigen Manolos mitgenommen. Das tut weh, Max, das tut wirklich weh.«

Er überlegte, nahm dann eine Flasche Wein aus dem Regal und ließ sie in seinen Rucksack gleiten. »Das erscheint mir fair.«

»Ist es. Außerdem hast du ein Messer am Gürtel. Das ist doch eine Messerscheide, oder?«

»Es ist ein Werkzeug. Und eine Vorsichtsmaßnahme«, fügte er hinzu, als sie nichts sagte. Einen Moment später öffnete er die Fronttasche seines Rucksacks und holte das Halfter mit der Waffe heraus.

Ernsthaft erschrocken, eine Schusswaffe in seiner Hand zu sehen, trat sie zurück. »Oh, Max. Keine Knarre. Was Waffen angeht, waren wir doch immer einer Meinung.«

»Wir leben in einem seltsamen Land, Lana. Inzwischen ist es hier sehr gefährlich geworden.« Er befestigte das Halfter am Gürtel. »Du warst fast zwei Wochen lang nicht draußen.« Er nahm ihre Hand und drückte sie. »Vertrau mir, das ist notwendig.«

»Ich vertraue dir. Ich will hier weg, Max, irgendwohin, wo man keine Waffe braucht, wo Messer keine Vorsichtsmaßnahmen sind. Gehen wir. Lass uns einfach gehen.«

Sie wollte den Kaschmirmantel anziehen, den er ihr zu Weihnachten geschenkt hatte, der so blau war wie ihre Augen. Doch er schüttelte den Kopf, und so nahm sie ihren Parka. Wenigstens sagte er nichts zu dem Kaschmirschal, den sie sich umband.

Er half ihr, den Rucksack zu schultern. »Kommst du damit klar?«

Sie erhob die geballte Faust. »Ich bin eine Städterin, die Fitness betreibt. Oder besser gesagt – betrieb.«

Die Handtasche hängte sie sich quer über die Brust.

»Lana, du brauchst keine –«

»Ich lasse meine Küchenmaschine, meinen Bratentopf, meine exakt einmal getragenen Louboutin-Stiefel da, aber ich gehe nicht ohne meine Handtasche.« Sie bewegte die Schultern, bis der Rucksack richtig saß, und sah ihn herausfordernd an. »Verderben hin oder her, Max, es gibt Grenzen. Es gibt Grenzen.«

»Waren das die Stiefel, die du anhattest, als du in mein Büro kamst – nur in einem meiner Hemden?«

»Genau. Also, zweimal getragen.«

Es war gut, dachte sie, gut, dass sie einander noch zum Lächeln brachten, bevor sie ihr Zuhause verließen.

Er hievte die Tasche hoch, die sie gepackt hatte. Dann öffnete er die Tür.

»Wir laufen einfach so lange in Richtung Norden«, sagte er, »bis wir einen Truck oder einen SUV finden.«

Ihr Lächeln verschwand, doch sie nickte.

Sie gingen zur Treppe am Ende des Flurs. Die Tür der letzten Wohnung öffnete sich einen Spalt.

»Geht nicht da raus.«

»Weiter«, befahl Max, als Lana stehen blieb.

Die Tür öffnete sich etwas mehr. In dem Spalt stand die Frau, die Lana flüchtig als Michelle kannte. Sie hatte einen Job in der Werbebranche, eine Familie mit Geld, war geschieden und führte ein aktives Sozialleben.

Nun aber flatterten Michelles Haare in bizarren Strähnen um ihr Gesicht wie in einem wilden Wind.

Hinter ihr flogen Geschirr, Gläser, Kissen und Fotos im Kreis.

»Geht nicht da hinaus«, wiederholte sie. »Da draußen ist der Tod!« Dann grinste sie entsetzlich und zerwühlte sich die Haare. »Ich kann nicht aufhören! Ich kann einfach nicht aufhören! Wir sind hier alle verrückt. Alle. Komplett. Verrückt.«

Sie knallte die Tür zu.

»Können wir ihr nicht helfen?«, fragte Lana.

Max ergriff ihren Arm und zog sie zur Treppe. »Geh weiter.«

»Sie ist eine von uns, Max.«

»Und einige von uns wurden nicht damit fertig, was in ihnen in Gang gekommen ist. Sie sind verrückt geworden, so wie sie. Immun gegen das Virus und trotzdem verdammt. Das ist die Realität, Lana. Geh weiter.«

Sie gingen die drei Etagen nach unten bis zu der schmalen Eingangshalle.

Offene Briefkästen gafften sie an, deren Türen demoliert waren oder heraushingen wie Zungen. Die Wände waren mit Graffiti verschmiert. Es roch streng, widerlich nach Urin.

»Ich wusste nicht, dass sie ins Gebäude hereingekommen sind.«

»Bis hoch in den ersten Stock«, klärte Max sie auf. »Die meisten Mieter sind vorher schon abgehauen. Ich weiß nicht, ob unterhalb unserer Etage überhaupt noch jemand im Haus ist.«

Sie traten hinaus in die Wintersonne und den beißenden Wind. Lana roch Rauch und Asche, verdorbene Lebensmittel – und den Tod.

Sie ging weiter, sagte nichts, während sie rasch durch ihre frühere kleine Welt aus Straßen und Geschäften und Cafés schritten.

Jetzt gab es hier nur mehr Zerstörung, Verwüstung und verlassene Straßen mit vereinzelten Autowracks und herrenlosen Fahrzeugen. Eine schreckliche Stille ließ ihre Schritte widerhallen.

Sie sehnte sich nach den Motoren, dem Gehupe, den Stimmen, der krachenden, scheppernden Musik der Stadt. Sie trauerte ihr nach, während sie nach Norden liefen.

»Max, oh Gott, Max, in dem Auto da sind Leichen!«

»Manche waren zu krank, um noch auszusteigen oder bis zum Krankenhaus zu kommen, haben es aber trotzdem versucht. Jedes Mal, wenn ich rausgehe, sehe ich mehr von ihnen. Wir können nicht stehen bleiben, Lana. Wir können auch nichts tun.«

»Es ist nicht richtig, sie so zu lassen, aber alles hier ist falsch. Selbst wenn sie morgen damit anfingen, einen Impfstoff zu verteilen …« Sie hörte es in seinem Schweigen, so wahrhaftig, als hätte er gesprochen. »Du glaubst nicht, dass es einen Impfstoff gibt.«

»Ich glaube, es gibt mehr Tote, als berichtet wird, und es werden noch viel mehr. Und ich glaube auch nicht, dass sie kurz davor sind, ein Mittel zu finden.«

»So dürfen wir nicht denken. Max, wir dürfen nicht …«

Während sie sprach, sprang ein Mädchen – sie konnte nicht älter als fünfzehn sein – aus einem eingeschlagenen Schaufenster, einen vollen Ranzen auf dem Rücken.

Lana wollte etwas sagen, versuchen, die Kleine zu beruhigen. Die aber zog grinsend ein Messer aus ihrem Gürtel.

»Wie wär's, wenn ihr die Rucksäcke fallen lasst, die Taschen und einfach weitergeht? Dann tu ich euch auch nichts.«

Schock und Furcht ließen Lana zurückschrecken. Max stellte sich vor sie.

»Tu uns allen einen Gefallen«, schlug er vor. »Dreh dich um und verschwinde.«

Ihre gebleichten, zu Spikes gedrehten Haare lugten unter einer Wollmütze hervor, und sie fuchtelte so heftig mit dem Messer durch die Luft, dass ein Pfeifen die Stille störte. »Deine Alte wird nicht mehr so hübsch aussehen, wenn ich ein paar Löcher in sie bohre. Also lasst euren Scheiß fallen, wenn ihr nicht bluten wollt!«

Das Mädchen sprang vor und wollte zustechen, doch Lana reagierte instinktiv. Sie riss eine Hand hoch und spürte nur noch nackte Angst.

Mit furchtsam geweiteten Augen zuckte das Mädchen zurück, schrie auf. Diese Sekunde gab Max Zeit, seine Waffe zu ziehen.

»Verschwinde. Hau ab!«

»Ihr seid auch welche!« Ihr hasserfüllter Blick aus verengten Augen heftete sich auf Lana. »Du bist eine Übernatürliche. Du hast das gemacht. Ihr habt das alles gemacht. Ihr seid verdammter Dreck!« Sie spuckte ihr vor die Füße und rannte davon.

»Max, mein Gott –«

»Weiter! Sie hat vielleicht Freunde.«

Sie liefen rasch weiter, und Lana bemerkte, dass er die Pistole in der Hand behielt. »Was hat sie denn gemeint mit –«

»Später. Da, der silberne SUV. Siehst du ihn?«

Sie sah ihn, sah, dass die Stoßstange eingedrückt war. Und sie sah auch die Leichen daneben auf der Straße liegen.

Max steckte die Pistole ins Halfter zurück, packte fest ihre Hand. Sie musste rennen, um mit ihm, mit seinen längeren Beinen, mitzuhalten.

»Max. Das Blut …« Es sickerte auf die Straße.

»Ignoriere es.«

Er riss die Tür auf, und im selben Moment durchbrach das Geräusch eines aufheulenden Motors die Stille. »Steig ein!«

Lana musste durch Blut und über eine Leiche steigen, um in den Wagen zu gelangen. Schüsse peitschten; sie konnte einen kurzen Schrei nicht unterdrücken und fiel zitternd auf den Sitz, während Max sich hinter das Steuer warf und die Tasche nach hinten hievte.

An einer Schnur aufgereihte bunte Plastikringe klimperten, als er an den Anlasser griff. Ein Motorrad schoss um die Ecke, raste auf sie zu. Auf dem Sozius saß das Mädchen hinter einem Mann, dessen schwarzes Haar mit roten Streifen im Wind flatterte.

»Los, auf die Übernatürlichen!«, schrie sie. »Leg sie um!«

Eine Gruppe aus vier oder fünf Personen kam auf sie zu, feuerte auf den SUV. Schweiß schimmerte auf Max' Stirn; er biss die Zähne zusammen. »Na komm schon, komm schon«, knurrte er.

Lana saß mit geschlossenen Augen da und dachte an das Leben, das sie hätten haben können, die Welt, wie sie hätte sein können. Wenigstens würden sie zusammen sterben, dachte sie, und ergriff seinen Arm.

Der Motor sprang an. Max legte den Gang ein und stieg aufs Gas.

»Festhalten!«, warnte er sie, riss das Steuer herum und fuhr mit quietschenden Reifen los, weg von der Meute.

Lana zuckte zusammen, als der Außenspiegel von einer Kugel getroffen zerbarst; der SUV holperte heftig über den Bordstein und streifte ein weiteres Autowrack, ehe Max das Pedal voll durchdrückte.

Sie jagten die Straße hinunter, verfolgt von dem Motorrad.

Max wurde nicht langsamer, obwohl sie auf weitere Wracks und noch mehr verwaiste Autos trafen; er fädelte sich gefährlich schnell zwischen ihnen hindurch. Funken flogen, Metall rieb gegen Metall.

Sie wagte einen Blick nach hinten. »Ich glaube, sie holen auf. Du lieber Gott, Max, das Mädchen – dasselbe Mädchen – sie hat eine Waffe. Sie …«

Kugeln heulten durch die Luft. Sie hörte Glas zerbersten.

»Ein Rücklicht«, presste er hervor, schnitt die Ecke an der Fünfzigsten Straße, sodass der Wagen schaukelte, jagte weiter

Richtung Osten. »Ich muss vielleicht langsamer werden, um durch die Stadt zu kommen, Lana, wegen all der herumstehenden Autos. Das Motorrad hinter uns ist beweglicher. Tu, was du vorhin auf der Straße getan hast.«

Vor Panik presste sie die Hände an die Schläfen. »Ich weiß nicht, was ich getan habe. Ich war so geschockt.«

Er wirbelte das Lenkrad herum, steuerte gegen, fuhr über ein auf der Straße liegendes Fahrrad. »Hast du plötzlich Angst? Schlag zurück, Lana. Schlag zurück, sonst weiß ich nicht, ob wir es schaffen.«

Eine Kugel traf das Heckfenster, Glas splitterte. Lana warf einen Arm hoch – und schleuderte damit ihre Furcht von sich.

Das Vorderrad des Motorrads schoss in die Höhe; der hintere Teil hob sich. Die Maschine neigte sich seitwärts, das Mädchen konnte sich nicht mehr halten. Lana hörte sie schreien, sah, wie sie auf der Motorhaube eines Autos aufschlug. Der Mann klammerte sich noch fest, versuchte, sein Fahrzeug in den Griff zu kriegen. Doch es trudelte, kippte, und dann schlitterten Motorrad und Fahrer über die Straße.

»Gott, ich habe sie umgebracht! Habe ich sie getötet?«

»Du hast uns gerettet.«

Er verlangsamte das Tempo, während er sich weiter durch die Stadt schlängelte. Am Broadway musste er kurz nach Norden abbiegen, weil liegen gebliebene Autos den Weg ostwärts blockierten. Hinter ihnen lag der Times Square – einst eine übervölkerte, chaotische Welt für sich, nun still wie ein Grab.

Vor jeder Kreuzung drosselte er die Geschwindigkeit, um abzuchecken, ob der Weg frei war. Und hielt dann weiter Kurs Richtung Osten.

Wie oft, fragte sich Lana, wie oft hatte sie ein Taxi nach Midtown genommen oder war mit der U-Bahn dorthin gefahren, um einzukaufen, etwas zu essen oder ins Theater zu gehen?

Ein Schlussverkauf bei Barneys, ein Bummel durch das Schuhparadies bei Saks. Ein Spaziergang im Central Park mit Max.

Alles vorbei, alles nur mehr Erinnerung.

Die wenigen Lebenszeichen, die sie sah, zeigten Menschen, die sich heimlich, verstohlen bewegten, nicht mehr mit dem forschen, leicht hektischen Schritt des typischen New Yorkers. Keine Touristen, die mit himmelwärts gewandten Blicken die Wolkenkratzer bestaunten.

Stattdessen eingeschlagene Fenster, umgestürzte Abfalleimer, kaputte Straßenlampen, ein Hund so dünn, dass seine Rippen hervortraten, auf Nahrungssuche. Würde er verwildern, fragte sie sich, und nach menschlichem Fleisch jagen?

»Ich weiß nicht einmal die Bevölkerungszahl von New York.«

»Bewegte sich auf die neun Millionen zu«, sagte Max.

»Wir sind jetzt schon fast fünfzig Blocks weit gefahren, aber ich habe noch keine fünfzig Leute gesehen. Nicht einmal ein Mensch pro Block.« Sie atmete tief, versuchte, sich zu stabilisieren. »Ich habe dir nicht geglaubt, als du sagtest, sie würden nicht alle Toten melden. Jetzt tue ich es. Warum wollte dieses Mädchen uns umbringen, Max? Warum haben sie uns verfolgt und versucht, uns zu töten?«

»Lass uns darüber sprechen, wenn wir aus der Stadt draußen sind.«

Er bog auf die Park Avenue ein. Die breite Straße bedeutete kein besseres Vorankommen, denn sie war übervoll mit Fahrzeugen. Lana stellte sich die Panik vor, die all diese Auffahrunfälle verursacht hatte, die Wut, die Autos und sogar Busse umgeworfen, die Furcht, die zu vernagelten Fenstern geführt hatte – zum

Teil bis auf eine Höhe von fünf oder sechs Etagen oberhalb der Straße und der Gehsteige.

An einer Ecke lag der Wagen eines Straßenverkäufers, umgestoßen und bis auf das Gerippe ausgeplündert. Eine Limousine, völlig ausgebrannt, rauchte noch. Verlassene Kräne ragten empor, sie schwankten gleich riesigen Skeletten. Max schlängelte sich durch alles hindurch, die Hände fest am Steuer, den Blick auf die Fahrbahn konzentriert.

»Jetzt ist es ein wenig besser«, kommentierte er. »Die meisten fahren wohl zu den Tunnels und den Brücken, obwohl dort jetzt überall Barrikaden sind.«

»Es ist immer noch schön hier.« Lanas Kehle schnürte sich zusammen. »Die alten Sandsteinhäuser, die Villen.«

Selbst wenn die Türen aus den Angeln gerissen und die Fenster eingeschlagen waren, blieb ihnen ihre Schönheit unbenommen.

Mit aufmerksamem Blick fuhr Max rasch die breite, einst vornehme Straße entlang. »Das wird wieder«, meinte er. »Die Menschen sind zu hartnäckig, um das alles nicht wieder aufzubauen, eine Stadt wie New York wieder zu beleben.«

»Sind wir Menschen?«

»Natürlich.« Um sie beide zu trösten, legte er eine Hand auf ihre. »Du darfst nicht zulassen, dass die Angst und der Argwohn der Grausamen und Unwissenden deine Selbstzweifel schüren. Wir kommen aus Manhattan heraus, und dann fahren wir nach Norden, nach Norden und Westen, bis wir einen passierbaren Weg über den Fluss finden. Je weiter weg von urbanen Gebieten, desto besser sind die Chancen.«

Da sie lediglich nickte, drückte er ihre Hand. »Wenn wir keinen Weg rüber finden, dann suchen wir uns einen anderen sicheren Ort, an dem wir überwintern können. Vertrau mir, Lana.«

»Das tue ich.«

»Keine zwanzig Blocks mehr bis zur Brücke von hier.« Er warf einen Blick in den Rückspiegel und runzelte die Stirn. »Hinter uns ist ein Auto, es kommt schnell näher.«

Max erhöhte das Tempo.

Lana drehte sich um. »Ich glaube, das ist die Polizei. Die Lichter – und jetzt Sirenen. Es ist die Polizei, Max, du solltest rechts ranfahren.«

Doch er drückte stattdessen noch mehr auf das Gaspedal. »Die alten Regeln gelten nicht mehr. Manche Bullen treiben Leute wie uns zusammen.«

»Nein. Davon habe ich noch nie etwas gehört. Max! Du fährst zu schnell.«

»Ich gehe kein Risiko ein. Ich habe mit Leuten, solchen wie wir es sind, geredet; wir werden festgesetzt, wenn sie uns finden. Dieses Mädchen ist nicht die Einzige, die uns die Schuld gibt. Wir sind fast da.«

»Aber sogar als wir einmal –« Sie brach ab und kniff entsetzt die Augen zu, als er einem umgestürzten Truck auswich.

»Mach sie langsamer!«, fauchte Max.

»Ich weiß nicht –«

»Tu, was du vorhin getan hast, aber nicht so heftig. Mach sie nur langsamer.«

Das Herz klopfte ihr bis zum Hals, doch sie hielt eine Hand hoch, während sie sich vorstellte, dass sie das Auto nach hinten schob, einfach nur zurück.

Sie sah, wie es ins Schleudern kam und dann wie durch ein Wunder langsamer wurde. Wie geht das?, fragte sie sich. Noch vor ein paar Wochen konnte sie kaum eine Kerze anzünden, und nun … nun war sie es, die leuchtete und strahlte.

»Weiter so. Mach einfach weiter. Wir brauchen nur ein paar Minuten.«

»Ich habe Angst, dass ich … wie mit dem Motorrad. Ich will niemanden verletzen.«

»Halt einfach durch, da vorn ist die Brücke. Oh, verdammte Scheiße! Sie haben sie hochgefahren. Daran habe ich nicht gedacht. Ich hätte daran denken müssen.«

Lana blickte wieder nach vorn und sah, dass die Hubbrücke oben war. Und sie sah die Kluft zwischen der Brücke und der Straße.

»Wir müssen abbiegen!«

»Nein. Wir müssen sie runterkriegen.« Er ergriff wieder ihre Hand. »Zusammen. Zusammen schaffen wir das. Fokussiere dich, Lana, du kannst es. Konzentriere dich darauf, dass sie runterfährt, sonst sind wir verloren.«

Er schätzte ihre Fähigkeiten, ihre Kraft, zu hoch ein. Doch seine Hand hielt die ihre fest, und sie spürte seine Kraft vibrieren. Was immer sie hatte, sie schob es ihm zu.

Sie zitterte vor Anstrengung, spürte, wie alles in ihr sich bewegte und … expandierte. Und mit einem Ruck, so als würde sie eine Kerze anpusten und entzünden, begann sich die Brücke zu senken.

»Es geht. Aber –«

»Bleib fokussiert. Wir schaffen es.«

Doch sie fuhren zu schnell, und die Brücke senkte sich so langsam. Hinter ihnen heulten Sirenen.

Gemeinsam, dachte sie. Leben oder sterben. Sie schloss die Augen und schob noch kräftiger.

Dann hörte sie einen dumpfen Schlag, spürte, wie der Wagen hüpfte und wackelte.

»Jetzt hoch damit!«, schrie Max.

Durch das Summen in ihren Ohren hindurch, das sich inzwischen in ihrem ganzen Körper ausbreitete, schob sie erneut. Öffnete die Augen. Einen Moment lang dachte sie, sie würden fliegen.

Sie wirbelte herum und sah die Brücke sich Stück für Stück hinter ihnen heben. Das Polizeiauto auf der anderen Seite kam mit kreischenden Bremsen zum Stehen.

»Max. Woher kommt das? Wie ist es möglich, dass wir diese Dinge tun können? Diese Kraft, diese seltsame Kraft, das ist erschreckend und …«

»Aufregend? Eine Verlagerung, eine Öffnung. Ich weiß auch nicht, aber spürst du es nicht?«

»Doch. Doch.« Eine Öffnung, dachte sie, und so viel mehr.

»Wir sind draußen«, versicherte er ihr. Er drückte ihre Hand an seine Lippen, fuhr aber nicht langsamer, sondern raste über die Gleise. »Wir werden einen Weg hinüber finden. Hol dir ein Wasser aus dem Rucksack, atme ein paar Mal tief durch. Du zitterst ja.«

»Da sind Leute … Leute, die versuchen, uns zu töten.«

»Ja, aber wir lassen das nicht zu.« Er wandte ihr das Gesicht zu; seine Augen brannten dunkelgrau und wild. »Wir haben einen langen Weg vor uns, Lana, aber wir werden es schaffen.«

Sie ließ den Kopf zurücksinken und schloss die Augen in dem Versuch, ihren Puls zu beruhigen, den Schleier der Angst aus ihren Gedanken zu vertreiben.

»Es ist so seltsam«, murmelte sie. »Mein Leben lang bin ich schon in New York, und dies ist das erste Mal, dass ich in die Bronx komme.«

Sein Lachen überraschte sie, es war so kräftig, so mühelos. »Tja, echt ein irres erstes Mal.«

Kapitel 5

Jonah Vorhies wanderte durch das Chaos der Notaufnahme. Die Leute strömten oder stolperten noch immer herein, als würden hier Wunder feilgeboten. Sie kamen hierher, husteten und kotzten, bluteten und starben. Die meisten wegen des Verderbens, einige wegen dessen Nebenwirkung – der Gewalttätigkeit.

Schusswunden, Stichwunden, Knochenbrüche, Kopfverletzungen.

Manche saßen still da, hoffnungslos, wie der Mann mit dem etwa siebenjährigen Jungen auf seinem Schoß. Oder die Frau mit glasigen, fiebrigen Augen, die einen Rosenkranz betete. Der Tod breitete sich so vehement in ihnen aus, dass Jonah wusste, sie würden den Tag nicht überstehen.

Andere wüteten, brüllten, forderten, spuckten Speichel aus verzerrten Visagen. Was für eine Schande, dachte Jonah, dass sie sich am Ende ihres Lebens derart hässlich benahmen.

Regelmäßig brachen auch Kämpfe aus, die jedoch nur selten von Dauer waren. Das Virus zerstörte den Körper dermaßen, dass selbst ein Weltmeister im Boxen nach einigen Schlägen, die er einsteckte oder auch austeilte, zu Boden gegangen wäre.

Das medizinische Personal – das, was davon noch übrig war – tat, was es konnte. Betten standen zur Verfügung, das wusste er. Oh, Betten gab es jede Menge, auch OP-Säle, Behandlungszimmer. Aber nicht genug Ärzte, Pfleger, Assistenzärzte, Sanitäter, um zu behandeln, Wunden zu nähen, Blutungen zu stillen.

In der Leichenhalle gab es keine freien Liegen mehr – auch das wusste er –, dort mussten die Toten gestapelt werden.

Der Großteil des medizinischen Personals war entweder tot oder geflohen. Auch Patti, die vier Jahre lang seine Partnerin gewesen war, Mutter von zwei Jugendlichen, die auf Headbanging-Rock standen, Horrorfilme (je grässlicher, desto besser) und mexikanisches Essen liebten, hatte sich mit ihren Kids in der zweiten Woche nach Florida abgesetzt. Sie war geflohen, weil ihr Vater – ein passionierter Golfer, der in Tampa dem guten Leben frönte – gestorben war, und ihre Mutter – pensionierte Lehrerin, ehrenamtliche Bildungsvermittlerin, begeisterte Strickerin – im Sterben lag.

Er hatte das Verderben in Patti gesehen, zusammen mit ihrer Angst, als sie sich verabschiedete. Und er hatte gewusst, dass er sie nie mehr wiedersehen würde.

Wie auch die hübsche Schwester, die so gern Krankenhauskittel mit Kätzchen oder Hündchen darauf getragen hatte. Den Pfleger, der immer Kaugummis knallen ließ, den dienstbeflissenen Assistenzarzt, der Chirurg werden wollte, und Dutzende andere.

Sie starben wie die Fliegen, einige zu Hause, einige schleppten sich noch zur Arbeit. Manche hatte er selbst eingeliefert – inzwischen ganz allein. Wie das Klinikpersonal waren auch Rettungssanitäter, Feuerwehrleute und Polizeibeamte längst dezimiert.

Tot oder geflohen.

Rachel lebte – die hübsche, engagierte Dr. Hopman. Er sah sie gegen den Strom des Verderbens ankämpfen. Überarbeitet, erschöpft, aber nie in Panik. Er kam, um nach ihr zu sehen, um in sie hineinzuschauen.

Sie schenkte ihm Hoffnung.

Dann zog er sich wieder zurück, sperrte sich in seine Wohnung ein, in die Dunkelheit, weil die Hoffnung wehtat.

Aber er kam immer wieder zurück, suchte nach diesem winzigen Funken, diesem bisschen Licht in einer grausamen Welt. Und alles, was er sah, war Tod, der ihn erdrückte, nach ihm griff, ihn verhöhnte, weil er fähig war, ihn zu sehen, und dennoch nichts tun konnte.

Und so wanderte er durch die Notaufnahme und wieder hinaus und akzeptierte die Entscheidung, die er in der Dunkelheit getroffen hatte. Dies würde das letzte Mal sein, dass er nach Hoffnung suchte.

Er schaute in Behandlungszimmer, sah den Tod. Schaute in Vorratsräume, sah die Verwüstungen dort.

Vielleicht sollte er einen Rundgang machen, eine letzte Tour.

Außerhalb der Notaufnahme hallte das Krankenhaus wider wie ein Grabmal. Vielleicht war das ein Zeichen, dachte er. Und Gott wusste die Stillen beruhigt.

Bald würde alles still sein.

Er ging in den Personal-Pausenraum, denn mit ihm verbanden ihn einige gute Erinnerungen, die er sich noch einmal vergegenwärtigen wollte. An einem der Tische sah er Rachel sitzen; sie nahm sich selbst Blut ab.

»Was machst du da?«

Sie blickte auf. Sorge, Müdigkeit, noch immer keine Panik. Noch immer kein Verderben.

»Mach die Tür zu, Jonah.« Sie verschloss die Blutprobe, beschriftete sie, stellte sie zu den anderen. »Ich nehme mir Blut ab. Ich bin immun. Die Krankheit wütet schon mehr als vier Wochen, und ich bin ohne Symptome. Ich hätte mich inzwischen so

95

oft anstecken können, zeige aber keine Anzeichen des Virus. Du übrigens auch nicht«, bemerkte sie. »Setz dich. Ich will auch eine Probe von dir.«

»Weshalb?«

Ruhig öffnete sie eine frische Spritze. »Weil jeder, den ich behandelt habe – jeder einzelne Patient –, gestorben ist. Weil ich glaube, dass du Patient null in meine Notaufnahme gebracht hast. Ross MacLeod.«

Als Jonah merkte, dass seine Knie nachgaben, setzte er sich.

»Ich …«

»Ich habe vor Wochen einen Bericht an die Seuchenschutzbehörde geschickt, als ich mir die Zeitachse ansah, aber sie haben nicht darauf reagiert. Dort sterben die Leute auch. Ich erreiche niemanden, aber morgen werde ich versuchen, noch einen Bericht zu schicken. Ich will die Zeit nutzen, bevor sie zu uns kommen. Zieh die Jacke aus und roll den Ärmel hoch.«

»›Zu uns kommen‹?«

»Sie sind jetzt in New York – New York City, Chicago, D. C., L. A., Atlanta, natürlich.« Sie legte den Stauschlauch an. »Mach eine Faust«, sagte sie und betupfte dann die Innenseite seines Ellbogens. »Sie suchen. Sie suchen Immune wie dich und mich, nehmen sie fest und untersuchen sie. Ob die Betroffenen es wollen oder nicht.«

»Woher weißt du das?«

Sie lächelte schmal und schob die Nadel so gekonnt ein, dass er fast nichts spürte. »Die Ärzte reden miteinander. Ich habe eine Freundin, die in Chicago ihre Assistenzzeit macht. Machte. Ich glaube, sie ist inzwischen tot.«

Ihre Stimme versagte, sie saß kurz da, atmete ein und aus, bis sie sich wieder gefangen hatte.

»Sie kamen – in Schutzanzügen – und testeten Mitarbeiter. Das war vor drei Tagen. Ihr Bruder arbeitete im Sibley Memorial Hospital in D.C. Das haben sie inzwischen übernommen. So eine Art kombinierte Task-Force. Seuchenschutzbehörde, Nationales Gesundheitsinstitut, WHO. Die Kranken verlegten sie in andere Kliniken in der Gegend. Einige sortierten sie aus, zur Beobachtung, für Tests. Die Immunen sind in Quarantäne. Militärische Quarantäne. Ihr Bruder schaffte es, herauszukommen und sie zu kontaktieren, zu warnen. Sie hat dasselbe für mich getan.«

»Ich höre mir wenn möglich immer die Nachrichten an.« Wenn er sie aushielt. »Aber davon habe ich noch nichts gehört.«

»Falls irgendwelche Medienleute darüber Bescheid wissen, halten sie den Deckel drauf. Oder man setzt sie irgendwo fest. Würde ich zumindest meinen.« Sie verschloss und beschriftete seine Blutprobe, klebte mit einem Pflaster einen Wattebausch auf den Einstich.

Sie lehnte sich zurück, blickte ihm in die Augen. »Healy ist auch immun.«

»Healy? Kenne ich nicht.«

»Richtig, woher auch? Ein Labormitarbeiter. Er hat eigene Tests gemacht. Die Infizierten haben wir oft getestet – angefangen mit MacLeod. Aber wir – er – macht sie jetzt an den Immunen. Solange er's noch kann.«

Rachel sah sich im Zimmer um wie eine Frau, die eben aus einem tiefen Pool auftauchte.

»Wir sind nur ein kleines Krankenhaus in Brooklyn, aber sie werden auch zu uns kommen. Falls jemand meinen ersten Bericht findet, werden sie noch schneller hier sein, und dann bin ich in Quarantäne, um getestet zu werden. Und du ebenfalls«, fügte sie hinzu und presste dann die Finger auf ihre erschöpften Augen. »Du solltest nicht mehr hierherkommen.«

»Ich wollte mich gerade verabschieden.«

»Gut mitgedacht. Wir sind hier zu nichts mehr nütze. Du, wenn du die Infizierten anbringst, und ich, wenn ich versuche, sie zu behandeln. Bei den Infizierten ist die Sterberate hundert Prozent. Hundert Prozent.«

Sie bedeckte das Gesicht mit den Händen, schüttelte den Kopf, als er ihren Arm berührte. »Eine Minute«, murmelte sie und atmete lang gezogen aus, ehe sie die Hände wieder senkte. Ihre Augen, ein tiefes dunkles Braun, schimmerten, doch es fielen keine Tränen.

»Ich wollte schon immer Ärztin werden. Nie Prinzessin oder Ballerina, Rockstar oder eine berühmte Schauspielerin. Ärztin. Notfallmedizin. Da bist du für Leute da, die krank sind und Angst haben, die verletzt sind. Und jetzt? Es macht keinen Sinn mehr.«

»Nein.« Er spürte, wie sich die Dunkelheit um ihn legte. »Es macht keinen Sinn mehr.«

»Vielleicht macht unser Blut einen. Vielleicht passiert durch Healy ein Wunder. Eher unwahrscheinlich, aber wer weiß? Auch ich werde tun, was ich kann, solange ich es kann. Du aber solltest gehen.« Sie legte eine Hand auf seine. »Such dir einen sicheren Ort. Komm nicht mehr hierher.«

Er blickte auf ihre Hand. Er wusste, dass sie stark war, tüchtig. »Ich war so in dich verknallt.«

»Weiß ich.« Sie lächelte ihn an, als er wieder zu ihr blickte. »Irgendwie schade, dass wir beide nichts daraus gemacht haben. Ich – ich habe mich aus verschiedenen Gründen zurückgehalten. Was ist deine Entschuldigung?«

»Hab nicht genügend Mumm aufgebracht.«

»Unser Fehler. Jetzt ist es zu spät.« Sie zog ihre Hand zurück, stand auf und nahm die Blutproben an sich. »Die bringe ich Healy rauf und mache seine Laborassistentin, weil sonst niemand mehr übrig ist in seiner Abteilung. Viel Glück, Jonah.«

Er schaute ihr nach. Keine Hoffnung, dachte er. Er hatte keine Hoffnung in ihr gesehen. Stärke, ja, aber dieser Hoffnungsfunke war erloschen. Er verstand.

Er rollte den Ärmel herunter, zog die Jacke an. Er wollte nicht durch die Notaufnahme zurückgehen, durch all den Tod, auch wenn er wusste, dass ihm das bei seiner Entscheidung helfen würde.

Er ignorierte die Schreie, das Würgen, die schrecklichen Hustenanfälle und trat hinaus ins Freie. Er hatte gedacht, es drinnen zu beenden. Wenn er den Mut gehabt hätte, wäre er ins Leichenhaus gegangen, um es zu beenden. Hätte es allen leicht gemacht. Doch er konnte sich das einfach nicht ansehen.

Direkt hier, überlegte er, vor der Notaufnahme? Aber die hatten ohnehin genug zu tun. In seinem Rettungswagen? Da würde er schön allein sein, ganz für sich.

Am Steuer oder hinten? Warum war es so schwer, sich zu entscheiden?

Der Akt selber? Kein Problem. Er hatte mit genug Suiziden und versuchten Suiziden zu tun gehabt, er kannte sich aus. Die alte 32er seines Großvaters. Lauf in den Mund, abdrücken. Fertig.

Er konnte einfach nicht leben mit all dem Tod um ihn herum. Ausweglosem, unvermeidlichem Tod. Er konnte nicht mehr länger in die Gesichter von Nachbarn, Kollegen, Freunden, Familie sehen und den Tod darin erkennen.

Er konnte sich nicht mehr länger im Dunkeln einschließen, um ihn nicht sehen zu müssen. Konnte die Schreie nicht mehr hören, die Schüsse, die Hilferufe, das irre Lachen.

Irgendwann würden seine Depression und seine Verzweiflung in Wahnsinn umschlagen. Und er fürchtete, befürchtete tatsächlich, dass der Wahnsinn ihn zu einem der Bösen machen würde, die andere jagten und noch mehr Tod verursachten.

Besser, es zu beenden, einfach zu beenden und in die Stille zu gehen.

Er griff in seine Manteltasche, spürte die beruhigende Kontur der Waffe. Er ging auf seinen Rettungswagen zu, froh, die Chance gehabt zu haben, Rachel zu sehen, ihr zu helfen, ihr Auf Wiedersehen zu sagen. Er fragte sich, was Healy in seinem Blut finden würde. Etwas, das mit dieser schrecklichen Fähigkeit zu tun hatte?

Verfluchtes Blut.

Jemand hupte, er drehte sich um, ging aber weiter, selbst als der Minivan mit quietschenden Reifen neben ihm zum Stehen kam. Noch mehr Tod fürs Totenhaus, dachte er und zog die Schultern hoch, als er den Hilferuf hörte.

Keine Hilfe mehr.

»Bitte, bitte. Helfen Sie mir!«

Er hatte genug vom Tod, sagte er sich. Er wollte sich keinen Tod mehr ansehen.

»Die Babys kommen! Ich brauche Hilfe.«

Er konnte sich nicht davon abhalten, noch einmal zurückzublicken, und sah, wie sich die Frau aus dem roten Auto mühte und dabei ihren Babybauch hielt.

»Ich brauche einen Arzt. Ich habe Wehen. Sie kommen!«

Diesmal sah er nicht den Tod, sondern das Leben. Drei Leben. Drei helle Funken.

Er tröstete sich damit, dass er sich auch später noch umbringen konnte, und ging zu ihr.

»Wie vielte Woche?«

»Vierunddreißig Wochen und fünf Tage. Zwillinge. Ich habe Zwillinge.«

»Das ist gut für ein Doppelpack.« Er legte einen Arm um sie. »Sind Sie Arzt?«

»Nein. Rettungssanitäter. Ich bringe Sie nicht durch die Notaufnahme. Die ist voll von Infizierten.«

»Ich glaube, ich bin immun. Alle anderen … Nur die Babys nicht. Sie leben. Sie sind nicht krank.«

Er hörte die Angst in ihrer Stimme und versuchte, beruhigend zu klingen. »Okay, es wird schon alles. Wir gehen durch diese Tür da oben rein. Ich bringe Sie auf die Entbindungsstation. Dann besorgen wir Ihnen einen Arzt.«

»Ich – eine Wehe kommt!« Sie hielt sich an ihm fest, grub ihre Finger in ihn, atmete hechelnd.

»Machen Sie es langsamer.«

»Sie haben gut reden!«, schnauzte sie ihn an, schwer atmend.

»Tut mir leid.«

»Kein Problem. Wie viel Zeit liegt zwischen den Wehen?«

»Beim Fahren konnte ich nicht darauf aufpassen. Ungefähr drei Minuten, als ich losfuhr. Ich habe, ich weiß nicht, zehn Minuten hierhergebracht. Ich wusste nicht, was ich sonst tun sollte.«

Er brachte sie hinein, führte sie zu den Aufzügen. »Wie heißen Sie?«

»Katie.«

»Ich bin Jonah. Sind Sie bereit für Zwillinge, Katie?«

Sie sah zu ihm auf, riesige grüne Augen, dann sank ihr Kopf an seine Brust, und sie weinte.

»Ist ja gut, schon gut. Es wird alles gut.«

Wie sollte es gut sein, Babys in diese finstere, tödliche Welt zu bringen? Dann nahm er sich vor, nicht weiter zu denken, als sie auf die Entbindungsstation zu bringen.

»Ist Ihre Fruchtblase geplatzt?«

Sie schüttelte den Kopf.

Die Lifttüren öffneten sich zu einer leeren Empfangshalle. Dieselbe widerhallende Stille sagte ihm, dass er hier womöglich keine Hilfe für sie finden würde.

Er führte sie zurück – leere Räume, nicht besetzte Rezeption. Bekam niemand mehr Babys?

Er lenkte sie zu einem der Geburtszimmer. »Wir haben hier erstklassige Zimmer«, sagte er und versuchte, dabei fröhlich zu klingen. »Ziehen wir erst mal den Mantel aus, und dann setzen Sie sich aufs Bett. Wer ist Ihr Geburtshelfer?«

»Er ist tot. Spielt keine Rolle, er ist tot.«

»Und jetzt die Schuhe.« Er drückte auf den Schwesternruf, ehe er sich bückte, um ihr die Schuhe abzustreifen.

Mit einem Nachthemd hielten sie sich gar nicht erst auf. Er wusste nicht, wo sie waren, und wollte keine Zeit mit Suchen verschwenden. Sie trug sowieso ein Kleid.

»Und jetzt hinlegen.« Er half ihr dabei und hielt inne, als sie ihre Finger wieder in seinen Arm krallte. Drückte noch einmal den Schwesternruf.

»Sind sie alle tot?«, fragte sie, als die Wehe vorüberging. »Die Ärzte, die Schwestern?«

»Nein. Ich habe gerade erst unten mit einer Ärztin gesprochen, einer Freundin von mir, bevor ich rausging und Sie angefahren kamen. Ich sehe mal nach, ob ich eine der Geburtshilfe-Schwestern finde.«

»Oh Gott, lassen Sie mich nicht allein!«

»Aber nein. Ich schwöre, das tue ich nicht. Ich versuche nur, eine Schwester zu finden, und besorge Wärmebetten für die Babys. Sie haben gut durchgehalten«, sagte er, »aber es sind halt doch Frühchen.«

»Ich habe alles getan, um sie bis zur sechsunddreißigsten Woche zu behalten. Ich hab's versucht, aber –«

»Hey.« Er ergriff ihre Hand und wartete, bis ihr Blick aus tränennassen Augen dem seinen begegnete. »Sie sind ganz knapp vor der fünfunddreißigsten. Das ist doch verdammt gut. Geben Sie mir zwei Minuten, okay? Pressen Sie nicht, Katie. Atmen Sie durch die Wehe durch, wenn Sie noch eine bekommen, ehe ich wieder hier bin. Pressen Sie nicht.«

»Beeilen Sie sich. Bitte.«

»Versprochen.«

Er trat aus dem Zimmer, und dann rannte er.

Diesen Flügel kannte er nicht, er war erst ein paar Mal hier gewesen, und auch nicht weiter als bis zur Rezeption. Er versuchte, Mut zu fassen, und dann sah er hinter der Glasscheibe drei Kleinkinder in ihren Babybettchen. Es musste also jemand hier sein. Jemand musste sich um die Babys kümmern.

Er ging durch eine Flügeltür, trat in einen OP-Saal. Ein Arzt – hoffte er – im Kittel, mit Handschuhen, ein Skalpell in der Hand. Eine Schwester und eine Schwangere auf dem Tisch, mit geschlossenen Augen.

»Ich habe eine Frau, die in den Wehen liegt, mit Zwillingen. Ich –«

»Und ich versuche gerade, das Leben dieser Frau und ihres Fötus zu retten. Raus!«

»Ich brauche – sie braucht einen Arzt.«

»Ich sagte raus! Ich bin der Einzige hier. Nur ich bin noch da, und ich bin hier schwer beschäftigt. Schwester!«

»Gehen Sie!«, befahl sie, als der Arzt zum Schnitt ansetzte.

»Rufen Sie Dr. Hopman. Nur das. Piepsen Sie sie an.«

Jonah eilte hinaus, nahm sich zwei Wärmebetten, brachte sie zu Katie, die keuchend mit der nächsten Wehe kämpfte.

»Weiteratmen, atmen Sie weiter. Ich richte die beiden Wärmebetten her.«

»Doktor!«, stieß sie hervor.

Er schaltete die Betten ein, warf seinen Mantel weg, rollte die Ärmel auf. »Wir müssen es alleine schaffen. Aber wir werden es schaffen.«

»Oh Gott, oh Gott! Haben Sie je ein Baby entbunden?«

»Ja, ein paar Mal.«

»Würden Sie das sagen, auch wenn es nicht so wäre?«

»Nein. Ich habe sogar schon ein Frühchen entbunden. Das sind meine ersten Zwillinge, aber hey, wenn man eines holen kann, kann man auch zwei holen. Ich wasche mir nur die Hände und ziehe mir Handschuhe an. Und dann geht's los, okay?«

»Ich habe keine Wahl.« Sie blickte an die Decke. »Falls es für mich schiefgeht, versprechen Sie mir, sich um sie zu kümmern. Sie kümmern sich um meine Babys.«

»Es geht nicht schief, und ich werde mich um sie kümmern. Und um Sie. Mein Ehrenwort.« Er legte die Hand aufs Herz, ging ins Bad und wusch sich gründlich die Hände.

»Wie sollen sie heißen?«, rief er.

»Das Mädchen Antonia. Mein Mann … er vor allem wollte ein Mädchen. Bevor wir wussten, dass es Zwillinge werden, hoffte er auf ein Mädchen. Der Junge heißt Duncan, nach dem Vater meines Vaters.«

»Schön. Gute, starke Namen.« Er zog Handschuhe an, atmete lange und tief durch. »Eines von jeder Sorte, ja? Das Beste vom Besten.«

»Er ist hier gestorben. Mein Tony. Meine Eltern auch, und mein Bruder. Vier Menschen, die ich liebte, starben in diesem Krankenhaus. Aber ich wusste nicht, wohin ich sonst hätte gehen sollen.«

»Das tut mir leid. Aber Ihre Babys werden nicht sterben, und Sie auch nicht. Ah, ich muss Ihnen die Unterwäsche ausziehen und mir die Sache ansehen.«

»Nur kein falsches Schamgefühl.«

Er zog ihr das Höschen aus. »Sie müssen ein wenig vorrutschen.«

»Ich tu mein Bestes.«

»Ja, Sie müssen Ihren Po ein bisschen bewegen.«

»Sie machen Witze«, sagte sie lachend, und er grinste.

»Sie sollten mich mal als Stand-up-Comedian erleben. Atmen Sie durch.«

Er führte einige Finger ein, um ihre Dehnung zu messen, und sie blies ihren Atem an die Decke.

»Ihr Muttermund ist ganz geöffnet, Katie. Ich werde mich bei Antonia entschuldigen, sobald sie da ist. Ich habe gerade ihren Kopf angestupst.«

»Duncan. Er ist der erste. Seinen Kopf?«

»Ja.« Und Gott sei Dank war es der Kopf gewesen und nicht sein Hinterteil.

»Eines kommt.«

»Stehen Sie es durch. Sie sind dicht davor. Sie – oh, Ihre Fruchtblase ist geplatzt.«

»Es tut so weh. Oh, lieber Gott, heilige Maria, es tut so weh!«

»Ich weiß.«

»Was wissen Sie? Sie sind ein Mann.« Sie drehte den Kopf, schloss die Augen und ließ einen langen, reinigenden Atemstoß entweichen. »Wir wollten, dass während der Entbindung Adele gespielt wird. Und Tony und ich wollten, dass auch unsere Mütter dabei sind. Seine Mom ist jetzt tot, wie auch sein Vater. Mein Bruder, Tonys Bruder und Schwester. Die Babys haben nur noch mich.«

»Duncan zeigt sich schon, Katie. Ich sehe seinen Kopf. Er hat Haare! Dunkle Haare. Wollen Sie den Spiegel?«

Sie schluchzte laut, bedeckte sich die Augen und bedeutete ihm mit einer Geste, zu warten. »Ich habe ihn so geliebt. Tony. Meine Eltern, mein Bruder, seine Familie. Meine Familie. Sie sind alle gegangen. Die Babys. Die Babys sind alles, was ich von meiner Familie noch habe. Ich bin alles, was sie haben.« Sie wischte sich die Tränen ab. »Ich will den Spiegel, bitte. Ich will die Geburt sehen.«

Er rückte ihn zurecht, bis sie nickte. Begleitete sie durch die nächsten Wehen, dann durch das Pressen.

Sie sprach nicht mehr von Verlust, sondern presste wie eine Kriegerin in der Schlacht.

Duncan mit seinen dunklen Haaren kam schreiend und mit schwingenden Fäustchen in die Welt. Seine Mutter lachte und streckte die Arme nach ihm aus.

»Er hat eine gesunde Farbe – und eine verdammt gute Lunge.« Jonah wischte die Käseschmiere ab, legte das Baby in Katies Arme. »Ich klemme die Nabelschnur ab.«

»Er ist wunderschön. Er ist perfekt. Ist er perfekt? Bitte.«

»Wir wiegen ihn und legen ihn gleich ins Wärmebett. Er sieht absolut perfekt aus.«

»Er … er will an die Brust!«

»Na ja, ist halt ein Junge.«

»In den Büchern steht, vor allem bei Frühchen … Er hat sie sofort gefunden! Er hat Hunger. Und – oh Gott, jetzt kommt sie. Sie kommt.«

»Antonia will nicht hintanstehen. Ich lege ihn ins Bettchen.«

»Nein, nein. Ich habe ihn. Er hat Hunger. Ich muss pressen!«

»Okay, dann mal kräftig. Sie können noch fester.«

»Ich versuche es ja!«

»Okay, Moment. Entspannen Sie sich. Atmen Sie. Ich brauche noch eine Wehe. Eine gute, starke. Sie ist so weit. Schauen Sie in den Spiegel, Katie. Pressen Sie sie jetzt heraus.«

Sie atmete kräftig ein und ließ die Luft dann mit einem tiefen, klagenden Laut ausströmen. Jonah umfasste den Kopf, drehte die Schultern, und Antonia glitt in seine Hände.

»Da haben wir sie.«

»Sie schreit nicht, sie schreit nicht. Was ist los?«

»Geben Sie ihr eine Sekunde.« Jonah reinigte die Nase und den Mund des Babys, rieb die winzige Brust. »Na komm, Antonia. Wir wissen, dass du kein Schreibaby bist, aber deine Mom möchte was von dir hören. Sie lässt sich einfach nur Zeit. Sie ist in Ordnung. Das Licht ist in ihr, nicht die Finsternis. Ich sehe Leben, nicht Tod.«

»Was –«

»Und da.« Jonah grinste, als das Baby einen hohen Klageton vernehmen ließ, einen beleidigten, ärgerlichen kleinen Laut. »Sie bekommt Farbe. Wollte nur erst mal in sich gehen, das ist alles. Sie ist eine Schönheit, Mom.«

Katie herzte sie. »Was für ein süßes Köpfchen!«

»Ja, die Haare hat sich alle ihr Bruder genommen. Aber geben Sie ihr ein wenig Zeit, dann wird sie ihn in der Hinsicht überholen. Jetzt werde ich die Nabelschnüre durchtrennen. Wenn er mit seiner ersten Mahlzeit fertig ist, möchte ich ihn sauber machen, wiegen, ein paar Dinge überprüfen. Sie haben mit der Plazenta noch etwas zu erledigen.«

»Das kann nur leichter sein, als Zwillinge zu bekommen.«

Jonah nahm Duncan, säuberte ihn sorgfältig, überprüfte seine Herzfrequenz und seine Reflexe, wog ihn. »Er wiegt zweitausendsiebenhundertachtundsiebzig Gramm. Das ist ein gutes Gewicht, sogar für ein Reifgeborenes. Gute Arbeit, Katie.«

»Sie beobachtet mich. Ich weiß, dass das wahrscheinlich nicht stimmt, aber es ist, als würde sie mich ansehen. Als würde sie mich kennen.«

»Sicher tut sie das.« Jonah blickte auf das Baby in seinen Händen und fühlte … Triumph und eine stille, stabile Liebe.

»Ich möchte Duncan ein wenig ins Wärmebettchen legen. Ihr Mädchen brauche ich auch. Und ich besorge Ihnen etwas Kaltes zu trinken«, sagte er zu Katie, während er Antonia säuberte. »Und etwas zu essen, wenn ich was finde. Ihr Mädchen wiegt zweitausendfünfhunderteinundfünfzig Gramm. Gut für sie.«

»Eine Kontraktion.«

»Okay. Hier ist ein Eimer. Schieben Sie's einfach raus, Kriegerin.«

Als es getan war, legte sich Katie stumm zurück, und Jonah wischte ihr den Schweiß von der Stirn. Dann ergriff sie seine Hand.

»Sie haben gesagt, Sie konnten das Leben sehen, nicht den Tod. Licht, nicht Finsternis. Und als Sie … als Sie das sagten, da waren Sie anders. Da habe ich etwas anderes gesehen.«

»Ich war ein bisschen mitgenommen in dem Moment.« Er wollte zurücktreten, doch sie hielt ihn fest, sah ihn an.

»Ich habe in den letzten Wochen Dinge gesehen. Dinge, die keinen Sinn ergeben, Dinge aus Büchern und Fantasy-Filmen. Sind Sie einer von denen? Einer von denen, die sie die Übernatürlichen nennen?«

»Hören Sie, Sie sind müde, und ich muss –«

»Sie haben meinen Sohn und meine Tochter in die Welt gebracht. Sie haben mir wieder eine Familie gegeben. Sie haben mir …« Tränen flossen über ihre Wangen, ihre Stimme bebte. »Sie gaben mir einen Grund weiterzuleben. Ich werde Ihnen jeden Tag meines restlichen Lebens dankbar sein. Jedes Mal, wenn ich meine Kinder ansehe. Ich habe Kinder. Und wenn ich sie vielleicht auch nur habe, weil Sie etwas haben – oder sind –, dann bin ich auch dafür dankbar.«

Nun traten ihm Tränen in die Augen, und er merkte, dass er sich an ihrer Hand festhielt wie an einer Rettungsleine. »Ich weiß nicht, was ich bin. Ich weiß es nicht. Ich kann den Tod bei jemandem kommen sehen oder eine Verletzung. Ich kann sehen, wie es passiert, und ich kann nichts machen, dass es aufhört.«

»Sie haben das Leben in meinen Babys gesehen und in mir. Sie sahen das Leben. Ich weiß, was Sie sind. Sie sind mein ganz persönliches Wunder.»

Er musste sich auf die Seite des Bettes setzen, um sich wieder zu fassen. »Ich war im Begriff, mich umzubringen.«

»Nein. Nein, Jonah.«

»Wenn Sie fünf Minuten später gekommen wären, wäre ich jetzt tot. Ich konnte einfach keine Toten mehr sehen. Dann kamen Sie daher, und ich sah all das Leben. Ich denke mal, Sie sind auch mein persönliches Wunder.«

Katie zog sich hoch. »Können Sie mich eine Minute festhalten?«

»Klar. Klar kann ich das.«

Sie legte den Kopf an seine Schulter.

Er hörte Schritte, die sich rasch näherten – hörte Rachel seinen Namen rufen.

»Hier drinnen! Eine Ärztin«, erklärte er Katie. »Besser spät als nie.«

»Wer braucht einen Arzt?«

Rachel erschien an der Tür, schaute zu ihm herein und hinüber zu den Wärmebetten. »Sieh mal einer an. Hast du das gemacht?«

»Sie hat ein bisschen mitgeholfen«, meinte Jonah.

»Sieht nach exzellentem Teamwork aus. Ich bin Dr. Hopman«, stellte sie sich vor, und Katie wandte ihr den Blick zu. »Katie? Sie sind Katie Parsoni, nicht wahr?«

»Ja. Dr. Hopman.« Nun kamen die Tränen schneller. Katie streckte eine Hand aus, ohne Jonah loszulassen. »Sie sind am Leben, Dr. Hopman.«

»Ja, und Sie und Ihre Babys auch. Ich sehe sie mir nur mal kurz an und Sie ebenfalls.«

»Duncan – zwei Kilo und siebenhundertachtundsiebzig Gramm«, sagte ihr Jonah. »Antonia – zwei Kilo fünfhunderteinundfünfzig. Ich habe vergessen, die Größen zu messen.«

»Das Wichtige hast du getan. Wie geht es Ihnen, Katie?«, fragte sie und begann, Duncan zu untersuchen.

»Müde, hungrig, dankbar, traurig, glücklich. Alles auf einmal. Dr. Hopman war bei mir, als meine Mutter starb. Sie hat sich um meine Mutter gekümmert. Und um meinen Vater.«

»Jonah brachte sie ins Krankenhaus«, sagte Rachel und blickte zu ihm. »Ross und Angela MacLeod.«

»MacLeod.« Die Hühnersuppe auf dem Herd. Patient null. »Der Kreis schließt sich«, murmelte er.

»Wir sehen zwei gesunde Babys.« Rachel kauerte nieder, untersuchte die Plazenten, die Nabelschnüre. »Gut. Gut.«

»Wann können sie das Krankenhaus verlassen?«, fragte Jonah.

»Ich muss mir Katie ansehen, und ich werde versuchen, jemanden in der Pädiatrie zu finden, der sich die Babys anschaut.«

»Ihr geht es gut und den Kleinen auch. Ich kann es sehen, so wie ich sehen konnte, dass es ihrer Mutter nicht gut ging, während du mit ihrem Dad befasst warst. So wie ich auch sehen konnte, dass du immun bist. Ich hatte schon davor so eine Art Spürsinn … bevor das alles losging. Aber es ist stärker geworden. Ich erwarte nicht, dass du mich ernst nimmst, aber –«

»Tue ich aber«, unterbrach ihn Rachel. Sie rieb sich die Augen. »Ich habe auch Dinge gesehen. Dinge, die ich zunächst nicht glaubte, aber wenn du genug gesehen hast, bist du ein Idiot, es nicht zu glauben. Ich wäre aber eine miese Ärztin, wenn ich eine Frau, die Zwillinge geboren hat, nicht untersuchen würde.«

»Wenn du damit fertig bist, muss ich wissen, wann sie reisefähig sind. Und wann du bereit bist zu gehen.«

»Wohin gehe ich denn?«

»Das weiß ich noch nicht, aber ich weiß, dass du immun bist. Und Katie und ihre Babys sind es auch. Du hast gesagt, sie machen Razzien, bringen Immune in Quarantäne, testen sie.«

»Was?« Katie ergriff seine Schulter. »Sie? Die Regierung etwa? Sie nehmen Leute fest, die nicht krank sind?«

Rachel seufzte schwer. »Jonah.«

Schluss mit dem Bockmist, dachte er. Keine Verzweiflung mehr. »Sie hat ein Recht darauf, Bescheid zu wissen. Sie hat Babys, an die sie denken muss. Du bist Ärztin. Es gibt immer noch

Menschen, die das Virus nicht haben, aber einen Arzt brauchen. Die wirklich gute, anpassungsfähige Ärzte brauchen. Sie werden auch versuchen, Leute wie mich zu kriegen, und ich denke nicht daran, als Versuchskaninchen zu enden.

»Es ist ein Kreis«, wiederholte er. »Von ihren Eltern zu mir, von mir zu dir, von dir zu Katie, von Katie zu mir. Und nun die Babys. Das hat etwas zu bedeuten. Wann können sie reisen, wann kannst du von hier weg?«

Hundemüde schaute Rachel zu den Babys, zu der still vor sich hin weinenden Frau, zu dem Mann, dessen Blick plötzlich stahlhart war.

»Vielleicht morgen. Kommt drauf an, was du mit reisen meinst. Sie haben viele Straßen abgesperrt.«

»Ich kann ein Boot besorgen.«

»Ein Boot?«

»Patti – sie war meine Kollegin«, erklärte er Katie. »Sie hatte ein Boot. Es macht nicht viel her, aber es wird reichen. Wir fahren zu dem Boot, gehen an Bord, fahren damit über den Fluss. Und dann bewegen wir uns … in die Richtung, die uns als die beste erscheint. Halten uns an ländliche Gegenden, so gut es geht. Ich weiß noch nicht genau, wie wir zum Fluss kommen. Aber niemand wird diese Kinder auf irgendein Testgelände bringen.«

»Niemand fasst meine Babys an.« Die Tränen hörten plötzlich auf zu fließen. »Niemand. Wir können gleich jetzt gehen.«

Rachel hielt eine Hand hoch. »Morgen. Ich werde Sie untersuchen, und wir werden für vierundzwanzig Stunden ein Auge auf Ihre Babys werfen. Wenn es keine Komplikationen gibt, können wir morgen los. Wir brauchen Vorräte. Wir brauchen Windeln und Kleidung, Decken. Wir brauchen vielleicht Muttermilchersatz für die Zwillinge.«

»Duncan hat schon an der Brust getrunken.«

»Wirklich?« Rachel musste lachen. »Noch eine gute Nachricht. Trotzdem brauchen wir Vorräte. Einiges kann ich hier besorgen. Ich komme mit und sorge dafür, dass sie die Klinik verlassen können. Auch wenn Jonah wahrscheinlich so ziemlich alles erledigen könnte. Und ich gehe mit, weil du recht hast. Dies?« Sie machte eine Geste, die sie alle fünf einschloss. »Dies hat etwas zu bedeuten. Und vielleicht kann ich mich da draußen auch wieder wie eine Ärztin fühlen.«

Sie trat an das Bett. »Geh und besorge etwas zu essen für die frisch gebackene Mama. Vielleicht ein kaltes Getränk, auf jeden Fall etwas Wasser. Und auch etwas Frisches zum Anziehen. Für uns alle Mützen und Frühchen-Windeln für die Babys. Zeig uns mal, wie findig du bist, Jonah.«

»Betrachte es als erledigt.« Er stand auf. »Ich komme wieder«, sagte er zu Katie.

»Das weiß ich.«

»Na gut, Katie, dann sehen wir mal.«

»Dr. Hopman?«

»Rachel. Ich heiße Rachel, denn offenbar haben wir ja ein Bündnis geschlossen.«

»Rachel, wenn du fertig bist, kann ich dann meine Babys halten?«

»Natürlich.« Und der Funke, der in den vergangenen schrecklichen Tagen in ihr erloschen war, wurde wieder entfacht.

ZWEITER TEIL

FLUCHT

Wie soll der Mensch dem entfliehen,
was geschrieben steht;
wie soll er seinem Schicksal entkommen?

– Firdausi

Kapitel 6

Während Katie zum ersten Mal ihre Tochter stillte, beschloss Arlys Reid, mit ihrer Sendung auf die Straße zu gehen. Seit Tagen war sie nun schon auf Chucks Berichte angewiesen, auf das, was sie aus dem unzuverlässigen Internet herausholen konnte, und auf die wenigen Beobachtungen während ihrer schnellen Märsche zu und vom Studio, die sie ebenfalls mitverwendete.

Sie wollte eine Reporterin sein, sagte sie sich, als sie die Batterien ihres Tonbandgeräts checkte. Es war an der Zeit, dass sie hinausging und berichtete – ohne Rücksprache mit ihrem Sendeleiter, dem Intendanten. Was auch immer geschah, es war ihre Entscheidung – und ein Teil dieser Entscheidung, das wusste sie, rührte daher, dass sie das Schlimmste, das Chuck ihr an diesem Morgen erzählt hatte, zurückhielt.

Nämlich, dass mit Hilfe nicht zu rechnen war.

Als sie aufstand, um den Mantel anzuziehen, blickte Fred von ihrem Schreibtisch auf.

»Wo willst du hin?«

»Raus. Arbeiten. Du musst für mich einspringen, Fred. Sag einfach, ich lege mich kurz aufs Ohr oder so was. Ich will einen Beitrag mit Leuten machen, draußen. Falls ich jemanden finde, der mich nicht gleich beraubt, vergewaltigt oder umbringt.«

»Ich springe nicht ein.« Fred stand auf. »Ich komme mit dir.«

»Ganz bestimmt nicht.«

Little Fred stand da, mit ihren ein Meter einundfünfzig, und grinste nur. »Und ob. Ich habe 'ne Menge Zeit da draußen zugebracht. Jemand muss schließlich ein paar Leckerlis auftreiben, oder? Und zwei sind besser als eine«, fügte sie hinzu und zog sich schwungvoll ihre knallblaue Jacke mit den pinkfarbenen Sternen darauf an. »An der Einundfünfzigsten Straße jenseits der Sechsten gibt es so eine Art Markt – na ja, mehr so eine Automatenwand. Sie ist vernagelt, aber einige von uns wissen, dass man ein paar Bretter wegziehen und sich dahinterquetschen kann.«

Sie setzte sich eine pinkfarbene Bommelmütze auf die roten Locken. »Außerdem gibt es dort noch Lebensmittel, da können wir uns gleich einiges mitnehmen. Niemand nimmt mehr, als er oder sie braucht. Wir haben eine Abmachung getroffen.«

»›Wir‹?«

»Na ja … die, die da wohnen. Die noch da sind. Du nimmst nicht mehr, als du brauchst, und so kriegt jeder etwas.«

»Fred.« Arlys schulterte ihre Aktentasche und musterte die kleine Rothaarige mit dem kecken sommersprossigen Gesicht. »Da haben wir doch schon eine gute Story.«

Ihre sanften grünen Augen trübten sich. »Du kannst es nicht senden, Arlys. Manche Leute – wenn sie herausfinden, dass es da etwas zu essen gibt, holen sie sich gleich alles. Horten es.«

»Keine Adresse – nicht einmal das Viertel.« Zur Bekräftigung legte Arlys die Hand aufs Herz. »Nur die Story. Eine über Leute, die zusammenarbeiten, einander helfen. Ein Lichtblick. Wer braucht das nicht in dieser Zeit? Du könntest mir einige Details geben – weder Namen noch Orte – nur, wie ihr diese Übereinkunft erreicht habt, wie das Ganze funktioniert.«

»Ich überleg's mir.«

»Also gut, aber wir bleiben zusammen.« Arlys dachte an die Pistole in ihrer Tasche.

»Das ist klar. Und mach dir keine Gedanken. Ich kann sehen, ob jemand nett oder ein Arschloch ist. Na ja, einige Arschlöcher sind nicht gleich darauf aus, einen umzubringen oder so was. Sie sind einfach Arschlöcher, weil sie das schon immer waren.«

»Da gebe ich dir recht.«

Sie gingen los.

»Du weißt schon, dass Jim es nicht mag, wenn du Risiken eingehst?«

Arlys zuckte die Schultern. »Er wird es mögen, wenn ich dadurch eine Story kriege. Da draußen sind Menschen, die nur versuchen, es bis zum nächsten Tag zu schaffen. Wie machen sie das? Was ist ihnen passiert? Die Leute müssen von den Erfahrungen anderer Menschen hören. Das hilft ihnen vielleicht, selbst durchzuhalten.«

»Zum Beispiel, indem sie sich nicht mehr nehmen, als sie brauchen.«

»Zum Beispiel.« Auf dem Weg zum Eingangsbereich entwarf Arlys einen Plan. »Wir gehen westlich zur Sechsten und behalten die Leute, die wir auf der Straße sehen, im Auge. Von Gruppen halten wir uns fern. Eine Gruppe kann schnell zum Mob werden.«

»Hauptsächlich nachts«, kommentierte Fred. »Aber auch am Tag.«

»Nachts war ich schon seit drei Wochen nicht mehr draußen, außer wenn ich nach der Abendsendung schnell nach Hause gerannt bin. Dabei habe ich es früher geliebt, nachts spazieren zu gehen.«

»Du musst nur wissen, wo du hingehen kannst und wie du in die sicheren Gebiete kommst.«

»›Sichere Gebiete?‹«

»Wo sich mehr gute Leute aufhalten als schlechte. Manche der schlechten sind gar nicht wirklich schlecht. Sie haben nur Angst und sind verzweifelt. Aber manche sind schlecht und verbreiten Angst, von denen muss man sich fernhalten und wissen, wie man sich versteckt.«

»Woher weißt du, ob ein Gebiet sicher ist?«, fragte Arlys.

»Du redest mit Leuten, und die wiederum haben mit anderen Leuten geredet«, erklärte Fred, als sie zur Eingangshalle kamen. »Ich habe nichts gesagt, weil – wenn wir es senden, finden die Schlechten vielleicht die sicheren Gebiete. Ich dachte, falls wir aufhören müssen, wenn es so weit ist, sage ich es allen, damit sie versuchen können, eines zu erreichen.«

»Du erstaunst mich, Fred.«

»Manchmal können sie helfen, wenn jemand aus der Stadt rauswill. Aber viele, die noch hier sind, wollen die Stadt nicht aufgeben, selbst wenn das bedeutet, dass sie kämpfen müssen.«

Arlys sperrte die Tür auf.

»Trägst du keine Maske?«

»Du weißt doch, dass die nichts nützen, oder nicht?« Arlys blickte zu Fred.

»Manchen geben sie ein Gefühl von Sicherheit. Ich dachte, dir auch.«

»Nicht mehr.«

Sie gingen hinaus, und Arlys sperrte wieder ab. »Wir trennen uns nicht, aber nur für den Fall, hast du deinen Schlüssel dabei?«

»Keine Sorge«, beruhigte Fred sie.

Arlys nickte, und sie gingen los. Ein beißender Gestank nach Verbranntem, nach Blut und Pisse lag in der Luft.

»Wie viele Menschen, schätzt du, Fred, hast du in diesen sicheren Gebieten gesehen? Mit wie vielen hast du gesprochen? Ich bringe das nicht in der Sendung. Das bleibt unter uns.«

»Weiß ich nicht genau. Ich weiß, dass sie versuchen mitzuzählen, aber es verändert sich ständig. Leute kommen, Leute gehen. Es werden immer noch Leute krank, sterben. Wir – sie – versuchen, die Leichen in Grünanlagen zu schaffen, in Parks, frühmorgens. Da ist es noch kalt genug, weißt du.«

»Ich weiß.« Denn bei wärmeren Temperaturen würde die Verwesung schnell fortschreiten. Und die, die drinnen gestorben waren …

Sie hatte den Geruch in ihrem eigenen Haus mitgekriegt. Den Geruch der Verwesung.

»Man kann nicht wirklich Beerdigungen oder Gedenkfeiern abhalten. Es sind so viele«, fügte Fred hinzu. »Jemand spricht ein paar Worte, und … du musst sie verbrennen. Da sind Ratten, weißt du, und Hunde und Katzen und … die können nicht anders, also muss man sie verbrennen. Das ist sauber und auch human, denke ich.«

»Du warst bei solchen … Gedenkfeiern dabei?«

Fred nickte. »Es ist so traurig, Arlys. Aber es ist das Richtige. Man muss versuchen, das Richtige zu tun, aber es sind so viele. Viel mehr, als sie sagen.«

»Ich weiß.«

Unter ihrer Bommelmütze hervor warf Fred einen Blick auf Arlys. »Du weißt es?«

»Ich habe eine Quelle, aber … Das ist so wie mit den sicheren Gebieten. Wenn ich mit allem, was ich von ihm erfahre, auf Sendung ginge, würden sie einschreiten. Und sie könnten an ihn drankommen.«

»Du würdest nichts sagen. Du würdest keine Quelle nennen.«

»Ich würde nichts sagen, aber es könnte eine Möglichkeit geben, ihn über mich ausfindig zu machen. Das kann ich nicht riskieren. Ich habe ein Protokoll, das er mir überließ – falls ich je mit dem auf Sendung gehe, was er mich zurückzuhalten bat … Dann muss ich den Computer zerstören, mit dem ich arbeite, meine Aufzeichnungen, alles. Und gehen.«

»Wohin gehen?«

»Das kann ich dir nicht sagen.«

»Weil er es dir im Vertrauen gesagt hat.«

»Richtig. Aber falls –«

»Psst! Hast du das gehört?« Fred packte Arlys am Arm, zog sie von der Ecke Sechste Avenue zurück. »Hier rein!«

Fred bugsierte sie durch das zerbrochene Schaufenster eines ehemaligen Schuhgeschäfts, und nun hörte Arlys die Maschine.

»Klingt wie ein Motorrad. Raider?«

»Sie stehen auf Motorräder. Mit denen kommt man besser zwischen den Wracks durch.« Fred legte einen Finger auf die Lippen und drängte Arlys weg von den Glasscherben in den Schatten.

Arlys wollte etwas sagen, doch Fred schüttelte heftig den Kopf.

Sie hörten noch mehr Glas zerbrechen, wildes Gelächter. Dann donnerte die brüllende Maschine vorüber.

Fred hielt eine Hand hoch, sie warteten noch ein paar Sekunden ab. »Manche von denen hören wie die Fledermäuse. Und manchmal sind sie in Gruppen unterwegs. Man darf kein Risiko eingehen.«

Arlys atmete lang gezogen aus und sah sich um. Leere Regale zogen sich zu beiden Seiten an den Wänden entlang. Falls es Verkaufstische gegeben hatte, waren sie weggeschafft worden.

Auf dem Boden lagen vereinzelte Schuhe herum, einige Handtaschen, ein paar Socken.

»Es wundert mich, dass sie überhaupt etwas dagelassen haben.«

»Die Bösen nehmen sich, was sie wollen, und machen den Rest kaputt. Sie pinkeln auf Sachen, kacken sogar darauf. Sie wollen das Zeug nicht, aber sie wollen auch nicht, dass andere es kriegen. Zurzeit machen sie oft solche Sachen.«

Sie führte Arlys wieder hinaus, ging an die Ecke, schaute lange nach Norden und Süden, bevor sie die Straße überquerten.

»Sie besaufen sich oder nehmen Drogen«, fuhr sie fort, »legen Feuer, ballern herum. Sie fahren durch die Gegend auf der Suche nach solchen, die sich nicht schnell genug verstecken oder wegrennen, und tun ihnen etwas an. Oder bringen sie um. Und sie fangen an, sie zu jagen.«

»Menschen jagen?«

»Sie beginnen damit, Gebäude zu durchsuchen, wo Menschen wohnen. Oder wohnten. Nur die Toten halten sie von manchen Orten fern. Aber auch das wird nicht mehr lange so bleiben. Sie zerstören, nehmen sich, was sie wollen, und halten Ausschau nach Leuten, denen sie etwas antun können. Raider.«

Bei einem leeren Auto blieb sie stehen.

»Das stand gestern noch nicht hier. Siehst du, sie wollten hier durchkommen, aber die Straße ist größtenteils blockiert. Die Leute haben ihre Sachen im Wagen gelassen. Schau, sie haben zu viel eingepackt und konnten es nicht mitnehmen – denn es hätte sie beim Weglaufen behindert. Der Markt ist gleich dort unten.«

»Ist das ein sicheres Gebiet?«

»Wenn man nicht dumm ist, ist es einigermaßen sicher.« Sie lächelte, als sie das sagte.

Vor einer mit Brettern verschalten Geschäftsfassade blieb sie stehen. Arlys betrachtete stirnrunzelnd die aufgemalten Symbole. »Was bedeutet das alles?«

»Oh … Man könnte sagen, das soll Glück bringen. Es ist gerade jemand drinnen. Ist schon okay«, sagte sie rasch. »Es ist nicht einer der Raider oder der Bösen.«

»Woher weißt du das?«

Doch Fred hatte bereits zwei der Bretter aufgemacht. »Segnungen«, sagte sie. »Das ist wie ein Passwort«, erklärte sie Arlys und ging mit ihr hinein.

Die Bretter schlossen sich hinter Arlys, es wurde stockdunkel. Kein Lichtspalt war zu sehen. Dann ging eine Taschenlampe an.

»Wer ist bei dir, Fred?«

»Hi T. J. Das ist Arlys. Wir arbeiten zusammen. Es ist okay. Sie ist eine von den Guten.«

»Bringst du sie in eine der Zonen?«

»Jetzt jedenfalls nicht. Sie will ein Interview machen, und da dachte ich, wenn wir ohnehin schon draußen sind, nehme ich ein paar Dosen Suppe mit in den Sender. Wie geht es Noah?«

Als keine Antwort kam, trat Fred einen Schritt vor. »T. J., du weißt, dass ich niemanden mitbringen würde, der eine Gefahr bedeutet.«

»Man kann auch eine Gefahr heraufbeschwören, ohne es zu wollen.«

»Würden Sie bitte aufhören, mich zu blenden?« Arlys sprach gefasst. »Dann könnte ich nämlich für mich selbst sprechen.«

Der Lichtstrahl senkte sich langsam.

»Ich weiß nicht, wie lange wir noch senden können. Nur ein paar von uns arbeiten noch, können und wollen noch. Kommunikation ist wichtig, Information ist wichtig, selbst wenn es nicht viel ist. Ich weiß nicht, wie viele Menschen noch auf eine Sendung zugreifen können, aber jeder, der es kann, kann diese Information weitergeben. Meiner Schätzung nach sind es noch ein paar Tage, vielleicht eine Woche, bevor die Lichter ausgehen. Bis es so weit ist, möchte ich meinen Job weitermachen. Und dann werde ich einen anderen Weg finden, meine Arbeit zu tun.«

»Was ist das für ein Mist mit dem Interview?«

»Ich will mit einer Story weitermachen, einer sehr persönlichen. Ich will, dass die Leute nicht etwas von mir zu hören bekommen, sondern von jemandem, der dies alles übersteht. Mit dieser Story will ich weitermachen. Weil sie wichtig ist. Sie ist so ziemlich das Einzige, was jetzt noch wichtig ist.«

»Du willst 'ne Geschichte erzählen?«

»Ich will deine erzählen«, korrigierte Arlys. »Ich möchte, dass du zu all denen und für all die anderen da draußen sprichst, die durchhalten. Was du denkst, was du fühlst, was du getan hast. Vielleicht hört es einer, und es hilft ihm durchzuhalten.«

»Rede mit ihr, T. J. Das ist das Richtige.«

»Keine Namen«, fügte Arlys hinzu. »Ich werde dich anders nennen. Keine Ortsangabe. Ich werde nicht sagen, wo wir miteinander geredet haben. Ich habe ein Aufnahmegerät dabei. Wenn du irgendetwas sagen willst, das vertraulich ist, schalte ich es ab.«

»Du machst damit heute Abend weiter?«

»Ich werde darum bitten, dass ich weitermachen kann, wenn ich zurück bin, ich werde darum bitten, dass es bis zum Abendreport jede Stunde läuft. Wenn ich kann, werde ich morgen noch mit jemand anderem reden, dessen Story bekommen und dasselbe noch einmal machen. Dies wird nicht das Ende sein, denn das lassen wir nicht zu. Die Raider werden nicht alle von uns

125

erwischen. Wir kommen durch. Ich möchte von dir hören, was du erlebt hast und wie es dir geht.«

»Du willst meine Geschichte hören? Ich erzähle sie dir.«

»Kann ich meinen Rekorder rausholen? Und meine Taschenlampe?«

»In Ordnung.«

Sie griff in ihre Aktentasche, erfühlte die Lampe, nahm ihr Aufnahmegerät heraus, bevor sie das Licht anknipste und in die Richtung von T. J.s Stimme leuchtete.

Ein Mordskerl, dachte sie, ein breitschultriger Schwarzer mit einem wilden Blick aus schwarzen Augen. Die Stoppeln auf seinem Kopf zeigten, dass er ihn bis vor Kurzem wahrscheinlich regelmäßig rasiert hatte.

»Du nennst mich Ben.«

»Okay, Ben. Ich beginne jetzt mit der Aufnahme. Dies ist Arlys Reid. Ich spreche mit Ben. Ich habe ihn gebeten, mir, uns allen, seine Geschichte zu erzählen. Die Pandemie hat das Leben von uns allen verändert. Wie kommst du damit zurecht?«

»Man steht morgens auf und tut, was man tun muss. Du stehst auf und denkst für den Bruchteil einer Sekunde, alles ist so, wie es immer war. Dann kommt dir, dass es nicht so ist. Es wird nie mehr so sein, aber du stehst auf und machst weiter. Vor drei Wochen und zwei Tagen habe ich meinen Ehemann verloren. Den besten Menschen, den ich je kennengelernt habe. Ein hochrangiger Polizeibeamter. Als es schlimm wurde, ging er jeden Tag hinaus und versuchte, Leuten zu helfen. Zu dienen und zu schützen. Das kostete ihn das Leben.«

»Er wurde im Dienst ermordet?«

»Ja, im Dienst. Aber nicht durch eine Kugel oder ein Messer. Das wäre leichter für ihn gewesen. Er wurde infiziert, er wurde krank. Zu der Zeit waren die Krankenhäuser schon so überlaufen … Er wollte in keines gehen. ›Ist sowieso zwecklos‹, sagte er zu mir. Er wollte zu Hause sterben, in unserem Zuhause. Seine Sorge war, womöglich mich anzustecken, aber ich bin nicht krank geworden.«

Er machte eine Pause, schien sich zu sammeln.

»Ich tat für ihn, was ich konnte, zwei schreckliche Tage lang. Zwei Tage, mehr brauchte es nicht, bis wir erkannten, dass wir nicht weiter so tun konnten, als sei es nur Erschöpfung wegen der doppelten Schichten, sondern das verfluchte Verderben. Über diese zwei Tage werde ich nichts sagen. Ich sage nur, er starb, wie er es wollte. Zu Hause. Und ich brachte ihn … dahin, wo er seine letzte Ruhe hat.«

»Mein aufrichtiges Beileid, Ben.«

»Jeder denkt, sein Verlust ist das Schlimmste, was ihm passieren kann. Aber dies, diese gottverdammte Geißel, sie hat jedem etwas genommen. Wir haben alle das Schlimmste erlebt, was einem passieren kann.«

»Aber du hast es durchgestanden. Du stehst es noch immer durch.«

»Ich wollte auch sterben. Ich wollte krank werden und sterben, aber ich wurde nicht krank. Ich dachte, ich kann seine Waffe nehmen, seine Dienstwaffe, und es damit hinter mich bringen. Ich dachte darüber nach, während auf der Straße die Leute randalierten und anfingen, sich zu benehmen wie Tiere. Und ich dachte daran, was er zu mir sagen würde, wie enttäuscht er von mir sein würde, weil ich das Leben nicht wertschätze und nichts tue, um zu helfen.«

Er verstummte für fast eine halbe Minute, doch Arlys sagte nichts, gab ihm Zeit, sich zu sammeln.

»Wo ich wohne«, fuhr er schließlich fort, »in dem Gebäude, starben die Menschen, oder sie liefen weg oder schlossen sich den Randalierern auf der Straße an. Ich dachte: Jetzt ist nichts mehr da außer der Finsternis. Aber ich hörte die Stimme meines Mannes in meinem Kopf sagen: Tu das bloß nicht. Gib ja nicht auf.«

»Und du hörtest darauf.«

»Fast hätte ich aufgegeben. Eines Tages ging ich raus oder wollte es zumindest. Vielleicht würde ich etwas zu essen finden oder auch einfach nur immer weiterlaufen. Ich wusste es nicht. Und da saß ein Junge auf der Treppe. Er wohnte in dem Gebäude. Ich kannte seinen Namen nicht – ich sage ihn auch nicht.«

»Nennen wir ihn einfach John.«

»Na gut. John saß da und weinte. Seine beiden Eltern und sein Bruder, alle tot. Er konnte nicht in seiner Wohnung bleiben. Du kannst dir vorstellen weshalb.«

»Ja.«

»Zuerst dachte er, ich will ihm etwas antun. Doch er lief nicht weg. Er wollte sich verteidigen, wollte kämpfen – dieser bekümmerte, verängstigte kleine Junge. Er wollte kämpfen, und was machte ich, außer mich in meinem Schmerz zu suhlen? Also setzte ich mich zu ihm, und wir redeten eine Weile. Ich holte zuerst seine Mama; wir wollten sie dahin bringen, wo ich meinen Mann bestattet hatte. Als wir mit ihr herauskamen, sah uns jemand. Ich werde keinen Namen nennen«, fügte er hinzu, doch Arlys merkte, wie er zu Fred schaute. »Sie fragte, ob sie uns helfen könne. Sie kannte andere, die helfen konnten. Also holten wir uns diese Hilfe und legten Johns Familie zur letzten Ruhe.

Und er wohnt nun bei mir. Wir stehen morgens auf und machen uns etwas zum Frühstück. Wir lesen ein bisschen, machen

Mathe und so weiter. Es ist wichtig, dass so ein Junge etwas lernt. Ich bringe ihm bei, sich zu wehren, für alle Fälle. Wir machen Spiele, weil spielen so wichtig ist wie lernen. Wir stehen auf und tun, was wir tun müssen, und so stehen wir es durch. Wenn er so weit ist – wir kennen uns erst seit einigen Wochen –, werde ich ihn aus der Stadt rausbringen. Ich bringe ihn weg und suche einen guten Ort für ihn. Und da werden wir wieder morgens aufstehen und tun, was getan werden muss. Wir werden uns ein Leben aufbauen, denn der Tod kann schließlich nicht alles sein.«

Jetzt sah er Arlys an, blickte direkt in sie hinein. »Das wird nicht das Ende sein«, sagte er, ihre Worte wiederholend. »Das werden wir nicht zulassen.«

»Vielen Dank, Ben. Ich hoffe, deine Geschichte erreicht viele Menschen, die sie hören müssen. Ich jedenfalls musste sie hören. Dies ist Arlys Reid, und ich bin dankbar für jeden, der oder die tut, was getan werden muss.«

Sie schaltete die Aufnahme ab. »Warte nicht, bis John so weit ist. Bring ihn aus der Stadt, sobald du kannst.«

»Er heißt Noah.« T. J.s Blick wanderte zwischen den beiden Frauen hin und her und heftete sich dann an Arlys. »Du weißt etwas, das du nicht sagst.«

»Ich weiß, dass es hier noch schlimmer wird. Ich weiß, wenn ich ein Kind hätte, das auf mich angewiesen ist, dann würde ich es wegbringen. Fred sagte, es gibt Leute, die dir dabei helfen können. Packe ein paar Sachen zusammen und bitte sie, dir zu helfen. Und du solltest gleich mitgehen«, fügte sie, an Fred gewandt, hinzu.

»Ich bleibe bei dir. Du weißt, wen du kontaktieren kannst, T. J. Ehrlich, wenn Arlys sagt, du solltest gehen, dann solltest du das tun. Für Noah.«

»Ich werde mit ihm reden. Er weiß, dass es bald so weit ist. Ich werde dich vermissen, Fred.«

Er ging zu ihr und umarmte sie.

»Ich dich auch und Noah ebenso. Aber du weißt, wenn es sein soll, dann werden wir uns wiedersehen.«

»Ich wünsche mir, dass es sein soll.« Er reichte Arlys die Hand. »Ich dachte, es würde mich zornig machen, meine Geschichte zu erzählen. War aber nicht so. Pass auf dich auf.«

»Das habe ich vor. Viel Glück, T. J.«

Er nahm die Tasche, die er mitgebracht hatte, um Vorräte zu holen, und schlüpfte mit einem letzten Blick auf die beiden Frauen nach draußen.

»Das wird ein guter Beitrag. Ein starker. Ich glaube, er war hier, weil er seine Geschichte erzählen musste, und er brauchte dich, damit du zu ihm sagst, dass er mit Noah weggehen soll.«

»Glück auf der ganzen Linie.«

»Nicht Glück. Schicksal. Ich muss dir etwas sagen – vertraulich.«

»Okay, nehmen wir die Suppe, und du kannst es mir auf dem Weg zurück zum Sender erzählen. Ich will das gleich zusammenstellen.«

»Ich zeige es dir besser, und zwar hier, wo es sicher ist. Aber nicht ausflippen, okay?«

»Warum sollte ich …«

Arlys verstummte, und ihr fiel der Kinnladen herunter, als Fred mit den Fingern schlenkerte und plötzlich funkelnde Lichter um sie herumtanzten.

»Wie hast du –«

»Ich wollte, dass du besser siehst.« Nun hielt sie die Hände seitwärts.

Vor Arlys' geblendeten Augen wölbten sich schillernde Flügel aus Freds Rücken, schimmerten durch die Jacke, die sie trug. Und sie hob sich ein Stück vom Boden ab, während sie mit schlagenden Schwingen in der Luft kreiste.

»Was ist das? Was *ist* das?«

»Anfangs bin ich selbst ein bisschen ausgeflippt – es ist eines Tages einfach so passiert. Das ist ja so jenseits aller Coolness, denn das bedeutet, dass ich eine Fee bin!«

»Eine was – eine Fee? Das ist verrückt. Hör auf damit!«

In einer fließenden Bewegung ließ sich Fred auf die Erde niedersinken, doch die Flügel blieben. »Es macht solchen Spaß, aber okay. Darüber kannst du nicht berichten, Arlys – ich meine, nicht über mich. Sie nennen uns die Übernatürlichen – ich weiß nicht, ob mir das gefällt oder nicht, aber ich gewöhne mich langsam daran.« Fred hob sich noch einmal in die Luft.

»Das ist nicht möglich.«

»Es sollte nicht möglich sein, dass über eine Milliarde Menschen innerhalb eines Monats tot sind. Aber es *ist* so. Und das? Ich? Andere wie ich? Es ist nicht nur möglich, es ist so real wie alles andere. Vielleicht ist es eine Art Ausgleich. Ich weiß nicht. Ich komme auch nicht drauf, also akzeptiere ich es.«

»Andere. Wie du?«

»Feen, Elfen, Hexen, Sirenen, Hexenmeister – und das sind nur solche, die ich seither getroffen habe.«

Als würde der Gedanke sie erfreuen, flatterte Fred noch ein Stückchen höher.

»Wir müssen aufpassen. Auch unter den magischen Menschen gibt es Gute und Böse. Wir haben also die Bösen, die uns etwas antun wollen, und die normalen Leute, die es nicht verstehen, uns aber dennoch gefährlich werden können.«

Sie kam wieder herunter, berührte Arlys' Arm. »Ich habe es dir gezeigt, und ich sage es dir, weil etwas in mir sagte, dass ich das tun sollte. Ich habe diesem Etwas in mir immer vertraut, selbst als ich noch nichts von seiner Existenz wusste.«

»Vielleicht bin ich an meinem Schreibtisch eingeschlafen, und dies ist alles ein Traum.«

Fred lachte und zwickte sie leicht in den Arm. »Du weißt, dass das nicht stimmt.«

»Ich … wir müssen wirklich über all das reden.«

»Ja, klar. Wir müssen zurück, den Beitrag machen. Vielleicht nach der Abendsendung, wenn wir für heute Schluss machen. Wir können ein Gläschen Wein trinken und darüber reden. Ich habe noch eine Flasche gehortet.«

»Ich fürchte, da werden wir eine ganze Menge Wein brauchen.«

»Okay, aber lass uns diese Suppe mitnehmen. Du solltest dein Make-up und deine Haare noch mal richten, bevor du auf Sendung gehst.«

»Stimmt.«

»Bist du jetzt von der Rolle?«

»Ja, ziemlich.«

Fred lächelte. »Aber du wirst tun, was du tun musst. Du wirst mich nicht verraten, so wenig wie deine Quelle oder T. J. und Noah. Du bist grundehrlich.«

Zurück im Sender hielt Jim Arlys und Fred eine ordentliche Standpauke. Eine, die Arlys bis ins Innerste verärgert hätte, wenn sie nicht die Sorge in seiner Miene gesehen, sie unter seinem Zorn herausgehört hätte.

Doch an dem Interview konnte er nichts aussetzen. Er hörte es sich zweimal an und lehnte sich dann zurück. »Es ist außergewöhnlich. Du hast ihn erzählen lassen, hast ihn aus dem Herzen sprechen lassen. Viele Reporter hätten eine Menge Fragen eingestreut, versucht, ihn zu steuern. Das hast du nicht getan.«

»Es war seine Story, nicht meine.«

Er drehte sich mit seinem Sessel und starrte aus dem Fenster des Büros, das er selten benutzte. Er hatte sie dorthin bestellt, um ihnen den Kopf zu waschen, weil er sauer und verängstigt gewesen war.

»Es sollte nie deine eigene Story sein. Bevor alles den Bach runterging, hatten viele Journalisten das vergessen. Das ist mir auch des Öfteren passiert, und vielleicht habe ich diese Qualität in dir übersehen.«

Er drehte sich wieder zu ihr. »Senden wir es. Du brauchst aber noch ein Intro.«

»Habe ich bereits im Kopf. Ich möchte es bis zum Abendreport jede Stunde einmal laufen lassen.«

»Das machen wir. Mach so was aber nicht noch einmal, ohne mich vorher zu kontaktieren. Und nimm nicht dieses Würstchen mit hinaus. Sorry, Little Fred, aber du bist ja nun nicht gerade Wonder Woman.«

»Eher so was wie Zwerg Naseweis«, murmelte Arlys, sodass Fred lachen musste.

»Genau. Und jetzt ran an die Arbeit.«

Arlys diktierte Fred das Intro und kümmerte sich gleichzeitig um ihr Make-up und ihre Frisur. Am Sprechertisch wartete sie auf das grüne Licht, das ihren Einsatz signalisierte.

»Hier ist Arlys Reid mit einem Beitrag, der, wie ich hoffe, mehrmals wiederholt werden wird. Jeden Tag machen Menschen inmitten von Tragödien und Verzweiflung mutig weiter. Jeder dieser Menschen lebt mit seinen Verlusten und der Ungewissheit, wie es weitergeht. Jeder von ihnen hat eine Geschichte zu erzäh-len von einem Leben, wie es war, und einem Leben, wie es ist. Und dies ist die Geschichte von Ben.«

Die Kamera wurde abgeschaltet, der Audiobeitrag gestartet.

Sie hörte sich Ben noch einmal an, bemerkte, dass er sie noch immer so tief bewegte wie beim ersten Mal. Sie dachte an den großen Mann und den Jungen und hoffte, sie würden ihren Weg finden.

»Wir werden Bens Geschichte in einer Stunde noch einmal ausstrahlen«, sagte sie zum Schluss, »um uns alle an Hoffnung und Menschlichkeit zu erinnern. Dies ist Arlys Reid, und für diese Stunde melden wir uns ab.«

Fred applaudierte. Mit einem Seufzer der Erleichterung stand Arlys auf, gab Fred ein Zeichen und ging in die Nachrichtenab-teilung. »Ich überrede Jim, dass er uns morgen mit einer Hand-kamera auf die Straße gehen lässt.«

»Super!«

»Wir werden von niemandem das Gesicht zeigen, der das nicht will, aber wir können dadurch etwas Filmmaterial bekommen. Wenn noch jemand aus deinem Bekanntenkreis mit mir reden will, sag ihnen, dass mich das freuen würde. Und den Wein neh-men wir mit in meine Wohnung, wenn wir heute Abend Schluss machen. Du kannst bei mir übernachten. Ich glaube, wir haben eine ganze Menge miteinander zu bereden.«

»Wie 'ne Pyjama-Party! Super.«

Wie man angesichts des Zustands der Menschheit so fröhlich sein konnte, war Arlys ein Rätsel. Doch dann dachte sie wieder: Sie ist eine Fee. Waren Feen immer fröhlich? Wie konnte eine Frau, die sie nun schon fast ein Jahr kannte, etwas sein, das es doch eigentlich gar nicht gab?

Darüber nachzudenken verwirrte sie über alle Maßen.

Doch jetzt musste sie sich auf ihren Job konzentrieren und sehen, was sie für den Abendreport ausgraben konnte.

Sie fand nicht viel, wusste jedoch, wenn sie darüber berichtete, dass in Wisconsin eine Frau gesehen worden war, die Blumen dazu bringen konnte, sich zu öffnen und durch die Schneedecke zu blühen, dann würde sie das nicht mit einem Grinsen tun.

Für den Abendreport wählte sie ein anderes Jackett und andere Ohrringe und steckte die Haare hoch. Unnötig, die Leute mit dem immer gleichen Aussehen zu langweilen.

Ihr Quantum Kaffee für den Tag hatte sie bereits – nimm nur, was du brauchst, erinnerte sie sich –, und so entschied sie sich für Mineralwasser.

Sie setzte sich an den Sprechertisch, überflog ihren Text, lockerte die Schultern. Heute würde sie ein Glas Wein brauchen.

Sie setzte ihre sachliche, professionelle Miene auf, wartete auf ihren Einsatz. Zu Beginn des ersten Beitrags hörte sie etwas aus dem Off. Und Jims Stimme in ihrem Ohr.

»Bob Barrett kam gerade ins Studio. Ich glaube, er ist betrunken. Ich komme runter, mal sehen, ob ich ihn ablenken kann.«

Sie machte weiter, bemerkte jedoch aus dem Augenwinkel eine Bewegung.

Nun hörte sie Carols Stimme durch ihren Ohrhörer. »Jim kommt nicht rechtzeitig. Ich kann hier abbrechen.«

»Arlys Reid!« Bobs kräftiger Bariton lallte die Worte, als er auf sie zuschritt – oder eigentlich mehr stolperte.

»Schon gut, Carol. Es ist Bobs Schreibtisch.«

»Und ob.« Er trat auf das Podest, ließ sich neben sie sinken.

Er roch nach … Gin, beschloss sie, und muffigem Schweiß. Sein zerklüftetes Gesicht glänzte, so schwitzte er, und unter den Studiolichtern wirkte er krankhaft blass.

Sein Blick aus blutunterlaufenen Augen bohrte sich in sie.

»Zwölf Jahre lang habe ich an diesem Tisch gesessen.«

»Und zwar felsenfest. Möchten Sie den heutigen Abendreport beenden?«

»Ah, scheiß auf den Abendreport. Die Welt ist zur Hölle gefahren, und jeder weiß es. Bens Story?« Er prustete ein ekliges Lachen heraus. »Rühr mich nicht zu Tränen, du Anfängerin. Ich werde ihnen eine Story geben!«

Arlys erstarrte, als er eine Waffe zog und damit in Richtung von Jim fuchtelte, der eben auf den Schreibtisch zurannte. »Du bleibst am besten da hinten, Jimmylein. Ihr bleibt alle, wo ihr seid! Und Carol, Süße, falls du den Saft kappst, ich merke es. Tu's, und ich jage dir eine Kugel in deinen hübschen Schädel!«

Arlys wollte schlucken, doch ihre Kehle war staubtrocken geworden. »Es ist Ihr Tisch, Bob«, wiederholte sie.

Kapitel 7

Als frisch gebackene Reporterin voller Träume von so knallharten wie aufschlussreichen Interviews mit Staatsoberhäuptern hatte Arlys sich selbst in Situationen vorgestellt, in denen es um Leben und Tod ging, und auch, welchen Einfluss ihre kühnen und mutigen Reportagen vor Ort landesweit haben würden.

Nun sah sie sich einem betrunkenen, womöglich verrückt gewordenen Kollegen mit einer Pistole gegenüber, und ihr Verstand setzte aus. Panik stieg in ihr hoch.

»Hat nicht lang gedauert, bis du deinen hübschen kleinen Hintern in *meinen* Sessel drücken konntest, was? Hinterhältiges Biest!«

Sie hörte ihre eigene Stimme: blechern, undeutlich, wie bei einer schlechten Telefonverbindung. »Jeder hier weiß, und jeder unserer Zuschauer weiß, dass ich lediglich eingesprungen bin, bis Sie wiederkommen.«

»Verarschen kann ich mich selber, Kleine!«

Die Bezeichnung »*Kleine*« ärgerte sie so sehr, dass ihr Kampfgeist sich zurückmeldete und sie dazu brachte, wieder zu funktionieren.

»Das sind jetzt nicht Sie, Bob. Sie sind zu gut, zu erfahren, um auf sexistische Beleidigungen und haltlose Anschuldigungen zurückzufallen.«

Sie musterte ihn mit schräg gelegtem Kopf und einem dezenten Stirnrunzeln.

»Sie kritisierten Bens Geschichte und meine Berichterstattung und sagten, Sie hätten Ihre eigene Story. Ich bin sicher, jeder, der zusieht, würde die ebenso gerne hören wie ich.«

»Du willst meine Story hören?«

»Unbedingt.« Lass ihn quatschen, lass ihn einfach quatschen. Vielleicht würde er ja ohnmächtig werden.

Oder sie würde im Meer ihres eigenen Angstschweißes ertrinken, bevor er sie doch noch erschoss.

»Seit sechsundzwanzig Jahren bin ich in diesem Geschäft. Zwölf Jahre lang saß ich an diesem Schreibtisch. Weißt du, warum *The Evening Spotlight* die führende Nachrichtensendung ist?«

»Ja, das weiß ich. Weil die Menschen wissen, dass sie Ihnen vertrauen können. Weil Sie das Ruder fest in der Hand haben, weil Sie eine besonnene Stimme sind.«

»Ich habe die Nachrichten nicht einfach nur gelesen, ich habe sie gefunden, ausgefochten, berichtet. Ich habe mir diesen Platz verdient!« Er schlug mit der Faust auf den Schreibtisch, dass die Papierstapel darauf hüpften. »Ich habe ihn mir jeden Tag aufs Neue verdient! Abend für Abend ließ ich die Welt die Wahrheit wissen. Und heute Abend werde ich der Welt – was davon übrig ist – die Wahrheit geben!«

Mit der Pistole herumfuchtelnd, drehte er sich der Kamera zu.

»Es ist aus! Hört ihr da draußen zu, verdammte Scheiße? Aus und vorbei! Die menschliche Rasse ist am Ende, an ihre Stelle treten die Durchgeknallten und die Verqueren, Dämonen aus der Hölle. Wer nicht an seiner eigenen Galle verreckt, der wird zu Tode gehetzt. Ich habe gesehen, wie sie aus dem Schatten heraustreten, durch die Dunkelheit kriechen. Vielleicht bist du ja eine von denen!«

Er richtete die Waffe wieder auf Arlys, und sie fühlte eine plötzliche Benommenheit. Er würde nicht ohnmächtig werden. Und sie konnte nicht weglaufen.

»Sie sprechen von denen, die inzwischen die *Übernatürlichen* genannt werden.«

»Scheiß drauf! Sie sind übel. Was, glaubst du, hat diese Pest verursacht? Die! Nicht irgendein scheiß Vogel oder ein mutiertes Virus. *Die* haben uns das eingebrockt, und sie sehen uns zu beim Sterben wie kranken Hunden. Sie haben die Regierung übernommen, richten Regierungen auf der ganzen Welt zugrunde, und sie füttern armselige, drittklassige Reporter wie dich mit Scheißdreck über ein Heilmittel, das nie kommt. Sie werden die Immunen versklaven!«

Mit einem Ruck schwenkte er wieder auf die Kamera. »Lauft! Lauft, wenn ihr könnt. Versteckt euch. Kämpft, damit ihr eure letzten Tage auf Erden in Freiheit verbringen könnt. Tötet so viele, wie ihr könnt!«

»Bob.« Arlys reichte ihm eine Hand, doch auf das Blitzen in seinen Augen hin ließ sie ihren Arm auf den Schreibtisch sinken. »Sie sind ein erfahrener Journalist. Sie wissen, dass Sie Beweise liefern müssen, Fakten, die untermauern –«

»Leichen, die auf den Straßen verrotten! Das ist der Beweis. Dämonen, die an den Fenstern kratzen«, flüsterte er. »Die mit einem Grinsen vorbeischweben. Mit rot starrenden Augen. Ich habe die Lichter ausgeschaltet, aber die Augen konnte ich immer noch sehen. Sie werden das Wasser vergiften. Sie werden uns aushungern. Und du sitzt hier und quasselst über ihre Lügen! Du sitzt hier und gibst vor, dass eine wundersame Heilung kommt, dass es irgendeine jämmerliche Hoffnung gibt, weil einer ein herumstreunendes Kind aufgenommen hat und Spiele mit ihm spielt? Die Leute müssen auf *mich* hören! Zerstört sie, solange es noch geht. Lauft, solange ihr noch könnt.

Ihr könntet alle Dämonen sein. Jeder von euch. Vielleicht brauchen wir eine Dämonstration! Du! Rotschopf. Wie zum Teufel heißt du noch mal?«

»Ich heiße Fred. Ich bin kein Dämon.«

Er gluckste. Eine andere Bezeichnung für sein armseliges, krankes Lachen fiel Arlys nicht ein.

»Sie meint, sie ist kein Dämon. Klar sagt sie das. Ich glaube nicht, dass sie bluten. Jedenfalls nicht rot, so wie Menschen. Aber das können wir jetzt sofort testen.«

»Tun Sie ihr nicht weh, Bob.« Arlys legte eine Hand auf seinen Arm. »Das sind nicht Sie.«

»Die Öffentlichkeit hat ein Recht, Bescheid zu wissen! Es ist unser Job, es ihnen zu sagen, ihnen die Wahrheit zu zeigen!«

»Ja. Ja, das ist unser Job, aber nicht, indem wir einer unschuldigen Praktikantin etwas antun, die jeden Tag zur Arbeit kommt, sogar unter diesen schrecklichen Umständen, und uns hilft, genau das zu tun. Sie hätte schon vor Wochen die Stadt verlassen können, aber sie blieb und kam zur Arbeit. Jim, der Chef unserer Abteilung, hat durch das Verderben seine Frau verloren, Bob, aber er ist hier, er sitzt in der Regiekabine. Jeden Tag. Steve macht den Kamerajob, jeden Tag. Carol ist in der Kabine, jeden Tag. Wir alle versuchen, den Sender am Laufen zu halten, um zu informieren und zu kommunizieren.«

Nun füllten sich Bobs Augen mit Tränen. »Es hat keinen Sinn mehr. Keinen Sinn! Eine falsche Hoffnung ist doch nur eine Lüge, die man durch den Weichzeichner betrachtet. Eine Lüge, in Watte verpackt. Ich habe jetzt zwei tote Ex-Frauen, und mein Sohn … mein Sohn ist tot. Es ist alles vorbei, und sie werden uns auch noch holen. Deswegen hat es keinen Sinn. Ich würde dir doch nur einen Gefallen tun.«

Er richtete die Pistole wieder auf Arlys, legte den Kopf zur Seite. »Denk dran, was die Dämonen einer jungen, hübschen Frau wie dir antun könnten. Willst du das riskieren?«

»Ich glaube nicht an Dämonen.«

»Das kommt noch.« Er wandte sich der Kamera zu. »Ihr werdet alle dran glauben, wenn es zu spät ist. Es ist schon zu spät. Dies ist Bob Barrett, und ich beende das Programm!«

Er hielt sich die Waffe unter das Kinn und drückte ab.

Blut spritzte, Arlys spürte etwas Warmes und Nasses im Gesicht und erstarrte vor Schock, während Bob nach hinten fiel, in den Sessel des zweiten Sprechers.

Wie aus weiter Ferne hörte sie Fred schreien, die Rufe ihrer Kollegen. Drei endlose Sekunden lang sah sie nur mehr Grau.

Sie hob ihre zitternde Hand. »Nicht abbrechen.«

Dann spürte sie Jims Finger an ihrer Schulter. »Komm mit, Arlys. Komm mit mir.«

»Nein, nein. Bitte.« Sie neigte das Gesicht zu seinem, sah Tränen über seine Wange rinnen. »Ich muss … Auf mich, Steve«, sagte sie dem Kameramann. »Bitte. Bob Barrett hat eine glanzvolle, bewundernswerte Karriere als Journalist durchlaufen, mit seiner Ethik, seiner Integrität, seiner Aufrichtigkeit, seinem Engagement dafür, dem Ethos der Presse und der Wahrheit zu dienen. Sein Sohn, Marshall, war … siebzehn.«

»Achtzehn«, korrigierte Jim.

»Achtzehn. Ich wusste nicht, dass Marshall gestorben ist, und kann nur mutmaßen, wie sehr Bob in den letzten Tagen unter diesem schweren Schicksal gelitten hat. Heute erlag er seinem Kummer, und wir, die versuchen, der Wahrheit zu dienen, die versuchen, seine Ethik und Integrität ebenfalls zu vertreten, beklagen nun selbst einen großen persönlichen Verlust. Wir sollten uns nicht an Bob in seinen letzten Momenten der Verzweiflung erinnern. Doch selbst in diesen Momenten hat er mir gezeigt, dass ich noch lange brauchen werde, um seine Größe zu erreichen. Im Gedenken an ihn werde ich die Wahrheit präsentieren.«

Sie wischte sich eine Träne von der Wange, sah das verschmierte Blut und stöhnte laut.

»Ich muss.« Sie blickte direkt in die Kamera, hoffte – betete –, dass Chuck zusah. »Ich habe eine Information von einer Quelle, die ich für absolut verlässlich halte. Ich habe diese Information heute Morgen bekommen und bisher zurückgehalten – vor meinem Chef, meinen Mitarbeitern und Ihnen allen. Dafür entschuldige ich mich, und ich habe auch keine Ausrede dafür. Im Gegensatz zu der Information und den Zahlen, die den Medien von der Weltgesundheitsorganisation zusammen mit der Seuchenschutzbehörde und dem Nationalen Gesundheitsinstitut gegeben wurden, beträgt die Zahl der Todesfälle durch H5N1-X über zwei Milliarden. Das entspricht einem Drittel der Weltbevölkerung, und darin sind nicht enthalten Tode durch Mord, Selbstmord oder Unfälle im Zusammenhang mit dem Virus.«

Sie zwang sich, die unter dem Tisch zu Fäusten geballten Hände zu öffnen, und blickte weiter in die Kamera.

»Ebenfalls anders als von offizieller Seite gemeldet ist die Entwicklung eines Impfstoffes zum Stillstand gekommen, da sich das Virus erneut verändert hat. Es gibt derzeit keinen Impfstoff. Vielmehr ist das Virus selbst noch nicht einmal identifiziert. Frühere

Berichte, in denen H5N1-X als ein neuer Stamm von Vogel-grippe kategorisiert wurde, sind falsch.«

Sie machte eine Pause, bemüht, ihre Mitte zu finden. »Alles weist darauf hin, dass nur Menschen von dieser Krankheit betrof-fen sind. Gestern wurde auch der erst kürzlich vereidigte Präsi-dent Ronald Carnegie von dem Virus H5N1-X hinweggerafft. Die frühere Landwirtschaftsministerin Sally MacBride wurde als neue Präsidentin vereidigt. Präsidentin MacBride ist vierundvier-zig, hat ihr Studium in Yale mit summa cum laude abgeschlossen, und bevor sie ins Kabinett wechselte, war sie für zwei Amtspe-rioden Mitglied des Senats für den Bundesstaat Kansas. Ihr Ehe-mann Peter Laster, mit dem sie sechzehn Jahre lang verheiratet war, starb während der zweiten Woche der Pandemie. Ihre zwei Kinder – Julian, vierzehn, und Sarah, zwölf Jahre alt – sind Be-richten zufolge am Leben und befinden sich an einem sicheren Ort. Die Richtigkeit dieser Information kann ich zum gegenwär-tigen Zeitpunkt nicht belegen.«

Arlys griff nach der Wasserflasche, die sie außerhalb des Blick-feldes der Kamera abgestellt hatte, und trank ausgiebig. Sie sah Carol stumm weinen, Jim hatte einen Arm um sie gelegt. Fred stand neben den beiden, streichelte Carols Rücken und nickte Arlys zu.

»Des Weiteren habe ich die Information, dass militärische Kräfte – ich kann nicht überprüfen, mit welcher Befugnis – Raz-zien begonnen haben, um jene von uns zu finden, die offenbar immun sind, und sie an nicht näher bezeichneten Orten unter Quarantäne zu stellen und zu untersuchen. Dies geschieht nicht freiwillig, sondern es ist eine Maßnahme unter dem Kriegsrecht.

Ich glaube nicht an Dämonen. Das ist die Wahrheit. Aber ich habe gesehen, was man einmal als unglaublich angesehen hat.

Und ich habe seine Schönheit und das Wunderbare daran gesehen. Ich glaube, auch die, die wir die Übernatürlichen nennen – in denen Licht und Dunkel ist, wie in uns allen Licht und Dunkel ist –, wird man festsetzen und untersuchen. Und ich fürchte, dass nicht das, was H5N1-X uns allen hinterlässt, uns zerstören wird, sondern dass die Angst und Gewalttätigkeit, die es in jenen von uns erzeugt, die sich ihm ergeben, dies könnten – die erzwungenen Einschränkungen unserer Freiheit.«

Sie machte eine weitere Pause, atmete durch, blickte hinüber zu Jim, gab ihm das Zeichen, bereit zu sein, die Leitung zu unterbrechen. Er nickte und flüsterte Carol etwas zu. Sie schüttelte den Kopf.

»Ich mache es«, murmelte Carol und ging zur Kabine zurück.

»Ich habe diese Information zurückgehalten in dem Wissen, dass, falls ich damit auf Sendung gehe, dies sehr wahrscheinlich unsere letzte Sendung sein würde. Und dass ich damit meine Mitarbeiter in Gefahr bringen würde. Dafür entschuldige ich mich. Und ich habe großen Respekt vor allen, die mit mir hier im Studio sind, weil sie alles riskiert haben, um an die Wahrheit zu kommen. Ihr alle: Gebt euch nicht von der Angst geschlagen, dem Kummer, der Verzweiflung. Sondern überlebt!

Ich werde einen Weg finden, euch weiterhin zu informieren. Doch für den Moment kann ich nur sagen: Dies ist Arlys Reid, die sich hiermit abmeldet.«

Sie lehnte sich zurück, schnaufte schwer. »Tut mir leid, Jim.«

»Nein, vergiss es.« Er ging zu ihr, als sie zu Bob hinüberschaute, der zusammengesackt, mit bluttriefendem Hemd, in seinem Sessel kauerte.

»Oh Gott. Oh Gott.«

»Geh jetzt weg. Ich kümmere mich um ihn.«

»Ich musste es tun.« Bebend, zitternd ließ sie sich von ihm wegführen. »Bob hat sich getötet. Er hat sich geirrt, was uns betraf, aber mit den Lügen hatte er recht. Ich war ein Teil der Lügen. Ich konnte nicht mehr lügen, nachdem … Jetzt werden sie den Sender dichtmachen. Ihr habt so viel getan, damit wir weitermachen konnten, und –«

»Früher oder später wäre es ohnehin passiert. Du hast die Wahrheit hinausgeschickt, bevor es bei uns dunkel wird. Du musst weg hier, Arlys. Wenn du nach Hause gehst, werden sie dich wahrscheinlich dort abholen.«

»Ich … ich habe einen Ort, von dem niemand etwas weiß.«

»Gut. Was brauchst du?«

»Ich muss den Computer vernichten, den ich benutzt habe. Meine Quelle sagte mir wie.«

»Gut, tu das. Fred, besorge einige Vorräte für Arlys.«

»Ich gehe mit ihr«, erklärte Fred.

»Dann eben genug für euch beide«, sagte Jim, ohne zu zögern. »Fred, du kannst auch einige Anziehsachen für euch aus der Garderobe mitnehmen.« Während er sprach, knöpfte Jim Arlys' blutverspritztes Jackett auf. »Den Rest erledige ich. Wir haben wahrscheinlich nicht viel Zeit.«

Arlys ging geradewegs zum Computer, ihre Hände zitterten. Da sie es nicht fertigbrachte, ihre Notizen zu zerstören, steckte sie sie in ihre Aktentasche, bevor sie Chucks Anweisungen folgte.

Im Grunde, so hatte er es ihr erklärt, werde sie dem Computer einen Virus eingeben, der alles auf der Festplatte auslöschen würde. Dann sollte sie die Festplatte herausnehmen und … mit einem Hammer die Scheiße aus ihr herausklopfen, so waren Chucks Worte.

Selbst dann konnte ein genialer Cyber-Freak wohl noch etwas

darauf finden, doch bis dahin – so Chuck – würde das keine Rolle mehr spielen.

Sie musste ihre Bluse wechseln – sie war ebenfalls mit Bobs Blut besudelt –, sich abschminken und auch das Blut auf ihrem Gesicht entfernen. Fred kam hereingestürzt, nahm sich ein paar Eyeliner, Lippenstifte, Wimperntuschen.

»Hier wird das niemand mehr benutzen, also können wir es auch mitnehmen.«

»Meinst du wirklich? Ich denke, das wird kaum jemanden interessieren, ob wir geschminkt sind oder nicht.«

»Hübsch zu sein steht nie an letzter Stelle.« Fred stopfte sich Make-up in die Taschen. »Jim meint, wir sollen uns beeilen und abhauen.«

Im Gehen griff sie nach ihrer Jacke. Steve wartete bereits mit zwei Rucksäcken auf sie. »Die sind hiergeblieben, weil die Leute nicht mehr wiederkamen.«

»Danke.« Arlys nahm einen und schaute zu Jim und Carol hinüber. »Kommt mit uns. Ihr solltet alle mit uns kommen.«

»Ich habe hier noch einiges zu tun. Falls sie kommen, bevor ich fertig bin, weiß ich, wie ich hinauskomme.«

»Ich bleibe bei Jim«, sagte Carol. »Wir machen hier geordnet dicht.«

»Und ich muss nach Hause. Ich helfe ihnen noch, und dann gehe ich nach Hause. Viel Glück.« Steve reichte ihr die Hand.

Arlys ignorierte sie, umarmte zuerst ihn, dann die anderen. »Wir gehen nach –«

»Sag es uns nicht«, unterbrach Jim sie. »Was wir nicht wissen, können wir niemandem sagen. Seid vorsichtig.«

»Sind wir. Ich finde einen Weg«, versprach sie.

»Wenn es denn einen gibt.«

Sie gingen hinaus, die Treppe hinunter.

»Du warst wirklich tapfer. Bob hat einfach die Krise gekriegt, und du hast super reagiert.«

»Das hatte nichts mit Tapferkeit zu tun. Ich stand unter Schock. Und dann habe ich mich geschämt, weil er sagte, ich würde lügen, und ich habe gelogen, auch wenn er nicht wusste wobei, aber ich habe gelogen.«

»Ich glaube, du bist ein bisschen sehr streng mit dir.«

»Ein Journalist —«

»Wir haben hier so 'ne Art Apokalypse«, erinnerte Fred sie, »da muss jeder mal ein bisschen halblang machen.«

Sie erreichten die Eingangshalle. Draußen war es bereits dunkel. Arlys ging auf die Tür zu, hielt dann aber inne.

»Ich habe nie darüber nachgedacht, weshalb es hier drinnen niemanden erwischt hat. Ich war einfach nur froh, dass es so war. Hast du da deine Finger mit im Spiel? So wie beim Markt?«

»Ich hatte Hilfe. Eine wesentlich machtvollere als beim Markt. Wahrscheinlich hast du nicht weit genug nach oben geschaut, um die Symbole zu sehen. Der Schutz wird nicht ewig anhalten, aber für den Moment schon noch.«

»Du bist voller Überraschungen, Fred. Wird er auch die Bullen draußen halten, das Militär oder wer auch immer versucht reinzukommen?«

»Daran habe ich nicht gedacht!« Fred wackelte mit der Hüfte und schlug leicht auf Arlys' Arm. »Ich glaube schon. Bin mir nicht hundertprozentig sicher, aber doch, die würden nichts Gutes bedeuten, nicht wahr? Einige würden vielleicht nur Dienst nach Vorschrift machen, aber selbst dann … Ich glaube zu neunzig Prozent. Nein, fünfundachtzig.«

»Ich verstehe. Gehen wir.«

147

»Wohin eigentlich?«

»Hoboken.«

»Ach. Da war ich mal auf einer Kunstmesse. Wie kommen wir da hin?«

»Wir nehmen die Bahn.«

»Es fährt keine U-Bahn.«

»Die Gleise sind noch da. Wir laufen daran entlang. Wir laufen zum Bahnhof Dreiunddreißigste Straße, gehen runter und folgen den Gleisen. Es wird eine Weile dauern.« Sie schlüpften hinaus, wandten sich wieder westwärts und versuchten, den Schein noch funktionierender Straßenlampen zu meiden. »Aber wir haben Zeit. Meine Quelle trifft uns erst um drei Uhr früh.«

»Wir treffen deine Quelle? Hervorragend! Ich habe noch nie eine Quelle getroffen.«

»Ich hoffe sehr, dass ich seine verschlüsselten Anweisungen verstanden habe – und dass er die Sendung verfolgt hat und weiß, dass ich komme. Und falls irgendetwas von alldem nicht aufgeht, müssen wir einfach weiterlaufen. Ich muss nach Ohio.«

»Ich war noch nie in Ohio.« Fred warf Arlys ein sonniges Lächeln zu. »Ich wette, da ist es schön.«

Lana weinte in ihren Träumen. Sie saß unter einem toten Baum mit nackten Ästen, die in einen sternenlosen Himmel ragten. Alles war dunkel und tot, ihr Körper und ihre Seele schmerzten, waren erschöpft.

Nirgendwo ein Unterkommen, dachte sie, in einer Welt so voller Hass und Tod, so voller Kummer.

Sie war zu müde, um noch einen weiteren Schritt zu gehen. Sie hatte alles verloren, und der Hass würde ihr folgen bis ins Grab. Was sollte es da noch bringen, dagegen anzukämpfen?

»Dafür hast du keine Zeit.«

Lana schaute auf.

Eine junge Frau stand über sie gebeugt, die Hände in die Hüften gestemmt. Rabenschwarzes Haar, kurz, stilvoll geschnitten, bildete einen dunklen Heiligenschein um ihren Kopf. Obwohl sie Schwarz trug, war sie hell. Strahlend. In der mondlosen Finsternis schimmerte sie vor Licht.

Sie stand da, schlank und aufrecht, eine Flinte über der Schulter, einen Köcher auf dem Rücken, am Gürtel eine Messerscheide.

Eine spürbare Stärke und eine natürliche Schönheit gingen von ihr aus.

»Ich bin müde«, sagte Lana zu ihr.

»Dann hör auf, deine Energie mit Tränen zu vergeuden. Steh auf, beweg dich.«

»Für was? Wozu?«

»Für dein Leben, für die Welt. Hin zu deiner Bestimmung.«

»Da *ist* keine Welt.«

Die Frau kniete sich nieder, sodass sie auf gleicher Augenhöhe waren. »Bin ich hier? Oder nur du? Ein Mensch kann eine Welt ausmachen, und wir sind zu zweit. Und da sind noch mehr. Du hast Kraft in dir.«

»Ich will sie nicht!«

»Was du willst, spielt keine Rolle, sondern was ist. Du hältst den Schlüssel in der Hand, Lana Bingham. Steh auf, geh nach Norden. Folge den Zeichen. Vertraue ihnen. Vertraue dem, was du hast und bist, Lana Bingham.« Als die Frau Lanas Namen aussprach, lächelte sie, und Lana spürte ein Wissen aufblitzen, ein Erkennen, das sich sanft ausbreitete. »Du hast alles, was du brauchst. Nutze es.«

»Ich … Kenne ich dich? Ja?«

»Du wirst mich kennen. Jetzt steh auf. Du musst aufstehen!«

»Lana, du musst aufstehen.« Max schüttelte sie an den Schultern. »Wir müssen weiter.«

»Ich … okay.«

Sie setzte sich in dem klumpigen Bett in dem muffig riechenden Zimmer auf. Sie hatten ein abgewirtschaftetes Motel so weit abseits der Hauptstraße gefunden, dass Max es für sicher gehalten hatte, dort für ein paar Stunden anzuhalten und zu schlafen.

Bei Gott, das hatten sie gebraucht.

»Hier gibt es Kaffee.« Er deutete auf die Kanne auf dem Fernsehtisch. »Er schmeckt zwar nicht besonders, aber besser als nichts.« Er umfasste ihr Gesicht mit beiden Händen. »Es ist noch kurz vor Tagesanbruch. Ich gehe mal raus, nachsehen, ob es in den Münzautomaten noch etwas gibt. Zehn Minuten. Okay?«

»Zehn Minuten.«

Sie ging mit dem Kaffee ins Badezimmer und spritzte sich Wasser ins Gesicht. Es roch metallisch, aber wie der Kaffee war es besser als nichts.

Sie blickte in den Spiegel, sah hohle Augen, blasse Haut. Sie zauberte ein wenig – dieses Mal nicht der Eitelkeit wegen, sondern für Max. Wenn sie zu müde, zu schwach aussah, würde er aus Rücksicht auf sie langsamer machen.

Doch gestern war ihr klar geworden, dass sie vorwärtskommen mussten.

Sie hatten den Fluss schließlich auf der 202 überquert, gleich nach dem Ort Peekskill, der praktisch verlassen gewesen war. Sie waren nicht die Einzigen gewesen, die versucht hatten, hier über den Fluss zu kommen.

Autowracks, aufgegebene Autos, einige mit Leichen daneben. Den SUV mussten sie nach weniger als der Hälfte der Strecke stehen lassen und ihre Habseligkeiten um einen umgekippten Sattelschlepper herumtragen, der die Straße blockierte. Ihr war aufgefallen, dass einige nach Westen geflohen waren – oder es versucht hatten –, andere aber nach Osten.

Auf der Ostseite errichtete Barrikaden waren zerstört worden. Jemand, dachte sie, ist hier also durchgekommen. Von Chelsea bis zu dieser letzten Überquerung des Hudson River brauchten sie acht Stunden.

Sie nahmen sich ein anderes Auto – abgefahrene Reifen, aber ein halb voller Tank – und fuhren nach Westen, dann nach Norden, hielten sich an Nebenstraßen, mieden bevölkerte Gebiete – oder solche, die es einmal gewesen waren.

Als sie darauf bestand, dass er anhalten, sich ausruhen und etwas essen musste, hielten sie auf ein verlassen wirkendes Haus zu, in einer Gegend mit einer gewundenen zweispurigen Straße. Mit Brettern vernagelte Fenster, kein Schnee geräumt. Doch als sie in die holprige Einfahrt fuhren, trat eine Frau mit wildem Blick und mit einer Flinte bewaffnet auf die windschiefe Terrasse heraus.

Sie fuhren weiter.

Erst als es ganz dunkel geworden war, hatten sie an der kleinen Tankstelle mit dem schäbigen Motel namens »Hidden Rest« – verborgene Rast – angehalten.

Lana bereitete Hühnchen mit Reis auf einer Kochplatte im Büro des Motels zu. Der Staub und Dreck an der Rezeption sagten ihr, dass sie offenbar die ersten Gäste seit Wochen waren.

Aber sie aßen etwas, und sie schliefen ein paar Stunden.

Und jetzt würden sie weiterfahren. Sie würden Eric finden, und Max würde herausfinden, was als Nächstes zu tun war.

Sie hörte das Erkennungszeichen – siebenmal klopfen – und nahm die Tasche, als Max die Tür öffnete.

»Ich bin so weit. Hab ein paar Tüten Chips und Mineralwasser aufgetrieben, ebenso einige Schokoriegel. Und wir haben ein neues Auto«, sagte er. »Es ist besser in Schuss als das letzte, hat jedoch keinen Tropfen Benzin mehr. Aber ich habe eine der Zapfsäulen zum Funktionieren gebracht, also können wir tanken, wenn wir es dorthin schieben.«

»Okay. Du solltest aber noch etwas anderes essen außer Chips und Schokolade.« Sie holte eine Orange aus ihrer Tasche.

»Die teilen wir uns«, meinte Max.

»Gut.«

»Aber zuerst holen wir das Auto, laden ein, tanken. Du siehst schon wieder etwas erholt aus.«

Sie lächelte, froh, dass sie sich hübsch gezaubert hatte. »Wer würde nach einer Nacht in diesem Palast nicht erholt aussehen?«

Sie ging mit ihm hinaus, trotz ihrer Jacke vor Kälte zitternd. »Es riecht nach Schnee.«

»Ja, wir könnten welchen kriegen. Wenn wir also einen Wagen mit Allradantrieb sehen sollten, nehmen wir uns den.«

»Wie weit ist es noch, was glaubst du?«

»Ungefähr dreihundertfünfzig Meilen. Wenn wir große Straßen benutzen können, kommen wir gut voran. Wenn das nicht geht …«

Er ließ es so stehen, nahm einen roten Kanister mit der Aufschrift *Benzin* und führte Lana etwa zehn Meter die Straße hinunter, wo ein Auto schief auf dem schmalen Seitenstreifen stand.

»Sie hätten es fast geschafft«, murmelte sie.

»Es hätte keinen Unterschied gemacht, denn wahrscheinlich waren die Zapfsäulen abgeschaltet gewesen. Ich habe das Auto mit Magie ein paar Meter bewegt, aber viel mehr konnte ich auch nicht tun. Zusammen würden wir wahrscheinlich erfolgreicher sein, aber so geht es ebenso schnell.«

Sie sagte nichts, weil sie wusste, dass er sich zu viel abverlangte. Magische Kraft, das hatten sie beide gelernt, gab es nicht umsonst.

Er füllte den Tank und verstaute den Kanister im Kofferraum.

»Eine Zeit lang kann ich auch fahren.«

Er sah sie von der Seite an. »Das haben wir gestern schon versucht.«

Bis gestern hatte sie noch nie einen Wagen gefahren. Sie lebte schließlich in New York. »Ich brauche etwas Übung.«

Er lachte und küsste sie. »Lass uns nicht streiten. Du übst, indem du zur Tankstelle zurückfährst.«

Sie stiegen ein, und Max nickte in Richtung Startknopf. »Mach du es – diese Übung brauchst du nämlich auch.«

Das Starten von Autos, Tanksäulen und Elektrogeräten hatte sie bisher ihm überlassen. Aber er hatte recht – sie musste üben.

Sie hielt eine Hand über den Starter, fokussierte sich. Drückte. Der Motor sprang an.

Sie spürte ihre Kraft und grinste ihm zu. »Von wegen ich brauche Übung.«

Er lachte erneut, und, ja, sein Lachen beruhigte, festigte sie. »Fahr los.«

Völlig verkrampft umfasste sie das Steuer, die Reifen quietschten, und dann bewegten sie sich langsam, torkelnd, schlingernd auf die Tankstelle zu.

»Fahr nicht die Zapfsäule an«, warnte Max. »Bremsen, und jetzt ein wenig nach links. Stopp!«

Sie trat so abrupt auf die Bremse, dass der Wagen ruckartig stehen blieb, aber sie hatte es geschafft.

»Stell auf Parken. Motor aus.«

Sie stiegen aus. Max steckte die Zapfpistole in den Tank. Während der Wagen betankt wurde, legte er einen Arm um Lana. »Wir sind im Geschäft.«

»Ich hätte nie gedacht, dass ich Benzingeruch einmal aufregend finden würde, aber –« Sie unterbrach sich und presste eine Hand auf seine Brust. »Hast du gehört –«

Noch während sie sprach, wirbelte er herum und schob sie hinter sich. Er nahm die Waffe aus dem Hüfthalfter.

Ein Hund, fast noch ein Welpe, tollte über den Platz, die Zunge hing ihm lustig aus dem Maul, und seine Augen leuchteten.

»Oh, Max!« Sie wollte niederknien, um den Kleinen zu begrüßen, doch Max brüllte.

»Ich weiß, dass du da hinten bist! Komm raus, und zwar mit erhobenen Händen!«

Lana stand stocksteif da, obwohl das Hündchen an ihr hochsprang, mit dem Schwanz wedelte und jaulte.

»Nicht schießen! Oh Gott! Hey, Mann, flipp nicht aus, erschieß mich nicht!«

Als der Hund die Stimme hörte – männlich mit einem etwas näselnden Akzent – rannte er zurück zu dem Mann, der vorsichtig hinter einem verkümmerten Busch am Ende des Platzes hervortrat.

»Ich habe die Hände oben. Ganz oben. Wir sind nur zwei Reisende. Tu dem Hund nichts, okay? Im Ernst, Mann, erschieß bloß den Hund nicht.«

»Wieso versteckst du dich da hinten?«

»Ich habe das Auto gehört, okay? Wollte nur nachsehen. Das letzte Mal, als ich nachschauen wollte, als ich ein Auto hörte, versuchte das Arschloch, uns über den Haufen zu fahren. Ich konnte Joe gerade noch zu fassen kriegen und weglaufen.«

»Und was ist mit deinem Gesicht passiert?«

Sein schmales Gesicht wies einige blaue Flecken unter dem linken Auge und Prellungen um den langen, struppigen Bart herum auf.

»Äh – vor ein paar Wochen hab ich diese Gruppe getroffen. Schienen okay. Wir zelteten, besorgten uns was zu trinken. Am zweiten Abend schlugen sie mich dann zusammen und stahlen mir mein Gras. Ich hatte wirklich gutes Zeug, Mann, und habe *geteilt*. Aber die wollten alles. Ließen mich hier sitzen, klauten mir meinen Rucksack, mein Wasser, alles Mögliche. Nachdem sie weg waren, kam dann Joe hier an. Also taten wir uns zusammen. Der kann mich wenigstens nicht verprügeln. Hör mal, du tust ihm nichts, ja?«

»Niemand tut ihm etwas.« Lana ging in die Hocke, und Joe rannte zu ihr, leckte ihr sogar das Gesicht ab. »Niemand tut Joe etwas. Du bist ja so ein Süßer!«

»Er ist'n guter Hund, der Joe. Höchstens drei Monate alt, schätze ich. Hat was von 'nem Labrador. Was sonst noch, weiß ich nicht. Könntest du vielleicht mal die Knarre runternehmen? Ich mag die Dinger wirklich nicht. Sie bringen Leute um, egal, was die Waffenlobby sagt. Gesagt hat.«

»Nimm deinen Rucksack ab«, befahl Max. »Leer ihn aus. Und deine Jacke, mach die Taschen leer.«

»Oh Mann, ich habe mich gerade neu eingedeckt.«

»Wir nehmen dir nichts weg. Aber ich will verdammt noch mal sichergehen, dass du nicht selbst eine Waffe hast.«

»Oh. Kein Problem! Ich habe ein Messer.« Die Hände noch immer hochhaltend, deutete er auf die Scheide an seinem Gürtel.

»Du brauchst eines, wenn du trampst und im Freien campst. Ich hatte auch ein Zelt, aber die Schweine haben es mir gestohlen. Ich muss die Hände runternehmen, wenn ich den Rucksack abstelle, okay?«

Auf Max' Nicken hin nahm er den Rucksack ab, öffnete ihn, holte eine Rettungsdecke heraus, ein Paar Socken, einen Kapuzenanorak, eine Mundharmonika, eine kleine Tüte Hundefutter, mehrere Dosen, einige Snacks, Wasser, zwei Taschenbücher.

»Ich hoffe, ich finde wieder einen Schlafsack, und vielleicht einen Truck – mit Allradantrieb. Ich habe bisher keinen gefunden, den ich starten konnte. Es kommt Schnee. Ich bin Eddie«, sagte er unvermittelt, während er weiter auspackte. »Eddie Clawson. Mehr habe ich nicht«, fügte er hinzu. »Kann ich meine Jacke wieder anziehen? Es ist scheißkalt hier draußen.«

Er war spindeldürr – ein langer, knochiger Mann, wahrscheinlich Anfang zwanzig, dachte Lana. Sein dunkelblondes Haar quoll in wirren, unordentlichen Rastalocken unter einer orangenfarbenen Skimütze hervor.

Jeder ihrer Instinkte sagte ihr, dass er so harmlos war wie sein Hündchen.

»Zieh die Jacke wieder an, Eddie. Ich bin Lana. Das ist Max.« Sie wollte auf ihn zugehen.

»Lana.«

»Manchmal muss man einfach vertrauen.« Sie bückte sich und half ihm, seine Sachen einzusammeln. »Wohin willst du, Eddie?«

»Keine Ahnung. Bis vor Kurzem hatte ich noch einen Kompass. Den haben sie mir auch geklaut. Ich glaube, ich bin einfach auf der Suche nach Leuten, weißt du? Die nicht tot sind oder versuchen, mich umzulegen, und die mich nicht für 'ne Tüte Gras halb tot prügeln. Und ihr beide?«

156

Als Max vor ihn trat und ihn genau fixierte, blickte Eddie auf.

»Hey, du hast locker zwanzig Kilo oder mehr auf den Rippen als ich – und wie's aussieht alles Muskeln. Und du hast 'ne Knarre. Ich werde also kein Risiko eingehen. Ich will einfach nur irgendwohin, wo es schön ist. Wo die Leute nicht verrückt sind. Wo wollt ihr hin?«

»Nach Pennsylvania«, sagte Max.

»Vielleicht habt ihr ja noch Platz für uns zwei? Ich kann euch helfen hinzukommen.«

»Wie?«

»Na ja, unterwegs.« Eddie zog seinen Rucksack hoch, deutete mit einer Kinnbewegung auf den Wagen. »Das ist ja 'ne nette Karre und so, aber kein Allradantrieb, und es kommt Schnee. Die meisten Hauptstraßen sind blockiert, und von den Schleichwegen sind viele seit dem letzten Schnee nicht geräumt worden. Ich wette, in der Tankstelle gibt es irgendwo Ketten.«

»Ketten?«, fragte Lana verblüfft. Eddie grinste.

»Ihr kommt aus der Stadt, was? Ja, Schneeketten. Ihr könntet sie unterwegs brauchen. Und Sand, falls wir welchen finden. Oder ein paar Eimer von dem Kies vielleicht. Ich kann mich nützlich machen«, erklärte er. »Und ich will ehrlich mit euch sein. Ich bin nicht gern allein unterwegs. Das wird immer seltsamer. Je mehr Leute zusammen reisen, desto besser, glaube ich.«

Max blickte zu Lana, sie lächelte. »Sehen wir mal, ob wir Ketten finden.«

»Ja?« Eddie strahlte. »Cool.«

Kapitel 8

Eddie fand Schneeketten und etwas Werkzeug – wer immer die Tankstelle aufgegeben hatte, er hatte einen gut sortierten Werkzeugkasten hinterlassen.

Dann trieb er noch einen Zehn-Liter-Benzinkanister auf, den er füllte.

»Normalerweise fahre ich nicht gern mit Sprit im Kofferraum rum«, meinte er, als er ihn dort verstaute. »Aber unter diesen Umständen … Sagt, ist es okay, wenn Joe und ich uns noch erleichtern, bevor wir losfahren?«

»Kein Problem«, erwiderte Max.

»Er ist okay, Max. Ich spüre bei ihm überhaupt kein Risiko.«

»Ich auch nicht. Wir müssen uns beide noch daran gewöhnen, mehr zu spüren als früher. Und zumindest für den Moment müssen wir uns auch mit Fremden befassen. Er ist auf eine Gruppe getroffen, und ich glaube, was er sagt – dass sie ihn angegriffen und ausgeraubt haben, entspricht der Wahrheit. Wir werden unsere erweiterte Wahrnehmung noch verfeinern müssen – diese Art siebten Sinn, der sich bei uns entwickelt hat. Denn er wird nicht der Einzige sein, dem wir begegnen.«

»Du machst dir Sorgen um Eric, weil du nicht weißt, mit welchen Leuten er zusammen ist.«

»Wir werden ihn bald treffen. Steig ein, es ist kalt. Und ich will den Wagen starten, bevor er zurückkommt. Im Moment ist es zwecklos, ihm oder irgendjemandem zu zeigen, was wir draufhaben.«

Sie stiegen ein. Max schaute in den Rückspiegel, hielt die Hand über die Zündung, um zu starten, als er Eddie und den Hund zurückkommen sah.

»Spring rein, Joe.« Eddie glitt nach dem Hund in den Fonds. »Und vielen Dank noch mal. Es wird guttun, ein Stück im Sitzen voranzukommen anstatt zu Fuß.«

Max fuhr los, und Lana drehte sich zu Eddie um. »Wo kommst du eigentlich her?«

»Weiß nicht genau. Ich war oben in den Catskills-Bergen. Ein Freund von mir hatte einen Nebensaison-Hausmeisterjob in diesem komischen Ferienort da oben. Wie aus dem Film – ihr kennt doch *Dirty Dancing*, mit den Hütten und so?«

»»Niemand stellt Baby in die Ecke.‹«

»Ja, genau der. Dort war es aber nicht so hübsch wie im Film. Bisschen runtergekommen, ihr wisst schon. Aber ich bin hin, um ihm zu helfen – wir haben auch einiges repariert.

Fernsehen haben wir nicht viel geschaut, und das Internet hat nicht wirklich funktioniert, aber dann hörten wir, dass Leute krank wurden, als wir abends mal in die nächste Stadt fuhren, um ein wenig zu feiern.«

Joe legte sich quer über Eddies Schoß; er streichelte ihn mit seinen knochigen Händen.

»Ich glaube, das war so vor drei Wochen – habe kein Zeitgefühl mehr. Am nächsten Tag habe ich zu Hause angerufen – sogar dafür musste man in die Stadt fahren –, weil ich nachts nicht durchgekommen bin. Der Handyempfang da oben war miserabel, und im Winter stellen die Eigentümer die Festnetzverbindung ab.

159

Pfennigfuchser. Jedenfalls, ich konnte meine Mom nicht erreichen und habe mir Sorgen gemacht. Dann habe ich mit meiner Schwester gesprochen. Sie sagte, Mom liegt schwerkrank in der Klinik, und ich konnte hören, dass auch Sarri total krank war.«

Er streichelte unablässig den Hund und schaute dabei zum Seitenfenster hinaus. »Ich fuhr zurück, um zu packen, meinem Freund Bud Bescheid zu sagen, und da merkte ich, dass es ihm nicht gut ging. Ein schlimmer Husten. Aber wir packten weiter und brachen vor Einbruch der Dunkelheit auf – seinen Truck haben wir dort gelassen, weil er inzwischen wusste, dass er nicht fahren konnte. Dann wurde er noch kränker, so schlimm, dass ich ihn ins Krankenhaus brachte.«

Er wandte sich wieder Lana zu. »Es war verrückt, Mann, einfach irre. Dieses kleine Kaff, und alle versuchten abzuhauen, wenn es irgendwie ging. Ich habe vernagelte Häuser und Geschäfte gesehen – und ein paar, in die man eingebrochen hatte –, aber sie hatten ein Krankenhaus, und da habe ich Bud hingebracht.«

Er atmete langsam aus. »Ich konnte ihn nicht einfach so da lassen, aber meine Mom und Sarri ... von dort aus habe ich keine von beiden erreicht. Habe ein halbes Dutzend Leute angerufen, bis ich einen an die Strippe gekriegt habe. Meinen zweiten Cousin Mason. Er sagte – Gott, er klang auch übel. Er sagte, meine Mom und auch seine sind beide gestorben, und Sarri ist in der Klinik, und es sieht nicht gut aus. Er konnte nicht raus, er sagte, ich soll nicht nach Hause kommen, es ist schlimm dort. Ich konnte nichts machen. Zwecklos zu versuchen, meinen Vater anzurufen. Er ist schon bald nach Sarris Geburt abgehauen, und ich weiß nicht, wohin ... Jedenfalls. Bud hat es nicht geschafft. Sarri und Mason auch nicht.«

»Das tut mir leid, Eddie.«

Er fuhr sich über die feucht gewordenen Augen und streichelte dann wieder Joe. »Ich bin einfach losgefahren, habe nicht richtig überlegt. Dann kam ich an diese Stelle an der Straße, wo alles von Autos versperrt war, sodass ich nicht durchkam. Drehte den Truck um, fuhr in eine andere Richtung. Ich kam immer wieder zu Straßen, die blockiert waren, und dann ist mir der Truck kaputtgegangen. Über zwei Wochen, glaube ich, bin ich jetzt schon zu Fuß unterwegs. Habe gelernt, größere Städte zu meiden – da ist der Teufel los, Mann, echte Scheiße. Nebenstraßen sind besser. Ich überlege, nach Hause zu fahren – das wäre ein kleiner Ort, Fiddler's Creek, nicht weit von Louisville. Aber ich glaube, ich kann es da nicht aushalten, wenn meine Mom und meine Schwester tot sind. Ich glaube, ich kann nicht heimfahren, wenn ich weiß, dass sie nicht da sind. Habt ihr jemanden verloren?«

»Ich habe meine Eltern vor ein paar Jahren verloren«, antwortete Lana. »Ich bin ein Einzelkind. Max kann seine Eltern nicht erreichen – sie sind in Europa. Wir wollen uns mit seinem Bruder treffen.«

»Ich bete, dass es ihm gut geht. Ich bin im Beten nicht besonders gut, obwohl meine Mom versucht hat, einen gottesfürchtigen Kirchgänger aus mir zu machen. Aber in letzter Zeit habe ich geübt, und ich bete, dass er gesund bleibt.«

Max warf einen kurzen Blick in den Rückspiegel. »Danke.«

»Ich schätze, wir müssen versuchen, aufeinander aufzupassen.« Eddie rieb sich das malträtierte Kinn. »Manche sehen es anders. Bin froh, dass ihr eher so drauf seid wie ich. Ihr seid Stadtmenschen – das merkt man. Welche Stadt?«

»New York«, sagte Max.

161

»Ach, echt? Habe gehört, da ist es, also, wirklich schlimm. Wann seid ihr rausgekommen?«

»Gestern Morgen, und es *ist* schlimm.«

»Es ist überall schlimm«, fügte Lana hinzu. »Mehr als eine Milliarde Menschen sind durch dieses Virus getötet worden. Sie sagen dauernd, der Impfstoff kommt, aber –«

»Du hast es nicht gehört.«

Sie drehte sich wieder zu Eddie um, sah, dass seine Augen so groß wie die einer Eule geworden waren. »Was nicht gehört?«

»Auch direkt aus New York. Ich habe gestern mit Joe ein kleines Farmhaus gefunden. Meine Rippen taten mir grässlich weh, und ich dachte, vielleicht lassen sie mich in der Scheune schlafen oder so. War aber keiner da. Die Besitzer waren abgehauen, also blieb ich im Haus. Da war ein Generator, und den habe ich angestellt. Ich hatte meine erste warme Dusche seit einer Woche, das war vielleicht super. Auch 'nen Fernseher, und ich dachte, ich schaue mir ein paar von den DVDs an, die da rumlagen – habe das alles dagelassen. Aber ich habe die Glotze angemacht und war so was von überrascht, als die Nachrichten kamen. Das Mädchen, das sie gelesen hat – äh … seltsamer Name.«

»Arlys? Arlys Reid?«, fragte Lana.

»Ja, ja. Ich dachte, schaue ich mir 'ne Weile an, mal sehen, was los ist, was war und so. Außerdem ist sie ganz schön heiß. Und dann, während sie spricht, kommt dieser Typ und setzt sich hin. Stinkbesoffen. Ich habe ihn schon mal gesehen. Bob irgendwas.«

»Bob Barrett? Das ist der Moderator – der Chef«, erklärte Max.

»Na ja, der Chef war stinkbesoffen, und plötzlich zieht er 'ne scheiß Pistole.«

»Oh Gott!« Lana drehte sich zu ihm, soweit sie konnte. »Was ist passiert?«

»Ihr werdet's nicht glauben ...« Eddie beugte sich vor, um seine Geschichte zu erzählen. »Also, er fuchtelt mit seiner blöden Knarre herum, erzählt dabei einen Haufen Mist und droht, das heiße Mädchen zu erschießen. Bläst Trübsal wegen des Verderbens – ihr wisst, was ich meine, ja? Es ist, wie wenn du einen gottverdammten Film anschaust, echte Scheiße, aber du kannst einfach nicht wegschauen, verstehst du? Sie lässt ihn weiterquasseln – hat wirklich Mumm, die Kleine –, und es sieht so aus, als würde sie ihn am Ende beruhigen, vielleicht. Dann hält er sich die Pistole ...« Eddie steckte den Zeigefinger unter seinen zotteligen Bart. »Und *peng*. Direkt auf Sendung. Ballert sich der Kerl direkt im Fernsehen das halbe Gesicht weg.«

Ein leichtes Schneetreiben begann, Max schaltete die Scheibenwischer ein.

»Aber das war noch nicht mal das Krasseste«, fuhr Eddie fort. »Die heiße Braut – Arlys? Sie sagt, sie sollen weitermachen, die Kamera auf sie richten. Ich denke mal, damit die Leute vor der Glotze nicht den Toten ansehen müssen. Sie hat Blut im Gesicht, lauter Spritzer, aber sie fängt an zu reden. Redet davon, dass sie nicht die ganze Wahrheit berichtet hat, aber jetzt wird sie's tun. Dass sie diese – wie nennt man das – Quelle? – diese Quelle hat. Und dass es nicht eine Milliarde Tote sind, sondern mehr als zwei.«

»Mehr als zwei?« Lana presste sich eine Faust auf das Herz. »Aber das kann doch nicht wahr sein!«

»Wenn ihr sie gesehen hättet, würdet ihr es glauben. Mehr als zwei, sagte sie, und dass es auch keinen Impfstoff geben wird, weil es – das Verderben –, na ja, es verändert sich immer wieder. Und dass der Typ, der Präsident wurde, nachdem der andere gestorben ist – der ist jedenfalls auch schon tot. Jetzt ist eine

Frau – die ehemalige Landwirtschaftsministerin – Präsidentin. Und sie fangen an, die Leute zusammenzutreiben – also, Leute wie uns, glaube ich.«

Max blickte mit zusammengekniffenen Augen in den Rückspiegel. »Was meinst du mit ›Leute wie uns‹?«

»Die nicht krank sind. Die nicht krank werden. Sie treiben sie zusammen, bringen sie an Orte, wo sie untersucht werden und so. Ob sie es wollen oder nicht. Kriegsrecht und all dieser Mist, Mann. Habe selber schon letzte oder vorletzte Woche Panzer auf dem Weg nach Osten gesehen, riesige Konvois mit Militärlastern und all so 'n Scheiß. Deshalb habe ich mich nach Westen aufgemacht. Jedenfalls, sie hat das alles gesagt, und dass das wahrscheinlich die letzte Sendung war, weil sie den Sender jetzt dichtmachen werden. Und als sie fertig war, wurde der Fernseher schwarz.

Ich weiß nicht, ob die Leute, die dort gearbeitet haben, abgeschaltet haben, oder das Militär oder sonst wer. Aber als ich es später noch mal versuchte, war noch immer nichts. Ich dachte daran, in dem Haus zu bleiben und mich dort zu verstecken, aber dann bin ich kribbelig geworden. Joe auch, und deshalb sind wir heute früh aufgebrochen. Und dann seid ihr uns über den Weg gelaufen.«

»Zwei Milliarden Menschen.« Lanas Stimme bebte. »Wie konnte etwas so viele Menschen so schnell umbringen?«

»Es ist eine globale Angelegenheit«, kommentierte Max trocken. »Wir leben in einer Welt, in der die Leute jeden Tag um die ganze Welt reisen – beziehungsweise reisten. Das Virus wird von Mensch zu Mensch übertragen, und jeder Infizierte trägt es weiter, egal wo er hingeht. Eine Handvoll Infizierter – die vielleicht gar nicht wissen, dass sie krank sind – fliegt nach China oder Rio

164

oder nach Kansas City, und sämtliche Passagiere werden angesteckt, die Crew, die Leute bei der Security, die in den Flughafen-Geschäften, in den Bars. Und alle tragen es weiter.«

»Du sagst … Wir sagen«, korrigierte sich Lana, »dass es sich immer weiter ausbreitet, immer weiter tötet, bis … Bis keiner mehr übrig ist außer Menschen wie uns. Die immun sind.«

»Das ist das Wort, das mir gefehlt hat«, meinte Eddie. »*Immun*. Ich denke, dass ich das bin, weil ich ja die ganze Zeit mit Bud zusammen war. Bevor er krank wurde und danach. Und da, wo ich ihn hinbrachte, im Krankenhaus, waren ebenfalls 'ne Menge kranker Leute. Aber ich bin nicht krank geworden. Bis jetzt.«

»Nach dem, was ich gelesen und gehört habe«, erklärte Max ihm, »beginnen die Symptome zwischen zwölf und vierundzwanzig Stunden nach dem Kontakt.«

»Ich glaube, dann sollte ich zufrieden sein. Ich bin echt froh«, fuhr Eddie fort. »Auch wenn das alles Scheiße ist.«

»Was passiert als Nächstes?« Lana wandte sich Max zu. »Du bist gut darin herauszufinden, was als Nächstes geschieht.«

»Du willst wirklich die Wahrheit wissen?«

»Du hast ein gutes Gespür dafür, was als Nächstes passiert«, wiederholte sie. »Ich bin nicht auf das Schlimmste vorbereitet. Ich dachte, wir verbringen ein paar Wochen in den Bergen, bis alles wieder normal ist oder so normal wie möglich halt. Aber jetzt … Es wird nie mehr etwas auch nur annähernd normal sein, aber ich muss wissen, was ich zu erwarten habe.«

»Wenn es sich weiter ausbreitet, können es noch mal zwei Milliarden werden«, meinte Max nüchtern. »Man kann nicht sagen, wie viele übrig bleiben werden. Die Hälfte der Erdbevölkerung? Ein Viertel? Zehn Prozent? Aber man kann mutmaßen – die

Anfänge davon haben wir ja bereits erlebt –, dass zum Beispiel die Infrastruktur zusammenbricht. Kommunikationstechnik, Stromversorgung, Verkehr. Von Virus-Patienten überrannte medizinische Einrichtungen werden sich bemühen, diese und andere Patienten zu behandeln – Menschen mit Verletzungen, mit Krebs oder anderen Krankheiten. Plünderungen und Morde, wie wir sie in New York selbst gesehen haben, werden zunehmen. Die Regierung bricht zusammen oder reformiert sich zu etwas, das wir nicht kennen.«

Er nahm eine Hand vom Steuer und drückte die ihre. »Die Stadt zu verlassen war genau das Richtige, denn die Städte werden als Erstes kollabieren. Mehr Menschen, die das Virus verbreiten, mehr, die plündern oder gewalttätig werden. Mehr Infrastruktur, die kaputtgehen kann. Mehr Menschen, die in Panik ausbrechen; das Militär schreitet ein, um eine gewisse Ordnung aufrechtzuerhalten. Und die Befehlskette wird immer lückenhafter, weil die Menschen, die an den Hebeln der Macht sind, ebenfalls dem Virus zum Opfer fallen.«

»Das heißt, man muss fliehen.«

Max nickte Eddie zu. »Du machst es richtig. Du suchst dir einen möglichst sicheren Platz – so sicher, wie es eben geht –, und du richtest ihn her, erhältst ihn, verteidigst ihn.«

»Verteidigen gegen wen?«

Max drückte Lanas Hand noch einmal. »Gegen jeden, der versucht, ihn dir wegzunehmen. Du hoffst, Gleichgesinnte zu finden, die dann Gemeinschaften bilden, ihre eigene Infrastruktur aufbauen, Recht und Ordnung vertreten. Du sammelst, betreibst Ackerbau, jagst. Du lebst.«

Auch wenn sie gehofft hatte, dass Max ein weniger düsteres Szenario beschreiben würde, musste sie doch einräumen, dass

166

seine Schilderung nur allzu realistisch klang. »Und wenn du jemand bist wie wir beide und von Jagd oder Ackerbau keine Ahnung hast?«

»Dann findest du andere Wege, etwas beizutragen, und du lernst. Wir sind jetzt so weit gekommen und werden auch den Rest überleben.«

»Meine Mom hatte einen Garten – da hat sie jedes Jahr hübsches Gemüse angebaut. Ich glaube, ich kann Sachen zum Wachsen bringen und euch zeigen, wie es geht. Als Kind habe ich auch ein bisschen gejagt, aber das ist schon 'ne Weile her. Ich bin einer von den seltenen Jungs vom Land, die Waffen nicht so gern haben. Aber ich kann damit umgehen.«

»Es ist aber doch immer noch möglich, dass sie bei der Herstellung eines Impfstoffes einen Durchbruch erzielen«, insistierte Lana.

»Schon«, stimmte Max zu. »Aber wenn bereits zwei Milliarden Menschen tot sind, werden es noch viel mehr, bis der Stoff verteilt und geimpft werden kann, selbst wenn es schon morgen zu diesem Durchbruch käme. Das kann nicht gut gehen, Lana. Es bricht schon jetzt alles zusammen. Eine Landwirtschaftsministerin ist jetzt Präsidentin. Ich weiß nicht einmal, wer das ist.«

»Ich will ja nicht stören«, unterbrach Eddie, »aber wir sollten anhalten und die Schneeketten anlegen, bevor die Straßenverhältnisse noch schlimmer werden.«

Max fuhr vorsichtig auf den Seitenstreifen; es schneite immer weiter. »Du musst mir zeigen, wie das geht.«

»Mir auch«, meinte Lana. »Wenn ich schon viel Neues lernen muss, dann fange ich am besten gleich damit an.«

»Kein Problem, da ist nichts dabei.«

Er zeigte ihnen, wie man die Ketten anlegte – selbst bei Schnee,

Kälte und eisigem Wind war es keine wirklich schwierige Aufgabe. Lana bestand darauf, selbst eine anzubringen.

Zunächst blieb sie auf der Straße, um zuzuschauen, wie Max den Wagen so weit vorrollte, dass sich die Ketten ganz aufziehen ließen. Und nachdem sie Eddie beobachtet und seinen schrittweisen Erklärungen zugehört hatte, konnte sie ihre Kette komplett allein anlegen.

»Richtig so?«

Eddie prüfte ihre Arbeit. »Note eins, gleich beim ersten Mal. Sie hat dich überholt, Max.«

Max grinste zu ihr hinüber. »Sie hatte einen Vorsprung.«

Eddie ging kichernd um den Wagen herum und zog die letzte Kette auf. »Das haben wir geschafft.« Er blickte zu Joe, der auf dem Seitenstreifen stand.

»Bist du fertig, Kleiner?« Er öffnete die Wagentür, und der Hund sprang sofort hinein. »Ich kann auch fahren, wenn du eine Pause einlegen willst.«

Max schüttelte den Kopf. »Es geht schon.«

»Dann sag es mir, wenn ich dich ablösen soll. Ich mache hinten so lang mit Joe ein Nickerchen. Habe letzte Nacht nicht so gut geschlafen bei dem Neuschnee.«

Er kramte die Rettungsdecke aus seinem Rucksack, doch Lana reichte ihm ihre Baumwolldecke. »Nimm die. Die ist weicher.«

Im ersten Moment starrte Eddie nur auf die Decke. Dann stieg er in den Wagen und wartete, bis Lana Platz genommen und die Tür geschlossen hatte.

»Ein paar Minuten lang hatte ich vorhin Angst, dass ihr mich erschießt und mir meine Sachen klaut. Vielleicht auch noch dem Hund etwas antut. Aber dann habe ich ziemlich bald gemerkt, dass ihr nicht die Sorte Menschen seid.«

168

»Bist du ja auch nicht«, meinte Lana.

»Nein, wirklich nicht. Aber ich glaube, man kann sagen, wir sind alle ein Risiko eingegangen. Und ich bin echt froh, dass wir das getan haben. Das ist übrigens 'ne schöne Decke.«

Er legte sich auf den Rücksitz, zog die langen, dünnen Beine an, und das Hündchen schmiegte sich an ihn. »Ich weiß das zu schätzen«, sagte er und schloss die Augen.

Lana schlief nicht. Sie dachte vielmehr daran, dass sie gelernt hatte, Schneeketten anzulegen. Auch hatte sie aus spärlichen Vorräten ein schmackhaftes Essen gezaubert – auf einer Kochplatte in einem hässlichen Motel-Büro. Sie konnte mit ihrem Atem ein Feuer entfachen, um Licht oder auch Wärme zu haben. Sie konnte sogar mit der Kraft ihres Willens ein Auto starten.

Und mit diesem Willen, mit der Kraft, die in ihr wuchs, lernte sie, Dinge zu bewegen – bislang noch kleine Dinge, doch das würde sich ändern. Mit Max zusammen hatte sie eine Hubbrücke hochgefahren – und sie hatte genug Kraft aufgebracht, um andere Autos abzubremsen und sogar jene abzuwehren, die ihnen Böses wollten.

Das alles hatte sie bereits gelernt, und sie würde alles lernen, was sie noch beherrschen musste.

Sollte Max' Vermutung Wirklichkeit werden, dann würde sie ihren Willen, ihren Geist, ihre Magie und ihren Verstand benutzen, um zu tun, was immer zu tun war, damit sie beide sicher sein würden.

Und während der Mann und der kleine Hund auf dem Rücksitz leise schnarchten, dachte sie, dass sie bereits damit begonnen hatten, eine Gemeinschaft zu bilden.

»Ich liebe dich, Max.«

»Ich liebe dich auch. Schlaf eine Weile. Wir haben noch eine lange Strecke vor uns.«

»Ich schlafe, wenn du schläfst. Womöglich brauchst du mich.«

»Wenn wir unseren Platz finden, und wir finden ihn, heiratest du mich dann?«

Sie streichelte seine Wange. »Ja.«

Sie beobachtete, wie die Sonne aufging, die Dunkelheit vertrieb, und ließ sich von ihr mit Hoffnung erfüllen.

* * *

Es dauerte länger bis zum Bahnhof an der Dreiunddreißigsten Straße, als Arlys gedacht hatte. Sie mussten mehrmals anhalten und sich verstecken. Mehr als einmal wurde ihr klar, dass sie es geschafft hatten, weil Fred die Motoren, die Schritte, die Schüsse vor ihr hörte.

Das lag wohl an ihren Feenohren, vermutete sie.

Am einst geschäftigen, übervölkerten, hell erleuchteten Times Square ragten die riesigen Bildschirme und digitalen Reklametafeln auf wie leere, schwarze Tore ins Ungewisse. Gleich südlich des Herald Square flammte plötzlich etwas auf, ein kurzes, explosionsartiges Zucken eines waagrechten Blitzes, das den Wahnsinn noch deutlicher hervorhob.

Leichen, überfressene Hunde mit wilden Blicken, der Schutt von Geschäften, das Gewirr von Autos, Bussen und Lkws über den gesamten Herald Square verteilt – als hätte eine zornige Hand alles zusammen über die Straße und die Gehsteige geschleudert.

Jemand, etwas lachte.

Jemand, etwas brüllte.

Arlys packte Freds Hand und begann im gespenstischen Nach-
leuchten des Blitzes zu rennen. Am Eingang, der hinunter ins
Dunkel führte, blieb sie stehen, holte Atem und kämpfte gegen
ihre Panik an.

Ruhig bleiben, befahl sie sich. Am Leben bleiben.

Ihre Gefährtin mochte Flügel besitzen und besser hören als ein
Hund, doch sie kam Arlys noch immer zu unbekümmert vor, um
vorsichtig zu sein.

»Hör mal, wir wissen nicht, wer oder was da unten sein könnte.
Auf dem Bahnsteig, in den Tunnels. Wir haben einen langen
Marsch vor uns, ohne einen unkomplizierten Fluchtweg, falls
wir einen brauchen. Ich habe eine Pistole, aber ich habe noch nie
einen Schuss abgegeben.«

»Ich glaube wirklich nicht, dass du das tun solltest.«

Das Brüllen wiederholte sich, und das Entsetzen darin jagte
Arlys einen Schauder über den Rücken.

»Wenn wir uns verteidigen müssen, tun wir es. Wir werden so
schnell gehen, wie wir können, so achtsam sein wie nur irgend
möglich, und du wirst deine irrsinnig guten Ohren gespitzt halten.«

»Ich kann auch sehr gut im Dunkeln sehen.«

»Noch ein Plus. Wir bleiben zusammen, genauso wie auf dem
Weg hierher.«

Arlys richtete ihre Taschenlampe auf die Stufen nach unten,
dann nach oben – sie standen an der Ecke von Macy's.

Es wird nie mehr einen Weihnachtsumzug geben, dachte sie,
nie mehr einen Schlussverkauf.

Es wird auch nie mehr ein Wunder auf dieser oder irgendeiner
anderen Straße geschehen.

»Also los.«

Sie musste sich innerlich sehr wappnen, um immer weiter nach unten zu gehen. Mit jedem Schritt meinte sie, ihr Herz lauter und schneller schlagen zu hören.

Was tat sie hier? Was machte irgendein geistig gesunder Mensch hier?

»Hörst du etwas?«, flüsterte sie Fred zu.

»Absolut nichts. Alles gut.«

Sie durchquerten die Dunkelheit, folgten dem einzigen Lichtstrahl, überwanden die Drehkreuze.

»Das wollte ich schon immer mal machen.« Freds Stimme hallte wider, obwohl sie ganz leise sprach. »Wegen des Kicks, nicht, weil ich nicht bezahlen wollte.«

Arlys legte einen Finger auf die Lippen, leuchtete überallhin aus Angst, sie könnte in dem Bahnhof oder auf den Gleisen noch mehr Tote herumliegen sehen.

Oder, schlimmer noch, Lebende, die sich zum Angriff bereit machten.

Mit der Taschenlampe folgte sie den Hinweisschildern zum PATH-Zug nach Hoboken.

Sie suchte den Bahnsteig ab, die Gleise, den Bahnsteig auf der anderen Seite. Ihr Herzschlag wurde ein wenig gleichmäßiger – bis sie der Tatsache ins Auge sehen musste, dass sie noch weiter hinunter und in die Tunnels hineingehen mussten.

Es gibt kein Zurück, dachte sie. Wenn sie diesen Weg einmal eingeschlagen hatten, würden sie nicht mehr umkehren können.

»Jetzt.« Sie setzte sich, ließ sich mit weichen Knien nach unten rutschen und kam dabei etwas außer Atem.

Fred breitete ihre Flügel aus und schwebte gleich einer Feder nach unten.

»Kurze Strecken kann ich vielleicht mit dir zusammen fliegen. Ich habe es aber noch nie probiert«, gab sie zu. »Nur ein paar Hunde habe ich auf diese Weise zu der Unterkunft gebracht, die wir gegründet haben. Am liebsten hätte ich dort noch einmal vorbeigeschaut und uns einen mitgenommen.«

Da es eine von Arlys' Befürchtungen war, auf verwilderte Haushunde zu stoßen wie diejenigen, die auf den Straßen Leichen anfraßen, war es ihr absolut recht, keinen Hund dabeizuhaben.

»Du weißt, was es mit der dritten Schiene auf sich hat?«

»Arlys, ich bin zwar noch nicht lange eine Fee, aber ich bin einundzwanzig, nicht zwei. Du musst aufhören, dir solche Sorgen zu machen.«

»Ich fühle mich verantwortlich.«

»Das Richtige zu tun? Das tust du. Ich war wirklich stolz auf das, was du getan hast. Da wusste ich mit Sicherheit, dass ich mit dir gehen würde. Es hat nämlich einige Gerüchte gegeben.«

»Gerüchte?«

»Wir – Menschen wie ich, die magischen Menschen –, wir sind noch nicht gut organisiert. Viele von uns sind gerade erst dabei herauszufinden, was sie sind. Und manche drehen ein wenig durch, oder sie werden total böse. Also versuchen wir hauptsächlich, diese sicheren Zonen zu schaffen und Leuten zu helfen wie auch den Hunden und Katzen und anderen zurückgelassenen Haustieren, wenn ihre Besitzer krank geworden sind. Aber wir haben ein paar funktionierende Wahrsagespiegel und -kristalle, und wir versuchen auch mit anderen Zaubern herauszufinden, was wirklich passiert.«

Arlys hatte keine Ahnung, was ein *Wahrsagespiegel* war. »Kristalle? So wie die Wahrsager auf einer Kirmes sie haben?«

»Manche von ihnen hatten wahrscheinlich tatsächlich latente Kräfte, aber ja, so in etwa – und auf andere Art. Wir fanden heraus, dass es schlimmer ist als das, was man uns erzählt, aber es ist schwer zu sagen, um wie viel schlimmer, weil es eine Menge widersprüchlicher Berichte gibt, weißt du? Eine Menge Geschwätz. Aber wir haben verstanden, dass es schlimmer ist und auch noch schlimmer wird. Deshalb helfen wir Leuten wegzukommen, sofern es uns möglich ist. Und als du heute Abend allen alles gesagt hast, was du weißt, da wusste ich, dass ich dir helfen würde.«

Sie hielt an, berührte Arlys' Arm. Arlys schaltete ihre Lampe aus und ließ sich von Fred durch die Dunkelheit führen, bis ihr Rücken an kalte Fliesen gedrückt wurde.

Sie sprach nicht, fragte nicht, legte jedoch ihre Hand an den Griff ihrer Waffe.

Sie hörte männliches Lachen, das sich näherte, und es klang niederträchtig genug, um ihr zu sagen, dass diese Männer nicht freundlich sein würden.

»Hast du gesehen, wie sich dieses Arschloch gewunden hat!«

Jetzt sah sie das Licht – zwei Strahlen, die das Dunkel durchschnitten, die näher kamen, heller wurden.

Ab und zu huschten sie über die Wände. Wenn sie sie oder Fred erfassten, konnte sie dann die Pistole benutzen? Konnte sie auf einen anderen Menschen zielen und dann abdrücken?

»Hat sich angepisst. Der Arsch hat sich angepisst!«

»Wüsste nicht, warum wir hier unten nicht noch jemanden jagen könnten. Sind doch jede Menge solcher Arschlöcher hier im Tunnel!«

»Hör mal, die meisten von denen sind verrückt. Es ist doch viel besser, sie verrückt zu *machen*, als sie einfach abzuknallen. Suchen wir uns diesmal eine Frau, aber keine von den Hexen, die sich hier unten rumtreiben. Wir besorgen's ihr ein paar Mal, dann nageln wir sie auf das Gleis und besorgen es ihr noch einmal, bevor wir sie aufschlitzen.«

»Du bist ein kranker Irrer.«

Wieder ein Lachen. Sie hörte ihre Stiefeltritte. Sah ihre Silhouetten hinter den Lichtstrahlen.

Konnten sie die ihren sehen?

»Holen wir uns besser zwei. Ich will keine, mit der du's grade getrieben hast.«

Ein Lichtstrahl fuhr nur Zentimeter von ihrem Gesicht entfernt über die Wand; ihre Hand umklammerte krampfhaft den Griff der Pistole.

Hätten sie nicht so heftig über ihre Pläne, zu vergewaltigen, zu foltern und zu töten, gelacht, hätten sie sie gesehen.

Die beiden Kerle gingen so nah an ihnen vorbei, dass sie sie hätten berühren können. Dann marschierten sie weiter das Gleis entlang, während sie sich über das beste Jagdrevier stritten.

Fred zitterte. »Ich weiß nicht genug, um sie zu stoppen«, flüsterte sie. »Ich hoffe nur, jemand anderes kann es. Sie können uns jetzt nicht hören und auch das Licht nicht sehen.«

Im Vertrauen auf ihre Worte knipste Arlys die Taschenlampe wieder an.

Sie zählte ihre Schritte. Fünfzig. Hundert. Hundertfünfzig.

Dieses Mal packte Fred sie heftig am Arm. »Riechst du das?«

»Ich rieche Schweiß und Urin und Bierkotze.«

»Blut. Eine Menge Blut, und ... Tod. Aber kein Laut, keine Bewegung.«

Nach weiteren zwanzig Schritten roch auch Arlys es. Sie kannte den Geruch, weil er beim Tod von Bob Barrett über ihr Gesicht gestrichen war, sich sogar in ihren Haaren festgesetzt hatte.

Dann erfasste ihr Licht etwas auf dem Gleis. Fred schluchzte leise neben ihr, ging aber weiter.

Ein Toter, erkannte Arlys, als sie näher kamen. Ein Körper, der durch Hände und Füße auf die Erde genagelt worden war. Der Mund hing schlaff in einem zerschundenen Gesicht, zeigte ausgeschlagene Zähne. Und all das Blut, das er verloren hatte, nachdem sie ihm den Bauch aufgeschlitzt hatten, bildete eine glänzende dunkle Lache.

Fred ging in die Knie, Arlys versuchte, zu verhindern, dass sich ihr der Magen umdrehte, und zerrte an ihr.

»Wir müssen weiter. Er ist tot, Fred. Du kannst nichts mehr für ihn tun.«

»Doch. Ich kann dafür beten, dass seine Seele Frieden findet. Das kann ich für ihn tun.«

Arlys richtete sich auf, stand daneben – jetzt mit der Waffe in der Hand.

Sie musste sich nicht mehr fragen, ob sie sie auf ein anderes menschliches Wesen richten oder abdrücken konnte, nicht, wenn sie sich ansah, was menschliche Wesen einem Jungen angetan hatten, der wahrscheinlich noch keine zwanzig gewesen war.

Es war klar, dass sie es konnte.

Kapitel 9

Fred stand auf, atmete lang gezogen und unter Tränen aus.

»Er war jünger als ich.«

»Ich wünschte –« Arlys unterbrach sich. Wünschen half hier gar nichts. »Wir müssen weitergehen.«

»Ich weiß, und ich weiß, dass es ihm jetzt egal ist, aber ich würde mir auch wünschen, wir müssten ihn nicht allein hier zurücklassen. Das wolltest du sagen.«

»Aber wir müssen es. Du nimmst die Lampe.« Arlys wollte die Pistole von nun an in der Hand behalten. »Hier sind wahrscheinlich noch mehr solche Typen wie diese zwei. Wenn du irgendetwas spürst, verstecken wir uns. Wenn verstecken nicht geht, rennen wir. Wenn auch das nicht geht, kämpfen wir.«

Beim Gehen umfasste sie Freds Arm. »Falls ich es nicht schaffe, noch zu kämpfen, und du kannst entkommen –«

Selbst im Dunkeln war Freds Bestürzung für sie spürbar. »Ich werde dich nicht verlassen!«

»Wenn nur eine von uns es hier herausschafft, dann ist es besser als keine. Du musst in Hoboken zur Adresse Park Avenue und Erste Straße gehen. Du musst um drei Uhr morgens da sein. Der Name meiner Quelle ist Chuck. Geh zu Chuck, erzähl ihm, was passiert ist.«

»Ich kann einiges. Ich lerne noch, aber einiges kann ich schon.«

»Du tust, was immer du kannst, um Chuck zu treffen. Wenn er bis fünf nicht kommt, dann such dir einen sicheren Ort. Suche noch mehr solche wie dich, Fred, und verlasst die Stadt.«

»Würdest du mich zurücklassen?«

»Ja.«

»Du sagst nicht die Wahrheit. Ich höre es an deiner Stimme. Wir werden beide zu Chuck gehen. Du musst an das Positive denken, an das Licht, sonst kommt die Finsternis an die Macht.«

Man muss sich auf das Schlimmste vorbereiten, dachte Arlys, das unfassbar Schlimmste, oder man könnte in der Finsternis sterben.

Sie gingen weiter, folgten dem Lichtstrahl bis zu einer scharfen Kehre. Der üble Geruch wurde stärker, ebenso der scharfe Gestank nach Pisse, der plötzliche, würgende Mief von Erbrochenem. Und wieder Blut.

Arlys merkte, dass sie sich zunehmend dagegen abhärtete, als das Licht einen Flecken, eine Lache, eine Spur einfing. Und, schlimmer noch, als Fred die Lampe auf die Wand richtete.

NEW YORK GEHÖRT UNS!
DIE RAIDER

Es war mit Blut geschrieben, war Warnung wie auch Triumph, ebenso wie der triefende Schädel darunter.

»Wie die zwei, die wir da hinten sahen«, flüsterte Fred. »Sie töten aus Lust. Einige von ihnen folgen den dunklen Übernatürlichen. Den Magiern, die Menschen jagen, und uns. Ich weiß nicht warum.«

»Es gibt kein Warum. Es ist nur –« Arlys stieß einen erstickten Schrei aus, stolperte rückwärts.

»Bloß eine Ratte«, sagte Fred, als das Tierchen aus dem Lichtschein huschte. »Die sind hier unten zu Tausenden. Keine Angst. Vor Ratten brauchst du dich nicht zu fürchten.«

»Nur 'ne kleine Phobie.« Eine, die ihre Haut eisig werden ließ und ihr den Magen umdrehte. Der Junge auf dem Gleis. Die Ratten würden ihn finden. »Wir können nicht stehen bleiben.«

Doch genau das taten sie, als sie einige Meter weiter auf einen U-Bahn-Waggon stießen, voller Graffitis wie ein obszönes Wandbild. Das Schädelsymbol, zähnefletschende Aufforderungen – TÖTET! – VERGEWALTIGT DIE FOTZEN! – Die Zeichnung eines Mannes mit riesig überdimensioniertem Penis, der eine nackte Frau an den Haaren hinter sich herschleifte.

Aber schlimmer, weitaus schlimmer noch, war der Gestank. Arlys sah den Grund dafür durch eine offene Tür des Waggons, die vielen verwesenden Leichen.

Und die Ratten.

Sie zog Fred zur Seite. »Es ist zu spät, um für ihre Seelen zu beten.«

Dieses Mal schrie Fred auf, denn eine Gestalt – Arlys konnte sie kaum als einen Mann identifizieren – sprang in die Türöffnung. Das Gesicht war blutverschmiert, ebenso der dicke, verfilzte Bart um das Kinn. Die Brille verschmutzt, sein Blick stechend, wild. Ein langer, mit geronnenem Blut besudelter Mantel hing an seinem dürren Körper.

Er hielt ein Messer in der Hand, das ebenso blutverschmiert war wie der Mantel. Und grinste.

»Das ist mein Platz. Ihr könnt ihn nicht haben. Das sind meine Toten. Ihr könnt sie nicht haben. Ich verbrenne euch!«

Arlys richtete mit zitternder Hand die Pistole auf ihn, während sie sich mit der anderen an Freds Arm festhielt.

»Wir wollen deinen Platz nicht. Wir gehen weg.«

»Es gibt kein *weg*! Es gibt nur das Ende der Welt! Zuerst das Grauen. Dann das Feuer. Seht ihr?«

Er hielt eine schmutzige Hand hoch, deren Nägel wie Klauen gebogen waren. Ein Golfball aus Feuer brannte darin.

»Ich bin das Ende der Welt!« Ein Lachen, so wild wie seine Augen, brach aus ihm heraus, als er den Ball schleuderte.

Arlys spürte eine entsetzliche Hitze an ihrem Gesicht vorbeijagen, hörte das Zischen, als der Ball an die Wand schlug.

»Es gibt kein weg!«, schrie er noch einmal, sobald Arlys, die Hand fest an Fred geklammert, rannte. »Es gibt nur die Hölle!«

Ein zweiter Ball traf zischend neben ihr auf dem Boden auf. Sie rannte weiter. Und stolperte über etwas auf dem Gleis.

Einen Moment lang wurde sie fast irre, verlor den Verstand ob des Gestanks, ob des grauenhaften Nachgebens der halb verwesten Leiche unter ihr. Wegen der krabbelnden Ratten, die über ihren Rücken liefen, über ihre Hände.

»Mach sie weg! Mach sie von mir weg!«

Sie wälzte sich zur Seite, griff mit einer Hand in etwas, das einmal ein Mensch gewesen war, und schob sich dann mit Händen und Füßen wieder auf den Boden.

»Sie sind überall auf mir!« Arlys schlug wild um sich, drosch auf ihre Arme ein, ihren Körper, die Beine, kämpfte, als Freds Arme sich um sie schlangen.

»Es ist alles gut. Sie sind nicht auf dir. Alles ist gut.«

Ihr Kopf wirbelte herum, sie übergab sich, während Fred ihr die Haare zurückhielt und versuchte, sie zu besänftigen.

»Oh Gott, Gott, Gott, das kann doch nicht wahr sein. Wie kann so etwas irgendwie real sein?« Arlys schaffte es, auf die Knie zu kommen. Sie wollte sich über das Gesicht wischen, bemerkte aber noch rechtzeitig, womit ihre Hände besudelt waren, und streifte würgend ihre Handschuhe ab.

Sie kroch, bis sie die Wand spürte, lehnte sich dagegen. Das Herz hämmerte ihr in der Brust.

»Du atmest zu schnell. Ich glaube, du hyperventilierst, ja? Du musst langsamer atmen, Arlys. Wirklich.«

Sie zwang sich, ihren Kopf hochzuhalten. Sog erneut Luft ein, aber langsamer.

»Ich kann nicht ausrasten. Darf nicht ausrasten. Nicht hier. Nicht jetzt.«

»Ich hätte das Licht auf den Boden richten sollen. Es ist meine Schuld.«

»Nein.« Obwohl sich in ihrem Kopf noch immer alles drehte, ließ der schreckliche Druck in ihrer Brust etwas nach. »Niemand ist schuld. Wir müssen weiter, aber ich habe die Pistole verloren. Wir müssen sie finden. Wir brauchen sie. Wir müssen –«

»Ich finde sie. Bleib hier. Atme weiter, beruhige dich, und ich finde sie.«

Arlys nickte. Solange sie so zitterte und ein so starkes Ohrensausen hatte, würde sie zu nichts zu gebrauchen sein. Sie schloss die Augen und befahl sich, nur an das Ein- und Ausatmen zu denken.

Doch dann hörte sie Fred gequält schnaufen, und sie rappelte sich auf die Beine.

»Es ist schon okay. Ich habe sie gefunden. Bleib, wo du bist. Ich kann dich sehen. Ich sehe ziemlich gut im Dunkeln, erinnerst du dich? Die Taschenlampe habe ich jetzt auch. Ich hatte sie fallen gelassen, aber es ist okay.«

Bei den letzten Worten streichelte sie Arlys' Wange.

»Wir können eine Pause einlegen.«

»Nein.« Arlys schüttelte den Kopf, biss die Zähne zusammen und stand auf. Sie musste sich kurz an die Wand lehnen, weil Kopf und Magen sich drehten. »Wir müssen weitergehen. Wir müssen hier raus. Ich brauche die Pistole.«

Fred reichte sie ihr vorsichtig.

»Ich bin voller …«

»Vielleicht kriege ich es weg. Ich kann es versuchen.«

»Zuerst müssen wir weiter von dem Mann mit den Wahnsinns-Feuerbällen weg. Ich schaffe es, wenn du es schaffst.«

Sie setzte einen Fuß vor den anderen. Sie dachte daran, ihre Jacke einfach wegzuwerfen – die hatte vielleicht am meisten abgekriegt –, aber zuerst wollte sie ein Stück vorankommen.

»Es nähert sich etwas.« Fred hauchte es Arlys ins Ohr. »Etwas Schlimmes.«

Sie knipste das Licht aus und zog Arlys an der Wand entlang durch das Dunkel, in eine der schmalen Vertiefungen hinein.

»Was hast du vor?«

»Es ist schlimm, was da kommt. Es ist magisch und schwarz. Ich versuche, mit einem Markierstift die Symbole an die Wand zu schreiben. Mich an die richtigen zu erinnern. Sprich nicht. Versuche, nicht zu atmen. Beweg dich nicht. Bete.«

Sie drängten sich zusammen, und dann sah Arlys das Licht kommen. Aber es ist kein Licht, dachte sie. Lichter waren nicht schwarz.

Doch dieses war schwarz – schwarz und dennoch leuchtend. Und es war oben, an der Decke des Tunnels.

Jetzt kam Bewegung dazu, eine Gestalt bildete sich.

Ein Mann, mit flatterndem schwarzem Haar, einem schwarzen Mantel, der gleich Flügeln ausgebreitet war, flog unter der Decke des Tunnels entlang.

In seinen Armen lag schlaff eine Frau – Arme, Beine, Kopf baumelten herab.

Kratzer, Furchen, sogar Bissspuren verunstalteten ihren nackten Körper.

Er kam näher, und nun sah Arlys, dass seine Augen rot glühten.

Als er vorbeiflog, hätte sie sich womöglich ein Schaudern erlaubt, doch er hielt im Flug inne. Schwebend suchte er mit seinen roten Augen das Dunkel ab.

Die Frau in seinen Armen stöhnte. Er lächelte ihr zu.

»Du lebst ja noch ein wenig. Umso besser.«

Er flog weiter, und das schwarze Licht verschwand in der Dunkelheit. Arlys wollte etwas sagen, doch Fred legte einen Finger auf ihren Mund. So standen sie noch eine volle Minute lang im Dunkel, in der Stille.

»Ich weiß nicht, wie weit er hören oder sehen kann.«

»Was … was war das?«

»Ich glaube ein Schwarzmagier. Ich weiß es nicht. Böse. Die wirklich üble Sorte. Sie hat gelebt, Arlys. Ich konnte ihr nicht helfen. Dazu bin ich nicht stark genug.«

Wer war das schon?, fragte sich Arlys. Wer konnte so stark sein?

»Wieso hat er uns nicht gesehen, gespürt? Die Symbole?«

»Ich glaube, sie haben geholfen. Beeilen wir uns, gehen wir. Ich glaube, sie haben geholfen, uns zu beschützen, und du, du riechst wie …«

»Der Tod.«

»Ja. Das ist auch eine Art Schutzschild.«

»Dann lassen wir es so. Oh, Gott sei Dank. Das Gleis führt abwärts. Wir kommen unter dem Fluss durch.«

Es war steil und schwierig; sie kamen langsamer voran.

Bevor sie den Tunnel betraten, hatte sie gesagt, sie könnten nicht wissen, wer oder was sie dort erwarte. Und dennoch hatte sie das selbst nicht ganz geglaubt.

Nun hatte sie Angst.

Alles, was von Bedeutung war, ging zu Ende, löste sich in Luft auf.

»Wir sind bald durch. Wir haben es bald geschafft.« Seltsamerweise verdoppelte dieses Wissen Arlys' Furcht. »Wir kommen an die große Kehre, die die Gleise vor dem Tunnelende in Hoboken machen. Wir machen kehrt, siehst du? Und wir müssen anfangen, die Bahnsteige zu checken, zu schauen, ob –«

Sie kamen aus dem Nichts.

Sie hörte Fred schreien, als jemand – oder etwas – sie voneinander losriss. Dann wurde Arlys von hinten gepackt, hochgehoben.

»Das Biest stinkt! Aber sie hat 'nen hübschen Vorbau.«

Sie klammerte sich mit aller Willenskraft an der Pistole fest. Eine Hand drückte ihre Brust zusammen.

»Bringen wir sie rauf, da ziehen wir sie aus!«

Arlys rammte einen Ellbogen nach hinten, versuchte zu kämpfen. Und erstarrte, als sie ein Messer an ihrer Kehle spürte und fühlte, wie Blut aus der Stelle tropfte.

»Ich nehm dich lieber, solange du noch atmest, aber ich bin nicht wählerisch. Was ist dir lieber, Schlampe?«

Arlys schloss die Augen. »Ich kann dir mehr bieten, wenn ich noch atme.«

Er lachte, leckte an ihrem Ohr. »Gute Wahl.«

Sie hielt sich reglos.

Fred schrie, ein hoher, heller, irgendwie dennoch musikalischer Laut; zusammen mit dem Gelächter ihrer Angreifer hallte er durch den Tunnel. Arlys zwang sich, ebenfalls ein kleines Lachen auszustoßen, und drehte sich dazu in den Armen des Mannes.

Sie presste die Waffe in seinen Schritt und feuerte. Und feuerte noch einmal.

Er schrie auf, fiel rückwärts, das Messer schlitzte den Ärmel ihrer Jacke auf.

»Was ist los? Ich bringe sie um! Beide!«

Arlys richtete die Waffe auf die Stimme, fürchtete jedoch, Fred zu treffen, wenn sie feuerte.

»Ich bin verletzt, ich bin verletzt. Die Schlampe hat mir die Eier abgeschossen! Mach sie fertig!«

Arlys trat gegen die Hand, die ihren Knöchel packte, trampelte darauf, und erneut hallte der Tunnel von einem heftigen Schrei wider.

»Lauf, Arlys, lauf!«

Sie hörte das grässliche Geräusch einer Faust, die auf Fleisch und Knochen einschlug, Freds Keuchen und Stöhnen.

Sie konnte nicht schießen, aber sie konnte kämpfen. Doch als sie sich zusammennahm, um nach vorn zu springen, war der Tunnel plötzlich von Licht durchflutet, blendend und strahlend hell.

Arlys hielt sich eine Hand vor die Augen. Von dem grellen Schein füllten sich ihre Augen mit Wasser, doch sie sah Fred, die versuchte wegzukriechen, und den Mann über ihr, der mit seinem Messer in der Hand in der Luft herumfuchtelte. Und nach der Waffe an seinem Gürtel griff.

Sie überlegte nicht, sie feuerte einfach. Wieder und wieder und wieder, selbst als er zu Boden ging, selbst als ihre Pistole leer geschossen war.

»Stopp, Arlys, hör auf! Du könntest sie verletzen. Stopp, stopp! Es tut mir weh!«

Das Gesicht kreidebleich und mit einem entstehenden Bluterguss kroch Fred auf sie zu. »Bitte hilf mir.«

Das erreichte sie. Arlys senkte die Pistole, stürzte auf ihre Freundin zu. »Was kann ich tun?«

»Es geht mir gut. Es geht mir gut. Es ist zu hell. Es ist zu hell.«

Während Fred redete, wurde das Licht weicher. Angenehmer, dachte Arlys, und sie sah Dutzende winziger Lichtzungen über ihnen tanzen.

»Was ... was sind das für ...?«

»Sie sind wie ich. Aber mini.« Fred lehnte sich an Arlys. »Ich habe sie gerufen. Ich wusste nicht, dass ich das kann, aber es hat geklappt. Sie kamen uns zu Hilfe.«

Hinter ihnen stöhnte der Erste der Männer und griff mit der unverletzten Hand nach seinem Messer. Arlys ging zu ihm, nahm es an sich, wischte ihr eigenes Blut von der Klinge.

Sie wollte ihn töten, und dieses Verlangen widerte sie an. Stattdessen trat sie ohne jede Reue kräftig auf seine Hand.

Ließ ihn schreiend liegen und ging zu seinem toten Komplizen, nahm ihm Messer und Pistole ab und verstaute beides in der Seitentasche ihres Rucksacks.

»Kannst du laufen?«, fragte sie Fred.

»Ja.«

»Kannst du rennen?«

»Es ist mein Gesicht, das wehtut, nicht meine Beine.«

»Da sind vielleicht noch mehr von der Sorte oder sogar noch schlimmere. Wir haben nicht mehr weit, aber – ich denke, wir sollten joggen. Wir brauchen die Taschenlampe.«

Fred hob sie auf, steckte sie jedoch in die Seitentasche ihres Rucksacks. »Jetzt nicht. Sie können bei uns bleiben.«

»Noch besser. Los, lass uns laufen, so schnell wir können.«

Arlys passte sich Freds kürzeren Schritten an, doch sie kamen ziemlich schnell voran.

»Du hast mich nicht verlassen. Obwohl du es sagtest.«

Arlys verdrängte ihre Angst, blickte geradewegs nach vorn, in das Feenlicht. »Ich schätze, du hattest recht. Ich habe nicht die Wahrheit gesagt.«

»Du hast mich gerettet. Du musstest ein Leben auslöschen, um mich zu retten.«

Arlys lief weiter und dachte an helles, strahlendes Licht über dunklen, finsteren Taten.

Am Bahnhof von Hoboken angekommen, stemmte sie sich auf den Bahnsteig hoch. Fred schwebte hinauf.

Arlys wollte sich Hände und Gesicht waschen und zog die ruinierte Jacke aus. Der Stich in ihrem Arm sagte ihr, dass das Messer mehr angerichtet hatte, als nur den Ärmel aufzuschlitzen.

Wichtiger war ihr jedoch, wieder nach oben zu kommen.

Sie hörte widerhallende Stimmen, konnte jedoch nicht riskieren herauszufinden, ob sie Freunden oder Feinden gehörten. Deshalb schickte sie Fred die Treppe zur Straße hinauf.

Die tanzenden Lichter kreisten und verschwanden dann.

»Sie kommen wieder oder vielleicht auch andere«, erklärte Fred, »falls wir sie brauchen.«

»Das ist die beste Verstärkung überhaupt.« Dann schnürten die Tränen ihr die Kehle zu. »Ich muss irgendwohin, wo ich mir die Hände waschen kann – mein Gesicht. Mein … Ich muss irgendwohin, wo ich ein paar Minuten für mich sein kann.«

»Wir finden schon etwas. Jetzt lehne dich erst mal an mich.« Fred legte einen Arm um Arlys' Hüfte.

»Du bist verletzt. Wir müssen dir etwas Eis besorgen oder gefrorene Erbsen oder ein rohes Steak.«

»Funktioniert das tatsächlich?«

»Weiß ich nicht. Mich hat noch nie jemand ins Gesicht

geschlagen. Es tut wirklich weh, wenn es passiert. Jetzt ist es nicht mehr so schlimm.«

Sie humpelten die Straße entlang, und Arlys betete, dass sie nicht noch einmal kämpfen mussten. Sie wusste nicht, ob sie noch Kraft dafür hatte.

Vor einem Geschäft namens Cassidy's Closet hielten sie an. Die Fenster waren mit Brettern vernagelt, die Tür verriegelt.

»Ich wette, da gibt es eine Toilette für die Angestellten.« Fred sah sich die Tür an. »Vielleicht auch etwas zum Anziehen – eine andere Jacke für dich.«

»Es ist total verrammelt. Wenn wir Werkzeug hätten, vielleicht …«

»Feen – erfahrene Feen – können in verschlossene Räumlichkeiten gelangen. Vielleicht schaffe ich es. Ich muss es nur finden, halten und …«

Fred schloss die Augen, hielt die Hände zusammen, als wollte sie damit Regenwasser auffangen. Ihre Flügel flatterten heraus. Sie begann zu glühen.

»Findet es, in mir«, murmelte sie. »Haltet es. Bringt es. Bietet es dar. Steht mir bei, Kinder des Lichts und der Luft, der Wälder und der Blumen. Öffnet Schlösser, damit wir hineinkönnen.«

Fast wie betäubt, hörte Arlys Schlösser, Bolzen, Schrauben klicken, scheppern, fallen.

Lädiert, verdreckt, doch triumphierend, flatterte Fred mit ihren Schwingen in die Höhe und kreiste in der Luft.

»Ich hab's geschafft! Das erste Mal, dass ich es allein geschafft habe!«

»Du bist ein Wunder, Fred. Ein absolutes Wunder.« Vorsichtig griff Arlys nach der Tür. »Aber bleib hinter mir, nur für den Fall.«

Arlys ging mit der Pistole voraus, Fred leuchtete hinein.

Ohne Zweifel war der Secondhandladen durchsucht, aber anscheinend nicht geplündert oder mutwillig beschädigt worden.

»Es ist niemand hier.« Fred schloss sorgfältig die Tür und sperrte wieder ab. »Das würde ich wissen. Die letzten zwei habe ich nicht gespürt, weil wir, na ja, rochen, und mir war ein bisschen übel davon. Weißt du?«

»Ja, ich weiß. Schauen wir mal, ob wir uns hier ordentlich waschen können.«

Sie gingen durch den Laden, und Fred sah sich um, berührte aber nichts wegen ihrer schmutzigen Hände. »Bisher ist niemand hier eingebrochen und hat den Laden verwüstet.«

»Vielleicht sind sie in Hoboken zivilisierter. Oder vielleicht kamen mehr von ihnen schneller heraus, oder sie sind versteckt. Chuck muss sich versteckt haben.«

»Den habe ich fast vergessen.«

»Hoffen wir, dass er die Sendung heute Abend gesehen hat. Hier! Da ist eine kleine Toilette.«

»Ah! Ich muss dringend pinkeln.«

Fred wusch sich die Hände über dem Waschbecken und zog sich die Hose herunter, bevor sie sich auf die Toilette fallen ließ.

Arlys nahm ihren Mut zusammen und betrachtete sich, während sie sich ebenfalls die Hände wusch, im Spiegel über dem kleinen Waschbecken.

Schlimm, schlimmer noch, als sie es sich vorgestellt hatte. Blut im Gesicht, geronnenes Blut in den Haaren, die Jacke blutverschmiert. Sie würgte erneut, kämpfte gegen die Galle an. Nahm den Rucksack ab und zog die Jacke aus.

»Ich könnte sie wieder hinkriegen.«

»Selbst wenn du es könntest, ich …«

»Verstehe. Ich schaffe sie weg und finde etwas Warmes zum Anziehen für dich. Ich glaube, meine Kleidung kann ich ohne Seife und Wasser sauber kriegen. Wenn nicht, komme ich zurück, um das zu machen, wenn du fertig bist. Und, äh, deine Hose auch, Arlys.«

»Ich weiß.«

»Ich bringe die Jacke raus, damit … Arlys, dein Arm blutet. Du hast einen Schnitt!«

Sie zwang sich hinzusehen und zog das ebenfalls ruinierte Hemd aus. »Ist nicht so schlimm.«

»Ich bin keine Heilerin. Ich meine magisch gesprochen. Aber wir sollten nach einem Desinfektionsmittel und einem Verband schauen.«

»Es ist nicht schlimm«, wiederholte Arlys, und obwohl ihr Kinn bebte, brachte sie ein Lächeln zustande. »Wirklich.«

»Nur ein Kratzer?«

»Ja. Nur eine Fleischwunde.«

Sie drehte den Hahn auf, nahm etwas von der nach Zitrone riechenden Flüssigseife und begann, sich gründlich zu waschen.

Sie reinigte ihre Hände und Arme – auch wenn der Schnitt an ihrem Unterarm brannte –, zog sich bis auf die Unterwäsche aus, wusch ihre Beine. Und tauchte schließlich auch den Kopf in das kleine Becken, um sich die Haare nass zu machen, zu waschen, zu spülen und dann noch einmal zu waschen und zu spülen, bis das ablaufende Wasser sauber war.

Dann setzte sie sich auf den kalten Fußboden, trotz tropfnasser Haare, und weinte und weinte.

»Tut mir leid, dass es so lang gedauert hat, aber ich … Oh, Arlys!«

Frisch und sauber, den Geruch eines Waldes im Frühling verbreitend, ließ Fred die Klamotten in ihren Händen fallen, kniete nieder und zog Arlys an sich.

»Ich habe einen Menschen getötet. Ich habe ihn getötet. Vielleicht habe ich sie beide umgebracht. Ich –«

»Du hast mich gerettet. Du hast uns beide gerettet.«

»Ich erkenne diese Welt nicht wieder. Ich weiß nicht, wie ich darin leben soll.«

»Ich glaube, das weiß niemand im Moment. Deshalb brauchen wir einander. Du bist stark und tapfer. Ich glaube, diese Welt braucht Menschen wie dich. Und mich.«

»Ich bin einfach nur müde. Ich bin so müde.«

»Ich auch. Vielleicht kannst du dich anziehen, und dann ruhen wir uns eine Weile aus. Hier scheint es einigermaßen sicher zu sein, und bis drei Uhr haben wir noch viel Zeit.«

»Ja.«

»Aber zuerst verbinden wir deinen Arm. Ich habe einen Verbandskasten gefunden.«

»Und du brauchst Eis.«

»Habe ich nicht gefunden, auch keine gefrorenen Erbsen. Vielleicht hat Chuck so was. Ich habe aber ein paar Schmerztabletten mitgebracht, die ich in dem kleinen Büro gefunden habe, das wird helfen.«

Sobald ihr Arm verbunden war, zog Arlys dicke schwarze Leggings an. Die Jeans, die Fred ebenfalls mitgebracht hatte, verstaute sie in ihrem Rucksack. Eine zusätzliche Hose zu haben konnte nicht schaden.

Sie entschied sich für ein langärmliges T-Shirt und einen schwarzen Kapuzenpullover darüber.

Nun fühlte sie sich fast wieder wie ein Mensch. Sie begutachtete die Optionen für Mantel oder Jacke.

»Die ist wirklich schön. Aus Kaschmir.« Arlys hielt die schwarze lange Wolljacke hoch.

»Die steht dir sicher prima.«

»Ja, wie heißt es so schön? Vornehm geht die Welt zugrunde.«

»Wenn du anfängst wieder zu berichten, wirst du gut aussehen wollen.«

»Ich liebe deinen Optimismus.« Arlys probierte die Jacke an und fand, dass sie gut passte. Dann setzte sie sich auf den Boden, trank aus einer der Mineralwasserflaschen, die Fred mitgebracht hatte, und aß einen Apfel.

»Was machst du?«, fragte sie Fred.

»Ich hinterlasse Cassidy eine Nachricht, für den Fall, dass sie zurückkommt. Ich sage ihr, was wir mitgenommen haben – die Etiketten lasse ich hier – und dass wir sie bezahlen werden, falls die Welt wieder normal wird. Unterzeichnet Arlys und Fred, mit herzlichem Dank.«

»Du bist wirklich ein Wunder.« Arlys streckte sich auf dem Boden aus und benutzte die Jacke als Kissen. »Dreißig Minuten, dann sollten wir los.« Sie stellte ihren untrüglichen inneren Wecker. »Wenn Chuck nicht auftaucht, kommen wir hierher zurück und überlegen, was wir dann machen.«

»Dreißig Minuten, okay.«

Doch das hörte Arlys schon nicht mehr – so schnell war sie eingeschlafen.

Als sie nach einer halben Stunde aufwachte, fühlte sie sich schlechter als vor dem kurzen Schlaf. Zehn Minuten später waren sie draußen und folgten der Karte, die sie gezeichnet hatte.

»Doch nicht so zivilisiert hier.« Arlys deutete auf ein Geschäft, ein Restaurant, einen Markt – alle offensichtlich geplündert.

»Ich glaube nicht, dass hier noch viele Menschen sind. Man

spürt kaum, dass sich die Luft bewegt. Ich hoffe, sie sind irgendwo in Sicherheit.«

Doch Arlys musste daran denken, dass zumindest in einigen von all den vernagelten Wohnungen Tote waren.

Sie kamen zwanzig Minuten vor der Zeit an dem vereinbarten Treffpunkt an.

»Ich denke, wir sollten nicht im Freien warten«, meinte Arlys.

»Zu spät.«

Bei der Stimme aus dem Dunkel wirbelte sie herum, zog ihre Waffe heraus.

»Hey, hey, warte mal, du schreckhafte Annie Oakley. Ich bin es, Chuck.«

Jetzt erkannte sie die Stimme, und er trat aus dem Schatten, die Hände erhoben, mit diesem albernen, herrlich breiten Grinsen im Gesicht.

»Chuck.« Arlys senkte die Pistole und bemühte sich, die Tränen zurückzuhalten. »Du bist früh dran.«

»Du auch. Und du hast jemanden mitgebracht.«

»Das ist Fred.« Arlys legte schützend einen Arm um sie. »Ohne sie wäre ich nicht rausgekommen.«

»Ja, ich bin gespannt, was du erzählst. Aber gehen wir rein. Es war ziemlich ruhig hier letzte Woche, aber man weiß ja nie.«

»Es gibt vieles, das man nie weiß.«

»Ich freue mich, dich kennenzulernen.« Fred reichte ihm die Hand.

»Du hast in den letzten Wochen ab und zu das Wetter moderiert. Wir gehen nicht allzu weit.«

Er schritt mit seinen langen Beinen ziemlich schnell voraus. »Ich hätte euch näher ins Zentrum bestellt, aber ich habe mich vom Old-Blue-Eyes-Moment mitreißen lassen.«

»Hat funktioniert.«

»Ich wusste, dass du es verstehen würdest. Hätte nicht gedacht, dass so schnell alles auffliegt.«

»Das tut mir wirklich leid.«

»Hey, kein Problem. Du hast getan, was du tun musstest. Jedenfalls, ich freue mich, dass du hier bist. Ich habe es gerne ruhig, aber hier ist es selbst für mich zu tot.«

»Wir müssen raus hier, Chuck. Ich meine, weg von hier. Sie sind zu nahe. Das, was in den Tunnels ist.«

»Ihr seid durch den PATH-Tunnel gekommen?« Er musste einen Augenblick anhalten, um sie offen anzustaunen. »Mann, ihr seid ja knallhart. Beide. Ich glaube, ich hätte das nicht fertiggebracht.«

»Ich wahrscheinlich auch nicht, wenn ich gewusst hätte, was da auf uns zukommt. Aber ich weiß, wir können nicht bleiben.«

»Dachte ich mir bereits. Ich befasse mich schon seit einer Weile mit einem Plan, wie wir schnell von hier wegkommen können. Muss aber noch ein paar Sachen erledigen. Bis morgen Nachmittag bin ich wahrscheinlich so weit. Ihr seht sehr danach aus, als würdet ihr ein bisschen Schlaf brauchen. Hier sind wir.«

Er hielt vor einem Eckgebäude an, einem vierstöckigen Ziegelbau. Alt und repräsentativ.

»Wir haben den Keller.«

»Ich wusste einfach, dass du im Keller wohnst. Ist sonst noch jemand da?«

Chuck schüttelte den Kopf, sperrte mehrere Schlösser auf, trat in einen Flur und gab in ein Tastenfeld an der Wand einen Code ein.

»Alle sind tot oder geflohen. Das ist die Wohnung meines Onkels – eine seiner Wohnungen. Er hat auch noch ein Riesenhaus auf Long Island. Oder hatte. Er starb am Ende von Woche eins.«

»Tut mir leid.« Fred rieb Chucks Arm.

»Ein Wahnsinnstyp. Licht an!«, rief er, und die Beleuchtung schaltete sich ein. »Ich mag meine Spielsachen.«

»Na und ob.«

Arlys staunte. Ein großer, voll ausgestatteter Raum, der irgendwie an eine Hightech-Zentrale erinnerte. Computer, Monitore, Rundfunkstationen, eine Art Kommunikationssystem. Mehrere Theken und Bürodrehstühle, der größte Wandbildschirm, den sie je gesehen hatte, ein Ledersessel.

In einer Ecke befand sich eine Küche – alles aus Edelstahl, die Arbeitsflächen alle vollgestellt.

»Das Schlafzimmer ist da hinten – ich benutze es kaum. Das könnt ihr nehmen. Das Bad ist daneben, und ich habe noch eines da drüben.«

Fred schaute sich um, ihr Blick ließ nichts aus, ihre Augen waren groß vor Staunen. »Du musst ja wirklich reich sein.«

»Na ja, mein Onkel war reich. Aber wer ist das heutzutage noch? Ich schätze, reich ist man, wenn man Vorräte und ein Dach über dem Kopf hat. So wie wir. Wollt ihr was essen?«

»Nein, ich nicht.« Arlys presste die Handballen auf ihre Augen.

»Willst du ein Bier und reden?«

»Jetzt nicht. Ich glaube, das kann ich jetzt nicht. Aber wenn ich erst mal etwas schlafen könnte …«

Er deutete zum Schlafzimmer.

Arlys ging darauf zu und drehte sich dann noch einmal um. »Danke schön, Chuck.«

»Hey, es gibt keine besseren Kumpel als Cyber-Kumpel. Hau dich aufs Ohr, und danach reden wir.«

Fred schaute ihr nach. »Sie braucht Schlaf und ein bisschen Ruhe.« Dann lächelte sie Chuck zu. »Ich hätte nichts gegen ein Bier.«

»Klar doch.«

»Und ich kann dir auch einiges erzählen. Dann muss sie es nicht tun. Es sei denn, sie will es unbedingt.«

»Da drüben ist meine Nickerchen-Couch. Setz dich. Ich hole uns Bier und ein paar Chips mit Salsa.«

Fred stellte ihren Rucksack ab, zog die Jacke aus und setzte sich mit einem Seufzer auf die große Ledercouch. »Sie mag dich wirklich, und sie vertraut dir. Und jetzt weiß ich auch warum. Äh, hast du vielleicht ein wenig Eis? Da waren Männer im Tunnel, und sie versuchten … Einer von denen hat mir 'nen Schlag verpasst.«

Chuck betrachtete sie eingehend, während sie ihr lädiertes Kinn umfasste. »Eine Menge Leute sind einfach ätzend, deswegen habe ich gern meine Ruhe.«

»Aber viele sind auch anders drauf.«

»Mag sein. Ich bringe dir was, Red Fred. Eis, Bier, Chips und Salsa.«

»Echt scharfe Salsa?«

»Du wirst in Flammen aufgehen.«

»Ah, das ist mir die liebste!«

Kapitel 10

Mit Max am Steuer überquerten sie den Susquehanna River. Auf ihrem Weg westwärts fraßen sich die Ketten durch den Schnee.

Sie hielten sich an kleinere Landstraßen, passierten über das Land verstreute Häuser, kleine Bauernhöfe, während sich die Hügel hinzogen und die Wälder dichter wurden. Ein paar Mal manövrierte Max zusammen mit Lana ein liegen gebliebenes oder zurückgelassenes Auto auf den Seitenstreifen der gewundenen zweispurigen Straße. Eddie schlief unterdessen.

»Vielleicht sollten wir einen Platz zum Anhalten suchen. Du fährst schon seit über drei Stunden, und die Straße wird immer schlechter.«

»Wir haben heute kaum hundert Meilen geschafft. Ich will noch weiter, bevor wir Rast machen.«

Eddie regte sich auf dem Rücksitz, rieb sich die Augen und setzte sich auf. »Der Schnee lässt nicht nach, nicht wahr? Wie's aussieht, kommt das schlechte Wetter aus dem Westen – wird also noch schlimmer. Soll ich mal für eine Zeit lang ans Steuer?«

»Noch nicht.«

Max schaffte noch einmal zwanzig Meilen und musste dann vor drei ineinander verkeilten Autos anhalten.

»Hmmm.« Eddie kratzte sich am Bart. »Das sieht nach Arbeit

aus. Lana, würdest du Joe übernehmen, damit er sein Geschäft machen kann, während Max und ich das Chaos hier beiseiteräumen?«

Ein warnender Blick von Max sagte ihr, dass er nicht bereit war, ihren neuen Kameraden etwas über ihre Fähigkeiten wissen zu lassen.

Sie nahm den Hund und stapfte mit ihm durch den Schnee zu einer Baumgruppe.

Max und Eddie gingen auf die demolierten Autos zu.

Hinter dem Steuer des Wagens mit dem Steilheck saß ein in sich zusammengesunkener Mann.

»Da ist ein Einschussloch in der Windschutzscheibe, und ich schätze, er hat auch eins.« Obwohl er ein wenig blass geworden war, ging Eddie noch ein Stück näher. »Ich kenne mich mit so was nicht aus, aber so viel weiß ich, dass der Typ noch nicht lange tot ist. Also, nicht schon ein paar Tage oder so.«

»Auf den Subaru wurde auch geschossen. Und auf dem Sitz ist Blut.«

Eddie ging zum Truck, und als er zurückkam, zog er an seinem Zottelbart und seufzte. »Da in dem Truck ist ein Gewehrständer – aber keine Gewehre drin. Also, ich bin ja nicht von der Spurensicherung, aber ich sehe mir das manchmal im Fernsehen an. Für mich sieht das so aus, als hätte der Fahrer des Trucks auf die beiden geschossen, wobei er den einen hier umgebracht und den anderen verwundet hat. Und den Truck hat er so zusammengeschossen, dass er nicht mehr zu fahren ist.«

»Ich würde sagen, du hast recht.«

»Also, dann weißt du …« Eddie blickte sich um, suchte nach Spuren und fürchtete sich gleichzeitig, welche zu finden. »Vielleicht sollten wir die Scheiße aus dem Weg räumen und schauen, dass wir möglichst schnell von hier wegkommen. Nur für den Fall.«

Der Steilheck-Wagen rollte leicht, sobald er im Leerlauf war; Eddie steuerte, Max schob ihn an.

Lana kam zurück, als sie sich gerade an dem Subaru zu schaffen machten.

»Ein platter Reifen. Sieht aus, als wäre auch das Steuerrad verbogen.« Eddie zuckte mit den Schultern. »Das braucht mehr Muckis.«

»Ich helfe mit.«

»Nur nichts überstürzen«, warnte Eddie. Dieses Mal setzte er sich nicht ans Steuer, sondern schob bei geöffneter Tür mit.

Lana brauchte nur einen Versuch, um zu wissen, dass Muskeln allein hier nicht ausreichen würden. Sie half mit einer anderen Schubkraft nach, und obwohl sie versuchte, den Einsatz gering zu halten, rumpelte der Wagen nach vorn.

»Wir packen es!«, rief Eddie. »Nur noch ein bisschen!«

Max, die Haare voller Schnee, lachte verstohlen. »Nicht so heftig, Amazonenkönigin.«

Sie schoben erneut, der Wagen holperte über den Seitenstreifen und blieb dann schief in dem kleinen Graben daneben stehen.

Eddie grinste Lana zu. »Du bist stärker, als du aussiehst.«

Sie lächelte nur leicht gequält.

»Jetzt kommen wir um den Truck herum«, stellte Max fest.

»Ja, das reicht, um dran vorbeizukommen. Aber gebt mir noch 'ne Minute.«

Eddie stieg in den Graben, zog den Schlüssel des Subaru ab und öffnete dann den Kofferraum. »Da sind vielleicht noch ein paar nützliche Sachen drin. Wir sollten uns auch das andere Auto ansehen.«

»Mache ich.« Max dachte an die Leiche. Lana brauchte sie nicht zu sehen. »Du kannst Eddie helfen.«

Sie öffnete den Koffer, der hinten in dem Subaru lag, während Eddie einen großen Karton durchwühlte.

»Hier ist was zu essen«, sagte Eddie. »Sieht aus, als hätte jemand einiges aus 'ner Speisekammer mitgehen lassen.«

»Nimm einfach den ganzen Karton. Hier sind noch Klamotten – Männersachen. Und …« Sie nahm ein gerahmtes Foto heraus, das einen etwa dreißig Jahre alten Mann und eine Frau im selben Alter zeigte. Er trug einen Smoking mit einer weißen Ansteckrose, sie ein wogendes weißes Kleid.

»Ihr Hochzeitsfoto«, murmelte sie. »Aber nur Männerkleidung. Er muss sie an das Virus verloren haben.«

»Wir sollten den Koffer auch mitnehmen.«

»Ja.« Sie legte das Foto wieder hinein. Es sollte nicht im Fonds eines Autos ausbleichen.

Zusammen hievten sie den Karton und den Koffer auf die Straße. Max stieß zu ihnen, er hatte eine Reisetasche und eine Flinte dabei.

»Das Gewehr lag im Kofferraum. In der Tasche ist Munition, ein paar warme Klamotten und eine Rolle Bargeld in einem Stiefel.«

»Ich sehe mir mal den Truck an.«

Eddie lief dorthin, während Lana und Max anfingen, die gefundenen Sachen in ihren Wagen zu packen. Kurz darauf kam Eddie mit einer halben Flasche Jack Daniels und drei Dosen Bier zurück.

»Sieht aus, als wäre jemand betrunken gefahren, und das hat womöglich zu dem Unfall geführt.« Er verstaute den Whiskey und die Dosen im Wagen und drehte sich einmal um die Achse.

»Schönes Land. Verdammt schöne Gegend. Such dir einen Wasserlauf, bau dir 'ne Hütte. Das wäre doch kein schlechtes Leben.« Er grinste zu Joe hinüber, der durch den Schnee sprang und sich immer wieder darin rollte. »Zumindest dem gefällt es.«

Max öffnete die Fahrertür und beugte sich hinein, um den Wagen zu starten. Eddie rief den Hund zurück. »Du fährst«, sagte Max. »Ich navigiere.«

»Alles klar. Lana, du solltest ein wenig pennen. Du siehst hundemüde aus.«

Der Zauber lässt nach, dachte sie. Und es war die Wahrheit, sie fühlte sich wirklich hundemüde. Die neuen Sachen brauchten etwas Platz auf der Rückbank, doch sie konnte sich zusammenrollen und schlief fast sofort ein.

Max stellte erleichtert fest, dass Eddie wirklich kein schlechter Fahrer war. Und er brachte ein Gespräch in Gang.

»Seid ihr beiden schon lange zusammen?«

»Wir haben uns vor ungefähr einem Jahr kennengelernt und sind ein paar Monate später zusammengezogen.«

»Wenn es passt, dann passt es eben. Ich habe noch nicht die Richtige gefunden. Bin auch nicht wirklich auf der Suche, aber weibliche Gesellschaft habe ich schon gern, wenn du weißt, was ich meine. Schläft sie?«

Max schaute nach hinten. »Ja, du hast recht, sie ist müde. Kein Wunder, wir haben wenig Pausen gemacht.«

»Das wird wohl noch eine Weile so weitergehen. Was hältst du von dem, was wir gerade gesehen haben? So sind jetzt nicht wenige drauf. Legen dich um, sobald du sie nur ansiehst. Ich verstehe nicht warum, wo wir uns doch eigentlich gegenseitig brauchen, aber so ist es eben. In der Stadt habt ihr bestimmt viele solche Sachen mitgekriegt.«

»Zu viele. Die Leute haben Angst, oder sie sind stinksauer und verzweifelt.«

»Und einige sind einfach zu absolut nichts gut«, fügte Eddie hinzu.

»Da muss ich dir leider recht geben.«

Sie fuhren durch einen Ort, dessen Hauptstraße, abgesehen von geparkten Autos, leer war, die Geschäfte waren geschlossen oder standen weit offen.

»Du sagst es mir, wenn du wieder tanken willst, ja?«

»Für den Moment haben wir noch genug. Route Six. Wenn sie frei ist, können wir die nach Westen nehmen. Wenn nicht, gibt es Nebenstraßen.«

Eddie warf Max einen erstaunten Blick zu. »Du hast wohl die Karte im Kopf?«

»Ja. Und ich habe auch alles aufgeschrieben für den Fall, dass mir etwas zustößt. Und falls das passiert, muss ich sie dir anvertrauen. Ich muss mich darauf verlassen, dass du auf sie aufpasst.«

Eddie biss die Zähne zusammen, was sich trotz der Schwellung und seinem Bart an seinem Kiefer abzeichnete. »Es wird nichts passieren. Wir passen aufeinander auf. Aber du kannst dich drauf verlassen, dass ich mich falls nötig um sie kümmere. Ich habe keine Familie mehr, Kumpel. Ihr hättet mich dort hinten einfach sitzen lassen können. Ich schätze, man könnte sagen, dass ihr jetzt meine Leute seid.«

»Nimm die Fünfzehn nach Norden, wenn wir sie erreichen. Sehen wir zu, dass wir wenigstens noch einmal fünfzig oder sechzig Meilen weit kommen, bevor wir anhalten und versuchen, eine Tankstelle zu finden. Besser in einem kleineren Ort, nichts zu Großes.«

»Geht klar.«

Max entspannte sich und schloss die Augen. Beim Einschlummern hörte er Eddie einen Country-Song anstimmen. Bluegrass? Er kannte das Lied nicht gut genug, um das wirklich zu wissen. Doch Eddie sang mit einer klaren und gleichzeitig sanften Stimme und half damit Max einzuschlafen.

Einige Zeit später wachte er abrupt auf, spürte, wie sie langsamer wurden. Er schob sich hoch, erwartete, wieder ein Autowrack zu sehen, das die Straße blockierte. Stattdessen blickte er auf eine schneebedeckte Straße und einen Mini-Markt mit einer Tankstelle.

»Die Six ging nicht«, erklärte Eddie. »Musste umdrehen, Nebenstraßen nehmen. Wir haben nur noch einen Vierteltank, also füllen wir besser nach.«

Er fuhr an die Zapfsäulen heran.

Sie stiegen alle drei aus. »Wie es aussieht, hat der Schnee ein wenig nachgelassen. Ich sehe mal, ob ich etwas zu essen für uns finde«, sagte Lana.

»Das täte mir sicher gut.« Eddie schaute sich um, während Max zu einer der Zapfsäulen ging. »Ruhig hier. Sind vielleicht alle abgehauen.«

»Vielleicht. Die Tankstelle funktioniert noch.« Max schob den Zapfhahn in den Einfüllstutzen.

»Ich gehe hinein, vielleicht gibt es sogar ein richtiges Klo«, sagte Lana.

»Wahrscheinlich abgesperrt«, meinte Eddie.

»Wir werden sehen.« Denn das war kein Hindernis für sie.

»Joe und ich nehmen lieber die freie Natur.«

»Beeilt euch«, trug Max ihnen auf. »Und seid vorsichtig.«

Er sah sich die Straße genau an – ihre Spuren im Schnee waren die einzigen –, und die umliegenden Gebäude. Nichts regte sich, außer einem Trio von Rehen, das sich jenseits der Straße an Futter aus einem kaputten Vogelhäuschen gütlich tat.

Er beschloss, sich nach einem anderen SUV umzusehen. Der Schneefall hatte sich verlangsamt, aber mit Allradantrieb würden sie besser vorankommen, vor allem dort, wohin sie unterwegs waren.

Vielleicht konnten sie nach dem Tanken einen auftreiben. Dann würden sie zumindest einem anderen Reisenden einen vollen Tank hinterlassen. Nun kam Lana zurück – mit einer Tasche in der Hand –, und Max wurde ein wenig gelassener.

»Ich habe noch immer ein schlechtes Gewissen, Sachen einfach so zu nehmen, aber ich habe es trotzdem gemacht. Es gibt nicht mehr viel da drinnen, aber ich habe tiefgekühlte Kartoffelsemmeln gefunden. Wenn sie aufgetaut sind, kann ich ein paar Sandwiches machen.«

»Das gibt uns Zeit, uns einen geschützteren Ort zu suchen.« Max hängte den Schlauch wieder ein und verschloss den Tank. »Hier ist es zu offen.«

»Fühlt sich irgendwie falsch an, nicht wahr? Mehr wie ein Foto als das wirkliche Leben.«

Sie kraulte den Hund am Kopf, als er zurückkam. »Rein mit dir, Joe.«

Er sprang auf den Rücksitz, und dann kam auch Eddie wieder. Er blickte hinter sich.

»Ich dachte, ich hätte was gehört –«

Ein Schuss zerriss die Stille wie ein Hammer, der auf Glas traf.

Sie sah Eddie zucken, sah, wie sein Gesicht bleich wurde und das Blut seine grüne Armeejacke verfärbte. Noch ehe sie auf ihn zustürzen konnte, schob Max sie auf den Beifahrersitz.

»Steig ein, steig ein!«

Er packte Eddie, der nach vorn stolperte, und warf ihn beinahe auf die Rückbank.

Der nächste Schuss traf das rechte Rücklicht.

»Runter, Lana, verdammt, duck dich runter!« Max lief gebückt um die Vorderseite des Wagens. Von hinten kamen zwei Männer angerannt, sie ballerten noch immer.

Wutentbrannt schmetterte Lana Kraft hinaus, direkt auf die beiden, obwohl Max seine Waffe gezogen hatte und zurückfeuerte. Die Männer stürzten hintenüber, schossen regelrecht in die Luft.

Max riss die Fahrertür auf und fuhr los, noch ehe er die Tür wieder geschlossen hatte. Der Wagen wirbelte herum, schleuderte, und Max fürchtete einen Augenblick, er werde die verdammte Karre umwerfen, doch die Schneeketten griffen.

Im Rückspiegel sah er, wie sich die Männer aufrappelten, zielten, doch ihre Kugeln schlugen hinter dem Wagen in den Schnee ein.

Aus einigen der Häuser kamen andere, ebenfalls bewaffnet, und sahen mit kalten Blicken zu, wie sie sich aus dem Staub machten.

»Bist du verletzt? Lana?«

»Nein, und du?«

»Nein. Eddie, wie schlimm?«

»Angeschossen!« Er presste eine Hand zwischen Schlüsselbein und rechte Schulter. »Scheiße Mann, die haben mich erwischt. Und lieber Gott, es tut verdammt weh!«

»Lana, schnall dich an, verflucht!«, fuhr Max sie an, als sie zwischen den Sitzen durchkriechen wollte.

»Ich muss nachsehen, wie schlimm es ist. Ob ich helfen kann.«

»Ich kann noch nicht anhalten. Ich muss warten, bis wir sicher sind, dass sie uns nicht verfolgen.«

Sie zwängte sich nach hinten, schob den Hund beiseite, der leise jaulte und Eddies Gesicht ableckte, und setzte ihn auf den Beifahrersitz. Als er sofort wieder nach hinten wollte, schnauzte Max ihn an.

»Sitz!«

Joe rollte sich fiepend zusammen.

»Ich muss mir das anschauen.« Lana knöpfte Eddies Jacke auf.

»Was du siehst, ist, dass ich angeschossen bin! Was soll das, Mann? Wir haben niemandem was getan!«

»Still jetzt, sei einfach nur still.« Mit einer Ruhe, die sie selbst überraschte, riss sie sein Hemd auf, nahm ihr Halstuch ab und drückte damit auf die Wunde. »Ich stoppe als Erstes die Blutung. Du wirst schon wieder. Sobald wir weit genug weg sind, findet Max einen Platz, wo wir anhalten und dich in ein Haus bringen können, um uns um dich zu kümmern. Ich glaube, ich kann dir helfen.«

»So wie du da eben geholfen hast, wo du diese Arschlöcher mit deinem Geist oder was weiß ich umgehauen hast? Bist du eine von denen, von diesen anderen? Ihr beide?«

Lana sah ihn an und blickte in seine entsetzt geweiteten Augen. »Wir tun dir nichts.«

»Hey, ihr habt mir gerade das Leben gerettet. Wenn ich nicht sowieso krepiere.«

»Du stirbst nicht. Ich … Max, ich habe das Gefühl, ich kann helfen.«

Eddie stöhnte, biss die Zähne zusammen. »Wenn du diese Flasche Jack – ich meine den Whiskey –, das wäre ein Anfang.«

»Gute Idee. Du musst hier draufdrücken. Auch wenn es wehtut.« Lana legte seine Hand auf das blutige Halstuch und drückte. »So.«

Sie drehte sich um, hob die Flasche vom Boden auf, öffnete die Tasche und durchwühlte sie, bis sie ein T-Shirt fand. Dann holte sie das Multifunktionswerkzeug heraus, das Max ihr geschenkt hatte, schnitt das Hemd auf, bis sie es reißen und ein paar dicke Polster daraus machen konnte.

Sie öffnete die Flasche, schob Eddies Hand und das Halstuch beiseite.

»Das wird jetzt wehtun«, murmelte sie und goss Whiskey auf die hässliche kleine Wunde.

Er stieß einen Laut aus, der sie bis ins Innerste erschütterte, doch sie ließ sich nichts anmerken und presste ein frisches Polster auf die Wunde. Eddie rang mit glasigen Augen nach Atem.

»Es tut mir leid.«

»Eigentlich wollte ich ihn ja trinken.«

Sie gab ihm die Flasche in die zitternde Hand.

»Ich habe geschrien wie ein Mädchen.«

»Du hast geschrien wie ein Mann, dem man Whiskey auf eine Schusswunde gegossen hat.« Anschließend tastete sie mit einer Hand seinen Rücken ab und spürte das Loch in der Jacke, die Nässe. »Drück weiterhin auf das Polster.« Ein zweites presste sie ihm an den Rücken. »Es ist ein glatter Durchschuss. Ich glaube, das ist gut.«

»Wollen wir's hoffen.«

Lana atmete durch, blickte Eddie wieder in die Augen. »Ich glaube, ich kann helfen, die Blutung zu stoppen. Ich habe aber so etwas noch nie gemacht.«

»Ich auch nicht.« Er ergriff ihre Hand. »Wird wahrscheinlich wehtun.«

»Weiß ich nicht.«

»Finden wir es heraus.« Er schloss die Augen.

Sie wusste nicht, was sich da in ihr regte, doch es bebte vor Verlangen, zu helfen. Sie hielt mit der einen Hand die seine fest, die andere presste sie auf die Austrittswunde.

Es schmerzte. Sie hörte den Schmerz, sah ihn schwarz und pulsierend. Sie öffnete sich dem, was sich da auftat und regte und floss – weiß und kühl gegen schwarz und heiß.

»Stopp.« Eddie packte sie am Arm, drückte und schüttelte ihn. »Stopp!«

Sie schauderte zurück. Was immer in ihr floss und sich regte, hörte auf.

»Stopp«, wiederholte er. »Du schaust so schlecht aus, wie ich mich fühle. Aber es ist besser geworden. Was immer du da auch gemacht hast, hat geholfen. Ich fühle mich nicht mehr so zittrig; es tut immer noch weh, aber es ist nicht mehr so schlimm.«

»Lass mich versuchen –«

»Lana.« Max sprach ruhig, aber bestimmt. »Du darfst nicht zu weit gehen. Du musst dich wieder sammeln.« Er drosselte das Tempo. »Da ist ein Haus – oder so etwas Ähnliches. Sieht verlassen aus. Wir versuchen es.«

Er fuhr langsam davor, hielt an, wartete.

»Ich sehe mal nach. Lana, du setzt dich ans Steuer. Falls es Probleme gibt, fährst du los. Ich finde euch schon wieder.« Er drehte sich zu ihr um. »Ich finde euch wieder.«

Sie nickte, doch als er ausstieg und auf das Haus zuging, blieb sie hinten sitzen.

»Kommt nicht infrage, dass wir ihn allein lassen«, meinte Eddie.

»Nein, wir lassen ihn nicht allein.«

»Also, hey. Seid ihr vielleicht so was wie Götter oder so?«

»Nein.« Sie strich sanft die Haare aus seinem Gesicht. »Hexen.«

»Hexen? Häh?«

Max kam zurück. »Niemand da. Sieht so aus, als wäre hier seit Wochen keiner mehr gewesen. Es ist 'ne Müllhalde, aber besser als nichts.«

Max fuhr durch den Schnee hinter das Haus, bis er das sichere Gefühl hatte, dass der Wagen von der Straße aus nicht zu sehen war.

Er half Eddie beim Aussteigen, und als dessen Knie nachgaben, stützte er ihn und brachte ihn hinein. Lana schaute als Erstes in die Küche, die ein kleiner Albtraum aus Dreck, Abfall, Ungeziefer und Mäusekot war.

Sie würden damit zurechtkommen.

Das Wohnzimmer war keinen Deut besser, und auch das Schlafzimmer nicht, wie Max feststellte.

»Warte, leg ihn nicht da drauf. Wir müssen die Wunde sauber halten.« Sie entfernte die schäbige Decke und die fleckigen Betttücher. »Einen Moment noch.«

Sie rannte zum Auto, holte die Laken, die sie eingepackt hatte, und die Handtücher. Wieder im Haus, legte sie die Laken über die Matratze und breitete eines der Handtücher darüber aus.

»Wir müssen ihm die Jacke und das Hemd ausziehen.«

»Hilf ihm, zu stehen«, sagte Max.

Mit vereinten Kräften zogen sie ihn aus.

»Okay.« Max legte Eddie auf die Matratze, Lana drückte währenddessen einen gefalteten Waschlappen auf die Austrittswunde.

»Die Blutung hat fast aufgehört, das ist gut. Vielleicht finden wir ein Desinfektionsmittel oder etwas Alkohol. Damit stellen wir sicher, dass die Wunden sauber sind. Ich denke, sie müssten geschlossen werden, aber ich habe nicht genug Kraft, Max, um das zu machen. Ich finde das nicht in mir.«

»Wir nähen ihn. Ich finde schon etwas.«

»Oh, Mann«, war alles, was Eddie herausbrachte.

»Du schaffst das«, sagte Lana schnell und ging über den schmalen Flur in das ebenfalls verdreckte Badezimmer. Sie ignorierte den Geruch, die Flecken – damit würde sie sich später noch befassen – und öffnete das rostige Medizinschränkchen.

»Alkohol, Wasserstoffperoxid, ein Verbandpäckchen. Kein Pflaster. Keine Seife. So wie es hier aussieht, kann es gut sein, dass es im ganzen Haus keine gibt.«

»Ich habe Schere, Nadel und Faden gefunden«, rief Max. »Jemand hat hier genäht. Und eine Menge Stoffreste, falls wir welche brauchen. Ich suche Seife.«

»Ich habe eine dabei. Im Koffer.«

Sie suchten sich zusammen, was sie brauchten. Max säuberte ein Tablett und legte alles darauf bereit. Lana wusch sich gründlich die Hände.

Eddie lag still auf dem Bett, der Hund an ihn geschmiegt. Sein Gesicht glänzte, es war bleich und feuchtkalt, aber er hatte kein Fieber. Keine Infektion, dachte Lana. Zumindest noch nicht.

Sie wusste, dass sie ihm Schmerzen verursacht hatte, als sie die Wunde mit reichlich Alkohol reinigte, bis sie glaubte, spürte, dass sie wirklich sauber bleiben würde. Nun betrachtete sie die Nadel und den Faden und stählte ihren Mut.

»Das ist mein Part.« Max berührte ihre Schulter. »Ich mache das. Wenn wir damit fertig sind, würde uns allen ein Happen zu essen nichts schaden.«

»Ich kann in dieser Küche nicht kochen, solange sie nicht sauber ist.«

»Ich mache das hier, du fängst dort an.«

»Okay. Halte durch, Eddie.«

Er brachte ein mattes Lächeln für sie zustande, das verblasste, als sie hinausging. »Könnten wir das nicht irgendwie auslassen?«

»Ich fürchte nein.«

»Dachte ich mir. Einen Joint habt ihr wahrscheinlich auch nicht dabei.«

»Leider nein. Aber ich versetze dich in eine Trance. Kann sein, dass du etwas spürst, aber wenn es funktioniert, sollte es so sein, als würdest du darüber schweben.«

»So was kannst du?«

»Ich glaube schon. Wenn du mir vertrauen kannst, wird es schneller gehen.«

»Kumpel, ich kann nicht leugnen, dass mir 'n Joint lieber wäre, aber wenn ich euch noch immer nicht vertrauen würde, hätte meine Mom ein komplettes Arschloch aufgezogen. Also beleidige nicht meine Mom.«

»Okay. Schau mich an. Schau mich einfach an.«

Eine knappe Stunde später ging Max zurück in die Küche. Sie hatte den Müll weggeschafft, bemerkte er, Arbeitsflächen und den Herd geputzt, den Boden. Die Kühlschranktür stand offen, innen war er zwar ramponiert, aber sauber.

Und sie stand da, die Haare hochgebunden, mit dicken gelben Gummihandschuhen, die ihr fast bis an die Ellbogen reichten, und ließ im Spülbecken Schmutzwasser ablaufen.

Die Liebe packte ihn mit aller Macht und gab ihm neue Kraft.

»Wie geht es ihm?«

»Er schläft. Er wird es gut überstehen – und das hat er besonders dir zu verdanken.«

Ungeachtet der Handschuhe schmolz sie praktisch in seinen

Armen dahin. »Als ich sah, wie ihn die Kugel traf, dachte ich, er ist tot. Wir kennen ihn kaum, aber … er ist jetzt ein Teil von uns. Er gehört zu uns.«

»Er gehört zu uns. Und du könntest ein wenig Erholung gebrauchen. Ich mache hier drinnen fertig sauber.«

»Das wäre schön«, stimmte sie eilfertig zu und zog die Handschuhe aus. »Da war nämlich noch eine tote Maus in der Falle, unter dem Spülbecken.«

»Ich kümmere mich darum.«

»Die Maus habe ich schon entsorgt. Der Geruch …« Sie schauderte. »Ich habe sie rausgeschmissen, mitsamt der Falle. Aber wenn du dort noch gründlich sauber machen könntest. Ich habe eine Arbeitsfläche und den Herd geputzt – mit Bleiche –, damit ich anfangen kann zu kochen. Mit dem, was wir in dem Auto fanden, kann ich eine ziemlich herzhafte Suppe machen.«

»Ich dachte, ich würde dich lieben, schon bevor wir New York verließen.«

»Du dachtest?«

»Ich dachte, ich würde dich lieben, sosehr ein Mann lieben kann, aber das war falsch. Es wird mit jeder Stunde noch mehr, Lana.«

»Ich fühle es.« Sie schmiegte sich erneut an ihn. »Von dir und für dich. Ich glaube, das ist ein Teil von dem, was sich immer mehr in mir aufbaut. Es ist Liebe, Max.«

Sie legte ihre Hände an sein Gesicht und ließ sich ganz in den Kuss, in die Liebe, hineinfallen.

»Ich habe Angst«, vertraute sie ihm an. »Solche Angst, und dennoch ist da dieser Teil von mir, in mir, der sich öffnet und ausdehnt, und er ist nicht … er hat keine Angst.«

»Wir werden unseren Platz finden.«

»Überall, wo wir zusammen sind. Na ja.« Sie trat zurück, lächelte ihn an. »Vielleicht nicht gerade hier. Tust du mir einen Gefallen?«

»Es gibt nichts, das ich nicht für dich tun würde.«

»Ich hätte an etwas Stärkeres denken sollen, aber möchtest du unsere letzte Flasche Wein holen? Ich könnte ein Glas gebrauchen.«

Später, als ihre Suppe köchelte und Küche und Badezimmer Lanas Vorgaben entsprechend sauber waren, brachte Max den Abfall, den sie zur Hintertür hinausgestellt hatte, in eine kleine Scheune.

Er wollte sie nicht nach draußen gehen lassen, wo sie am Ende eine Ratte oder eine Maus oder sonst etwas sehen würde, das am Müll herumnagte. Falls sie einen Tag länger bleiben mussten, damit sich Eddie noch erholen konnte, würde sie wahrscheinlich darauf bestehen, hier noch mehr zu putzen.

Und er konnte es ihr nicht verübeln.

Das Scheunentor quietschte beim Öffnen in den Scharnieren.

Max fand den Besitzer des Hauses.

Er war schon seit mindestens zwei Wochen tot, und das Ungeziefer hatte sich über ihn hergemacht.

Besser, er sagte es ihr nicht, und sie musste das auch nicht sehen. Obwohl es ihm schwerfiel, hievte er den Abfall hinein. Danach verschloss er die Tür, legte die Hand darauf und sprach ein Dankgebet dafür, dass sie diesen Unterschlupf gefunden hatten.

»Max!«

Er sperrte die Scheune zu, drehte sich um und lächelte, denn er hatte Freude in ihrer Stimme gehört, nicht Entsetzen.

»Eddie ist aufgewacht. Und er hat Hunger! Kein Fieber, keine Infektion.«

»Ich bin sofort da.«

Er betete kurz noch einmal. Sie würden am Morgen aufbrechen und weiterfahren, um sich mit Eric zu treffen, der sie erwartete.

Sie würden ihren Platz finden, dachte er noch einmal.

Und sie würden sich ein Zuhause schaffen.

DRITTER TEIL

ÜBERLEBEN

Freunde, die an unserer Seite aufbrechen,
Straucheln, sind verloren im Sturm.
Wir, wir nur, bleiben zurück!

– *Matthew Arnold*

Kapitel 11

Jonah Vorhies arbeitete fast rund um die Uhr und nutzte die Stunden vor der Dämmerung, um sich im Marine-Basin-Jachthafen auf das Boot seiner toten Kollegin zu stehlen.

Es war ihm etwas unwohl dabei, in etwas einzubrechen, das Patti gehört hatte, und auf ihrer geliebten alten Segeljacht Dinge zu finden, die einst die ihren gewesen waren. Aber es gab ihm Hoffnung, und es hatte schließlich auch einen Sinn.

Er verstaute zusätzliche Decken, Sanitätsartikel, Nahrung.

Sein Plan war ein kurzer, direkter Trip durch die Narrows und den Hudson hinauf, doch er bereitete sich auch auf Komplikationen vor. Er würde Neugeborene an Bord haben, eine Frau, die soeben Zwillinge auf die Welt gebracht hatte. Und eine Ärztin.

Rachel.

Auch sie hatte ihm Hoffnung gegeben, als er alle Hoffnung verloren glaubte. Sie hatte nicht gezögert, alles in ihrer Macht Stehende zu tun, um sich für die Gesundheit und Sicherheit Katies und ihrer Babys einzusetzen.

Er fragte sich, ob diese neuen Leben inmitten von so viel Tod auch Rachel Hoffnung und Sinn gegeben hatten.

Ihr, so wie ihm, den Willen eingegeben hatten, Risiken auf sich zu nehmen.

Sie würden im tiefsten Winter zwei Neugeborene, kaum zwei

Tage alt, über einen Fluss bringen. Heraus aus New York und der zunehmenden Gewalt, weg von potenzieller Haft.

Aber wozu das Ganze? Das konnte keiner von ihnen so richtig sagen.

Dennoch, als er dieses wohl wirklich letzte Mal durch die Klinik schritt, wurde ihm klar, dass sie keine Wahl hatten.

Er konnte den Tod, den Fluch des Todes, in den Menschen sehen, die er passierte. Und es waren noch weniger Personal und auch Patienten da als am Tag zuvor.

Dafür mehr von ihnen in der Leichenhalle.

Doch als er in Katies Zimmer trat und sie ihn mit absolutem Vertrauen anblickte, wusste er, dass er sie alle in Sicherheit bringen würde.

Koste es, was es wolle.

»Wo ist Rachel?«

»Sie versucht, noch mehr Vorräte zu finden.«

Gekleidet in Sachen, die er ihr gebracht hatte, mit der Tasche, die er zu ihren Füßen gepackt hatte, stand sie auf. »Jonah, es ist nur noch ein Baby im Säuglingssaal. Die Mutter der Kleinen – sie bekam einen Notkaiserschnitt, als du die Zwillinge geholt hast – sie ist gestorben. Und die Schwester … sie ist krank. Sie hat wahrscheinlich inzwischen Symptome, wenn sie das Virus hat.«

»Sie wollen die Kleine mitnehmen.«

»Sie hat niemanden.«

»Okay.«

Katie schloss die Augen, öffnete sie wieder, als eine Träne hervorquoll. »Rachel hat gesagt, Sie würden einverstanden sein. Sie besorgt noch Babynahrung und Medikamente, aber ich kann sie stillen. Ich habe viel Milch.«

»Hat sie einen Namen?«

»Ihre Mutter hieß Hannah. Ich denke, sie sollte auch so heißen.«

»Ein hübscher Name.« Er lächelte und ignorierte die Angst, sich nun um drei Neugeborene kümmern zu müssen. »Wie geht es diesen beiden?«

Er ging zu dem Kinderbettchen, in dem die gewickelten Zwillinge schliefen.

»Ich habe sie vor ungefähr einer halben Stunde gefüttert. Rachel sagt, sie sind wirklich gesund und kräftig – wie voll ausgetragene Kinder.«

»Packen wir sie warm ein. Und Sie auch.«

Jonah steckte Duncans Arme in die Ärmelchen des Pullovers aus einem Geschenkeladen, und Katie zog Antonia an. Die Haut des Babys, so rosig und weiß im Gegensatz zu seinen Fingern, kam ihm unglaublich weich vor. Als Rettungssanitäter hatte er kaum mit Kleinkindern zu tun gehabt, doch er hatte die Ausbildung und wickelte Duncan in eine der Decken, die er aus Katies Wohnung geholt hatte.

Als er Rachel kommen hörte – er kannte ihren Gang –, löste sich der Knoten in seinem Bauch. Sie kam herein, einen Medizinbeutel über einem Arm, ein Baby auf dem anderen.

»Noch Platz für eines?«

»Klar. Zieht eure Mäntel an. Ich trage Duncan.«

Er nahm Katies Tasche und den Medizinbeutel, Rachel holte ihre Tasche aus dem Spind.

»Auf den Straßen geht es etwas zu, aber es ist nicht mehr so schlimm, wie es schon mal war. Es wird nicht lange dauern, zum Jachthafen zu kommen. Wir gehen geradewegs hinaus, direkt zum Krankenwagen. Ihr beide und die Babys nach hinten.«

»Ich habe dich nie gefragt, wohin genau wir fahren«, sagte

Rachel. »Wahrscheinlich habe ich nie wirklich geglaubt, dass wir mit einem Boot aus der Stadt herausmüssen.«

»Das ist der einzige Weg. Selbst wenn wir über eine Brücke nach Manhattan kämen – und die sind alle blockiert –, müssten wir über eine weitere nach New Jersey. Patti hatte ihr Boot das ganze Jahr über im Marine-Basin-Jachthafen liegen. Sie wohnte seit ihrer Scheidung vor ungefähr acht Jahren sogar darauf. Sie meinte, das sei billiger als eine Wohnung. Und sie hat es geliebt.«

»Ich bin mit einem Mädchen zur Schule gegangen, die auf einem Hausboot lebte.« Katie wiegte Antonia. »Einmal war ich da sogar auf einer Party.«

Sie verließen das Zimmer, und Jonah erinnerte sie daran, den direkten Weg aus der Klinik zu nehmen.

Niemand hielt sie auf. Draußen war die Nacht gespenstisch still. Katie sagte sich, die Geräusche, die sie in der Ferne hörte, seien Fehlzündungen, keine Schüsse. Oder knallende Auspuffe. Als sie den Krankenwagen erreichten, öffnete Jonah die hinteren Türen. Die Frauen stiegen ein, und er reichte ihnen die beiden Tragetücher, die er für die Zwillinge besorgt hatte.

»Steckt zwei von ihnen in Tragetücher und haltet das dritte gut fest. Ich muss schnell fahren und vielleicht auch rangieren.«

»Alles klar. Brauchst du Hilfe, Katie?«, fragte Rachel.

»Nein, es geht schon.«

Sobald Katie das Tuch angelegt und ein Baby darin hatte, reichte Jonah ihr Duncan.

»Wird nicht lange dauern«, sagte er noch einmal und schloss dann die Türen.

Er setzte sich ans Steuer und fühlte nach der Waffe, die er sich an die Hüfte geschnallt hatte.

Man konnte ja nie wissen.

Eines der Babys wachte auf und gab ein paar Laute von sich, als er losfuhr, doch die Bewegung des Autos würde es besänftigen, vermutete Jonah. Er fuhr schnell, mied jedoch die Autobahn. Er hatte bereits einige Testfahrten gemacht, und auf den großen Straßen war kein Durchkommen gewesen.

Bei Kurven wurde er langsamer, sofern keine Gefahr nahte. Er wollte nicht riskieren, dass der Wagen oder einer seiner Passagiere von einer Kugel getroffen wurde.

Plötzlich hörte er Sirenen, sah Blaulichter auf ihn zurasen, und sein Herz hämmerte. Doch das Polizeifahrzeug fuhr mit unglaublichem Tempo an ihm vorbei, sodass es fast den Rettungswagen gestreift hätte.

Das waren keine Bullen, so viel hatte er gesehen. Wie er im Geiste auch das Wrack gesehen hatte, das Blut, die Knochenbrüche – Sekunden bevor der Fahrer die Kontrolle verlor und der Wagen aus der Kurve getragen wurde.

Er hielt nicht an. Er hatte ein Ziel. Nur ein Ziel.

Einem Mann, der auf die Straße lief und an die Seitentür fassen wollte, wich er aus. Und sah den Tod, einen schrecklichen Tod, bevor ein riesiger Wolf aus dem Dunkel sprang und seine glänzenden Zähne in die Kehle des Mannes schlug. Sein einziger, hoher Schrei brach abrupt ab.

»Jonah.«

»Wir können nicht anhalten.« Er warf Rachel einen Blick zu. »Wir sind fast da.«

Mit quietschenden Reifen fuhr der Rettungswagen in die Marina ein, holperte am Dock entlang. »Viele Boote sind weg, manche sind kaputt. Wir machen es hier wie vorhin – aussteigen, geradewegs zum Boot, sofort runter in die Kajüte. Da ist es wärmer.«

Und sicherer, hoffte er.

Er bremste scharf, stieg rasch aus und öffnete die Türen. Griff sich Taschen, nahm Duncan auf den Arm.

»Schnell!«

Er schritt durch das Halbdunkel voran.

»Da. Weißes Kajütboot, roter Namenszug: *Patti's Pride*.«

Er warf die Taschen auf das Boot, half dann Katie beim Einsteigen. »Nimm Duncan und geh sofort runter.«

»Ich kümmere mich um die Leinen«, sagte Rachel, noch ehe er sie zu fassen bekam. »Mein Vater hatte ein Boot – so sind wir schneller.«

Er nickte, nahm ihr das Baby ab und ging an Bord.

»Losmachen, losmachen.«

Rachel machte die Bugleine los und sprintete Richtung Heck. Sie hörte Schritte auf sich zukommen, ein schnelles, gackerndes Lachen, und wirbelte herum, bereit zu kämpfen. Doch da war Jonah, ein Baby auf einem Arm, in der anderen Hand eine Pistole.

»Weg da.«

Der Mann grinste breit; seine Haare unter einem Piratenhut flatterten im Wind. »Stopp! Ich will doch nur mal kosten.«

»Fass sie an, und du kostest, wie sich eine Kugel in deiner Kehle anfühlt! Rachel komm.«

Sie sprang an Deck. Dort nahm sie das Baby und sprach mit gefasster Stimme: »Ich bringe uns hier raus.«

Sie eilte ans Steuer, während Jonah dastand und zusah, wie der Mann Täuschungsmanöver auf das Boot zu machte, eine kleine Jig tanzte.

»Hey, du brauchst doch keine zwei Bräute! Teil die Beute, Kamerad! Teil die Beute!«

Das Boot fuhr los, er gestikulierte noch heftiger herum, verlor das Gleichgewicht und stürzte ins Wasser. Tauchte auf, gackerte und versuchte, hinter ihnen herzupaddeln.

Jonah sah den Tod in dem Mann, aber nicht durch Ertrinken.

Er wandte sich ab und sagte zu Rachel: »Bring das Baby nach unten.«

»Kannst du ein Boot steuern, in so einem rauen Wasser?«

»Ich war oft auf diesem Boot. Patti hat mich ein paar Mal fahren lassen.«

Rachel bewegte sich gekonnt mit dem Stampfen des Bootes. »Gib Katie das Baby«, sagte sie. »Ich übernehme das Steuer, du navigierst. Und halte die Pistole griffbereit.«

So wie sie das Boot handhabte, war dagegen nichts einzuwenden. »Wir fahren durch die Narrows und dann den Hudson hinauf.«

»Okay.« Das Boot neigte sich, doch sie blieb unbeirrt. »Wohin?«

»Weiß ich noch nicht genau. Ich habe vollgetankt, wir fahren so weit, wie wir müssen.«

Er ging hinunter in die Kajüte, wo Katie auf Pattis schmaler Liege saß, zwei Babys in den Armen. Er legte das dritte neben sie.

»Du musst dich um alle drei Babys kümmern. Ich gehe hinauf zu Rachel, aber wenn du Hilfe brauchst, rufst du.«

»Uns geht es so weit gut.«

Das Boot schwankte unter seinen Füßen. »Das könnte so werden wie die Fahrt mit dem Rettungswagen.«

»Uns geht es gut«, wiederholte sie.

Er ging wieder hinauf und gesellte sich zu Rachel.

»Kontrollieren sie auch die Flüsse?«, fragte sie ihn.

»Ich weiß nicht, warum sie das jetzt tun sollten, aber man weiß es nie, so verrückt, wie die Welt gerade ist.« Ein eisiger Wind wehte ihm ins Gesicht, peitschte das schwarze Wasser auf. »Es könnten noch mehr Idioten wie der da hinten kommen, aber diesmal mit Booten. Wir versuchen, jedem Boot auszuweichen, und wenn wir das nicht können, werden wir Tempo aufnehmen müssen.«

Das Gefühl der Waffe in seiner Hand war ihm unangenehm, und so steckte er sie wieder ins Hüfthalfter.

»Ich kenne den Jachthafen in Hoboken. Mein Vater hatte dort ein paar Jahre lang ein Boot liegen.«

»Okay, Hoboken.«

»Mit diesem Boot können wir einer Patrouille nicht entkommen. Falls … Ich könnte vielleicht etwas deichseln, um Katie und die Babys von Bord zu bringen.«

Er legte eine Hand auf ihre. »Auf nach Hoboken. Immer das Ziel im Auge behalten.«

In Hoboken packte Chuck alles an Ausrüstung zusammen, was er glaubte, mitnehmen zu können. Er hasste es, etwas zurückzulassen, doch er hatte immer gewusst, dass dieser Tag kommen würde.

Auch wenn er dabei nicht an eine Apokalypse gedacht hatte.

Er hatte überlegt, was alles in den Wagen passen würde, musste nun jedoch etwas umdenken, weil sie ja Fred dabeihatten.

Sie war total süß.

Was nicht der Grund war, weshalb er einverstanden war, sie mitzunehmen, aber es schadete auch nicht.

Er hatte *seinen Ladys* – so sah er sie – Zeit genug zum Ausruhen gegeben, wie er hoffte. Arlys war volle zwölf Stunden weggepennt, und bei der total süßen Red Fred waren die Lichter fast ebenso lang ausgegangen – nach ein paar Bieren.

Kein Wunder, wenn ihre Erfahrungen im Tunnel auch nur halb so verdammt *grauenvoll* gewesen waren, wie Fred es ihm beschrieben hatte.

Und er glaubte ihr jedes Wort. Warum auch nicht, wo er doch ständig dabei gewesen war, Gerede von ausgeflippten Bürgern und von ausgeflippten Militärs zu belauschen.

Und dazu so einiges an echter Scheiße auf dem Monitor verfolgt hatte, wenn er sich in Überwachungskameras auf der Straße eingehackt hatte.

Echt irrsinnige Scheiße.

Da er nichts mitgekriegt hatte, was ihn veranlasst hätte zu denken, dass die Militärs – und die saßen momentan praktisch am Ruder – ihn oder seinen Aufenthaltsort identifiziert hatten, genehmigte er sich selbst ebenfalls eine Mütze Schlaf.

Es schien an der Zeit zu sein, ein wenig auf Vorrat zu pennen.

Er hatte ihnen allen noch einen Tag zum Ausruhen und zum Packen gegeben, während er den Cyber-Äther überwachte.

Doch nun war die Zeit gekommen, seiner Bat-Höhle und einigen fantastischen Spielsachen Goodbye zu sagen.

Arlys kam aus dem Schlafzimmer, angezogen, das Haar zu einem Pferdeschwanz gebunden. Sie ist wirklich heiß, dachte Chuck, aber irgendwie war sie für ihn eher so etwas wie eine Schwester.

»Fred ist auch gleich so weit. Ich könnte dir bei alldem helfen, Chuck.«

»Mir ist es lieber, wenn außer mir keiner mit meinem Zeug rummacht. Bin sowieso fast fertig. Wir laden das alles in unseren Transporter. Ich brauche die Sachen. Ihr beide könntet etwas zu essen einpacken und was von dem Bier noch übrig ist.«

»Machen wir.«

»Super. Dann hole ich mal die Karre.«

»Chuck, wir wissen nicht, wie schlimm es da draußen ist. Ich sollte mit dir gehen.«

»Kein Grund zur Sorge. Ich kriege das schon hin.« Er legte zum Gruß einen Finger an die Schläfe. »Bin in zehn Minuten wieder hier.«

»Nimm wenigstens eine der Pistolen mit.«

»Nö.« Er winkte ab und ging.

Arlys presste die Finger auf die Augen und ließ die Hände dann sinken. Bisher war ihm ja auch nichts geschehen, dachte sie. Sie musste einfach nur hoffen, dass er es auch weiterhin schaffte.

Wenigstens hatte er guten Kaffee auf Lager; sie würde sich also noch einen genehmigen, bevor sie diesen seltsamen gigantischen Keller und die Sicherheit, die er bot, verließen.

»Willst du einen Kaffee?«, fragte sie Fred, die gerade aus dem Bad kam, die roten Haare frisch und geschmeidig, das Make-up perfekt.

»Chuck hat noch Cola. Wo ist er?«

»Er holt das Auto. Wir müssen noch Lebensmittel einpacken.«

»Okay.« Fred zog eine Schachtel süßes Gebäck heraus.

»Ich dachte mehr an was Richtiges.«

»Was bringt es, nicht auch beim Essen Spaß zu haben, solange es noch geht?« Sie nahm sich eine Cola, trank und packte gleichzeitig einen Karton. »Nimmt er das alles mit?«

»Anscheinend.«

»Ich hoffe, er hat ein großes Auto, damit wir nicht alle zerquetscht werden.«

»Ich hoffe, er hat ein Auto, das uns von hier wegbringt.«

»Mach dir nicht so viele Gedanken. Wir sind bis hierher gekommen, ja? Wir werden auch dorthin kommen.«

»Entschuldige, ich bin etwas nervös.« Arlys nahm ein paar Dosen, fragte sich, ob außer Chuck irgendjemand über zwölf tatsächlich Buchstabensuppe aß, und erinnerte sich dann daran, dankbar dafür zu sein.

»Du machst dir Gedanken wegen Jim und all den anderen. Ich glaube immer mehr, dass sie weggekommen sind, weil wir nämlich nichts Gegenteiliges gehört haben. Es gibt noch immer Gutes auf der Welt, Arlys. Ich kann das Gute ebenso fühlen wie das Böse.«

Arlys stellte ihren Kaffee ab und schob ihr ein paar Minikuchen zu. »Apfel oder Kirsch?«

»Warum nicht beides?« Fred steckte sie in ihren Rucksack. »Da ist Platz genug.«

»Du tust mir gut, Fred.«

In knapp weniger als zehn Minuten öffnete Chuck die Schlösser und kam wieder ins Haus. »Laden wir alles ein und dann los.«

Arlys schnappte sich Jacke, Mütze und den Karton mit dem Essen. Sie trat aus dem Haus –, und blieb dann abrupt stehen, weil sie ihren Augen nicht traute.

»Ist das ein …«

»Ein Hummer – ohne Militärausstattung«, erklärte Chuck und lud einen Karton ein. »Ich bin ein Hacker, kein Kämpfer. Cool, was? So richtig megacool.«

»Wahnsinn!« Fred stopfte Taschen und Schlafsäcke in das Ungetüm, und Chuck holte weiteres Zeug.

»Wer … wer fährt denn so eine Kiste?«

»Na ich.« Chuck lud weiter ein. »Ich war schon immer der Meinung, dass sich die Welt sowieso selbst zugrunde richtet, warum also nicht mit so einem Monster in die Berge fahren? Die nächste Ladung bitte.«

Arlys ging ins Haus, holte den Träger mit den Wasserflaschen. Chuck griff sich die letzte Ladung an Equipment, dann blickte er sich etwas rührselig um.

Er schloss die Tür, sperrte ab und wandte seinem Zuhause den Rücken zu.

Der Wagen war gigantisch groß, sodass sie nicht zusammengequetscht wurden, dennoch brauchten Chucks Ausrüstung und die Vorräte viel Platz. Arlys drängte Fred, sich vorne neben Chuck zu setzen, und machte es sich hinten bequem. Sobald er losfuhr, holte sie das Schreibzeug heraus, das er für sie aufgetrieben hatte.

Sie hatte jedes Detail notiert, an das sie sich von der letzten Sendung erinnern konnte, und auch alles von ihrem Trip durch die Tunnels. Sie hatte geschrieben, bis sie ihre Finger nicht mehr spürte. Nun hielt sie den Beginn dieser Reise fest.

Vielleicht würde das nie jemand lesen oder je davon hören. Vielleicht würde sich auch niemand darum scheren, oder einfach keiner übrig bleiben, um sich darum zu scheren. Aber sie musste es festhalten.

»Ich werde die Neun rauffahren«, erklärte Chuck, »und schauen, ob wir auf die Achtzig kommen. Wahrscheinlich ist sie blockiert, aber die Karre hier hat Schmackes. Kann sein, dass wir die Straße freikriegen.«

Arlys holte die Mappe mit den Karten heraus, die sie ihn gebeten hatte auszudrucken. »Ich habe einige Alternativen rausgesucht.«

»Immer bereit. Keine Bange, Süße. Wir bringen dich nach Ohio. Das ist der Deal.«

Sie kamen bis hinter Ridgefield, dann aber stießen sie auf eine massive Straßensperre. Ein SUV mit eingedrücktem hinterem Kotflügel setzte langsam zurück; vor ihm waren fünf Autos ineinandergeschoben, die die Straße unpassierbar machten.

Arlys legte eine Hand an die Waffe unter ihrer Jacke.

»Das sind gute Leute. Ich weiß es«, sagte Fred rasch. »Sie sind nicht böse.« Sie drehte sich um. »Wahrscheinlich wollen sie genau wie wir einfach nur von hier wegkommen.«

Arlys hatte ihr im Tunnel vertraut, und das tat sie auch jetzt wieder. Sie öffnete ihr Fenster und streckte beide Hände hinaus.

»Wir versuchen bloß durchzukommen!«, rief sie. »Wir wollen niemandem etwas tun. Ich bin Arlys, und ich bin mit Fred und Chuck unterwegs. Chuck meint, er kann die Wracks beiseiteschieben.«

»Kann ich«, versicherte er.

Einige Sekunden lang bewegte sich der SUV nicht, dann rollte er wieder rückwärts und zur Seite, bis das Fenster des Fahrers auf der Höhe von Arlys und Fred war.

»Wir wollen auch niemandem etwas tun. Ich kann helfen, den Schrotthaufen zu bewegen.«

»Ich habe alles im Griff.«

»Chuck schafft das«, gab Arlys weiter. »Wenn er sie aus dem Weg schiebt, könnt ihr hinter uns durchfahren.«

Eine Frau auf dem Beifahrersitz beugte sich vor. »Arlys Reid?«

»Ja.«

Sie nickte dem Fahrer zu, der erleichtert ausatmete. »Okay, wir warten hier.«

Chuck rollte die Schultern. »Jetzt passt auf!«

Er fuhr langsam an. Arlys hatte befürchtet, er werde die fünf

Autos einfach rammen, doch er arbeitete sich vorsichtig an sie heran, schob beharrlich, hantierte mit dem Steuerrad.

Metall rieb quietschend aneinander, doch er drückte zwei der Autos so weit auseinander, dass er eines auf den Seitenstreifen schieben konnte.

Fred applaudierte.

»Videospiele«, erklärte er und machte sich an das nächste Fahrzeug heran. »Und ich habe ein paar Jahre lang für einen Onkel einen Schneepflug gefahren.«

Die anderen Autos musste er jetzt nur noch ein Stück zur Seite bugsieren.

»Wenn wir mit unserem großen Wagen durchkommen, dann kommen die anderen auch durch.« Er fuhr an den Wracks vorbei und hielt dann an der Seite an.

Dieses Mal blieb der SUV an Chucks Seite stehen.

»Vielen Dank.«

»Kein Problem, wir wollten schließlich beide durch.«

»Ich bin Rachel«, stellte sie sich vor. »Jonah, und hinten Katie. Wir haben drei Babys dabei.«

»Babys!« Fred sprang begeistert aus dem Wagen.

»Fred!«

»Ich will die Babys sehen.« Sie winkte Arlys zu, lief zu dem Wagen und schaute durch das hintere Seitenfenster. »Oh! Sie sind wunderbar! Sind das alles eure? Oh, Babys sind so voller Licht. Wie heißen sie?«

Langsam ließ Katie das Fenster ein Stück herunter. »Duncan, Antonia und Hannah.«

»Du bist gesegnet. Chuck, sie haben drei Babys dabei! Sie brauchen Hilfe. Wir sollten ihnen helfen. Wir fahren nach Ohio«, erklärte sie, bevor irgendjemand sonst etwas sagen konnte. »Wenn

ihr wollt, könnt ihr uns folgen, bis ihr einen anderen Weg ein-
schlagt als wir. Chuck kann vielleicht noch öfter die Straße frei-
räumen.«

»Jonah?«

Jonah blickte zu Katie, dann wieder zu Rachel und nickte
dann. »Wir wären euch sehr dankbar. Wir haben kein bestimmtes
Ziel. Wir folgen euch.«

»Wie lange wollt ihr durchfahren?«, fragte Chuck.

»Unser Tank ist fast voll. Wir sind gerade erst in Hoboken losgefahren.«

»Hey!« Chuck deutete auf sich selbst. »Ich bin aus Hoboken.
Wir müssen direkt hinter euch gewesen sein. Wie wär's, wenn wir
es mit der Grenze nach Pennsylvania probieren? Wenn ihr früher
anhalten müsst, macht euch mit der Lichthupe bemerkbar oder
hupt einfach.«

»Zu mehreren sind wir sicherer«, fügte Rachel hinzu.

»Ja, das kann nichts schaden.«

Chuck fuhr wieder los, und Arlys schrieb die Namen auf.

Man ist nicht nur sicherer, dachte sie. Auch stärker.

* * *

Auffahrunfälle und Staus durch stehen gelassene Fahrzeuge, für
die selbst der Hummer nicht stark genug war, brachten auf der
Fahrt quer durch New Jersey häufiges Umkehren und zahlreiche
Umwege mit sich.

Als sie endlich nach Pennsylvania kamen, reckte Chuck die
Faust in die Höhe und stieß einen kräftigen Jauchzer aus.

»Wir haben die Staatsgrenze überquert, Ladys. Ich werde einen
Boxenstopp suchen. Dieser große Brummer hat Durst.«

Sie bogen auf die Hauptstraße eines Weilers ein – Arlys' Vorstellungen zufolge war die Ansiedlung zu klein, um als ein richtiger Ort durchzugehen. Es herrschte Totenstille, wie auf einem Friedhof, der unter Schnee begraben lag. Ein schönes Motiv für eine Weihnachtskarte, dachte sie. Ihr Blick darauf wurde erst konkreter, als ihr eine Gruppe Rehe auffiel, die an einem Haus mit der Aufschrift »Arnette's Salon für Haare und Nägel« vorbeizogen, als seien sie im tiefsten Wald unterwegs.

Hier haben sich die Leute gekannt, dachte sie. Hier hatten sie miteinander geredet und gelacht. Bestimmt war Arnette oft in »Billy's Diner« zu Gast gewesen. Ob man dort Kuchen an der Theke essen konnte?, fragte sie sich. Sicher hatte es da eine gegeben, dahinter eine kecke Kellnerin, die Torten und anderes Gebäck servierte.

Wo war Arnette nun? Und Billy? Die kecke Kellnerin?

Sie fuhren weiter und überließen das Örtchen den Rehen.

Eine halbe Meile später hielt Chuck an einer Tankstelle mit Mini-Markt an.

»Hier gibt es wahrscheinlich Toiletten.« Er studierte lange die Fenster und die Glastür. »Sieht alles intakt aus – wenig Leute in dieser Gegend. Die Tür wird verschlossen sein, aber –«

»Wir kommen schon rein.« Arlys öffnete die Tür und trat in den unberührten Schnee. Sie ging zu dem SUV; Fred rannte regelrecht darauf zu.

»Kann ich eines nehmen? Ich meine halten?«

»Sie wird unruhig.« Katie hob ein Baby in Freds wartende Arme. »Ich muss sie stillen.«

»Das macht mir nichts. Oh, sie ist so süß! Wie heißt sie?«

»Das ist Hannah.«

»Die süße kleine Hannah. Ich bringe sie für dich ins Haus.

Hannah hat Hunger«, sang sie, als das Baby wimmerte. »Vielleicht ist gar nicht abgesperrt. Alles ist gut, Hannah«, tröstete sie die Kleine beim Gehen. »Deine Mama füttert dich gleich.«

»Schön, dass wir uns kennenlernen.« Arlys reichte Rachel die Hand.

»Es ist wirklich nett, jemanden mit einem … Ist das ein Hummer?«

»Der gehört Chuck.«

»Es ist offen!« Fred blickte mit einem funkelnden Lächeln zu ihnen zurück.

Feen konnten verschlossene Türen überwinden, erinnerte sich Arlys.

Als Rachel sich bückte, um von Katie ein Baby in Empfang zu nehmen, rief Jonah: »Geh nicht hinein! Warte!« Er rannte zu Fred. »Lass mich erst mal nachsehen.«

»Er hat recht.« Arlys kam zu ihnen. »Warte, Fred. Für alle Fälle.«

Jonah warf Arlys einen langen Blick zu, als sie langsam die Pistole unter ihrer Jacke hervorholte. Dann nickte er. »Ich links, du rechts.«

Sie gingen hinein, an spärlich bestückten Regalen entlang, vorbei an einem Ladentisch mit offener Registrierkasse. In stillschweigendem Einvernehmen stieß sie die Tür der Damentoilette auf, er die der Herren.

Nun erst nahm Jonah die Waffe in die andere Hand und reichte Arlys die rechte. »Jonah.«

Sie tat es ihm nach. »Arlys. Okay, Fred!«

»Chuck sagt, die Zapfsäulen funktionieren.« Fred küsste das Baby, das nun zufrieden in ihren Armen lag. »Er tankt den Hummer auf.«

»Ich denke, wir können uns ebenso gut hier kennenlernen wie irgendwo sonst.« Jonah steckte die Waffe weg, als Rachel und Katie hereinkamen. »Ich mache unseren Tank ebenfalls voll.«

»Wir brauchen einen Stuhl für Katie.« Fred strahlte. »Damit sie sich hinsetzen und Hannah stillen kann.«

»Dort ist einer.« Arlys steckte ihre Pistole ein. »Ich hole ihn.«

»Ich könnte dann dieses Baby halten – wie heißt es?«

»Das ist Duncan.«

»Ich kann Duncan halten, solange du Hannah stillst.« Fred tauschte die beiden vorsichtig aus und bedeckte dann Duncans Gesicht mit kleinen Küssen.

»Du kannst gut mit ihnen umgehen.«

»Ich werde mal ein halbes Dutzend haben. Duncan ist hellwach. Hallo Duncan! Er sagt, er muss gewickelt werden.«

»Das überrascht mich nicht.«

»Ich kann es machen.«

»Das wäre großartig«, meinte Rachel, bevor Katie etwas sagen konnte. Sie reichte Fred eine Tasche mit Windeln. »Alles, was du brauchst, ist da drinnen.«

»Im Bad gibt es sogar einen Wickeltisch.« Arlys rollte einen Schreibtischstuhl heraus. »Das Wasser habe ich nicht ausprobiert, aber wenn die Zapfsäulen funktionieren, dann muss es Strom geben.«

»Das hoffe ich, weil unsere frisch gebackene Mama nämlich ein warmes Essen braucht. Sag nicht, dass du das nicht brauchst, Katie. Du musst drei Mäuler stopfen, also musst du gesund und stark bleiben. Da drinnen gibt es wahrscheinlich eine Mikrowelle.«

Arlys zeigte auf den Raum, den sie meinte.

»Super. Könntest du etwas für sie warm machen? Ich würde

mir gern die frei verkäuflichen Medikamente ansehen, die sie vielleicht noch haben. Ich bin Ärztin.«

»Dann freue ich mich noch mehr, dich kennenzulernen. Ich habe bereits einige Dosen Rinderragout gesehen.«

»Perfekt. Ich halte noch nach Babyartikeln Ausschau, wenn ich schon dabei bin. Mit dreien kann man schließlich nie zu viel haben.«

Arlys suchte die Regale ab – ihre eigenen Vorräte gleich aufzubrauchen brachte schließlich nichts. In Pappschalen für die Mikrowelle erhitzte sie dann Ragout, Ravioli und eine Portion Hühnersuppe mit Nudeln, alles aus Dosen. Währenddessen sah sie, wie die Männer in ihre Autos stiegen und von den Zapfsäulen wegfuhren.

Damit sie von der Straße aus nicht gesehen werden, dachte sie. Nur für alle Fälle.

Sie stellte das warme Essen auf den Ladentisch und brachte Katie etwas Rinderragout.

»Danke. Sie wird langsamer, ist wohl fast fertig.«

»Wo ist Fred?«

»Sie wechselt Antonias Windel.« Katies Blick verriet Erschöpfung, doch sie lächelte. »Sie ist wundervoll.«

»Das kannst du laut sagen. Ich muss sagen, du siehst super aus für eine Frau, die vor ein paar Tagen erst Drillinge gekriegt hat.«

Katie schaute auf Hannah herunter. »Zwillinge. Hannah ist eine Waise. Ihre Mutter starb bei der Geburt. Sie war allein in der Klinik, weil alle krank oder inzwischen tot waren. Also haben wir sie mitgenommen. Jetzt gehört sie zu mir.«

Katie blickte auf, ihr Blick war trotz Ermüdung unerschütterlich.

»Wir helfen euch, die Babys zu beschützen.« Fred brachte Antonia zurück. »Alle deine Babys.«

»Die Babys und ich wären nicht hier ohne Jonah und Rachel. Irgendwie dachte ich schon, sie seien die letzten anständigen Leute auf dieser Welt. Ich glaube, es war uns bestimmt, euch kennenzulernen. Alles ist so schrecklich, und trotzdem haben wir euch getroffen. Wir haben Leute getroffen, die Babys beschützen und Fremden helfen. Wir werden euch ebenfalls helfen.«

»Ja, das werden wir.« Rachel kam mit einer vollen Tasche zurück. »Frei verkäufliche Medikamente, Vitamine, Verbandskästen. Schau dir alles durch, nimm dir, was du brauchst. Also, minus die Babysachen.«

Rachel fuhr sich durch die dichten Locken und blickte auf den Ladentisch. »Das ist auch alles zum Mitnehmen?«

»Na klar.«

»Ich habe Hunger.«

»Arlys hat einen Schnitt am Arm.« Fred hielt das Baby vorsichtig. »Kannst du dir den ansehen?«

Rachel lächelte. »Ja, gerne.«

Arlys setzte sich auf einen Tisch, und Rachel säuberte die Wunde und verband sie neu.

»Da hätten ein paar Stiche gutgetan. Es wird eine Narbe bleiben.«

»Das ist meine geringste Sorge.«

»Es heilt gut.«

»Was für eine Art von Arzt bist du?«

»Notfallmedizin.«

»Das wird ja immer besser.« Arlys bewegte ihren Arm und schaute zu Katie hinüber – die das nächste Baby stillte und mit einer Hand Ragout löffelte, während Fred mit den anderen Babys kuschelte.

»Hast du die Zwillinge entbunden?«

»Nein. Das war Jonah. Er traf auf Katie, als sie bereits Wehen hatte, und brachte sie in die Klinik. Der einzige Frauenarzt, der noch da war, versuchte gerade, Hannah und ihre Mutter zu retten, also entband Jonah die Zwillinge. Er ist Rettungssanitäter.«

»Das *ist* unser Glückstag!«, rief Arlys.

»Unserer auch.« Rachel nahm sich eine Schüssel Suppe. Inzwischen waren die Männer zurückgekommen und machten sich über die Ravioli her. »Wir wären heute nicht so weit gekommen, wenn ihr nicht den Weg frei gemacht hättet. Wir sollten zusammenbleiben.«

»Das finde ich auch. Für heute Nacht müssen wir noch eine anständige Unterkunft finden.« Wie Rachel blickte auch Arlys erneut zu Katie und dem Baby in ihren Armen. »Wo es warm ist.«

»Der Ort, durch den wir gerade gekommen sind, sah vielversprechend aus, aber ihr wollt sicher weiter. Wieso nach Ohio?«

»Dort leben meine Eltern und mein Bruder. Hoffentlich.«

Rachel nickte und aß noch etwas Suppe. »Wir fahren weiter.«

Kapitel 12

Lana wachte schaudernd auf, fast hätte sie einen Schrei ausgestoßen. Sie presste eine Faust auf den Bereich ihres Herzens, das sich anfühlte, als wollte es aus ihr herausspringen.

Eine unendliche Trauer überkam sie und verdrängte fast die Furcht.

Irgendein schrecklicher Traum, an den sie sich nicht klar erinnern konnte. Nur an die Gefühle darin – diese Trauer, diese Furcht. Und … an Krähen, die am Himmel kreisten und kreischten. Da war Blut an ihren Händen, in ihrem Gesicht.

Sie betrachtete ihre Hände. Sie zitterten zwar, waren aber nicht blutbefleckt.

Das ist der Stress, sagte sie sich, und weil sie beim Aufwachen allein war.

Sie kauerte sich im Bett zusammen, redete sich ein, dass alles gut war. Besser als gut. Das Bett, warm und weich, stand in einem Zimmer, in dem noch immer ein Feuer glühte. Einem Zimmer, dessen große Fenster den Blick auf einen schneebedeckten Wald freigaben, so still und friedlich wie eine Kirche auf einer Anhöhe.

Sie hatten Eric gefunden, und kein Albtraum konnte die Freude an die Erinnerung daran vertreiben, wie Max aus dem Auto sprang, um seinen Bruder zu umarmen.

Eric war am Leben und gesund. Und sie hatten einen Unterschlupf, von dem sie nicht für möglich gehalten hätte, dass es so etwas noch gab, in diesem großzügigen, in den Alleghenies versteckten Zuhause.

Ein warmes Essen, guter Wein, eine Gruppe Überlebender, die sich zusammengetan hatten.

Zum ersten Mal seit Wochen hatte sie sich sicher gefühlt. Zum ersten Mal seit Wochen hatten sie und Max sich mit Freude geliebt anstatt mit Verzweiflung.

Nein, sie wollte sich das nicht von einem Traum verderben lassen. Obwohl noch immer erschöpft, stand sie auf. Sie gönnte sich eine Dusche – oh, welch herrliche Körperdüsen, dazu dezent duftende Seife und Shampoo – und verwöhnte sich mit fremden Düften.

Eric war ein gutes Stück jünger als Max, ganze acht Jahre. Er war attraktiv, eifrig bemüht, und er hatte leuchtend blaue Augen. Ein wenig oberflächlich erschien er ihr, nun, wo er die Kraft in sich entdeckt hatte.

Wie war er dazu gekommen?, fragte sich Lana, da Eric bisher nie Interesse an oder Talent für die Gabe gezeigt hatte.

Das Virus, dachte sie. Irgendwie wuchs sie durch das Virus – oder füllte die Leere, die dieses hinterließ.

Neben Eric war da noch Shaun, unbeholfen und streberhaft, dicke Brillengläser über braunen Augen, dünne, glatte Haare.

Mit zu der College-Gruppe gehörte auch Kim, eine atemberaubende Schönheit mit traumhafter karamellfarbener Haut. Kühl und verhalten nach Lanas Einschätzung, aber wer konnte ihr das verübeln? Eric zufolge war sie ein Genie.

Und dann war da noch Poe, ein Footballstar, für den sich bereits Scouts interessiert hatten. Hartes Gesicht, stählerner Körper.

Er war es gewesen, der ihr einen Teller Spaghetti zuschob, nachdem sie und Max bei Dunkelheit und Schnee endlich das Haus gefunden hatten.

Und Allegra mit dem Aussehen einer Eiskönigin: blasse Haut, helles Haar, frostig-blaue Augen. Doch ihr Benehmen widersprach diesem Aussehen, dachte Lana. Denn sie wirkte warm und offen, einladend und freundlich.

Und trotzdem …

Kein *und trotzdem* verbat sich Lana, als sie die Dusche abdrehte. Allegra und Eric teilten sich ein Schlafzimmer, und ihre Beziehung hatte diesen erfrischenden Touch des Neuen, also war sie auch warm und einladend.

Sie zog sich an, betrachtete sich eingehend im Spiegel und beschloss, wenigstens gut erholt auszusehen, wenn sie sich schon nicht so fühlte. Dann ging sie hinaus zu den anderen.

Das große, wirklich schöne Haus verdankten sie Shaun – oder seinen Eltern. Für ein Ferienhaus hatten sie mit Luxus nicht eben gegeizt: herrliche Holzböden, geräumige Zimmer, riesige Fenster mit Blick auf die Berge und Wälder, großzügige Terrassen. Der kleine Fitnessraum kam nach der anstrengenden Fahrt hierher einem wunderbaren Traum gleich. Doch am meisten begeisterte sie die riesige, einzigartige Küche.

Sie fand Max und Eric im großen Zimmer bei einer Tasse Kaffee.

Sie ging zu Eric und umarmte ihn stürmisch. Bisher hatte sie ihn erst zweimal getroffen: einmal bei einer Hochzeit und dann letzten Sommer, als er ein langes Wochenende bei ihnen in New York verbracht hatte. Doch sie hatten sich sofort verstanden.

Dann beugte sie sich zu Max und küsste ihn.

»Kaffee?«, fragte er.

»Aus irgendeinem Grund wäre mir Tee lieber. Ist es okay, Eric, wenn ich mir einen mache?«

»Ich weiß, dass wir welchen haben, weil Kim Tee trinkt. Du brauchst nicht zu fragen. Wir gehören hier alle zusammen.«

»Wir müssen uns überlegen, wie wir das mit den Lebensmitteln machen«, meinte Max, doch Eric verdrehte die Augen.

»Mann, du bist gerade angekommen. Entspann dich ein bisschen.«

»Wir sind jetzt zu acht«, setzte Max an. Lana wusste, dass Eric ärgerlich werden konnte, wenn Max den großen Bruder herauskehrte. Deshalb unterbrach sie ihn.

»Ja genau, wo sind denn die anderen alle?«

»Poe ist im Fitnessraum – wie jeden Morgen. Allegra schläft noch. Die anderen wahrscheinlich auch. Wir stehen meistens nicht so früh auf. Bis auf Poe. Euer Kumpel Eddie ist mit dem Hund raus.«

»Wie wär's, wenn ich schaue, was ich für uns alle zum Frühstück machen kann?«

»Das wäre fantastisch.« Eric strahlte sie an. »Bisher wurstelt jeder allein vor sich hin, wenn nicht Poe etwas kocht. Er macht das nicht schlecht, aber natürlich ist das kein Vergleich mit dir. Wir haben auf dem Weg hierher einiges besorgt, wo immer es ging. Und im Flur vor der Haustür steht ein großer Gefrierschrank. Shaun sagte, seine Eltern hätten ihn noch vollgefüllt, bevor … bevor alles den Bach runterging.«

Eric fuhr leise fort, doch seine fröhliche Leichtigkeit war nun verloren. »Sie kamen gerne hier herauf und blieben ungefähr einen Monat. Luden Freunde ein und so.«

Er blickte zum Eingang. »So, wie es aussieht, haben sie es nicht geschafft.«

»Muss schwer für ihn sein«, murmelte Lana.

Sie fand den Gefrierschrank und die Speisekammer gut gefüllt. Im Kühlschrank waren Eier und die Milch – beides würde nicht lange halten. Sie fand gefrorene Blaubeeren und suchte sich zusammen, was sie für einen Pfannkuchenteig brauchte.

»Womit wird der Generator betrieben?«, fragte Max.

Eric, die Füße auf dem Tisch, zuckte die Achseln. »Ich glaube, Shaun sagte was von Propangas.«

»Er muss wissen, woher seine Eltern es bezogen. Wenn wir einen Tanklaster für Gas hier heraufkriegen, den Generator immer voll haben, dann haben wir Heizung und Licht. Und wir sollten nicht mehr Energie verbrauchen als notwendig.«

»Oh Gott, du klingst wie Kim.«

»Kim scheint ein vernünftiges Mädchen zu sein«, konterte Max.

»Hör mal, das, was wir jetzt haben …« Eric schlenkerte mit den Fingern. »Ich kann dieses Haus in Betrieb halten.«

»Kann schon sein, aber die Basics sind nun mal wichtig – wie die Heizung am Laufen zu halten, verbrauchtes Feuerholz zu ersetzen, frische Lebensmittel zu besorgen, genügend Trinkwasser vorrätig zu haben.«

»Außerdem werden wir lernen müssen, zu jagen.« Poe kam herein, seine dunkle Haut glänzte vom Trainieren.

»Nicht du auch noch«, meinte Eric kopfschüttelnd und nahm sich einen weiteren Kaffee.

»Wir müssen acht Leute und einen Hund durchfüttern«, fuhr Poe fort. »Und es könnte sein, dass noch mehr Leute uns finden und einen sicheren Platz brauchen.«

»Das ist nicht das einzige Haus hier. Sollen sie doch selbst eines finden.«

»Eric.« Überrascht und enttäuscht stupste Lana ihn an.

»Im Ernst. Shaun hat hier ungefähr zweieinhalb Hektar, aber es gibt auch noch andere Hütten. Luxuriöse wie diese hier und – wie er sagte – einfachere.«

»Hat jemand diese Hütten ausgekundschaftet?«, fragte Max. »Um nachzusehen, ob jemand sie benutzt oder ob es dort noch mehr Vorräte gibt, die wir hier nutzen können?«

Poe wandte sich zu Max um. »Kim und ich haben heute darüber gesprochen, das zu tun.«

»Das ist eine gute Idee. Ich gehe mit euch«, erbot sich Max. »Und was das Jagenlernen anbelangt, hast du auch recht.«

»Was wollt ihr jagen?« Shaun kam herein und schob seine Brille auf die noch müde blickenden Augen. »Ihr meint wohl, Tiere erschießen? Nein, nein, kommt nicht infrage. Ich erschieße keine Tiere.«

»Du kannst ja Vegetarier werden.« Poe zuckte mit den Schultern. »Aber wir anderen alle werden frisches Fleisch brauchen, und wir müssen lernen, es zu jagen, aufzubereiten und zu kochen. Wie auch immer, außerdem werden wir lernen müssen, Dinge anzubauen, wenn der Frühling kommt. Ich gehe jetzt duschen.«

»Poe und Kim sehen alles so negativ«, murrte Eric.

»Für mich klang das nach einer realistischen Einschätzung, Eric«, erklärte Max geduldig, »wir können nicht lange von dem leben, was im Gefrierschrank ist. Tatsache ist, dass wir vielleicht auch gar nicht lange hierbleiben können.«

Erics Achselzucken wirkte beleidigt. »Ich sehe mal nach, ob Allegra schon auf ist.«

»Gib ihm etwas Zeit, Max«, flüsterte Lana, als Eric das Zimmer verließ. »Sie sind auch erst seit Kurzem hier, es ist also ganz

243

natürlich, dass sie sich den Komfort bewahren wollen. Und der Rest ist dann viel lernen und sich der Situation anpassen.«

»Lernen und anpassen ist das, was uns am Leben erhält.«

»Ich will nichts schießen.« Shaun ließ sich in einen Sessel sacken. »Vielleicht kann ich ja angeln. Mein Dad und ich sind jeden Sommer angeln gegangen.«

Er schob die Brille zur Stirn hinauf und bedeckte seine tränennassen Augen mit den Händen. Joe kam ins Zimmer gerannt, gefolgt von Eddie. Shauns Miene hellte sich auf; er klopfte sich auf den Schenkel, um den Hund zu sich zu locken.

Nach dem Frühstück räumten Eric und Allegra ab und spülten, und Max ging mit Kim und Poe auf Erkundungstrip. Lana hielt Eddie zurück, um sich seine Wunden anzusehen und den Verband zu wechseln.

»Ich glaube, es heilt ganz gut, aber die Fäden sollten wir wohl noch drinlassen.«

»Sie fangen an, ein bisschen zu ziehen. Schätze mal, dass das ein gutes Zeichen ist.«

»Nimm weiter das Antibiotikum, das wir in dem Drogeriemarkt gefunden haben, und morgen sehe ich es mir noch mal an.«

»Jawoll Ma'am, Dr. Lana.« Er zog sein Hemd wieder an, während er sich in dem steingefliesten Badezimmer umsah. »Das ist vielleicht 'ne Hütte. Bin noch nie in so einem Haus gewesen. Nobel, nobel. Acht Leute, und dazu noch ein Hund, und trotzdem überhaupt nicht eng. Aber …«

»Vorräte erneuern sich nicht einfach von selbst. Max wird neue finden.«

»Es gibt jede Menge Rotwild in den Wäldern und auch Kanin-

244

chen. Ein paar Bäche ganz in der Nähe, wo man wahrscheinlich gut fischen kann.«

»Bei dem Gedanken, ein Reh oder ein Kaninchen zu schießen, wird mir ein bisschen mulmig, aber das ist heuchlerisch, denn zubereitet habe ich ja beides schon.«

»Ich mag es auch nicht besonders, aber was man tun muss, das muss man eben tun. Für den Moment ist das hier ein guter Platz, aber Fakt ist, es wäre besser, wenn wir einen finden würden, wo wir etwas anbauen, ein paar Milchkühe und Hühner halten könnten. Und noch mehr Leute wären. Mehr Arbeitskräfte und mehr Leute, um sich zu verteidigen.«

»Ich weiß, dass es Max auch so sieht.«

»Und, Lana?« Er trat an die Tür, schaute hinaus und schloss sie wieder. »Da draußen gibt es noch mehr als nur Rehe und Kaninchen.« Lana fragte: »Wie meinst du das?«

»Wir sind ein Stück gelaufen, ja? Ich und Joe. War herrlich, draußen in der frischen Luft. Und hinten im Wald stieß ich dann auf so 'nen Steinkreis. Zuerst dachte ich, es wäre ein Lagerfeuerplatz, denn der Boden darin war schwarz und verbrannt, aber es lag weder Asche noch verkohltes Holz darin. Und Joe, er fing an zu zittern und wollte da nicht hin. Mir ist auch ganz komisch geworden, muss ich zugeben.«

Er legte die Hand auf seine vordere Wunde und sprach leise.

»Kennst du das, wenn dir die Nackenhaare zu Berge stehen, und du spürst, wie es dir kalt über den Rücken läuft?«

»Ja.« Sie spürte es sogar, während er erzählte.

»So war das. Mein Mund wurde ganz trocken. Wir sind abgehauen, weil – Mann, das war einfach zu unheimlich. Das war irgendwie nicht natürlich. Selbst wenn du mich ein Weichei oder so was schimpfst, aber da geh ich nicht mehr hin.«

»Du denkst, das war Magie, schwarze Magie.«

»Über solche Sachen weiß ich nichts, aber ich weiß, dass da etwas nicht richtig war. Vor all den anderen wollte ich nichts sagen. Ich kenne sie ja schließlich noch gar nicht, hab ich recht?«

»Sag es Max – nur Max. Er und ich, wir sehen uns das an.«

»Mir wäre lieber, ihr tut das nicht. Mann, lieber nicht, aber irgendwie glaube ich, müsst ihr das machen. Und wenn ihr es müsst …« Er seufzte. »Muss ich es auch.«

»Wenn er wieder zurück ist. Was ich dich fragen wollte – kannst du eine Waschmaschine bedienen?«

»Wenn es sein muss.«

Sie tätschelte seine Wange. »Ich dachte, solange wir Waschmittel, Wasser und eine Maschine haben, könntest du mal die Klamotten waschen, die wir unterwegs getragen haben. Es ist eine hübsche Maschine in einem hübschen kleinen Waschraum. Zum Trocknen solltest du die Sachen aber lieber aufhängen, um Gas zu sparen.«

Er stieß die Luft aus. »Ja, okay. Ich denke, das kann ich machen.«

Lana begann unterdessen mit einer Inventur. Sie notierte, was an Vorräten da war und wie viel von allem. Und rechnete dann aus, wie viele Mahlzeiten, Portionen, Tage, Wochen das, was sie hatten, reichen würde.

Als Allegra hereinkam, blickte sie auf und lächelte.

»Du und Eric seid ja richtig gut darin, eine Küche sauber zu machen.«

In ihren Jeans und einem knallroten Pullover bewegte sich Allegra geradezu anmutig. »Nach diesem super Frühstück war das doch das Mindeste, was wir tun konnten. Wenn du immer so kochst, muss ich am Ende noch mit Poe Fitness machen.«

Sie trat vor ein Fenster. »Sind sie noch nicht zurück?«

»Nein.« Lana blickte zu dem Fenster. »Noch nicht.«

»Bestimmt ist alles in Ordnung mit ihnen. Sie sind ja noch nicht so lange weg. Ich muss sagen, ich bin froh, dass ich nicht da draußen durch den Schnee stapfen muss. Was machst du?«

»Inventur – ich fange mit den vorrätigen Lebensmitteln an. Später liste ich dann die anderen notwendigen Sachen auf wie Toilettenpapier, Seife, Glühbirnen, alles was mir so einfällt.«

»Oh, wir haben eine Menge Sachen, meinst du nicht?« Allegra kam wieder zu ihr und strich dabei über eine der Dosen. »Schließlich bleiben wir nicht ewig hier. Momentan ist es gut – so mitten im Winter –, aber es ist total abgeschieden. Da fällt einem ja die Decke auf den Kopf. Ich mache eine Flasche Wein auf – davon haben wir auch eine ganze Menge. Hast du den Weinkeller schon gesehen?« Lana schüttelte den Kopf. »Nein.«

»Ich hole uns eine Flasche, und dann lernen wir uns kennen. Schließlich bin ich mit Eric zusammen und du mit Max. Wir sind praktisch Schwestern.«

»Du hast recht. Sie werden Hunger haben, wenn sie zurückkommen, deshalb taue ich gerade ein Hühnchen auf. Dachte, ich mache Tortillasuppe zum Abendessen.«

»Klingt fantastisch!« Allegra warf die Haare in den Nacken und machte sich auf in Richtung Keller.

Suppen und Eintöpfe, dachte Lana beim Aufstehen. Eine gute Möglichkeit, Vorräte zu strecken.

Sie fand, was sie brauchte, und gab alles in einen großen Kochtopf.

»Wow. Das riecht ja jetzt schon gut.« Allegra schwenkte den Wein und holte sich einen Korkenzieher. »Eric sagte, du bist eine echte Küchenchefin. Ein Profi.«

»Stimmt. Was hast du studiert?«

»Geisteswissenschaften. Aber ich hatte mich noch nicht entschlossen, was ich damit anfange. Und jetzt spielt das vermutlich keine große Rolle mehr.«

»Ich hoffe, dass es nicht so ist.«

»Alles hat sich verändert.« Allegra zog den Korken heraus. »Wir müssen das Beste daraus machen. Ich meine, was kann man sonst schon tun? Fragst du dich nicht, wieso wir nicht krank geworden sind? Was das für uns bedeutet? Und für andere wie uns?«

»Ja. Ja, ich denke über das alles nach.« Lana wusch Bohnen im Spülbecken. »Aber ich weiß die Antworten nicht.«

»Eric hat dir sicher schon erzählt, dass er sich verändert hat. Er kann … bestimmte Dinge tun. Mir sagte er, schon bevor ihr ankamt, dass auch Max spezielle Fähigkeiten hat. Und du auch ein wenig. Inzwischen wohl mehr als ein wenig. Bei Eric ist es inzwischen auch mehr als ein wenig.«

»Wir werden niemandem etwas tun.«

»Oh, ich weiß!« Sie berührte Lana am Arm und stellte ihr Weinglas ab. »Ich werde es nicht den anderen sagen, wenn du das nicht willst. Eric hat es mir nur gesagt, weil wir zusammen sind. Ist Eddie auch so wie du?«

»Nein.«

»Siehst du?« Allegra setzte sich auf einen Hocker an der Theke und nippte an ihrem Wein. »Da fragt man sich doch, nicht wahr? Warum einige verändert sind und andere nicht. Was das zu bedeuten hat. Es ist wie … ich weiß auch nicht. Das Virus, das so viele umbringt und sich immer noch ausbreitet, vermute ich. Vielleicht ist es so eine Art Reinigung?«

»»Reinigung?«« Das Wort, der Gedanke, entsetzte Lana.

»Ich weiß nicht. Eric und ich reden manchmal darüber, wenn wir allein sind. Und mit den anderen auch, weil es einem zu denken gibt. Aber ich beunruhige dich. Ich sehe es. Tut mir leid.«

»Das ist nicht deine Schuld. Ich denke auch darüber nach, aber es ist alles so schnell gegangen.«

Lana rührte um und wünschte, sie hätte frische Kräuter. Ob sie wohl je wieder welche haben würde?

Resigniert holte sie das Hühnchen heraus und dachte daran, dass ihre Messer noch eingewickelt und verpackt waren. Sie nahm sich eines aus dem Messerblock, prüfte die Schärfe und fand es in Ordnung.

Mit Messer, Hühnchen und Schneidbrett setzte sie sich an die Theke – das wirkte geselliger. »Ich glaube, ja, das Virus hat bei manchen Menschen etwas geöffnet. Es kann einfach kein Zufall sein, dass das alles gleichzeitig geschehen ist. Aber warum? Ich weiß nicht, ob wir das je mit Gewissheit sagen können.«

»Wir hörten Dinge auf dem Campus und sogar noch, als wir schon weg waren. Wie Leute solche wie euch gejagt haben. Und einige wie ihr haben Leute gejagt und solche, wie ihr es seid, auch.«

»Ich verstehe nicht, weshalb wir auch noch aufeinander losgehen sollten, wenn so vieles schon den Bach runter ist.«

»Das ist die menschliche Natur.« Allegra zuckte die Achseln, warf die Haare nach hinten. »Das ist schrecklich, aber es ist so. Du hast noch gar nichts von deinem Wein getrunken.« Sie stand auf, brachte ihn Lana, setzte sich wieder. »Reden wir von etwas anderem. Ich weiß nicht, was mich in diese Stimmung gebracht hat. Hier festzusitzen, vermutlich. Es ist ein schönes Haus, klar, aber festsitzen ist nun mal festsitzen.«

Und sicher ist sicher, dachte Lana.

Sie setzte ihr Glas an die Lippen und wollte trinken. Der Geruch drehte ihr jedoch den Magen um, und sie stellte es rasch wieder ab. »Der Wein riecht verdorben.«

»Tatsächlich?« Mit zusammengezogenen Brauen roch Allegra an ihrem Glas, dann an Lanas. »Wirklich?«

»Ja. Aber egal, ich muss die Hühnchenstreifen anbraten.«

Als sie von dem Hocker aufstand, drehte sich der Raum.

»Lana!« Allegra sprang auf und griff nach ihr. Max kam aus dem Flur angerannt.

»Was ist los? Was ist passiert?«

»Nichts. Nichts. Ich bin nur zu schnell aufgestanden.«

»Ihr wurde schwindlig. Ich dachte, sie wird ohnmächtig. Alles in Ordnung, Lana?«

»Ja, ja, wirklich. Es war nur eine Sekunde.« Lana atmete hörbar aus, nahm sich zusammen. »Alles bestens.«

»Es ist meine Schuld.« Offensichtlich gequält rang Allegra die Hände. »Ich habe die ganze Zeit über all das geredet, was gerade passiert, und habe sie damit bestimmt genervt.«

»Das ist es nicht. Wirklich, ich bin einfach nur zu schnell aufgestanden. Blutdruckabfall. Alles ist gut.« Sie presste ihre Lippen auf die von Max. »Kalt!« Und lachte. »Ich koche Suppe – und du kannst mir helfen, indem du nachschaust, ob Tequila im Haus ist.«

Er streichelte ihr Gesicht. »Tortillasuppe? Seltsam, dass du nach Tequila fragst. Hey Poe, was ist mit dem Tequila? Wir haben einen in der Hütte gefunden, die wir uns angesehen haben.«

»Das ist ja die reinste Magie«, sagte Allegra und lachte.

* * *

Sobald Lanas Suppe köchelte, fügte sie die Sachen, die die Kundschafter mitgebracht hatten, ihrer Inventarliste hinzu. Sie zeigte sie Max, der im großen Zimmer das offene Feuer herrichtete.

»Was wir haben, sollte, wenn wir sorgsam damit umgehen, zwei Wochen lang reichen.«

Max nickte. »Kim zufolge sagte Shaun, dass es im Umkreis von einigen Meilen ein paar Orte gibt – sehr kleine allerdings. Da finden wir womöglich noch mehr. Das Wichtigste wäre Propangas. Ohne den Generator haben wir keine Heizung, kein Licht, keinen Herd. Poe hat die Anzeige abgelesen, als sie ankamen, und da war der Tank voll. Jetzt sind wir auf fünfzehn Prozent. Der Verbrauch ist zu hoch, das muss sich ändern.«

Er richtete sich auf und blickte sie an. »Wir sollten alle Zimmer absperren, die wir nicht brauchen, die Temperatur drosseln und die offenen Kamine nutzen. Kim sagte, es sind viele Kerzen und auch Öl für Lampen da.«

»Ja. Habe ich auf der Liste.«

»So begrenzen wir den Stromverbrauch für Licht. Außerdem müssen wir Duschpläne aufstellen und das Duschen auf fünf Minuten begrenzen.«

»Daran habe ich nicht gedacht. Ich habe Eddie gebeten, unsere Wäsche zu waschen.«

»Das werden wir auch rationieren müssen.«

»Ich weiß, du hast recht, ich weiß aber auch, dass das einigen nicht gefallen wird. Kann sein, dass sie es nicht mögen, gewisse Rollen und Aufgaben zugewiesen zu bekommen. Ich übernehme das Essen – das ist mein Job –, aber man muss putzen, Feuerholz besorgen, mehr Vorräte anschaffen. Und Nachrichten, Max. Wir sind hier vollkommen isoliert, da hatte Allegra recht. Es ist gut

251

für unsere Sicherheit, aber wie finden wir heraus, was um uns herum passiert? Kein Internet, kein Fernsehen, kein Radio.«

Er ging hin und her, während sie sprachen, und suchte dabei nach Optionen, nach Mitteln und Wegen.

»Wir versuchen, in einem der nächsten Orte irgendeine Art von Kommunikationsmöglichkeit aufzutun. Oder Leute zu treffen. Wir haben drei Hütten gefunden, Lana, ohne irgendein Lebenszeichen. Zuerst müssen wir herausfinden, wie wir uns selbst versorgen können, und, ja, du hast recht, wir müssen auch herausfinden, was vor sich geht.«

»Eddie hat etwas entdeckt.« Lana senkte die Stimme, blickte um sich, um sicherzustellen, dass sie allein waren. »Als er heute Morgen mit Joe rausging, fand er im Wald eine Art Steinkreis, und der Boden darin war verbrannt. Aber nicht wie bei einem Lagerfeuer. Etwas war seltsam daran, sagte er. Und Joe wollte da nicht hin, und er sagte, na ja, er hatte das Gefühl, da würde etwas nicht stimmen, es sei nicht natürlich.«

»In diesen Zeiten bekommt man schnell Angst«, mutmaßte Max, »aber wir sollten trotzdem nachsehen.«

»Zu den anderen habe ich nichts gesagt. Das wäre zwecklos.«

Gedankenverloren strich er ihren Arm entlang. »Bist du sicher, dass es dir gut geht?«

»Versprochen. Inzwischen fühle ich mich nicht mehr so schlapp wie heute Morgen. Suppe kochen hat eine therapeutische Wirkung auf mich.«

»Dann holen wir Eddie und sehen uns das an. Falls jemand fragt, wir gehen an die frische Luft.«

»Wir schauen nach mehr Feuerholz«, schlug Lana vor.

»Noch besser.«

Sie hatte noch nie viel für den Winter oder gar Schnee übriggehabt; Lana konnte ohne Scham zugeben, dass sie lieber durch Chelsea oder New Yorks alten Meatpacking District zog, als durch einen verschneiten Bergwald zu stapfen.

Dennoch – es hatte einen besonderen Reiz, durch die knackig kalte Luft zu schlendern, den Duft von Kiefern und Schnee einzuatmen, die irgendwie majestätische Stille wahrzunehmen, während einem ein ausgelassener junger Hund um die Beine sprang.

Ein riesiger Rehbock trat aus dem Wald und blickte furchtlos zu ihnen herüber. Lana hielt den Atem an.

»Ein kapitaler Bursche«, kommentierte Max und machte damit das Wunder des Augenblicks für sie zunichte. »Tut mir leid, aber wir müssen praktisch denken. In den Hütten, die wir uns ansahen, haben wir ein Gewehr und eine Flinte gefunden – beide mit Munition. Kim schlug vor, sie erst mal im Gartenhäuschen zu verstauen. Schien mir eine gute Entscheidung.«

»Wir haben genug Lebensmittel für ein paar Wochen.« Mehr sagte Lana nicht.

»Hier sieht man, wo ich mit Joe langgegangen bin.« Eddie deutete nach vorn. »Shauns Leute haben ein hübsches Stück Land. Dort drüben wird es ziemlich steil, da wollte ich nicht ganz hinauf, deshalb sind wir hier herüber. Hey, Joe! Kumpel! Komm zurück, hierher!«

Der Hund kam zurück, kämpfte sich durch den Schnee und blieb dicht an Eddies Seite.

»Er hat wohl gemerkt, dass wir zu der komischen Stelle gehen. Ich bekomme gleich selber wieder Gänsehaut.«

»Wir sind hier weit außerhalb des Sichtfelds unseres Hauses«, bemerkte Max. »Hast du Fußabdrücke gesehen?«

»Nö, es hat aber ziemlich geschneit, als wir hierherkamen; wer immer dort hinten war, ist wohl schon vorher dort gewesen?«

Eddie breitete die Hände aus, streichelte dann Joes Kopf. »Ich lasse nicht zu, dass dir einer was tut, Kumpel.« Er streichelte den Hund weiter und murmelte dazu tröstende Worte. »Er zittert ein wenig.«

»Hier lang?«

»Ja, da hinauf und um die Kurve – siehst du, wo wir vorher gelaufen sind?«

»Ja.« Max nickte. »Willst du mit Joe hier warten?«

»Nichts dagegen, mit meinem Kumpel hier zu bleiben. Aber wenn ihr Hilfe braucht, schreit, und dann kommen wir.«

»Du bleibst bei Eddie«, sagte Max zu Lana. »Ich gehe hin und sehe mir das an.«

»*Wir* sehen uns das an.« Sie ergriff seine Hand. »Falls es etwas mit Magie zu tun hat, sind zwei Hexen besser als eine.«

Er sagte nichts, als sie den ersten Schritt machte.

Sie gingen auf die Biegung zu, und der Griff ihrer Hand wurde fester. »Es ist kälter hier. Spürst du es?«

»Ja. Und die Luft fühlt sich dünner an.«

Dann sah er es. Er hatte erwartet, eine stümperhafte Amateur-Lagerfeuerstelle vorzufinden – eines Überlebenden etwa, der so unerfahren war wie er selbst. Doch nun wusste er sofort: Was vor ihnen lag, war nicht das Resultat eines dilettantischen Versuchs, Wärme und Licht zu erzeugen.

Was vor ihnen lag, war kalt und dunkel und wohlüberlegt.

»Dunkel.« Lanas Murmeln hallte in seinen Gedanken wider. »Max, durch welches dunkle Ritual kann das entstanden sein?«

»Wir wissen nicht genug. Wir wissen nicht einmal genug darüber, was sich in uns verändert hat, was in uns wächst. Aber irgendjemand weiß über das Dunkle hier Bescheid, und wie man die Gabe zur Finsternis hin verdreht.«

»Außer Sichtweite des Hauses, aber dennoch zu nah.« Sie spürte einen Schauder, als sie sich dem Kreis näherten.

Grobe Steine, in einen perfekten Kreis gelegt wie auf einer mit einem Zirkel gezogenen Linie. Der Boden darinnen war schwarz und glatt wie Teer. Und ebenso in einem perfekten Kreis verteilt, ohne eine Spur des Schnees, der darauf oder auf die Steine darum herum gefallen war.

»Ich … Riechst du Blut?«

»Ja.« Er umklammerte fest ihre Hand.

»Glaubst du, das war ein Blutopfer?«

»Ja. Aber zu welchem Zweck? Für welche Kraft? Lana!« Er versuchte, sie zurückzuziehen, doch sie kauerte bereits nieder und berührte einen der Steine.

Die dunkle, zupackende Kraft erschütterte Lana. Sie brannte in ihren Fingern, trotz der Handschuhe. Und in ihrem Aufflammen sah sie, wie sich Blut in den Kreis ergoss, hörte eine Stimme, die triumphierend etwas rief.

»Ein junges Reh. Mit durchgeschnittener Kehle«, brachte sie mühsam hervor. Max zerrte sie weg, sie flüchtete sich in seine Arme. »Ich konnte es sehen, und wie sich das Blut in dem Kreis sammelte. Dann das Feuer – eiskalt, alles verzehrend. Ich hörte …«

»Was?« Er hielt sie noch fester, und sie presste sich an ihn. »Was hast du gehört?«

»Ich konnte es nicht richtig verstehen – es war mehr ein Brüllen als eine Stimme. Aber es rief nach Eris.«

»Die Göttin der Zwietracht. Wir müssen es läutern. Das Ritual ist geschehen, das können wir nicht rückgängig machen. Aber dieser Kreis hier hat noch immer Kraft.«

»Und er zieht Kraft ab, glaube ich. Oder wird es in der Dunkelheit tun.«

Er öffnete den Rucksack, den sie mitgebracht hatten. Drei weiße Kerzen, seine Athame – den doppelschneidigen Ritualdolch –, ein kleines Gefäß mit Salz, eine Handvoll Kristalle.

»Ich weiß nicht, ob das genug ist oder ob wir genug sind.«

»Bisher waren wir beide ziemlich gut«, erinnerte er sie.

Er steckte die Kerzen in den Schnee außerhalb des Kreises, und Lana verstreute die Kristalle dazwischen.

»Wir wissen auch nicht, was man sagen muss.« Dennoch streute sie Salz auf seine Hand und dann auf ihre eigene.

»Ich glaube, wir müssen Kräfte des Lichts anrufen und sie für eine vollständige Läuterung des Ortes um Hilfe bitten.«

Während sie redete, hörte sie die Schreie – sie blickte auf.

Krähen kreisten am kristallklaren Winterhimmel. Etwas pulsierte in ihr, das sowohl Furcht als auch Wissen war.

»Ich habe von Krähen geträumt, siehst du sie? Eine Krähenschar, die kommt, um sich zu brüsten, um zu fressen.«

»Lana –«

»Entzünde die Kerzen, die weißen, ihre Flammen werden dies richtigstellen. Kristalle, die funkeln, rein und pur, all ihre Kraft gegen die Widernatur. Rufe Norden, Süden, Osten, Westen, vereinige sie, und böse Kraft findet dich nie.«

Der Wind peitschte, während sie sprach, ließ ihre Haare flattern. Ihre Augen wurden dunkel, sie wandte sich ihm zu, erhob die Arme.

»Rufe!«

Er spürte, wie ihre Kraft – dieses plötzliche Aufflammen – sich in ihn einbrannte. Er hob seine Athame hoch. Nord, Süd, Ost, West.

Über ihnen kreischten die Krähen. Die Luft um sie herum pulsierte.

Eddie kam angerannt, atemlos, eine Hand auf seine heilende Wunde gepresst. »Heilige Scheiße.«

»Kerzen, brennt.« Lana streckte eine Hand aus, und die drei Kerzen entzündeten sich. »Kristalle, funkelt.« Sie warf die Hand erneut hoch, und die Kristalle glühten, als seien sie von innen erleuchtet.

»Hier ist Licht gegen die Finsternis.« Sie hob eine der brennenden Kerzen hoch. »Nimm eine.«

»Aber ich bin nicht –«

»Nimm eine«, befahl sie Eddie noch einmal. »Du bist ein Kind der Menschheit. Du bist vom Licht. Licht leuchtet durch die Finsternis.« Sie warf ihre Kerze in den Kreis. Der Boden hob sich an, krümmte sich.

Mit zitternder Hand warf Eddie seine Kerze ebenfalls in den Kreis. Blut blubberte an die Oberfläche, verpestete die Luft. Auch Max warf seine Kerze hinein.

»Und hier ist Glaube gegen Furcht.« Lana hob einige der auf dem Schnee glühenden Kristalle auf und warf sie ebenfalls in den Kreis.

Rauch quoll auf.

Mit einem hörbaren Schlucken sammelte auch Eddie Kristalle auf, um sie hineinzuwerfen. Dann Max.

»Es kämpft, es brodelt, es faucht, und seine Geschöpfe schreien nach Blut. Es wird Blut bekommen, gutes wie böses. Aber es wird niemals siegen. Nun Salz, um zu ersticken, was das Böse zu befreien suchte.«

Sie trat zu Eddie und ließ Salz in seine Hand rieseln.

»Wie ich es will.« Sie warf Salz in den Kreis. »Wie du es willst«, sagte sie zu Eddie. »Wie wir es wollen.« Sie blickte zu Max. »So soll es sein.«

Die drei knappen Händevoll Salz breiteten sich aus, bildeten eine weiße Schicht über der Schwärze. Donner grollte vom Himmel und aus der Erde hervor. Dann wurde der Kreis von einem weißen Schein erfüllt.

Als er verblasste, war der Grund innerhalb des Kreises nackt, die narbige Erde still. Hoch oben flog ein einziger Kardinalsvogel, dann verschwand er scharlachrot im Wald.

»Das war nicht wirklich ich«, stieß Lana hervor.

»Das warst du.« Max zog sie an sich. »Ich habe dich gespürt. Ich spürte dich in mir, über mir. Überall. Kraft ist erwacht.«

Sie schüttelte den Kopf, hatte keine Worte für das Erlebte. Die Kraft, die in ihr aufgestiegen war, war wieder abgeebbt, aber sie hatte keine Antworten auf ihre Fragen.

»Ah, hey, Leute?« Eddie saß auf dem verschneiten Boden und drückte Joe an sich. »Bin ich, also, ihr wisst schon, eine Hexe?«

Darauf hatte Lana nun doch eine Antwort. Sie löste sich von Max, kauerte nieder, streichelte mit einer Hand Joe und umfasste mit der anderen Eddies Gesicht.

»Nein. Aber du bist ein guter Mensch.«

»Aber, äh, ein ganz normaler Kerl?«

»Ich würde sagen, du bist besonders, aber ja. Du bist ein normaler Kumpel, Eddie.«

»Cool.« Er ließ einen Seufzer der Erleichterung vernehmen. »Das war weit mehr als fantastisch, aber ich würde mich gern von hier verkrümeln, wenn das jetzt okay ist.«

»Was getan wurde, wurde getan.« Max blickte zurück auf die tote Erde. »Aber es wird hier nicht noch einmal getan werden. Wir gehen zurück. Wir sind schon länger weg, als wir geplant hatten. Und wir sollten von unterwegs ein paar herabgefallene Äste mitnehmen.«

»Als Tarnung.« Eddie nahm Max' ausgestreckte Hand und zog sich hoch. »Denn vielleicht, wenn einer von ihnen …«

»Sinnlos, dieses Risiko einzugehen.«

Kapitel 13

Das solide Haus aus Arlys Reids Kindheitstagen stand auf einem Stückchen Land in einer Wohngegend südöstlich von Columbus. Hier gehörten den Leuten ihre Häuser – die Ranchhäuser aus Ziegelstein, die sauberen, altmodischen Bauten mit Zwischengeschossen, die Bungalows, die Cape-Cod-Häuser.

Es war ein Wohnviertel mit überdachten Terrassen und Maschendrahtzäunen.

Die meisten dieser Domizile waren während des Booms nach dem Zweiten Weltkrieg entstanden, häufig jedoch von späteren Besitzern verändert worden. Eine Veranda, ein großer Mehrzweckraum, eine zweite Etage mit Dachgauben, ein großes Zimmer waren dazugekommen.

Sie war hier aufgewachsen, hatte auf den vom Frost aufgebrochenen Gehwegen Radfahren gelernt, im Park unter den Bäumen gespielt.

Bis sie aufs College ging, war diese ruhige, um nicht zu sagen langweilige Mittelklasse-Wohngegend das einzige Zuhause gewesen, das sie je gekannt hatte.

Als sie mit den beiden Fahrzeugen in ihre alte Straße einbogen, erfassten Nostalgie und Hoffnung ihr Herz mit aller Macht.

»Ich hätte dich nie in die Schublade ›Vorstadt im Mittelwesten‹ gesteckt.«

Sie schaute aus dem Fenster, dachte an Nachbarn, die sie einmal gekannt hatte. Die Minnows, die Clarkstons, die Andersons, die Malleys.

Arlys erinnerte sich glasklar daran, wie sie einmal von der Schule nach Hause kam und ihre Mutter mit der tränenüberströmten Mrs Malley in der Küche sitzen fand und hinausgescheucht wurde.

Mr Malley, Vater von drei Kindern, Leiter der örtlichen Bankfiliale und immer der King auf Nachbarschafts-Grillpartys, hatte sich in seine Zahnhygienikerin verliebt, war an besagtem Morgen ausgezogen und wollte die Scheidung.

Belanglosigkeiten jetzt, dachte sie, während sie an Häusern mit verdunkelten Fenstern vorbeifuhren, mit fest zugezogenen Vorhängen zu der Straße hin, durch die seit Wochen kein Schneepflug gekommen war.

Sie wandte sich zu Chuck. »War ein guter Ort, um aufzuwachsen.« Etwas, das sie erst anerkennen konnte, seit sie ihn hinter sich gelassen hatte. »Da vorne rechts. Der Ziegelbau mit den Gauben und der überdachten Terrasse vorne raus.«

»Wirklich hübsch«, sagte Fred von hinten. »Ein wirklich großer Garten. Ich wollte immer einen großen Garten haben.«

In Arlys kochte der unterschwellige Stress hoch, der sich während der letzten Etappe mit all den Umwegen und dem langsamen Vorankommen die ganze Zeit aufgebaut hatte. Der wirklich große Garten, den Fred bewunderte, war eine weiße Fläche, durch die die Einfahrt verlief, und vor den geschlossenen Garagentoren häufte sich der Schnee fast einen halben Meter hoch auf.

Niemand hatte die Einfahrt, die vorderen Stufen, den Gehweg freigeräumt.

Die Fenster zur Straße waren dunkel, alle Vorhänge dicht geschlossen, die von ihrer Mutter so geliebten Azaleen unförmige weiße Klumpen.

Chuck schob sich mit dem Hummer in die Einfahrt, sodass Jonah in seiner Spur folgen konnte. Arlys sprang hinaus, versank fast knietief im Schnee. Mit pochendem Herzen und brennendem Gesicht watete sie hindurch.

»Warte, Arlys.« Chuck folgte ihr mit langen Schritten. »Nicht so schnell.«

»Ich muss nachsehen. Meine Mutter ... Ich muss nach ihr sehen.«

»Okay, okay, aber nicht allein.« Er musste ihr einen Arm um die Schultern legen, um sie zu bremsen. »Schon vergessen, was wir alle ausgemacht haben? Keiner geht irgendwohin ohne einen Kumpel. Wir sind Kumpel.«

»Sie haben die Terrasse nicht geräumt, die Stufen, den Gehweg. Irgendeiner räumt den Schnee immer weg. Warum haben sie die Azaleen nicht vom Schnee befreit? Sie würde nie Schnee darauf fallen lassen. Ich muss nachsehen.«

Sie drängte sich an einem der pinkfarbenen Hartriegel vorbei, die ihr Vater eingepflanzt hatte, nachdem ein Sturm den alten Rotahorn beschädigt hatte.

»Keine Bewegung!«

Arlys hörte ein metallisches Geräusch. Chuck ließ sie los, reckte die Arme in die Luft. »Immer mit der Ruhe, Mister.«

»Einfach nur die Hände oben lassen. Ihr alle! Hände hoch!«

Halb benommen drehte sich Arlys um und starrte auf den Mann in Stiefeln und einer Flanelljacke, mit einer Schrotflinte im Anschlag. Die Brille rutschte ihm herunter.

»Mr Anderson?«

Die Augen hinter den silbern gerahmten Gläsern richteten sich von Chuck auf Arlys. Er erkannte sie. »Arlys? Arlys Reid?«

»Ja, Sir.«

Er senkte die Waffe, klappte den Lauf nach unten und stapfte durch den Schnee zu ihr. »Habe dich nicht gleich erkannt.« Seine Stimme überschlug sich, er legte einen Arm um sie. »Habe nicht damit gerechnet, dich hier zu sehen.«

»Ich habe versucht herzukommen, wollte … Meine Eltern.«

Nun wusste sie es, und der Kummer schnürte ihr die Kehle zusammen, verschloss sie.

Er rieb ihren Rücken auf und ab, versuchte, sie zu trösten. »Tut mir leid, dass ich dir das sagen muss, Liebes. Tut mir leid.«

Sie hatte es bereits gewusst, und trotzdem war es ein Stich ins Herz für sie. Einen Augenblick lang presste sie einfach nur das Gesicht an seine Schulter. Dabei bemerkte sie einen schwachen Geruch nach Tabak.

Sie erinnerte sich daran, wie gern er nach dem Abendessen auf seiner Terrasse gesessen hatte, eine Zigarre paffte, an einem Whiskey nippte. Wie sie ihn vom Fenster ihres Schlafzimmers aus da draußen gesehen hatte, bei Hitze wie Kälte, Regen oder Sonnenschein.

»Wann?«

»Ich glaube, bei deinem Dad sind es jetzt schon gut zwei Wochen oder fast drei her. Deine Mom ein paar Tage darauf. Sie ließ deinen Dad von deinem Bruder aus der Klinik nach Hause holen. Er wollte da nicht hin. Und sie, ja, sie ist nie hingekommen. Deshalb – ich hoffe, das ist ein kleiner Trost für dich – deshalb sind sie zu Hause gestorben, wie sie es wollten. Ich habe Theo geholfen, sie im Garten zu begraben, zwischen den Trauerkirschen, die deine Mutter so geliebt hat.«

»Theo.«

»Liebes, ich … ich habe ihn weniger als eine Woche darauf selbst begraben. Ich wünschte, ich könnte dir etwas Schöneres sagen.«

Sie trat zurück, starrte in Augen voller Sorge und Mitgefühl. »Ich muss …«

»Ja, musst du. Hör mir zu, Liebes, der Strom ist jetzt schon seit einer Weile weg, es gibt also weder Heizung noch Licht, aber ich habe die Schlüssel hier, falls du reingehen willst.«

»Ja, ja, aber ich muss hinter das Haus. Ich muss es sehen.«

»Geh voraus.«

»Wir bleiben zusammen«, warf Chuck ein, als Arlys losstapfte. »Soll ich –«

»Schon gut«, beruhigte ihn Fred. »Ich gehe gleich hinter ihr her, aber erst einmal muss sie allein sein. Ich bin Fred. Ich habe mit Arlys in New York gearbeitet. Das ist Chuck.«

»Bill Anderson. Wir haben über dreißig Jahre lang gegenüber von Arlys und ihrer Familie gewohnt.«

»Das sind unsere Freunde«, fuhr Fred fort. »Rachel und Katie und Jonah, und die Babys.«

»Babys?« Seine Miene hellte sich etwas auf, er rückte die Brille zurecht. »Na Donnerwetter, gleich drei? Wir sollten sie ins Haus schaffen und nicht zu lange hier draußen stehen.«

Er suchte in seinen Taschen, holte einen riesigen Ring mit Dutzenden Schlüsseln hervor.

»Hatten Sie irgendwelche Probleme – zum Beispiel mit Gewalt?«, fragte Jonah.

»Gleich zu Anfang hatten wir ein bisschen Ärger, und hier und da fällt mal was vor. Sind nicht mehr viele hier«, fuhr er fort, während er sich den Weg zur Terrasse bahnte. »Van Thompson da unten, der ist ein bisschen verrückt geworden. Er schießt auf Schatten, im Haus und draußen. Vor ein paar Nächten hat er sein eigenes Auto in Brand gesteckt, weil er meinte, es wären Dämonen drin.«

Er suchte durch die Schlüssel, die alle beschriftet waren, und zog die mit dem Namen *Reid* darauf heraus. Dann schloss er die Haustür auf.

»Drinnen fühlt es sich kälter an als draußen, ist aber trotzdem besser, drinnen zu sein.«

Die Tür öffnete sich zu einem blitzsauberen, ganz normalen Wohnzimmer.

Bill seufzte ein wenig. »Die meisten Vorräte habe ich ausgeräumt. War ja zwecklos, sie drinnen zu lassen. Wenn ihr Hunger habt, ich habe zu essen und meinen Campingkocher und Ähnliches bei mir zu Hause. Kann ich euch rüberbringen, wenn ihr es wollt.«

»Das wäre fein.« Rachel nahm ihre Mütze ab.

»Ich gehe mal raus zu Arlys. Danke, dass Sie uns hereingelassen haben, Mr Anderson.«

»Bill.« Er lächelte Fred zu. »In diesen Zeiten ist es gut, Menschen um sich zu haben.«

Draußen stand Arlys unter den kahlen Ästen der Trauerkirschen vor drei Gräbern mit Kreuzen aus Holzresten. Hatte Mr Anderson Theos alten Brandmalkolben ausgegraben, um die Namen zu schreiben?

Robert Reid

Carolyn Reid

Theodore Reid

Aber ... aber ... ihr Vater war immer so stark gewesen, ihre Mutter so lebenssprühend, ihr Bruder so jung. Wie konnten sie alle gegangen sein? Wie konnte ihr Leben einfach vorbei sein?

Wie sehr hatten sie gelitten? Wie viel Angst hatten sie durchstehen müssen, während sie in New York war, Lügen und Halbwahrheiten in die Kamera gesprochen hatte?

»Es tut mir leid. Oh Gott, es tut mir so leid, dass ich nicht hier war.«

Arlys schloss die Augen, Fred legte einen Arm um sie. »Ich weiß, wie traurig du bist. Es tut mir so leid.«

»Ich hätte heimkommen sollen. Ich hätte hier sein sollen.«

»Hättest du sie retten können?«

»Nein, aber ich wäre hier gewesen. Hätte geholfen, mich um sie gekümmert, hätte sie getröstet. Mich von ihnen verabschiedet.«

»Arlys, du verabschiedest dich jetzt. Und was du in New York getan hast, hat wer weiß wie vielen Menschen Trost gespendet. Die dich Tag für Tag hören und sehen konnten. Und am Ende? Hast du mit dem, was du getan hast, womöglich vielen Menschen das Leben gerettet. Du hast mich gerettet«, beharrte Fred, als Arlys den Kopf schüttelte. »Ich wäre nicht weggegangen, und vielleicht hätten sie mich eingesperrt und zu einem Versuchskaninchen gemacht. Und Chuck auch. Katie und die Babys, sie alle. Du hast einige gerettet, die gerettet werden konnten. Das zählt.«

»Meine Familie —«

»Muss stolz auf dich gewesen sein. Ich wette, sie sind stolz darauf, wie du es geschafft hast, aus New York herauszukommen, wie du den ganzen Weg bis hierher kamst, um jetzt bei ihnen zu stehen. Das zeigt, dass du sie geliebt hast, und nur die Liebe zählt.«

»Ich wusste, dass sie gegangen sind.« Sie musste vorsichtig atmen, um die Worte herauszubekommen. »Irgendwie wusste ich es, schon bevor wir New York verließen.«

»Aber du kamst, weil du sie geliebt hast. Ist es okay, wenn ich bete, dass ihre Seelen Frieden finden mögen? Meinem Gefühl nach haben sie das schon, aber ich möchte trotzdem dafür beten.«

Aufgelöst vergrub Arlys das Gesicht in Freds Haaren. »Sie hätten dich gemocht.«

Sie weinte ein wenig, wusste, sie würde noch viel mehr weinen, doch nun mussten sie alle entscheiden, was sie als Nächstes tun würden. Sie selber hatte noch nicht weiter gedacht als bis dahin, nach Hause zu kommen.

Sie gingen ins Haus. Es tat ihr körperlich weh, als sie durch die Küche schritt, in dem weißen Krug die hölzernen Löffel ihrer Mutter sah, die schicke Kaffeemaschine, die sie ihrem Vater zu Weihnachten geschenkt hatte, das Urlaubsbild von ihnen allen vieren an der Pinnwand, das Theo mit einem Selfie-Stick gemacht hatte.

Sie presste die Handballen auf die Augen und ließ die Hände dann fallen.

»Es gibt hier Dinge, die wir nutzen können. Wir werden Platz schaffen müssen.«

»Darüber musst du dir im Moment keine Gedanken machen.«

»Doch, muss ich, Fred.« Sie nahm das Foto ab und steckte es in die Jackentasche. »Wir müssen alle überlegen.«

Sie ging zum Wohnzimmer. Katie saß auf der Couch, an jeder Brust ein Baby; das dritte schlief in Bill Andersons Armen. Chuck lugte durch einen Spalt in den Vorhängen.

»Wo sind Rachel und Jonah?«, fragte sie.

Chuck blickte zu Arlys. »Draußen. Wir wollen nicht, dass jemand zufällig vorbeikommt und unsere Vorräte mitgehen lässt. Tut mir leid, Arlys. Ich möchte sagen, dass es uns allen leidtut.«

»Ich weiß. Mr Anderson –«

»Noch mal – ich bin Bill.«

»Bill, ich habe noch gar nicht nach Mrs Anderson gefragt, und nach Masie und Will.«

»Theo hat mir geholfen, Ava zu beerdigen, bevor er selbst krank wurde. Masie, sie … sie ist jetzt bei ihrer Mom, ihr Mann und unsere beiden Enkel sind bei ihnen.«

»Oh, Mr … Oh, Bill.«

»Es war ein harter Winter … eine schreckliche Zeit. Aber Will war beruflich in Florida, und ich muss glauben, ich muss mich an die Hoffnung klammern, dass er gesund ist. Das letzte Mal, als ich von ihm hörte, war er okay und versuchte, nach Hause zu kommen.«

Arlys setzte sich auf den Stuhl neben seinem. »Es tut mir so leid.«

»Es gibt zurzeit vieles, was einen traurig machen kann. Aber dann gibt es ja auch noch dies.« Er streichelte eine Wange des Babys mit dem Finger. »Daran muss man sich festhalten.«

»Wie viele sind noch hier in der Gegend?«

»Als wir das letzte Mal gezählt haben, waren es vier, aber Karyn Bickles ist vor ein paar Tagen krank geworden. Ich wollte gerade nach ihr sehen, als ihr ankamt. Einige sind gestorben, einige weggegangen.«

Rachel kam herein; sie brachte einen frischen, kalten Luftzug mit. »Wir wechseln uns mit dem Aufpassen auf unsere Sachen ab. Es tut mir leid um deine Familie, Arlys.«

»Danke.« Zum Trauern würde später noch Zeit sein, viel Zeit.

»Bill sagt, es sind noch vier Personen in der Nachbarschaft, eine davon ist krank. Bill, Rachel ist Ärztin.«

»Hat sie mir gesagt. Aber Tatsache ist, dass kein Doktor Karyn helfen kann. Sie hat das Virus. Ich kenne mich inzwischen damit aus.«

»Vielleicht kann ich ihr die Schmerzen erleichtern.«

»Na gut, ich habe den Schlüssel zu ihrem Haus. Ich kann Sie hinbringen.«

Praktische Dinge ausführen, dachte Arlys. Nächste Schritte planen. »Wir anderen sollten das Haus durchsehen nach Sachen, die wir brauchen können. Für die wir Platz haben. Ohne Heizung und Wasser können wir nicht hierbleiben.«

»Jonah und ich haben schon darüber geredet. Wir dachten, wir sollten vielleicht nach Süden, Kentucky oder Richtung Virginia weiterfahren«, meinte Rachel.

Arlys nickte. Die Richtung war ihr gleichgültig, aber in den Süden aufzubrechen war sinnvoll, um in den nächsten Wochen dem harten Winter zu entkommen.

»Wir könnten eine Route planen – und Alternativen. Bill, du solltest mit uns fahren.«

»Mein Junge versucht vielleicht, nach Hause zu kommen. Ich muss hier sein, wenn Will heimkommt.«

»Du kannst nicht allein hierbleiben.«

»Das sollten Sie wirklich nicht tun.« Katie blickte zu Rachel, reichte ihr ein Baby, legte das andere zum Bäuerchenmachen an die Schulter. »Sie sollten mit uns fahren.«

»Wir könnten Ihrem Sohn die Route hinterlassen«, meinte Fred. »Einen großen Zettel oder ein Schild, damit er weiß, wohin wir wollen. Und falls wir eine andere Route nehmen müssen, könnten wir ihm wieder Nachrichten hinterlassen, damit er uns folgen kann. Ich wette, er ist ein kluger Kopf, stimmt's?«

Ein Lächeln spielte um Bills Lippen. »Stimmt. Er ist klug und stark.«

»Er wird den Zeichen folgen«, sagte Fred. »Er wird wollen, dass Sie mit uns kommen, und den Zeichen folgen.«

Bill schaute zum Fenster hinaus, auf sein Haus, seine Terrasse, seinen Garten. »Wir haben das Haus gekauft, als Ava mit Masie schwanger war. Wir hatten ein gutes Leben hier. Ein gutes Leben.«

»Ich weiß, wie schwer das ist«, versuchte Arlys ihn zu ermuntern. »Aber wir müssen uns einen neuen Platz schaffen, und hier sind wir zu weit von einer Wasserquelle entfernt und zu ungeschützt, sobald der Schnee schmilzt. Ich habe einiges gesehen, Bill. Nicht nur das Virus bringt Leute um.«

Sie stand auf. »Ich fange oben an – da sind Decken und Laken und …«

Bill, der ihre plötzliche Trübsal begriff, stand ebenfalls auf und reichte das Baby an Fred weiter. »Theo und ich, wir haben sauber gemacht, und er hat mir geholfen, das auch bei mir zu tun. Deine Mom und meine Ava hätten es so gewollt.«

Tränen stiegen auf und flossen ihre Wangen herab, bevor sie sie zurückhalten konnte. Bill umarmte sie einfach. »Es ist gut, Liebes. Tränen waschen das Schlimmste ein wenig weg.«

Nachdem sie geweint hatte, soviel sie konnte, ging Arlys wieder ins Zimmer ihrer Eltern. Decken, Laken, Handtücher. Vielleicht konnten sie noch ein Auto für das alles auftreiben. Sie würde es fahren.

Verbandszeug, Desinfektionsmittel, noch mehr Medikamente,

frei erhältliche Schlaftabletten aus dem Badezimmer. Seifen, Shampoos, Rasierzeug, Hautpflegemittel.

Sie steckte einen Lippenstift ihrer Mutter als Andenken in die Tasche mit dem Foto.

Scheren, Nähzeug.

Trotz der Umstände war es ihr ziemlich peinlich, in der Nachttischschublade ihrer Eltern Gleitmittel und Viagra zu finden. Rachel kam herein, als Arlys gerade die Packung in der Hand hatte.

»Irgendwelche Medikamente – rezeptfrei oder nicht – für meinen Vorrat?«

»Das ist, äh, Viagra.«

»Wird auch gegen Lungenhochdruck verwendet.«

»Oh. Na ja. Ich wette, dafür hat er es nicht gebraucht.« Sie lachte ein wenig. »Sie hatten ein gutes Leben hier. Wie die Andersons. Er muss mit uns kommen, Rachel.«

»Ich glaube, er denkt schon darüber nach. Diese Frau, Karyn? Sie war bereits tot. Und auch noch eine andere, den Namen habe ich vergessen. Sie hat sich erhängt. Ein paar Häuser weiter unten ist ein Mann, aber wir konnten nicht bis zum Haus gehen, und hinein schon gar nicht. Selbst als Bill seinen Namen rief, drohte er, uns totzuschießen, – seine Worte –, wenn wir nicht sofort von seinem Rasen runtergingen.«

»Aber du glaubst, Bill kommt mit?«

»Es fällt ihm schwer, aber ja, ich glaube schon. Er hat einen Truck – Allrad –, und er und Jonah arbeiten daran, eine Plane über die Ladefläche zu spannen. Jonah macht es ihm schmackhaft, indem er ihm sagt, dass es uns helfen würde, ihn und noch ein Fahrzeug zu haben. Und die Babys sind ein großer Pluspunkt.«

»Eine gute Strategie, und dass die Babys dabei eine Rolle spielen, das glaube ich auch. Also eine Sorge weniger. Wir sollten uns die anderen Häuser ansehen, vielleicht finden wir noch mehr Brauchbares. Wenn wir dort Waffen finden, sollten wir sie mitnehmen.«

»Sind hier denn welche?«

»Nein, nicht dass ich wüsste, aber oben könnte ein Compoundbogen sein. Mein Bruder –«

Die Erinnerung traf sie wieder voll, und der unendliche Verlust raubte ihr fast den Atem.

»Theo«, stieß sie hervor. »Theo hat mal das Jagdfieber gepackt, in seiner Teenie-Zeit. Hat nicht lange gedauert, aber er hatte einen Bogen. Und wenn wir noch einen Wagen mit Allradantrieb kriegen können, sollten wir ihn nehmen. Wir können uns beim Fahren abwechseln.«

Als Rachel nichts sagte, warf Arlys die Packung Viagra auf das Bett zu den anderen Medikamenten. »Es hilft mir, mich einfach darum zu kümmern, was als Nächstes ansteht.«

»Ich weiß. Ich bin ein Einzelkind, und meine Mutter starb bereits vor zwei Jahren. Von meinem Vater habe ich nichts mehr gesehen und gehört, seit ich achtzehn war. Aber das heißt nicht, ich könnte nicht verstehen, wie schwer es ist hierherzukommen, zu sehen, dass es deine Familie nicht mehr gibt, und dann das zu tun, was als Nächstes ansteht.«

Wieder quollen Tränen hervor, doch Arlys seufzte sie fort. »Mir kommt das alles gar nicht real vor, irgendwie nicht echt. Ist es aber.«

Bis zum Sonnenuntergang hatten sie diverse Lebensmittel, Konserven und zwei Kühltaschen voller Schnee mit Tiefkühlkost zusammengepackt. Und zudem Decken, Schlafsäcke, zahlreiche

Küchenutensilien, vier Jagdmesser, acht Handfeuerwaffen, drei Gewehre, eine AR-15, zwei Schrotflinten zusätzlich zu der von Bill und drei Compoundbogen zusammengetragen.

Rachel hatte zwei Schachteln mit Medikamenten und Sanitätsartikeln gepackt. Eine weitere Schachtel enthielt verschiedene Batterien. Sie sammelten Kleidung, Stiefel, Wintersachen, Walkie-Talkies – einschließlich welchen für Kinder. Fred stellte einen Karton mit Baby- und Kinderklamotten zusammen. Jonah und Chuck zapften genug Benzin aus Tanks ab, um ihre Fahrzeuge zu befüllen – wie auch den brandneuen Geländewagen, der zu ihrem Konvoi dazukam.

Sie besorgten sich noch zwei Kerosin-Heizgeräte, kochten auf Bills Campingkocher und planten die Route nach Süden.

Im Morgengrauen beluden sie die Fahrzeuge. Chuck fuhr mit Fred voraus, dann kam Jonahs Gruppe. Arlys klemmte das Urlaubsfoto noch hinter die Sonnenblende des Geländewagens und fuhr hinter Jonah los.

Bill warf einen letzten Blick auf sein Haus und das Schild, das er für seinen Sohn hinterließ, und folgte ihr.

Nach einer Woche machte Lana noch einmal Inventur und stellte fest, dass sie mehr verbraucht hatten als geplant. Da sie – mit der gelegentlichen Unterstützung von Poe oder Kim – das Kochen erledigte, wusste sie genau, wie viel von allem in den Regalen, den Schränken und im Gefrierschrank hätte sein sollen.

Es fehlten mehrere Dosen Suppe, Ravioli, zwei Schachteln Makkaroni mit Käse und einiges an Tiefkühlkost. Außerdem Chips- und Snacktüten.

Sie überprüfte noch einmal ihre Aufzeichnungen und stand gerade, schäumend vor Wut, in der Küche, als Max und Eddie eintraten und Joe mit schneebedeckter Schnauze auf sie zuge-stürmt kam.

»Es fehlen Vorräte«, erklärte sie unumwunden. »Jemand hält sich nicht an die Vereinbarungen und klaut Lebensmittel. Womöglich sogar mehr als eine Person.«

Anstatt zu fragen, ob sie sicher sei, atmete Max mit einem Zischen aus. »Das passt dazu, dass weniger Propangas da ist, als es sein sollte. Wir werden versuchen müssen, diesen Lkw noch einmal hier heraufzukriegen. Wir haben keinen halben Tank mehr. Kims Berechnung nach sollten wir aber noch gut bei über der Hälfte sein.«

»Wie wollt ihr damit umgehen?«, fragte Eddie.

»Ich würde sagen, indem wir jemandem in den Arsch treten.«

Lana warf Max ein dünnes Lächeln zu. »Dazu hätte ich gerade echt Lust.«

»Wem wollt ihr in den Arsch treten?«, fragte Poe, der gerade hereinkam, noch verschwitzt von seinem morgendlichen Training.

»Dem, der Lebensmittel klaut und zu viel Propangas verbraucht.«

»Propangas? Wie viel haben wir denn noch?«

»Weniger als den halben Tank.«

»Aber Kim sagte doch, wir würden erst in fünf Tagen die Hälfte verbraucht haben. Sie irrt sich doch sonst nie. Und welche Lebensmittel?«

»Von fast allem etwas. Gefrorenes, Dosen, diverse andere Lebensmittel, Snacks, Fertigmischungen.«

Poe fuhr sich über das Kinn und ließ sich auf einen Hocker sinken. »Ich sage euch, dass ich das sicher nicht war, aber das werden alle anderen ebenfalls sagen.«

»Du warst es nicht.« Lana verwarf die Bemerkung mit einer ärgerlichen Geste. »Ich habe mit dir gekocht. Ich habe gesehen, wie sorgfältig du alles abmisst und dann von der Inventarliste streichst.«

»Und Kim ist es auch nicht – das sage ich nicht etwa, weil ich sie mag. Sondern weil sie nicht so ein Typ ist. Und auch nicht hintenherum.«

»Unser Kimster doch nicht«, stimmte Eddie zu. »Sie lässt immer 'ne Kleinigkeit auf ihrem Teller übrig für Joe. Wer so was macht, der klaut nicht. Denn das ist ja wohl eindeutig Klauen, Mann.«

Die Hände in die Hüften gestemmt, blickte Lana finster auf die Küchenschränke. »Ich muss alle Lebensmittel und Portionen neu kalkulieren.«

»Wir kümmern uns um Nachschub, wenn wir den Truck haben«, sagte Max.

»Ich gehe mit dir«, erklärte Poe. »Zum Fahren braucht es wenigstens zwei Leute, aber drei sind noch besser.«

Sie machten zusammen kehrt und erblickten Shaun, der eben hereinkam. Er schob die Brille nach oben.

»Was ist?«

»Es fehlen Lebensmittelvorräte und Propangas«, antwortete Poe.

»Ja? Na ja, wir essen und leben, also werden die Sachen weniger.« Er ging in die Speisekammer und kam mit einer Dose Cola zurück. »Das ist meine Ration, weil ich keinen Kaffee oder Tee trinke.«

»Wie viel hast du sonst noch von da rausgenommen?«, wollte Poe wissen.

»Wieso ich?«, schoss Shaun zurück.

»Weil du total Schuldgefühle hast, Bruder.«

»Blödsinn. Wenn hier jemand etwas wegnimmt, dann wahrscheinlich du, damit du deinen scheiß Muskeltonus nicht verlierst. Und weißt du was? Ich muss mir diesen Bockmist von dir nicht anhören. Das ist nämlich verdammt noch mal *mein* Haus!«

»Zu dem du es ohne uns andere nicht geschafft hättest«, erinnerte ihn Poe und stand auf, um mit seiner imposanten Statur und Größe zu punkten. »Also, das ist jetzt das Haus von uns allen. Und die Vorräte gehören *allen*. Und niemand kriegt mehr als seinen Anteil.«

»Leck mich.« Doch das Funkeln in Shauns Augen war mehr als Trotz. Max spürte die Wut, die sich in Poe aufbaute, und trat dazwischen. »Sachte«, murmelte er ihm zu und wandte sich dann an Shaun. »Wenn ich in dein Zimmer raufgehe, finde ich dann Sachen, die du da gebunkert hast?«

»Du hast kein Recht, mein Zimmer zu betreten. Wer hat dich denn überhaupt zum Anführer ernannt, ha? Du bist doch nur hier, weil ich Eric einen Gefallen getan habe!«

»Kumpel.« Eddie seufzte schwer. »Das ist echt schwach. Und außerdem hast du es gerade zugegeben.«

»Na und wenn schon? Ich habe mir 'ne scheiß Tüte Chips genommen. Ich hatte Hunger.«

»Das ist schlimm genug, aber es ist mehr als das«, sagte Lana. »Es fehlen mehr Lebensmittel als eine Tüte Chips.«

»Na gut, habe ich mir halt mal Makkaroni mit Käse gemacht! Weil ich nicht schlafen konnte. Kannst mich ja verklagen.«

»Und die Pasta in Dosen, der Eintopf?«, hakte Lana nach.

»Das war ich nicht!« Tränen glitzerten nun hinter seinen Brillengläsern. »Eintopf in Dosen, das ist widerlich. Ich habe mir Doritos und die Makkaroni mit Käse genommen und, ja, noch ein paar von den kleinen Fertigkuchen. Das war's. Ich wache nachts oft auf. Und dann muss ich etwas essen.«

»Was ist hier los?« Die lauten Stimmen hatten Kim angelockt; hinter ihr kamen Eric und Allegra.

»Die führen sich auf, weil ich ein paar Snacks gegessen habe.«

»Weil du mehr genommen hast, als dir zusteht«, korrigierte Lana.

»Was machst du denn sonst noch, wenn du nachts wach wirst?«, wollte Poe wissen. »Hast du dann das Licht an oder drehst du die Heizung in deinem Zimmer auf?«

»Ich habe *gelesen*. Okay, ich habe gelesen, aber mit meiner Leselampe. Ich benutze meine Leselampe. Und ich mag das Zimmer kühl zum Schlafen. Ihr könntet meinen scheiß Mitbewohner fragen, wenn er nicht tot wäre.«

Er sank auf einen Hocker und heulte.

»Hey, alle mal cool bleiben.« Mit einem dünnen Lächeln hielt Eddie die Hände hoch. »Keine große Sache. Also, Shaun hat sich bei den Snacks bedient.«

»Er hat sich mehr genommen, als ihm zusteht.« Max' Ton wurde härter. »Mehr, als wir alle ausgemacht haben. Wir müssen als Gruppe denken, nicht jeder nur an sich. Wir haben zu wenig Lebensmittel und Propangas, weil jemand eigennützig war.«

»Das war nicht alles ich! Von dem ekligen Eintopf habe ich nichts genommen!«

»Lieber Gott, lasst ihn in Frieden.« Eric tätschelte Shauns Knie. »Es ist nicht das Ende der Welt, denn das, hey, das ist schon fast passiert.«

Die Hände in die Hüften gestemmt, trat Max vor. Er kannte seinen Bruder und wusste, was diese Haltung bedeutete. »Hast du dich bedient, Eric?«

»Und wenn schon? Willst du mich dafür von der Insel jagen? Wer hat dich hier zum König gekrönt? Du bringst diesen Typen – der nicht mal eingeladen war – und seinen blöden Hund mit. Ohne die hätten wir schon mal mehr!«

»Das ist hart, Kumpel«, kommentierte Eddie.

Lanas Wut stieg und stieg, sie kämpfte darum, ruhig zu bleiben. Schreien, Beschuldigungen, hässliche Worte würden das Problem ohnehin nicht lösen. »Wir hatten genug für zwei Wochen, jetzt nicht mehr. So einfach ist das.«

»Also, dann besorgt mehr.« Eric zeigte trotzig mit der ausgestreckten Hand auf sie. »Du kochst doch die ganze Zeit. Vielleicht bist du dabei ja schlampig gewesen. Soweit wir wissen, bedienst du dich sehr wohl, wenn du den Topf umrührst und das Essen abschmeckst, und du bewachst diese Küche, als ob nur du hier das Sagen hättest!«

Max packte ihn an der Schulter. »Vorsichtig.«

Eric schlug die Hand weg, ging nun auf Max los.

Lana sah mehr als Wut in ihm. Es schockierte sie, etwas wahrzunehmen, das schon fast Rage zu nennen war.

»Was willst du jetzt machen?« Eric erhob eine Hand. Kleine blaue Funken sprangen von den Fingerspitzen. »Willst du versuchen, mich herumzukommandieren, wie du es immer gemacht hast? Probier es! Probier es jetzt, und du wirst sehen, was passiert.«

»Was zum Teufel ist mit dir los?«

»Wir sind einfach nur alle ein bisschen gestresst.« Allegra zog Eric am Arm. »Komm Eric, komm jetzt. Wir sind seit Tagen in diesem Haus eingepfercht und total genervt. Machen wir einen Spaziergang, okay? Ich möchte wirklich für eine Weile hier raus.«

»Klar, Baby.« Eric ließ Max nicht aus den Augen, er kochte vor

Wut, selbst als er sich von Allegra wegziehen ließ. »Machen wir, dass wir hier rauskommen. Weg von diesen Versagern.«

Allegra warf einen entschuldigenden Blick über ihre Schulter und ging mit Eric in den Flur.

»Der Kerl hat sich doch irgendwas reingezogen.« Eddie schnaufte. »Ich hätte auch gern was.«

»Meine Eltern haben keine Drogen im Haus. Und wir haben nichts mitgebracht.«

»Shaun hat recht. Ich mache einen Tee, okay?« Kim wartete Lanas Zustimmung ab. »Poe ist sein Körper heilig, und wenn Eric etwas dabeihätte, würden wir das wissen. Wir waren tagelang zusammen unterwegs.«

»Es sind keine Drogen, nicht das, was ihr meint. Es ist die Kraft«, sagte Max. »Er ist davon besessen. Das war überhaupt nicht er selbst.«

»Vielleicht, vielleicht auch nicht. Tut mir leid«, fügte Kim hinzu. »Er ist dein Bruder. Aber Tatsache ist, Shaun hat Mist gebaut, und es tut ihm leid.«

»Ich habe nachts Angst, weil ich irgendwelche Dinge höre. Und dann muss ich wegen dem Stress etwas essen. Ich wollte nichts verbocken.«

»Hast du aber«, konterte Kim nüchtern, »und das musst du wiedergutmachen. Eric hat auch Mist gebaut – und wenn das stimmt, dann wusste Allegra Bescheid und war wahrscheinlich beteiligt. Aber ihm ist es völlig egal. Das wird ein echtes Problem werden.«

»Ich rede mit Allegra.« Lana rieb sich die Schläfe. »Ich glaube, ich kann mit ihr reden. Sie kann ihn anscheinend beruhigen.«

»Er hat die Kraft nicht unter seiner Kontrolle«, erklärte Max leise. »Er weiß nicht, wie er damit umgehen soll, und das ist ein weiteres Problem. Ich kümmere mich darum. Aber jetzt befassen wir uns mit dem Nächstliegenden und versuchen, den Tanklastzug für das Gas herzubekommen. Und neue Vorräte aufzutreiben.«

»Lasst mich nur kurz duschen – ich brauche inzwischen nur mehr neunzig Sekunden«, warf Poe ein.

»Wir könnten dich gut gebrauchen«, meinte Max. »Aber ... Ich glaube, ich würde mich besser fühlen, wenn du hier wärst, solange wir weg sind.«

Poe nickte und blickte zum Fenster. »Verstanden.«

»Ich habe oben eine Wunschliste angefangen.« Lana gab Eddie ein Zeichen, ehe sie aus dem Zimmer schlüpfte. Sie wartete, bis er ihr Schlafzimmer erreicht hatte, und schloss hinter ihm leise die Tür.

»Gibt's irgendwas?«, fragte Eddie.

»Ja, in der Tat. Würdest du mir einen Gefallen tun? Wenn du eine Drogerie siehst, eine Apotheke, wir könnten immer noch mehr Erste-Hilfe-Artikel brauchen.«

»Kein Problem.«

»Und ich brauche ... ich brauche einen Schwangerschaftstest.«

Er hob überrascht die Hände hoch und trat einen Schritt zurück. »Wow!«

»Bitte sag nichts zu Max. Ich will ihm nichts sagen, bis ich mir sicher bin.«

»Mann! Super! Geht es dir gut? Musst du, äh, morgens kotzen?«

»Nein, es sind andere Sachen. Bei all dem, was los ist, fiel es mir gar nicht auf, dass ich meine Periode nicht bekam. Bis vor ein paar Tagen ist es einfach an mir vorübergegangen.« Sie reichte ihm die Liste. »Aber dann war mir ab und zu schwindelig, und ich habe mich irgendwie anders gefühlt. Ein Test würde mir wirklich helfen, wenn du einen findest.«

»Alles klar. Ah, bleib in der Nähe von Poe und Kim, okay? Die sind echt. Das merkt man. Shaun, der ist ein Penner, der kriegt's nicht auf die Reihe. Das weiß ich bestens aus eigener Erfahrung. Aber ... also ich weiß, dass Eric quasi dein Schwager ist, aber irgendwas ist bei dem einfach nicht richtig.«

»Mach dir keine Sorgen. Kommt einfach nur wohlbehalten wieder, ihr beide.«

Sie ging hinunter, um sie zu verabschieden, und dabei hallten Eddies Worte in ihr wider. *Irgendwas ist bei dem einfach nicht richtig.*

Dasselbe hatte er über den schwarzen Kreis im Wald gesagt.

Kapitel 14

Die Fahrt hinunter auf der kurvigen Bergstraße war zum Teil so brenzlig, dass sich Eddie die Tage mit Schneepflügen und Streusalz zurückwünschte. Oder noch mehr die Tage, in denen er in seinem lausigen Apartment bei Musik von Kid Cudi oder Pink Floyd einen Meter Schnee aussitzen konnte und sich dabei die Birne zugekifft und Snacks gemampft hatte.

Aber alles in allem war ihm die riskante Rutschpartie ins Tal lieber als das Kriechtempo, mit dem sie an ein paar tot aussehenden Häusern vorbeifuhren, bis hin zu einigen, die früher wohl einmal Läden für Wanderer, Urlauber und vielleicht auch ein paar Einheimische beherbergt hatten.

Er entdeckte ein ziemlich großes Lebensmittelgeschäft mit einem Schild, das auf der einen Seite einen Bär zeigte, auf der anderen einen großen Rehbock, und dazwischen stand STANLEY'S WARENMARKT UND APOTHEKE.

Das mit der Apotheke bedeutete, dass er Lana womöglich helfen konnte herauszufinden, ob sie schwanger war.

Mann, wenn das stimmte. Er warf Max einen Blick von der Seite zu, bevor er sich den restlichen bescheuerten Ort ansah.

Direkt auf der anderen Seite der zweispurigen Straße stand ein Gebäude im Blockhausstil – Stanley's Ausstatter – und daneben ein schmales Haus mit Glasfront – Stanley's Spirituosen.

Ein Bier wäre jetzt echt super!

»Sieht aus, als wäre dieser Stanley hier der große Macker. Bevor wir zurückfahren, gehe ich mal in den Schnapsladen und schaue, ob sie noch ein wenig Bier haben.«

»Hätte ich nichts dagegen.«

»Ein kühles Blondes, dank des guten alten Stanley. Aber hey, da ist ja noch was: Ma Bea's Burger. Vielleicht ist das Stanleys Mutter.«

Max hielt vor dem Markt an und blieb noch einen Moment sitzen, um die Lage zu checken.

»Außer unseren gibt es keine Reifenspuren seit dem letzten Schneesturm, aber ich sehe ein paar Fußabdrücke, also ist jemand hier oder war vor Kurzem hier.«

»Diese Stille macht mir Angst, Mann. Ich will nicht noch mal den Arsch abgeschossen kriegen.« Eddie deutete mit dem Kinn auf das Geschäft. »Ich glaube, das ist unsere erste Station. Essen vor Bier.«

»Essen, Bier, Propangas.« Max stieg aus und schulterte das Gewehr, das er mitgebracht hatte. »Schauen wir mal, was es in dem Laden sonst noch gibt.«

Die Tür war nicht versperrt. Neben vier Kassen standen zwei ordentliche Reihen Einkaufswagen. Metallene Körbe waren zu einer Pyramide aufgeschichtet, als würden sie geduldig auf Kunden warten, die nur ein paar Sachen brauchten. Max hielt eine Hand an die Pistole an seiner Hüfte und sah sich in dem Laden um.

Saubere, glänzende Flure. Viele leere Regale, doch die noch bestückten schienen akkurat in Gruppen geordnet zu sein.

»Seltsam.« Eddie war nervös. »Sieht aus, als hätten sie auf und warten auf den Lkw, der die nächste Lieferung bringt, damit sie die Regale wieder auffüllen können. Irgendwie – als wenn alles normal wäre.«

»Dieser Stanley hat den Laden anscheinend fest im Griff.«

Darüber musste Eddie kichern. »Ich denke, wir sollten mal was einkaufen«, meinte er und zog mit lautem Geratter einen Einkaufswagen aus der Reihe. »Ich besorge was für Joe. Wetten, die haben hier auch Hundefutter.«

»Geh du nach links und ich nach rechts. Wir arbeiten uns durch bis zur Mitte.«

Seltsam war das richtige Wort, dachte Max, als er zu den Gemüseständen kam. Nicht ein Blatt Salat war zu sehen, aber alles war blitzsauber geputzt. In den Kühlregalen keine Milch und keine Sahne, doch überraschenderweise etwas Butter und einiges an Käse.

Er packte in den Wagen, was er für absolut notwendig und sinnvoll hielt. Kleine Hinweisschilder an den Regalen sagten ihm, was nicht vorrätig war. Verderbliche Waren – frisches Obst und Gemüse etwa, aber es gab Mehl, Zucker, Salz, Backpulver, getrocknete Gewürze und Kräuter.

Konserven waren nur mehr spärlich vorhanden, doch er fand noch Suppen, Bohnen, Tomatenmark und Tomatensoße. Er nahm eine Packung Dosenfleisch mit und grinste, als er sie in den Wagen legte, weil er wusste, dass Lana darüber lachen würde.

Lachen würde ihr guttun.

Er ging weiter zu Nudeln und Reis, als er plötzlich Eddies Stimme hörte.

»Hey! Wie geht's?«

Max zog die Pistole aus dem Halfter, spürte das Gewicht des Gewehrs an seiner Schulter. Schnell und leise lief er dahin, wo er Eddie gehört hatte.

»Cool, ich habe nämlich keinen Bock auf Probleme. Du hast da ja einen tollen Hund. Vielleicht will er auch was zu knabbern? Ich habe gerade was für meinen Hund gekauft.«

Max hörte das laute Knurren, dann Eddies nervöses Lachen.

»Okay, dann eben nicht.«

Max schlich um ein Regal herum. Er sah einen Mann von hinten – vielmehr einen Jungen, korrigierte er sich – und einen großen grauen Hund an seiner Seite. Und obwohl er kein Geräusch machte, drehten sich beide um.

»Vor Ihnen habe ich auch keine Angst.«

Fünfzehn, vielleicht sechzehn, schätzte Max, eher schmächtig, mit ungepflegten, zotteligen braunen Haaren und einem furchtlosen Blick aus grünen Augen.

Als sein vierbeiniger Begleiter erneut knurrte, legte er ihm eine Hand auf den Kopf.

Max verließ sich auf seinen Instinkt; er steckte die Pistole ein.

»Ist auch nicht nötig, wir wollen nämlich niemandem etwas tun. Wir brauchen nur ein paar Sachen. Wir wollen niemandem wehtun oder wegnehmen, was jemand anderer braucht.«

»Sie sind derjenige mit den Waffen«, erklärte der Junge.

»Er ist nur vorsichtig«, warf Eddie ein, ehe Max etwas sagen konnte. »Ich wurde nämlich vor einer Weile angeschossen, bloß weil ich mit meinem Hund Gassi war.«

Der Junge sah Eddie an. »Wo?«

»Oh, das war in … ach du meinst, wo ich verletzt worden bin«, begriff er und zeigte auf die Stelle unter seinem Schüsselbein. »Joe und ich, wir gehen nur mal pinkeln, weißt du, und auf dem Rückweg zum Auto – *peng*! Mir wäre es absolut lausig gegangen, wenn Lana – das ist Max' Freundin – und Max mich nicht zusammengeflickt hätten. Haben mich mit Nadel und Faden genäht und sich um mich gekümmert, obwohl wir uns da noch kaum kannten.«

Er rollte vorsichtig die Schulter, die bei der Erinnerung wieder schmerzte.

»Lass mal sehen.«

»Ah ja?« Eddie öffnete gehorsam die Jacke, knöpfte das Hemd auf, zog das dicke Unterhemd nach unten, um seine Wunde zu zeigen. »Sieht jetzt nicht mehr so schlimm aus, weil Lana gestern die Fäden gezogen hat. Tut aber noch ein bisschen weh. Hier hinten auch.« Er zeigte hinter sich. »Weil die Kugel durchgegangen ist.«

Der Junge betrachtete die Wunde mit unbewegter Miene. »Heilt ganz gut. Hast du auf jemanden geschossen?«

»Nö. Muss ich hoffentlich auch nie tun. Wir, äh, wir kommen in Frieden, weißt du.«

»Wo ist dein Hund?«

»Joe? Der ist im …« Er verstummte, blickte zu Max. »Ist doch okay, wenn ich es ihm sage, oder?«

»Mit dem rede ich noch nicht«, sagte der Junge. »Das mache ich später.«

»Okay, also, weißt du, Max' Bruder hat einen Freund, der ein Haus oben im Wald hat, und Max und Lana und ich – und Joe – wir sind dort.«

»Wie heißt der Freund?«

»Shaun – Mist, Max, ich weiß seinen Nachnamen nicht mehr.«

»Iseler«, half Max aus.

»Die Iselers kenne ich. Sie kaufen hier ein. Wir haben die Hütte mit Vorräten aufgefüllt, so wie jedes Jahr.« Offenbar wollte er nun mit Max weiterreden; er drehte sich um. »Sind sie da oben, die Iselers?«

»Sie haben es nicht geschafft«, antwortete Max. »Nur Shaun. Und wir. Wir sind zu acht.«

»Und Joe«, fügte Eddie hinzu. »Wie heißt dein Hund?«

»Das ist Lupa«, sagte der Junge und lächelte. »Er hätte sicher nichts gegen ein Leckerli.«

»Klar.« Eddie holte das Hundefutter aus dem Korb. »Ah, er beißt mir aber nicht die Hand ab, ja?«

»Nur, wenn ich es ihm sage.«

»Sehr witzig. Dann sag es ihm bitte nicht, okay? Hier, Lupa. Ein Leckerli für dich.«

Lupa musterte Eddie mit einem steten Blick aus glänzenden goldbraunen Augen und fraß das Leckerli vorsichtig aus seiner Hand. »Der sieht ja wirklich gut aus. Kann ich …« Eddie machte eine Streichelbewegung.

»Er sagt es dir schon.«

Vorsichtig streckte Eddie eine Hand aus und senkte sie auf Lupas Kopf. Da der Hund nicht knurrte, ergriff Eddie die Chance und strich ihm über das Fell. »Oh ja, so ist es gut. Du bist ein wunderschöner Hund, ja, wirklich.«

»Hast du einen Namen?«, fragte Max.

»Ja«, antwortete der Junge nur.

»Ist das dein Geschäft?«

»Jetzt wahrscheinlich schon. Es gehörte meinem Onkel. Er ist tot.« Max sah ihn an. »Das tut mir leid.«

Nun zuckte der Junge mit den Schultern. »Er war ein Arschloch. Hat mich bei jeder Gelegenheit herumgestoßen.«

»Dann tut mir eben das leid. Wir können wenigstens für einen Teil der Sachen bezahlen.«

»Ich setze es auf die Iseler-Rechnung«, meinte er grinsend. »Geld bedeutet ja ohnehin nichts mehr.«

»Nein, aber wir können tauschen.«

»Ihr habt nichts, was ich brauche. Aber nehmt euch einfach, was ihr wollt.«

»Bist du allein hier?«

»Nein. Wir haben keine Probleme.«

»Der Laden ist blitzsauber«, bemerkte Eddie.

»Meine Tante und ich haben alles geputzt, nachdem … danach. Sie ist jetzt auch tot. Sie hat getan, was sie konnte. Ihr seid nicht reingekommen, um alles kaputtzumachen. Sonst wären Lupa und ich nicht so nett, also könnt ihr euch nehmen, was ihr wollt.«

»Vielen Dank«, sagte Max. »Was wir noch brauchen, ist Propangas. Gibt es eine Möglichkeit, einen Tankwagen zum Haus der Iselers hinaufzubringen, um den Generator aufzufüllen?«

Die Augenbrauen des Jungen verschwanden unter den Haaren, die ihm in die Stirn hingen. »Die Frage ist, wie man einen Lkw auf diesen Straßen da hinaufbekommen soll.«

»Das schaffen wir, wenn wir einen kriegen.«

Der Junge musterte Max kurz, nickte dann. »Na gut. Ladet ein, was ihr mitnehmen wollt, und dann zeige ich euch einen.«

»Ist es okay, wenn ich mal über die Straße gehe und mir ein paar Bier nehme, sofern es welches gibt?«

»Ich mag den Geschmack sowieso nicht. Wenn du eines findest, kannst du es dir nehmen.«

Max dachte an den Jungen und an die Person, die womöglich bei ihm war, und nahm weniger von allem, als er es sonst getan hätte.

»Du solltest mit uns kommen«, sagte er zu dem Jungen, während sie alles im Wagen verstauten. »Es ist ein großes Haus, und wir haben Vorräte, Heizung und Licht.«

»Nein. Ich habe es gern ruhig.« Er schwieg einen Moment. »Aber es ist nett von euch, mir das anzubieten. Ich werde es im Kopf behalten.«

»Falls du es dir anders überlegst, du weißt, wo wir sind.«

»Ich weiß es. Also, ihr fahrt jetzt auf die andere Seite des Ortes, nehmt die erste Biegung nach links. Stanley's Gas und Elektro, das könnt ihr nicht verfehlen. Ihr seht die Lkws im hinteren Teil des Grundstücks. Der erste auf der linken Seite ist mehr als halb voll, den solltet ihr nehmen. Jagt euch aber nicht damit in die Luft«, fügte er mit einem angedeuteten Lächeln hinzu.

»Danke.« Eddie streichelte noch einmal voller Freude den Hund. »Wir sehen uns, Junge, demnächst irgendwann. Du solltest mal zu uns raufkommen, mit Joe spielen. Danke, Mann«, sagte er noch einmal.

»Wenn du etwas brauchst oder wenn es Schwierigkeiten gibt, dann komm zu uns«, legte Max ihm nahe. »Auch wenn du nur ein warmes Essen willst. Meine Frau ist eine fantastische Köchin.«

»Wir kommen schon klar.« Der Junge legte die Hand auf Lupas Kopf und trat zurück.

Sie beluden den Wagen mit den Lebensmitteln, und Max setzte sich ans Steuer.

»Ich lass ihn nicht gern allein hier«, sagte Eddie.

»Wir können ihn nicht zwingen. Aber nächste Woche kommen wir noch einmal her, sehen nach ihm und bringen ihm etwas Warmes zu essen, vielleicht auch ein wenig von Lanas Brot – ich habe nämlich eine Menge Hefe gefunden.«

Als er in den Rückspiegel schaute, sah er den Jungen mitten auf der Straße stehen und sie beobachten.

Sah das Licht, das ihn umgab, und hörte die Stimme klar und deutlich in seinem Kopf.

Ich bin Flynn.

»Er heißt Flynn.«

»Hä? Woher weißt du das?«

»Er hat es mir gerade gesagt. Er hat Elfenblut.«

»Er hat … Er ist ein Elf?« Eddies Mund stand vor Staunen offen; er drehte sich um, schaute zurück. »So wie, du weißt schon, Will Ferrell in dem Film?«

Aus einem freudigen Impuls heraus, den er schon fast vergessen hatte, lachte Max. »Oh Gott, Eddie, du enttäuschst mich wirklich nie. Nein, nicht so. Er ist magisch begabt, und ich habe das sichere Gefühl, wenn wir es darauf angelegt hätten, dort Ärger zu machen, dann würden wir jetzt nicht mit Vorräten und Propangas wegfahren.«

»Ist das nicht der Mega-Hammer? Ich treffe 'nen gottverdammten Elf! Na ja, dann denke ich mal, dass er keine Probleme kriegt. Und er hat ja auch diesen großen Hund.«

»Das ist kein Hund. Sein Name sagt, was er ist. *Lupa.* Ein Wolf.«

»Jetzt verarschst du mich. Nein, du verarschst mich nicht«, erkannte Eddie. »Ich habe einen *Wolf* mit Leckerlis gefüttert? Einen Wolf gestreichelt? Das ist gottverdammt affengeil!«

»Es ist eine schöne neue Welt, Eddie.« Max fuhr in die Biegung ein. »Es ist eine schöne neue gottverdammte Welt.«

* * *

Im Haus beschäftigte sich Lana damit, ihr Rezept für Toskanisches Hühnchen den Zutaten anzupassen, die sie zur Verfügung hatte. Das Angebot von Kim und Poe, ihr zu helfen, hatte sie ausgeschlagen, und so vertrieben sich die beiden die Zeit mit Scrabble spielen im großen Zimmer.

»Holznagel? Nun mach mal halblang.« Nicht zum ersten Mal zeigte Poe bei dem Spiel mit dem Finger auf Kims Steine. »Was soll das sein, ein Nagel aus Holz?«

Die langen Wimpern über ihren exotischen asiatischen Augen zuckten. »Zweifelst du das an? Schon wieder?«

»Dieses Mal bluffst du. Du legst deine Buchstaben von dem *E* weg und hast dann auch noch einen doppelten Wortwert? Das nenne ich Bockmist.«

»Da ist das große böse Wörterbuch. Schau nach. Du setzt einmal aus.«

Er stand tatsächlich auf, schritt ein wenig umher und lenkte Lana damit so weit von ihrem Ärger ab, dass sie lachen konnte. »Wie oft hast du schon kein Wort bilden können?«, fragte sie ihn.

»Dreimal, aber ... Verdammt. Du schummelst, ich weiß es einfach. Ich lasse es darauf ankommen.«

»Und du verlierst wieder.« Kim nahm das Wörterbuch zur Hand. »Holznagel – da ist es doch. Hölzerner Nagel, Holzstift –«

Sie brach ab, nicht beleidigt, eher selbstgefällig, als Poe ihr das Buch aus der Hand schlug. »Miststück!«

Sobald er sich wieder gesetzt hatte, nahm Kim neun Buchstaben aus dem Beutel, legte sie aneinander und rieb sich die Hände. »Weiter geht's.«

Das Spiel hörte auf, als sich die Tür zum Flur öffnete und wieder schloss. Poe richtete sich im Sessel auf, seine beleidigte Miene wurde leer und hart.

Eric trat ein, gefolgt von Allegra.

»Sachte«, sagte er, sobald er Poes Stimmung bemerkte. »Im Ernst«, fügte er hinzu, als Poe langsam aufstand. »Ich war ein Arschloch. Ein totales Arschloch. Ich entschuldige mich. Lana, vor allem bei dir, aber auch bei allen anderen. Keine Ausrede. Ich war ein Arschloch, und wenn es hilft – ich fühle mich auch so.«

»Es tut ihm wirklich leid und mir auch. Es ist zum Teil meine Schuld.«

»Ist es nicht.« Eric ließ Allegras Hand los und legte einen Arm um sie.

»Ist es schon. Ich habe mich beschwert, dass mir langweilig ist, dass ich mich eingesperrt fühle. Ich war schlicht und einfach fies, habe Eric schlechte Laune gemacht, und er hat es an euch ausgelassen. Und er … er hat nur einen Teil der Lebensmittel für mich genommen, um mich aufzumuntern. Wir wussten beide, dass das dumm und falsch war. Es wird nicht wieder vorkommen.«

»Ihr könnt meine Rationen kürzen, bis es wieder ausgeglichen ist.«

»Meine auch.«

»Nein.« Eric küsste Allegras Haare. »Ich habe die Lebensmittel genommen, und ich habe die Heizung hochgedreht.«

»Weil ich sagte, dass ich friere. Ich …« Sie atmete schwer. »Ich habe rumgejammert.«

»Ich habe sie aufgedreht.«

»Lassen wir das.« Lana hörte, wie kühl sie klang, konnte es jedoch nicht ändern. Sie hatten sich benommen wie egoistische Kinder, die Kekse aus der Dose klauten.

Ihr Ton traf ins Schwarze; Eric zog die Schultern hoch. »Ich glaube, es braucht mehr als Worte. Wo ist Shaun? Ich will mich auch bei ihm entschuldigen.«

»Er ist oben.« Anstatt aufzuschauen, sortierte Kim immer weiter ihre Buchstaben. »Es ging ihm nicht besonders. Er ist mit dem Hund nach oben gegangen.«

»Okay, ich warte, bis er so weit ist. Ah, und Max und Eddie?«

»Holen neue Vorräte und versuchen, Propangas zu bekommen.« Da ist er wieder, dachte Lana. Dieser Ton. Verärgerte Eltern schimpfen dummes Kind.

Wie angewidert von sich selbst, rieb sich Eric mit den Händen über das Gesicht. »Verdammt. Ich hätte mit ihnen fahren, ihnen helfen sollen. Noch ein Schnitzer von mir. Ihr macht euch Sorgen. Das sehe ich. Ich kann runterlaufen und sicherstellen, dass sie okay sind.«

»Eric, das ist zu weit«, widersprach Allegra.

»Nur ein bisschen mehr als fünf Meilen«, meinte Poe gelassen. »Sagte Shaun.«

»Ich laufe runter. Vielleicht brauchen sie Hilfe.«

»Nein. Sie sind noch nicht so lange weg.« Lana gab einen Schuss Wein in den Kochtopf. »Darüber können wir uns Gedanken machen, wenn sie in einer Stunde noch nicht da sind.«

»Lasst mich gehen«, beharrte Eric. »Taten sagen mehr als Worte.«

»Du bist heute mit dem Feuerholz dran«, erinnerte ihn Lana, »und damit, die Kaminfeuer in Gang zu halten.«

»Stimmt. Ich bin dran. Und ich mache heute Abend die Küche sauber, egal, wer eigentlich dran ist.«

Er ging wieder in den Flur. Allegra biss sich auf die Lippe, trat, als sich die Haustür öffnete und wieder schloss, zu Lana.

»Ehrlich, Eric geht es miserabel. Uns beiden.«

»Tja, das kommt davon. Wenn Max und Eddie nichts finden, muss ich die Portionen verkleinern, und selbst dann haben wir höchstens noch genug für eine Woche.«

»Ich wünschte, wir könnten das wiedergutmachen. Können wir aber nicht. Kann ich dir irgendwie helfen?«

»Nein. Danke.«.

»Gibt es irgendetwas …«

Lana drehte sich vom Herd weg und blickte Allegra in die Augen. »Du kannst hinaufgehen und herunterbringen, was ihr beide in eurem Schlafzimmer gebunkert habt.«

»Natürlich.« Sichtlich geknickt ging sie hinaus.

»Ich weiß, ich war grob, aber –«

»Ich wäre grober gewesen«, unterbrach Kim. »Klar, wir finden alle Mittel und Wege, das Ganze irgendwie durchzustehen. Du kochst, Poe stemmt Gewichte. Ich trete Poe beim Scrabble in seinen armen Arsch.«

»Hey.«

»Ich hätte sagen sollen, in seinen heißen, straffen Arsch. Eddie hat Joe, Max plant und macht.«

»Plant und macht?«, wiederholte Lana.

»Was zu tun ist, wann und wie. Was als Nächstes ansteht, was gebraucht wird. Deshalb ist er der Boss. Und wir sind froh, dass er das ist. Shaun – ich weiß, er hat Mist gebaut – leidet unter dem Tod seiner Eltern und will es nicht zeigen. Er hat Angst und will es nicht zeigen. Er liest, macht Rätsel, und er dreht durch, weil er keine Videospiele spielen kann. Wenn er das könnte …«

»Was?«

»Ich weiß, das ist nicht wesentlich oder sinnvoll, aber es wäre therapeutisch wirksam.« Kim lächelte zaghaft. »Wie Scrabble. Wenn Shaun eine Stunde am Tag seine Xbox anschmeißen könnte, könnten wir ja dafür woanders Strom sparen. Wenn du Max fragen –«

Lana unterbrach sie mit erhobener Hand. Es konnte und sollte schließlich nicht alles ein Opfer sein. Man muss auch noch ein bisschen Spaß haben, dachte sie.

»Wir müssen nicht wegen allem Max fragen. Aber ich werde ihm sagen, dass ich das für eine gute Idee halte.«

»Super. Gut. Ich denke, wir finden alle Mittel und Wege, aber Eric und Allegra benehmen sich – meistens –, als wäre das hier eine Party, und ihnen ist ein wenig langweilig mit uns. Also betrinken sie sich ein bisschen, haben eine Menge Sex, kümmern sich nicht um ihre Verpflichtungen und haben noch mehr Sex.«

»Ist es so?«

»Mit dem Sex?«, warf Poe ein und prustete los. »Da können Karnickel nicht mithalten.«

»Nein, ich meine, dass sie ihre Aufgaben vernachlässigen.«

»Hör mal, wir wollen hier niemanden anschwärzen«, meinte Kim.

»Sprich für dich selbst.« Poe zeigte mit dem Finger auf Kim. »Ja, meistens. Einer von uns macht es dann, weil es die Aufregung nicht wert ist.«

»Dann ist die Party jetzt vorbei«, verkündete Lana. »Jeder leistet seinen Beitrag, jeder hält sich an die Regeln. Und ich habe keine Lust, mich wie eine verdammte Herbergsmutter aufzuführen.«

Allegra kam zurück, die Augen feucht, die Wangen rot vor Verlegenheit. Sie stellte angebrochene Chipstüten, Keksschachteln, einige Dosen Limonade, eine Flasche Wein auf den Tresen.

»Du kannst dir unser Zimmer ansehen. Ich schwöre, das ist alles, aber du kannst nachsehen.«

Lana sagte nichts, sondern räumte die Sachen einfach zu den anderen.

»Ich weiß, das war dumm und egoistisch. Es war kindisch. Tut mir leid. Ich habe Angst. Ich weiß, ich jammere herum, dass mir langweilig ist. Ich weiß nicht, wie ich gleichzeitig Angst und Langeweile haben kann, aber es ist so.«

»Wir haben alle Angst.« Kims Ton ließ nicht eben Mitgefühl erkennen. »Und Langeweile vertreibt man am besten, indem man etwas tut.«

»Ihr habt leicht reden – ja! Ihr seid alle stärker oder gescheiter, oder ihr könnt einfach mehr. Ich versuche es ja. Ich schwöre, ich versuche es. Aber es ist noch mehr, okay?«

Sie presste die Finger auf die Augen, wischte sich heftig die Tränen ab. »Weil ich glaube, ich habe mich wahrscheinlich in Eric verliebt, aber er macht mir auch Angst. Er macht sich selbst Angst. Es ist so viel, was mit ihm passiert. Es ist so viel, und es macht solche Angst. Versteht ihr das nicht?«

Lana dachte an den Moment auf der Brücke in New York, an diesen Kraftschub, und wurde etwas nachsichtiger. »Verstehe ich. Max und ich können Eric helfen.«

»Ich weiß.« Allegra wandte sich Lana zu, sah sie an, als wüsste Lana alle Antworten. »Eric weiß es auch. Er ist … Okay, er ist ein wenig eifersüchtig auf Max und leicht reizbar, aber er tut sein Bestes. Und ehrlich, ich verspreche es, ich helfe ihm auch. Ich bringe ihn zum Lachen oder auf andere Gedanken oder ich lasse ihn einfach sich austoben. Es ist nur, manchmal ist es einfach zu viel, wisst ihr? Und ich schwöre, ich tue alles, was ich kann, damit Eric, na ja, einigermaßen ausgeglichen ist. Ich weiß, die Sachen zu nehmen, das war falsch, aber es hat ihn abgelenkt. Und es hat Spaß gemacht. Ich schäme mich, es zuzugeben, aber es hat Spaß gemacht, und es hat auch mich abgelenkt. Man muss mit so vielem zurechtkommen, alles ist so gigantisch, und ich musste noch nie … Alles was passiert ist – hier zu sein, so abgeschnitten, das was mit Eric passiert, wie ich damit umgehen soll. Einfach alles. Ich habe einfach Angst, aber ich tue mein Bestes.«

Sie würgte ein Schluchzen heraus und bedeckte das Gesicht mit den Händen. »Hasst mich nicht. Vielleicht bin ich einfach kein netter Mensch, vielleicht weiß ich nicht so wie ihr, wie es geht, aber ich versuche es.«

»Okay.« Lana ging zu ihr. »Es ist gut. Aber wir versuchen es alle zusammen. Und niemand hasst dich.«

Schniefend legte Allegra die Arme um Lana, klammerte sich an sie.

»Du gehst mir einfach auf den Geist.« Dieses Mal zuckte Kim mit den Schultern, doch ihr Ton war gemäßigt. »Aber ich hasse dich nicht. Jedenfalls nicht sehr.«

Allegra lachte und weinte in einem, ließ von Lana ab, seufzte. »Danke, das meine ich ernst. Ich gehe jetzt einfach nach oben, versuche, mich zu beruhigen. Dann komme ich wieder und tue etwas, wie Kim es gesagt hat. Ich tue etwas.«

Allegra ging, und Lana trat wieder hinter den Tresen. »Es ist hart«, sagte sie. »Das alles ist hart. Ich denke, wir müssen einander ab und zu eine Pause gönnen.«

»Es ist schon mal gut, sich zu entschuldigen«, meinte Poe. »Und ich glaube, ich habe nicht wirklich darüber nachgedacht, wie es sein muss, wenn man plötzlich mit dieser Kraft und all dem, was in einem vor sich geht, umgehen muss. Darüber wisst ihr sicher mehr.«

»Es ist schwer, damit klarzukommen. Für die von uns, die es probieren, wie für die anderen.«

Eric kam zurück, mit einem Armvoll Holz. »Ich kann sie hören. Ich habe sie kommen hören. Es klingt wie ein Lkw, nicht wie das Auto.«

»Gott sei Dank.« Lana nahm sich eine Jacke und eilte nach draußen.

Eddie fuhr den SUV und bemühte sich, eine gute Spur in den Schnee zu fahren, damit Max mit dem Lkw eine bessere Bodenhaftung bekam. Sie hatten von dem Gaslager einige Sandsäcke mitgenommen und so über die Ladeklappe des SUV gelegt, dass – mithilfe von Max' Zauberkünsten – Sand auf die Straße gestreut wurde.

Aber es war ein schwieriges Vorankommen.

Er wusste, dass Max nachhalf – mit seiner Gabe –, aber dennoch tat sich der Lkw schwer. Als die Straße noch steiler wurde, biss er die Zähne zusammen, als würde er ihn selbst anschieben, und Schweiß rann ihm über Schläfen und Hals.

»Komm schon, Max, komm schon.«

Oben auf der Steigung angekommen, sah er das Haus. Er spürte neue Hoffnung aufflammen, als Lana herausrannte. Und einige der anderen folgten ihr.

»Wir schaffen es.« Dann sah er im Rückspiegel, wie der Lkw einen ganzen Meter rückwärtsrutschte. »Scheiße!«

Lana schleuderte Kraft heraus, stellte sie sich vor wie eine Kette, die sich an dem Laster einhakte und ihn den Berg hochzog. Ihr Herz hämmerte wie bei einem wilden Seilziehen, doch sie spürte, wie sich die Kette spannte und zu ziehen begann.

»Hilf mit!«, fuhr sie Eric an. »Du kannst helfen!«

»Ich versuche es.« Sein Gesicht wurde bleich, die Augen dunkel. »Er ist so verdammt schwer.«

»Versuch es weiter. Zieh!«

Noch ein Stückchen und noch eines, und endlich spürte sie, wie Max' Kraft an ihre andockte. Sie fokussierte sich mit allem, was sie hatte, auf den hellblauen Lkw mit dem großen weißen Tank und auf den Mann, den sie liebte.

»Er schafft es! Er ist schon fast an der Haltebucht.« Poe rannte, immer wieder rutschend, den Pfad entlang, den sie durch den Schnee gegraben hatten.

»Noch nicht loslassen«, sagte Lana zu Eric. »Halt ihn fest.«

»Wir haben ihn.« Eric fasste sie an der Schulter. »Schau, schau, er ist an der Haltebucht, er ist beim Generator.«

Als sie sah, dass Max unversehrt war, ließ sie los und rannte zu ihm.

Eric schaute zum Haus zurück, sah Allegra und warf ihr eine Kusshand zu. Er entdeckte Shaun am Fenster seines Zimmers, winkte enthusiastisch.

An der Haltebucht angekommen, warf sich Lana in Max' Arme. »Du hast es geschafft!«

»Das war ein hartes Stück Arbeit.« Er atmete schwer von der Anstrengung, legte die Stirn an ihre. »Dein Einsatz hat den Ausschlag gegeben.«

»Mann, diese fette Karre hier hochzukriegen, das war eine echte Leistung.«

Poe klopfte Max auf die Schulter, während er es bei Eddie mit Rücksicht auf seine Verwundung nur andeutete. Dann sah er die Sachen, die sie in den SUV eingeladen hatten, und das Kinn fiel ihm herunter.

»Was? Ihr wart bei Sam's Club?«

»Lebensmittelgeschäft.«

»Die hatten das alles?«

»Das ist 'ne eigene Geschichte«, sagte Eddie und rieb sich das verschwitzte Gesicht ab. »Jetzt müssen wir rausfinden, wie wir das Gas aus dem Lkw in den Generator bekommen.«

»Max kriegt das raus.« Eric lächelte seinem Bruder kleinlaut zu. »Er hat es hierhergebracht. Tut mir leid, Bruder. Wirklich.«

»Wir reden noch darüber.« Doch er legte eine Hand auf Erics Schulter und schüttelte ihn. »Und ja, wir kriegen heraus, wie man den Generator volltankt.«

»Ich weiß wie.« Shaun verlor auf dem rutschigen Pfad das Gleichgewicht und landete auf dem Hintern. Seine Brille verschob sich auf der Nase.

Poe half ihm aufzustehen.

»Ein echter Nerd.«

Trotz seines nassen Hosenbodens brachte Shaun ein Lächeln zustande. »Ja. Ich war immer dabei, wenn der Gasmann kam. Ich weiß gern, wie Sachen funktionieren.«

»Zeig uns, wie man es macht, Mann.« Eddie trat zurück, weil Joe wie wild an seinen Stiefeln und seiner Hose schnüffelte. »Ich bringe die Vorräte ins Haus. Lana, willst du nicht mitkommen? Dann kannst du einen Blick darauf werfen.«

Sie bemerkte, wie er übertrieben die Augen verdrehte, drückte Max ein letztes Mal und ging zu Eddie.

»Da seid ihr ja auf Gold gestoßen.«

»Ja, sind wir. Sie hatten auch eine Drogerie. In meinem Rucksack ist, was du haben wolltest.«

»Danke, Eddie.«

»Ich sage einfach nur viel Glück, weil ich ja nicht weiß, was für dich ein positives Ergebnis ist. Vordere Außentasche.«

»Ich nehme deinen Rucksack mit nach oben. Wir müssen zuerst ausladen. Ich werde die Bestandsliste ergänzen, und dann gehe ich rauf.«

»Geh jetzt rauf, solange die anderen unten sind. Es dauert ja nicht lang, oder? Da war mal dieses Mädchen, und sie dachte, vielleicht. War nichts, also puh!, aber von daher weiß ich, dass es nicht lang dauert. Ich sage, du bist raufgegangen, dir ein Paar Socken holen, weil deine Schuhe durchnässt sind.«

»Gut. Das ist gut.« Sie schulterte seinen Rucksack.

Allegra kam angelaufen. »Ich hatte die Stiefel ausgezogen.« Sie griff nach einem Karton. »Ich musste sie erst wieder anziehen, sonst wäre ich schon früher rausgekommen.«

»Das ist zu schwer. Nimm lieber eine von den Taschen da. Du auch, Lana«, erklärte Eddie. »Und zieh diese nassen Schuhe aus, zieh dir was Warmes über die Füße. Wir wollen nicht, dass hier jemand krank wird.«

»Du hast recht. Ich fange dann schon mal an, die Sachen zu ordnen. Bis gleich.«

Sie rannte zum Haus, eilte ins Badezimmer, sperrte hinter sich ab. Sie wusste es bereits, aber sie wollte – brauchte – den Beweis.

Während sie die Packung öffnete, den Anweisungen folgte, meinte sie, sogar zu wissen, wann es passiert war. Sie war an jenem Abend von der Arbeit nach Hause gekommen, und sie tranken Wein. An dem Abend, bevor alles aus den Fugen geriet, als sie sich liebten, so intensiv und wundervoll. Und dann, als sich der Funke ausbreitete, diese wilde, wundervolle Explosion in ihr.

Leben, dachte sie nun. Licht.

Versprechen und Potenzial.

Sie legte das Stäbchen auf die Kommode, zog ihre nassen Schuhe und Socken aus, die bis zu den Knien nasse Jeans.

Und atmete tief als das Stäbchen schimmerte, funkelte.

Sie griff danach, hob es hoch – und sah das helle Blitzen des Pluszeichens.

Was fühlte sie? Furcht, ja, Furcht – so viel Tod, so viel Gewalt, so viel Unbekanntes. Auch Zweifel. War sie stark genug, fähig genug? Schock, obwohl sie es doch gewusst hatte.

Und über allem, unter allem, in allem verwoben, was fühlte sie da?

Freude. Dies war, nach all dem Elend, Freude.

Sie hielt das funkelnde Stäbchen in der einen Hand und presste die andere auf ihren Bauch, auf das, was sie und der Mann, den sie liebte, in ihr begonnen hatten.

Und spürte pure Freude.

Kapitel 15

Sie konnte es kaum erwarten, es Max zu erzählen, doch zunächst behielt sie ihr Geheimnis für sich und wartete ab. Organisieren und Inventur machen hatten oberste Priorität. Und sie musste mit der Vorbereitung für das Abendessen fertig werden. Da sie alles hatte, was sie brauchte, ergriff sie die Gelegenheit, um Poe – der am meisten interessiert war – die ersten Schritte des Brotbackens beizubringen.

Während all dieser Zeit behielt Lana ihr Wissen für sich.

Auch Eddie sagte sie es nicht sofort, doch als sie seinen fragenden Blick sah, zeigte sie lächelnd auf ihren Bauch. Und bekam als Antwort ein breites, albernes Grinsen.

Ein guter Tag, dachte sie, als Poe die Laibe in die Röhre schob. Ein besonderer Tag.

Während Lana das Neue in ihr feierte, saß Max mit Eric im Wohnzimmer am offenen Kamin. Sie teilten sich ein Bier, das Eddie in dem Schnapsladen ergattert hatte.

»Ich finde einen Weg, mich mit allen wieder zu vertragen. Ich fühle mich beschissen. Ich weiß, dass das nicht reicht, also werde ich mich mit allen versöhnen.«

Auch wenn der Ärger vom Morgen verblasste, blieb doch die Enttäuschung. Dennoch sah Max, als er seinen Bruder musterte, so viel Verlegenheit wie Schuld.

Und er erinnerte sich daran, dass Eric noch jung war und von ihren Eltern als Nachzügler-Baby ständig verhätschelt worden war.

»Das hoffe ich, aber das Wichtigere ist die wachsende Kraft – wie du damit umgehst, was du damit machst. Das ist neu und aufregend.«

»Ja. Es ist einfach … Mann, das ist Wahnsinn. Vielleicht war ich immer ein wenig eifersüchtig, dass du etwas hattest und ich nicht. Und jetzt, wo ich es auch habe, konnte ich mich nicht mehr bremsen. Das weiß ich.«

»Das überrascht mich nicht, wirklich. Außerdem hast du dich nie mit der Gabe, mit ihren Grundsätzen befasst, warst nie Teil einer Gruppe oder eines Hexenzirkels.«

»Früher hatte ich sie ja gar nicht.«

»Du hast es nur nicht gewusst«, korrigierte ihn Max. »Aber sie muss schon immer in dir gewesen sein. Das musst du begreifen, Eric.« Er beugte sich zu ihm, entschlossen, ihm die Bedeutung dieser Erkenntnis einzuprägen. »Die Aufregung darüber ist ganz natürlich, vor allem, da sich deine Kraft so schnell manifestiert hat. Aber diese Gabe zu besitzen erfordert grundlegenden Respekt und Verantwortung. Und Übung. Das Hexen-Mantra ›Solange es niemandem schadet‹ ist mehr als eine Philosophie. Es ist die Basis für alles.«

»Kapiert.« Eifer legte sich über die Scham. »Ich verstehe es, Max, absolut.«

Max nickte; seine ärgsten Zweifel waren nun gemildert. »Es ist neu für dich. Das verstehe ich. Du brauchst Anleitung, und Lana und ich sind für dich da. Keiner von uns kann wissen, wie weit unsere Kräfte gehen werden, und wir müssen sicherstellen, unter allen Umständen, dass wir sie beherrschen. Dass nicht sie uns beherrschen.«

»Das ist wie ein Rausch. Ich meine, das musst du doch zugeben.« Eric zeigte auf das Feuer, und die Flammen sprangen hoch. »Also, sieh mal.«

»Es ist tatsächlich wie ein Rausch«, stimmte Max zu, »aber wenn du nicht lernst, übst und es beherrschst, könnte das Feuer über dich hinausgreifen. Ein Gebäude niederbrennen, Menschen verbrennen.«

»Oh Gott, jetzt bin ich schon ein potenzieller Brandstifter.« Eric verdrehte die Augen, nahm einen großen Schluck Bier. »Na, wenn das nichts ist.«

»Um Schaden anzurichten, musst du das nicht einmal vorhaben. Die Kraft, die ich früher hatte, war eher klein. Was seither gewachsen ist, ja – man könnte es mit einem Rausch vergleichen. Aber ich konnte über die Jahre eine gute Basis dafür schaffen, konnte studieren und üben. Und trotzdem gibt es noch so viel zu wissen, zu lernen. Warum zum Beispiel ist mit so viel Finsternis nun auch so viel Licht gekommen? Oder ist eben das der Grund dafür?«

»Wir füllen das Vakuum.« Nun beugte sich Eric vor, die Wangen vor Eifer gerötet. »Ich habe viel darüber nachgedacht. Mann, wir haben hier ja nicht gerade viel Abwechslung, also habe ich mir so meine Gedanken gemacht. Menschen wie wir kommen zu ihrem Recht, weil das Virus all das Getöse weggenommen hat, auch die abwehrende Haltung gegen solche Kräfte.«

»Das waren alles Menschen. Ich kann und will nicht glauben, dass das, was eine Feier des Lichts, der Liebe, des Lebens ist, aus Tod und Leid erstanden sein soll.«

»Das ist eine Theorie.« Eric zuckte die Achseln. »Wir haben das

Virus nicht verursacht. Das Leid, den Tod. Stell es dir vor als Kraft, der zum Durchbruch verholfen wurde.«

»Ich habe mir auch meine Gedanken gemacht«, erwiderte Max trocken. »Ich sehe es als eine Art Ausgleich. Uns ist mehr gegeben, oder was wir bereits hatten, ist an die Oberfläche gekommen, sodass wir Finsternis und Tod ausgleichen können. Helfen können, eine Welt mit mehr Licht wiederaufbauen, restrukturieren können. Mit mehr Güte, mehr Toleranz.«

»Das ist so ziemlich das Gleiche.«

»Nein, aber durch Übung und Lernen wirst du den Unterschied erkennen, denke ich.«

Er lehnte sich zurück, doch nun wurde Erics Blick trotzig. »Also, du meinst, ich gehe jetzt in die Schule, mit dir als Lehrer?«

»Betrachte es als Möglichkeit anzufangen, dich mit allen zu versöhnen.«

Eric musste lächeln, prostete Max sogar zu. »Dem kann ich schlecht etwas entgegensetzen. Okay, okay. Wann fangen wir an?«

»Haben wir bereits.«

Eric nickte, betrachtete sein Bier. »Ich habe es bisher nicht zur Sprache gebracht, weil ich … Aber glaubst du, Mom und Dad sind am Leben?«

»Ich hoffe es. Ich hoffe, sie sind in Sicherheit und es geht ihnen gut.«

»Sie könnten sein wie wir. Sind sie vielleicht auch.«

»Könnte sein.« Er hatte allerdings bei beiden nie das geringste Anzeichen dafür gesehen. Aber er hatte ja auch bei Eric nichts bemerkt. »Was ich mit Sicherheit weiß, ist, dass du mein Bruder bist. Du bist meine Familie, und wir sind zusammen.«

»Heute Morgen war ich für dich noch ein Arschloch.«

»Das ist jetzt vorbei. Wir fangen wieder neu an.« Max legte eine Hand auf die von Eric.

»Okay.«

Lana wartete, bis sich Max zurückgelehnt hatte. Zu hören, wie Eric nach seinen Eltern fragte, half ihr, ihren noch immer schwelenden Groll etwas zu unterdrücken. Außerdem war er der Onkel ihres Kindes.

»Hat jemand Hunger?«

Eric stand rasch auf. »Ich kann den Tisch decken.«

»Das hat Kim schon gemacht, aber ich nehme dich gern für den Abwasch in die Pflicht.«

»Alles klar. Tut mir wirklich leid, Lana.«

»Ich weiß. Willst du nicht Allegra Bescheid sagen, dass das Essen fertig ist? Zusammen zu essen, als Gruppe, als Familie, besänftigt vielleicht einige verletzte Gefühle.«

»Du hast recht. Wir müssen ein Team sein und an einem Strang ziehen. Ich hole sie.«

Max stand auf, sobald Eric gegangen war.

»Du bist noch ein wenig sauer auf ihn, und das kann ich dir nicht verdenken.«

»Nicht mehr so wie zuvor. Ich komme darüber hinweg, vor allem, wenn er so etwas nicht noch einmal durchzieht.«

»Dafür werden wir sorgen. Er braucht Führung, und er ist gewillt, sie anzunehmen.«

»Gut. Ich habe Grund zu der Annahme, dass er keinen besseren Mentor haben könnte als dich.«

»Er ist schnell verärgert und gereizt; und ich werde schnell ungeduldig. Aber …« Max ging zu ihr. »So sind wir nun mal. Du siehst glücklich aus.«

»Ich bin glücklich.« Begeistert, dachte sie, während sie sich an ihn lehnte, und ein bisschen verängstigt. »Und ich bin noch glücklicher, wenn wir nach dem Essen ein wenig Zeit für uns haben.«

»Das habe ich auch schon vermisst. Wir könnten einen Spaziergang machen.«

»Ich habe mehr an einen Abend zu zweit gedacht, in unserem Zimmer.«

»So, hast du?« Er küsste ihre Stirn, ihre Wangen, ihre Lippen.

»Ja. Gehen wir nach dem Essen nach oben, Max, und schließen wir alles aus außer uns.«

»Dann lass uns jetzt essen.« Er zog sie näher zu sich, ließ den nächsten Kuss andauern. »Schnell.«

Die Stimmung beim Abendessen unterschied sich deutlich von der am Morgen. Wenn das Vergangene auch noch nicht gänzlich vergeben war, dann schienen sie zumindest auf dem Weg dahin zu sein. Vielleicht ließen das gute Essen, Poes Stolz auf sein frisches Brot und die vielen Vorräte viel Groll dahinschmelzen. Und Eric gab sich zweifellos Mühe.

Er scherzte mit Shaun, bis sich dessen finstere Miene aufhellte, sprach mit Poe darüber, Holz zu hacken, und forderte die ganze Gruppe zu einem Brettspiel-Turnier auf.

»Es hat fantastisch geschmeckt«, sagte er zu Lana. »Danke. Und Kompliment für das Brot, Poe. Ich mache den Abwasch. Kim sollte sich die Regeln und Bedingungen für das Turnier ausdenken. Sie ist unser hellster Kopf.«

»Das gibt mir und Joe Zeit für 'nen Spaziergang. Na los, Kumpel!« Eddie stand auf und klopfte sich auf den Schenkel. Joe kam unter dem Tisch hervor.

»Lana und ich verzichten heute auf den Spieleabend.« Max ergriff ihre Hand und erhob sich vom Tisch. »Ich muss noch einen Stundenplan ausarbeiten.«

»Oh, Mann!« Doch Eric sagte es mit einem Lachen.

»Es ist gut.« Lana blickte zurück, während sie und Max nach oben gingen. »Es fühlt sich an, als hätten wir alle die Kurve gekriegt. Vielleicht haben wir den Krach gebraucht, um Klarheit und ein wenig Einigkeit zu schaffen.«

»Sie sind noch jung.«

»Und wir so alt.«

Er lachte. »Na gut, sagen wir – sie sind jünger. Sie können jetzt einen Abend lang beim Spielen übereinander herziehen, quatschen und voreinander angeben.«

Er zog sie ins Schlafzimmer und in seine Arme. »Und wir haben Zeit für uns«, fuhr er fort und küsste sie.

»Es gibt etwas, das ich dir sagen will.«

»Wir können die ganze Nacht lang reden. Ich habe dich vermisst, Lana.« Er zog die Nadeln aus ihrem Haar, mit denen sie es sich zum Kochen hochgesteckt hatte. »Ich habe es vermisst, die Welt auszusperren, sodass es nur mehr dich und mich gibt.«

Gut, also das zuerst, dachte sie. Ja, das zuerst. Die Welt ausblenden, sodass alles, was blieb, Liebe war.

Er machte das Feuer an; sie entzündete die Kerzen. Und der Schein der Magie vereinte sich mit der Liebe.

Einen halben Meter vor dem Bett stehend, schlug sie die Decke mit einer Handbewegung zurück und brachte ihn damit zum Lachen.

»Nur eine Kleinigkeit, die ich geübt habe.«

»Das sehe ich. Na ja, ob man das toppen kann …« Er hob die Hände und zog sie durch die Luft abwärts. Ihre Kleidung glitt an ihr herab, sodass sie ihr um die Füße fiel.

Entzückt sah sie an sich hinab. »Das passt jetzt aber nicht zu einem ernsthaften und vernünftigen Hexenmeister.«

»Es ist die Tat eines Mannes, der dich begehrt. Meine wundervolle Lana. Ich habe dich in letzter Zeit zu wenig wirklich gesehen.«

»Dann lass uns das jetzt nachholen.« Sie öffnete die Arme.

Ja, genau das, dachte sie. Diese Zeit, in der sie einander anfassten, sich ausgiebig küssten. Sie zog ihm den Pullover aus, um seinen Körper zu fühlen – schlanker als noch vor einiger Zeit, straffer. So viel Stress, dachte sie, so viel Arbeit und Sorge.

Heute Nacht würde sie ihm mehr als das geben. So viel mehr.

Es erregte sie, wie er sie auf die Arme hob, sich um sie schlang, sobald sie auf dem Bett lagen. Er presste ihre Hand auf sein Herz, auf seinen Mund. Sie zog ihn zu sich, bis sich ihre Lippen trafen. Ein Segen, dachte sie, was für ein Segen, so geliebt zu werden, so viel Liebe in sich zu spüren.

Seine Hände, nun rauer als früher, strichen über sie. Er wusste, wo es sie nach Berührung verlangte, welches Gleiten und Pressen ihren Puls beschleunigte. Er wusste, wo er kosten und probieren musste, um ihr Blut in Wallung zu bringen.

Schwach vor Liebe, gab sie sich ihm hin. Benommen vor Lust, übersäte sie seine Brust mit Küssen. Sein Herz schlug so stark, so lebendig.

Sie öffnete sich, nahm ihn in sich auf, hielt ihn fest.

»Warte«, flüsterte sie. »Nur dies, für einen Moment.«

Keine Bewegung, kein Drängen. Nur Zusammensein, vereint sein. Nur dieser Moment, ihn anzuschauen, in seine dunkelgrauen Augen zu sehen, ihre Blicke miteinander verbunden.

Dann bäumte sie sich auf, ihm entgegen. Bewegte sich mit ihm und ließ sich zusammen mit ihm von einem Augenblick zum nächsten und immer weiter forttragen.

Sie dachte an die Nacht vor ein paar Wochen, eine Welt entfernt, als sie so glückselig aneinandergekuschelt gewesen waren. Als das Licht in ihr entzündet worden war.

Im Schein des glimmenden Feuers und der flackernden Kerzen kämmte sie mit den Fingern durch sein Haar. Ein bisschen zottelig, dachte sie mit einem Lächeln, von ihrem amateurhaften Versuch, sie zu schneiden. Sie strich über seine Wange – rau von einem Dreitagebart. So viele Veränderungen, dachte sie, klein und enorm für sie beide.

Dabei hatte sie ihm die größte noch gar nicht mitgeteilt.

»Max.« Sie setzte sich auf, bemerkte erst jetzt, dass er nicht nur befriedigt, sondern schon halb eingeschlafen war. Der Tag, so voller Stress, Anstrengung, Mühe – persönlich, physisch, magisch –, forderte seinen Tribut.

Sie überlegte, bis zum Morgen zu warten, beschloss dann aber, nein, jetzt, bevor sie die Kerzen auslöschte. Jetzt, solange der Akt der Liebe noch den Raum erfüllte.

»Max«, wiederholte sie. »Ich muss dir etwas sagen. Es ist wichtig.«

»Mmmm.«

»Sehr wichtig.«

Er öffnete die Augen. Setzte sich auf. »Was ist los? Ist etwas passiert, als ich heute weg war?«

»Nichts ist passiert.« Sie nahm seine Hand, blickte ihm in die Augen und legte seine Hand auf ihren Bauch. »Max. Wir bekommen ein Baby.«

»Ein –«

Sie sah es, all die unterschiedlichen Reaktionen. Verwirrung, Schock, Zurückhaltung.

»Bist du sicher?«

Anstatt zu sprechen, stand sie auf, ging zur Kommode, holte

311

den Schwangerschaftstest heraus. Er funkelte in ihrer Hand. Und in seiner, als sie ihn ihm gab.

»Das haben wir zusammen gemacht. Du und ich.«

Er schaute zu ihr auf, und sie sah, was sie am meisten gebraucht hatte. Sie sah die Freude.

»Lana.« Er zog sie zu sich, presste das Gesicht zwischen ihre Brüste. Atmete sie ein, sog das Wunder des Augenblicks in sich ein.

»Ein Kind. Unser Kind. Geht es dir gut? Ist dir übel gewesen? Musst du –«

»Ich fühle mich stärker denn je. Ich trage in mir, was wir zusammen gemacht haben. Unsere Liebe, unser Licht, unsere Magie. Du bist glücklich.«

»Mir fehlen die Worte«, sagte er. »Ich habe keine Worte für das, was ich fühle.« Er legte schützend eine Hand über ihren Bauch. »Unseres.«

»Unseres«, wiederholte sie und presste ihre Hand auf seine. »Ich will es für den Moment noch für uns behalten. Ich will nichts den anderen sagen. Na ja, Eddie weiß Bescheid. Ich wollte dir nichts sagen, bis ich sicher war, deshalb bat ich ihn, den Test zu besorgen. Aber sonst will ich niemandem etwas sagen.«

»Warum nicht? Es ist doch wichtig. Und wunderschön.«

»Es ist unseres«, sagte sie noch einmal. »Wie der heutige Abend. Und vielleicht ist es zum Teil ja auch nur simpler Aberglaube. Ich glaube, man soll nichts sagen bis zum Ende des dritten Monats. Aber das ist so ziemlich alles, was ich vom Schwangersein weiß. Oh Gott.«

Sie setzte sich neben ihn, stand aber gleich wieder auf. »Und kein Alkohol. Vielleicht hat deshalb dieses Glas Wein, das Allegra mir gab, für mich verdorben gerochen. Wie auch immer. Gott!

Ich kann ja nicht einfach googeln, was ich tun muss oder nicht tun darf und was ich zu erwarten habe. Das macht mich ehrlich gesagt etwas nervös. Vielleicht bin ich auch einfach nur egoistisch und abergläubisch.«

»Dann sagen wir eben niemandem etwas, bis du dazu bereit bist. Und wir finden heraus ... einfach alles, was wir wissen müssen.«

»Wie?«

»Wir besorgen uns ein Buch. Irgendwo muss es eine Bibliothek oder einen Buchladen geben. Außerdem haben wir ja auch noch unseren gesunden Menschenverstand. Ruhe, wenn Ruhe angesagt ist, gute Ernährung.«

»Ich glaube, ich muss bestimmte Vitamine einnehmen.«

»Vielleicht können wir uns auch die besorgen. Aber Frauen haben über Tausende von Jahren auch ohne Vitamine Babys bekommen.«

Sie warf ihm einen stählernen Blick zu, dann aber musste sie lachen, als sie sagte: »Du als Mann hast leicht reden.«

»Ist doch so oder etwa nicht?« Er ergriff ihre Hand. »Ich passe auf dich auf, auf euch beide, das schwöre ich. Das ist so gewollt, Lana. Dass es passiert ist, obwohl wir jede Vorsicht haben walten lassen. Es ist ein Zeichen«, fügte er hinzu, auf den Funken blickend. »Dieses Kind ist vorbestimmt. Wir werden lernen, was wir tun müssen, um es auf die Welt zu bringen und die Welt für unser Kind sicher zu machen.«

Sie setzte sich wieder zu ihm. »Du weißt immer, wie du mich beruhigen kannst. Gibst mir Selbstvertrauen. Ich glaube dir. Dieses Kind ist uns bestimmt. Und wir werden einen Weg finden.«

Er wandte sich ihr zu, küsste sie. »Ich liebe dich. Und ich liebe schon jetzt unser Baby.«

»Max. Mir geht es auch so.«

Er legte ihre Hand in seine. »Ich verspreche dir, mit allem, was ich bin, was ich habe oder haben werde: Ich werde dich beschützen, verteidigen, mit jedem Atemzug lieben. Sei von diesem Moment an meine Partnerin, meine Ehefrau, meine Gefährtin.«

Ihr ging das Herz über. »Das werde ich sein. Das bin ich. Ich verspreche es dir, mit allem, was ich bin, was ich habe oder haben werde: Ich werde dich beschützen, verteidigen, mit jedem Atemzug lieben. Sei von diesem Moment an mein Partner, mein Ehemann, mein Gefährte.«

»Das werde ich sein. Das bin ich.« Er küsste ihre vereinigten Hände, besiegelte dann das Versprechen mit seinen Lippen auf ihren.

»Das ist alles, was wir für uns brauchen, aber ich will dir auch einen Ring schenken. Ich will dieses Symbol für uns.«

»Für uns beide«, sagte sie. »Der Kreis, das Symbol.«

»Für uns beide.« Er legte sich wieder mit ihr hin, streichelte sie, als sie Gesicht an Gesicht dalagen. »Ich habe noch nicht gefragt, ob du weißt, wie weit du schon bist.«

»Fast in der siebten Woche.«

Sie sah das Verstehen in seinen Augen. »Natürlich. Es ist vorbestimmt«, murmelte er und hielt seine Frau und sein Kind fest.

Volle zwei Wochen lang blieb die Stimmung in der Gruppe ungetrübt.

Max kannte sich und seinen Bruder. Wie vorhergesagt, kamen sie sich mehr als einmal beim Üben und Lernen in die Haare. Doch Lana berichtete er, sie machten Fortschritte.

Es kam zu ganz normalen Auseinandersetzungen, die aber immer wieder geklärt werden konnten.

Eine Tauperiode Anfang März ließ einen Teil des Schnees schmelzen, und obwohl es dadurch draußen glatt wurde, lockten die ersten Anzeichen des Frühlings alle für längere Zeiten nach draußen.

Poe trieb einen Jagdbogen auf und übte jeden Tag eine Stunde damit. Lana beobachtete oft von der Küche aus, wie er Pfeile auf ein Ziel abschoss, das er auf ein Holzbrett gezeichnet hatte.

Er wurde immer besser. Zu ihrer Erleichterung hatte er bislang noch nicht auf eines der Rehe geschossen, die im Wald umherstreiften.

Shaun und Eddie fanden über das Angeln und die Xbox Kontakt.

Poe fuhr mit Max ins Tal und berichtete, der Wolfsjunge, so nannte er den Jungen namens Flynn, schien kein Interesse zu haben, sich ihnen anzuschließen.

Und Max schob Lana einige spezielle Vitamine für Schwangere zu, die er in der Apotheke gefunden hatte.

Zu Beginn der neunten Woche fühlte sich Lana gesund und kräftig. Sie kochte, übte mit Max und Eric, machte lange Spaziergänge mit Max oder Eddie und Joe und nahm an dem Spieleabend teil, der sich dreimal die Woche etabliert hatte – wobei sie meistens verlor.

Sie wusste, dass sich Max mit Landkarten und Routen beschäftigte, um herauszufinden, wohin sie im Frühjahr am besten fahren sollten. Sie verstand, warum er so dachte, auch wenn sie sich in ihrem eigenartigen neuen Zuhause schon eingerichtet hatte und fast zufrieden fühlte.

Sie mussten mehr Gleichgesinnte finden und einen Ort mit nicht nur einer Zufahrtsstraße, sondern einen, den sie im Notfall besser verteidigen konnten. Und selbst mit dem, was sie in dem kleinen Ort unten im Tal gefunden hatten, würden die Vorräte nicht ewig reichen.

»Warum warten?«, fragte Allegra bei einer ihrer Gruppendiskussionen. »Warum fahren wir nicht gleich los?«

»Weil wir hier Unterkunft und Vorräte haben, ebenso Heizung und Licht«, erklärte Max. »Das alles wollen wir schließlich nicht missen, außerdem könnten wir jetzt noch in einen Schneesturm geraten. In einem Monat werden wir das alles hinter uns haben.«

»In einem Monat.« Allegra presste die Hände an den Kopf. »Ich weiß, ich jammere schon wieder, aber Mann, Scheiße. Wir sind jetzt schon eine Ewigkeit hier und haben bisher keine anderen Menschen gesehen – nur diesen sonderbaren Jungen, den ihr getroffen habt. Wenn wir mehr Leute finden wollen, dann werden wir das so niemals schaffen.«

»Und wenn wir auf die falschen Leute treffen?«, fragte Kim. »Wenn wir nicht darauf vorbereitet sind?«

»Okay, ich weiß, am College war alles verrückt, und sogar auf dem Weg hierher. Aber das ist Wochen her. Nach allem, was wir wissen, normalisieren sich die Dinge. Inzwischen haben sie bestimmt auch einen Impfstoff gefunden. Aber wir haben von nichts eine Ahnung, weil wir hier am Ende der Welt hocken.«

»Da hat sie recht«, warf Eric ein.

»Ja, und so wie ich es sehe, sind wir hier eingepfercht und wissen nicht, was draußen abgeht.« Shaun rutschte auf seinem Stuhl herum. »Aber Max hat recht mit Schnee bis Ende März, Anfang April. Es hat getaut, deshalb werden wir alle unruhig, aber das hält nicht an.«

»Was, bist du jetzt der neue Meteorologe?«

Allegras bissige Bemerkung ließ ihn leicht erröten, doch er ließ sich nicht einschüchtern. Seine Freundschaft mit Eddie hat sein Selbstvertrauen bestärkt, dachte Lana.

»Nein, aber ich habe hier eine Menge mehr Zeit verbracht als du. Als jeder von euch. Wir hatten verdammtes Glück, hierherzukommen. Wenn wir bis April warten, haben wir bessere Chancen, von hier wegzukommen, ohne stecken zu bleiben oder zu erfrieren und herauszufinden, was draußen los ist.«

»Kim, sag ihnen, was du mir gesagt hast«, forderte Poe sie auf. »Na los«, insistierte er, als sie ihn anstarrte. »Das gehört hier unbedingt dazu.«

»Na schön. Großer Depri.« Sie lehnte sich zurück, trommelte mit den Fingern auf den Tisch. »Im Februar haben wir einen Bericht aus New York gehört – Eddie übrigens auch. Kein Fortschritt beim Impfstoff, die Regierung im totalen Chaos, über zwei Milliarden Menschen sind tot.«

»Wir wissen nicht, ob das alles stimmt«, widersprach Allegra. »Oder auch nur irgendetwas davon.«

»Na gut, halten wir uns an das, was wir mit eigenen Augen gesehen haben. Du kannst es mit Optimismus probieren und hoffen, dass seither beim Impfstoff riesige Fortschritte erzielt wurden und dass sie in einer Woche oder so einen haben. Dann musst du ihn aber erst in Massen produzieren und verteilen – nur, das Transportsystem ist ja auch zusammengebrochen. Aber bleiben wir weiterhin optimistisch und gehen davon aus, dass der Impfstoff hergestellt und verteilt wird. Dann braucht das alles Zeit«, erklärte Kim. »Die Leute sind umgefallen wie die Fliegen. Würde dieser Impfstoff tatsächlich jemanden immunisieren oder gar heilen? Würde er einen Sterbenden wieder gesund machen? Bei der Sterberate der Infizierten und nicht Immunen müssten wir realistischerweise mit noch einer Milliarde Toten rechnen.

Wir könnten also damit rechnen, dass fast die Hälfte der Weltbevölkerung ausgelöscht wird. Und das ist immer noch die optimistische Variante.«

»Gib ihnen die pessimistische Version«, drängte Poe weiter.

»Es gibt keinen Impfstoff. Wenn wir unseren eigenen Campus als Maßstab nehmen, könnten wir eine Sterberate von siebzig Prozent haben – das sind etwa fünf Milliarden Menschen.«

»Das glaube ich nicht.« Allegras Stimmte bebte; sie griff nach Erics Hand. »Das glaube ich einfach nicht.«

»Nimm den Mittelweg zwischen Optimismus und Pessimismus.« Kim legte eine kurze Pause ein, doch Poe bedeutete ihr fortzufahren. »Selbst in diesem Fall müssen wir davon ausgehen, dass da draußen ein einziges Chaos herrscht. Nicht ordnungsgemäß entsorgte Leichen verbreiten andere Krankheiten. Panik und gewalttätige Arschlöcher sorgen für weitere Tote. Verzweiflung führt zu unzähligen Suiziden. Dazu kommen noch kollabierte Infrastruktur, verdorbene Nahrungsmittel, fehlende Machtstrukturen, nicht verlässliche Kommunikation. Im Vergleich dazu ist noch ein paar Monate hier festzusitzen das reinste Picknick.«

»Was ist deine Lösung?«, fragte Eric. »Einfach nur ewig hierbleiben?«

»Nein, das können wir nicht. Wir hätten nicht genug Brennstoff für einen weiteren Winter. Wir könnten uns nicht genügend verteidigen, falls jemand uns bestehlen wollte. Und wir müssen Bescheid wissen«, fügte Kim hinzu. »Wir brauchen Leute, und wir können nur hoffen, dass einige der Überlebenden Ärzte, Wissenschaftler, Ingenieure, Zimmerleute, Monteure, Bauern sind. Wir können nur hoffen, dass die Menschen noch immer Kinder zeugen wollen. Wir müssen Gemeinschaften bilden, Zufluchtsorte schaffen.

Wisst ihr eigentlich, wie viele Waffen es wahrscheinlich allein in diesem Bundesstaat gibt?«, fuhr sie fort. »Wir werden nicht die Einzigen sein, die bewaffnet sind. Jesus, denkt an die Atomwaffen, die biologischen Waffen, an die irgendein Irrer gelangen könnte. Also – ja, wir müssen hier weg und versuchen, die Dinge wieder in Ordnung zu bringen, bevor jemand alles in die Luft jagt.«

»Ich …« Allegra presste eine Hand an die Schläfe. »Ich habe Kopfschmerzen. Kann ich …«

Lana stand auf, ging zum Medikamenten-Vorrat. »Skala von eins bis zehn.«

»Eine Acht. Vielleicht Neun.«

»Nimm zwei.« Sie brachte Allegra zwei Tabletten.

»Danke.« Sie nahm sie mit Wasser ein. »Mir geht es wirklich nicht besonders. Ich lege mich hin.«

»Tut mir leid«, setzte Kim an, doch Allegra schüttelte den Kopf.

»Nein.« Sie schüttelte noch einmal den Kopf und verließ den Raum.

»Meinst du, es ist wirklich so schlimm?«, fragte Eric.

»Ich glaube, darauf müssen wir uns gefasst machen, ja.«

»Du lieber Gott.« Er schloss die Augen, ließ laut die Luft ausströmen. »Ich gehe mal zu Allegra, nachsehen, ob ich ihr helfen kann.« Er stand auf, hielt inne, blickte zu Max. »Was ist mit Leuten wie uns?«

»Es gibt die Guten und die Bösen, wie bei allen anderen auch.«

»Ja.«

Eddie saß da, streichelte unablässig Joes Kopf. »Ich denke, wenn wir aufbrechen, sollten wir überlegen, nach Süden zu gehen, erst mal nach Kentucky. Da kenne ich mich aus. Wie Poe schon mal gesagt hat, wir müssen was finden, wo wir jagen, fischen, Sachen anbauen können.«

»Wir sind gute Angler.«

Eddie grinste Shaun zu. »Ja, sind wir.«

Lana wandte sich an Kim. »Wie siehst du das Ganze? Optimistisch oder pessimistisch? Sei ehrlich«, fügte sie hinzu.

»Pessimistisch. Weißt du, diese Reporterin war nicht irgendeine durchgeknallte Spinnerin. Ich habe sie mir vor diesem letzten Bericht mindestens eine Woche lang täglich angesehen. Sie hatte sich im Griff, sogar als man ihr eine Waffe an den Kopf hielt, und auch dann noch, als sich dieser Kerl direkt neben ihr selbst das Gesicht wegschoss. Sie sagte, was sie wusste, was sie glaubte und was die Leute ihrer Meinung nach wissen mussten. Die Zahlen zu diesem Zeitpunkt, der Zusammenbruch der Regierung. Kriegsrecht, und das alles ohne einen Impfstoff in Sicht. Siebzig Prozent, vielleicht noch mehr. Mann, wenn du derart viele Todesopfer hast, dann bist du doch so oder so am Ende.«

»Also gut.« Sie würde nicht in Panik verfallen und weiterhin tun, was sie konnte, sagte sich Lana. Für ihr Kind. »Jeder von uns hat seine Stärken. Poe wird ziemlich gut mit dem Bogen.«

»Wir brauchen alle ein Waffentraining«, sagte Max. »Wir müssen alle lernen, uns zu verteidigen, zu jagen, zu fischen. Zu kochen.«

Lana lächelte dünn. »Bei Letzterem kann ich Nachhilfe geben. Im Tausch gegen Fahrstunden.«

»Ich bin eine gute Fahrerin. Also, keine Scherze über asiatische Fahrer, Black Boy.«

Poe kicherte Kim zu. »Dein schwarzer Anteil ist das, was dich zu einer guten Fahrerin macht. Wir haben einen Monat, um alles hinzukriegen.«

»Und dann ab nach Süden.« Max nickte Eddie zu. »Wärmeres Klima, längere Anbausaison.«

»Wir bekommen Strom durch Wind- oder Wasserkraft«, sagte Kim. »Wir bauen uns ein Gewächshaus – verlängern die Wachstumsperiode. Da draußen muss jede Menge Vieh sein. Wir treiben Kühe, Hühner, Schweine zusammen.«

»Bauen uns eine Welt auf?«, meinte Eddie fragend.

Kim zuckte die Achseln. »Das müssen wir.«

Lana schlief schlecht, von Träumen heimgesucht.

Krähen kreisten, so wie über dem schwarzen Kreis. Und dann war da noch etwas, etwas Dunkleres, das den Himmel nahezu überzog. Darin flammten blutige Blitze auf, gefolgt von dröhnendem Donner.

Sie rannte, einen Arm unter ihren schweren Bauch haltend, mit pfeifendem Atem, Schweiß und Blut troffen. Als sie nicht mehr rennen konnte, versteckte sie sich, verkroch sich im Schatten, während das, was sie verfolgte, um sich schlug, zuckte, schlitterte.

Als sie sich wieder sicherer fühlte, lief sie weiter mit ihrem gebrochenen Herzen, das in ihr weinte. Sie ging, bewaffnet mit einem Messer und einer Pistole, eine Frau, die jene, die sie in New York gewesen war, nicht wiedererkannt hätte.

Sie ging eine Meile, zwei, dann drei, mit nur einem Vorsatz. Sie würde das Kind, das sie in sich trug, beschützen, koste es, was es wolle.

Kapitel 16

Zwei Wochen lang war die Zeit ausgefüllt mit Entwürfen, Plänen, Routen, Alternativen und der Art von Unterricht, den zu bekommen sie sich früher nie hätte vorstellen können.

Noch nie im Leben hatte sie eine Waffe in der Hand gehabt. Nun wusste sie, wie man einen Revolver abfeuerte, eine halb automatische Waffe, ein Gewehr und eine doppelläufige Schrotflinte. Ihre Treffsicherheit wurde besser – war jedoch noch nicht gut genug –, und sie bezweifelte, ob sie ihre instinktive Abneigung gegen den Schock, der sie jedes Mal erfasste, wenn sie abdrückte, je würde überwinden können.

Beim Abdrücken wurde ein Geschoss gefeuert, das Fleisch durchdrang, zerfetzte. Sie hoffte mit allem, was sie war, niemals eine Waffe auf ein Lebewesen richten und den Abzug betätigen zu müssen.

Doch sie zuckte nun nicht mehr jedes Mal, wenn sie eine Waffe abfeuerte, vor Schreck zusammen.

Lieber war es ihr, selbst die Lehrerin zu sein: vorzuführen, zu erklären, jemandem beizubringen, wie man eine einfache Suppe kochte, wie man eine gegebene Menge von Zutaten miteinander kombinierte, um damit spontan ein schmackhaftes Mahl zuzubereiten.

Sie übte das Bogenschießen, auch wenn sie sich auf diesem

Gebiet für eine Versagerin hielt. Sie lernte, einen Reifen zu wechseln und Benzin abzuzapfen, und nahm täglich Fahrstunden. Diese Stunden wurden rasch zu ihrer liebsten Zeit des Tages – eine Stunde hinter dem Steuer, nur mit Max neben ihr.

Auto fahren bedeutete, etwas zu lernen, das ihr tatsächlich Spaß bereitete, und Zeit für sie beide, um über das Baby zu reden.

Wenn es schneite – meistens ganz schön heftig –, mussten die Fahrstunden verschoben werden. Bei Sonne schmolz der Schnee zwar, aber nachts wurde es oft noch frostig, und unter und auf dem verbliebenen Schnee bildete sich dann Eis. Um die Wege befahrbar zu halten, streuten sie Asche, die sie aus den offenen Kaminen herausräumten.

Lana spürte, dass sich alle nach dem Frühling sehnten. Und sich gleichzeitig fürchteten vor dem Unbekannten, das mit ihm kommen würde.

Als Max und Poe einmal unterwegs waren, um alles Mögliche aufzutreiben, entschloss sie sich, eine komplette Inventur des Hauses zu machen und aufzuschreiben, was sie mitnehmen sollten. Zahllose Küchenutensilien – den großen Schmortopf, die Bratpfanne, einen Dosenöffner, ein Küchensieb, Schüsseln, den Mörser samt Stößel, den Max für sie in einer anderen Hütte gefunden hatte. Ihre Messer, natürlich.

Ein Holzlöffel würde reichen und ein einziger Pfannenwender – aber falls sie wie geplant noch ein weiteres Auto mitnahmen, würde sie noch mehr Vorräte und Gerätschaften einpacken.

Einen Truck oder SUV zu beschaffen, hatten sie sich für den heutigen Trip als Wichtigstes vorgenommen. Sie setzte ihre Hoffnung auf Max, dass er eben das schaffen würde, und merkte noch mehr Dinge vor.

Während sie mit Arznei- und Erstversorgungsmitteln beschäftigt war, kam Kim herein. »Die halten zum Glück noch eine Weile«, meinte Lana, »aber es würde nicht schaden, sie mit einigen Naturheilmitteln zu ergänzen, sobald wir unterwegs sind. Im Frühjahr kann ich mich darum kümmern. Das ist wenigstens etwas, worin ich mich schon auskenne.«

»Ich weiß auch ein bisschen darüber. Meine Mutter hat sich viel mit ganzheitlicher und chinesischer Medizin beschäftigt.« Kim trat ans Fenster. »Hör mal, ich würde ganz gern ein wenig rausgehen, ein bisschen Sonne tanken. Es ist wärmer heute. Hättest du nicht Lust mitzukommen? Ich möchte nämlich nicht dafür geschimpft werden, das Haus ohne Geleitschutz zu verlassen.«

»Sicher. Ein Spaziergang tut mir auch gut.«

»Es hat wieder getaut, ist also glatt draußen, aber –«

»Ich hole nur schnell meine Stiefel.« Lana legte ihren Notizblock beiseite, ging in den Flur. »Geht es dir gut?«

Kim zuckte die Achseln, nahm sich ihre Stiefel. »Ich bin unruhig. Ich vermute, das kommt daher, dass unsere Zeit hier zu Ende geht. Zum Teil ist es schon nervtötend. Immer das Gleiche. Aber Routine macht auch bequem. Und ich will aufbrechen. Wir müssen gehen, aber –«

»Ich weiß.« Lana entschied sich für eine leichtere Jacke, nahm sich jedoch einen Schal. »Ich glaube, das wissen wir alle.«

»Ich spüre schon den ganzen Morgen diese komische Furcht in mir. Meine ganz persönliche dunkle Wolke.« Kim zog den Reißverschluss ihrer Jacke zu und setzte sich eine Skimütze auf die länger gewordenen schwarzen Haare. »Wahrscheinlich habe ich das von Allegra übernommen. Ich will nicht auf ihr herumhacken«, erklärte Kim. »Seitdem sie ihre Gewichte stemmt, jammert sie nicht mehr so viel. Aber, mein Gott.« Sie öffnete die Tür und atmete beim Hinausgehen tief die frische Luft ein. »*Ihre* dunkle Wolke ist wirklich nicht zu übersehen.«

»Ich habe das Gefühl, nach dem, was ich gesehen und von ihr gehört habe, dass sie aus einem ›besseren‹ Elternhaus kommt. Einzelkind reicher – geschiedener – Eltern und vielleicht als Kompensation von beiden ein wenig verzogen.«

»Ja, Prinzessin der privilegierten weißen Mittelschicht. Tut mir leid, jetzt hacke ich doch auf ihr herum. Dabei habe ich sie zuvor kaum gekannt und nur gelegentlich getroffen, seit sie mit Eric zusammen ist.«

»Warst du mit Eric …«

»Was? Oh, nein.« Durch ihr Lachen löste sich der Stress in Kims Miene ein wenig. »Wir hatten einige gemeinsame Fächer in der Schule, und letztes Jahr hatte er eine Zeit lang was mit einer Freundin von mir. Shaun kannte ich besser – und ein paar andere Nerds, alles Langweiler. Es war eigentlich nur Zufall, dass wir fünf letztendlich zusammen losfuhren. Wir versteckten uns alle im Theater – in der Requisitenkammer. Poe hatte ein Auto, Shaun hatte dieses Haus, also beschlossen wir, uns aus dem Staub zu machen. Damals war noch meine Freundin Anna mit dabei. Sie hat es aber nicht geschafft.«

»Das tut mir leid. Ich wusste nicht, dass ihr jemanden verloren habt. Wart ihr gut befreundet?«

»Wir wohnten im gleichen Studentinnenheim. Hatten nicht viel gemeinsam, aber wir verstanden uns gut und mochten uns ziemlich. Sie studierte Theaterwissenschaft, deshalb bin ich in der Requisite gelandet. Sie hat mich einfach mit hineingezerrt. Sie wollte bleiben, es aussitzen, aber ich überzeugte sie zu gehen, mit den anderen abzuhauen.«

»Damit hattest du recht, Kim. Zu bleiben, das konntet ihr nicht riskieren.«

»Ich weiß, und daran klammere ich mich auch fest. Es war der erste Abend draußen … Wir waren noch nicht weit gekommen, alles war verrückt. Dann fanden wir tatsächlich dieses leere Haus – eigentlich mehr ein Schuppen. Anna war ziemlich kaputt, ich glaube wie wir alle. Am Morgen … Wir haben sie am Morgen gefunden.«

Lana sagte nichts, ließ Kim Zeit, sich zu fassen, durchzuatmen.

»Sie hatte sich an einem Ast erhängt. Mit einem Bettlaken. Und sie hatte sich einen Zettel an die Jacke geheftet. Darauf stand nur: ›Ich sterbe lieber.‹«

Lana legte einen Arm um Kims Schultern. »Das tut mir wirklich leid.«

»Ich weiß nicht, warum ich heute so viel an sie denken muss. Es ist Teil dieser dunklen Wolke. Wo sind eigentlich die anderen alle? Ich weiß nur, dass Max und Poe unterwegs sind, um ein Auto zu besorgen.«

Themenwechsel, dachte Lana und drückte Kim kurz, ehe sie den Arm sinken ließ. »Ich glaube, Eddie und Shaun sind mit Joe rausgegangen, vielleicht um Bogenschießen zu üben.«

»Das ist gut für Shaun – Eddie und Joe, meine ich. Sogar unter den Nerds war er meistens derjenige, über den sie hergezogen sind oder den sie ignoriert haben. Eddie behandelt ihn, als wäre er cool, und das ist wahrscheinlich das erste Mal in Shauns Leben, dass er wenigstens mal in die Nähe von so etwas wie Coolness kommt. Und er hat mehr gemacht, als nur seinen Teil beizutragen. Das Haus haben wir nur seinetwegen. Ja, er hat Mist gebaut, aber seither hat er sich nicht nur eingefügt, er hat richtig hart gearbeitet.«

»Stimmt«, antwortete Lana. »In der Kochstunde tut er, als wäre er im Physikunterricht, und das ist gar nicht schlecht.«

Kim hob einen dünnen, peitschenförmigen Ast auf und schwang ihn beim Laufen hin und her. Sie wirkte ruhelos.

»Es ist irgendwie schrecklich, das zu sagen, aber all die Scheiße, die passiert ist, diese verdammte weltweite Seuche, die einen zwingt, zum Überlebenskünstler zu werden – das alles könnte für Shaun zu einer guten Chance werden.«

»Das Ganze wird unser aller Schicksal bestimmen.« Sie blieben stehen und beobachteten eine Gruppe Rehe im Wald. »Ich habe mir Sorgen gemacht, dass die Situation, diese Dynamik, die Beziehung von Max und Eric beschädigen könnte. Manchmal sehe ich Erics Groll noch immer, aber er schluckt ihn runter und tut, was zu tun ist.«

»Max ist der Boss. Das weiß jeder. Eric hat damit mehr Probleme, aber er weiß es auch.«

»Für mich, und dann auch für Eddie, war es ganz natürlich, dass Max diese Rolle übernimmt. Ihr anderen …«

Kim schwang ihre Gerte, schüttelte den Kopf. »Weißt du, ich hätte auch allen gesagt, dass wir rationieren müssen, dass wir mehr Vorräte besorgen, einen Plan machen müssen. Und ich hätte Poe auf meine Seite gebracht, denn er ist kein Idiot. Aber wir hätten nicht alle anderen davon überzeugen können. Trotzdem, auf dem Weg hierher hatte Eric quasi noch die Führungsrolle, und er musste sie abgeben, als du und Max zu uns gestoßen seid.«

Sie blickte Lana von der Seite an. »Und wir haben heute noch Vorräte, sind gut organisiert und besitzen einen Plan, weil du das alles gemacht hast. Allegra dagegen ist eine Prinzessin und Eric ihr Ritter. Ich denke mal, das klappt für die beiden. Wo sind sie eigentlich?«

»Ich weiß nicht. Waren sie denn nicht im Haus?«

»Ich habe sie nicht gesehen, und die Sachen, die sie normalerweise tragen, wenn sie rausgehen, waren nicht im Flur.«

»Wahrscheinlich haben sie auch einen Spaziergang nötig. Draußen wird es wärmer, und die Sonne tut gut. Vermutlich kriegen wir noch einmal Schnee, aber ich glaube mehr und mehr, dass der schlimmste Winter vorüber ist.«

»Ich möchte wieder alles wachsen sehen und auch dazu beitragen, dass es wächst.« Kim reckte das Gesicht hoch, atmete ein.

»Einen Kräutergarten. Das möchte ich als Erstes machen. In Chelsea habe ich Kräuter in Töpfen auf dem Fensterbrett gezogen. Ich wünschte, ich hätte sie mitgebracht.«

Sie kehrten um – entsprechend der Regel, sich nicht zu weit vom Haus zu entfernen, ohne dass alle Bescheid wussten.

»Ich bin froh, dass du ein wenig laufen wolltest«, sagte Lana. »Ich hatte nicht bemerkt, dass ich unbedingt an die frische Luft muss.«

Bei dem Geräusch rennender, rutschender Schritte drehten sie sich beide um. Lana ergriff Kims Arm und schaute nach links. Wir sind fast in Sichtweite des Hauses, dachte sie, nah genug, um den Rauch der Feuer in den offenen Kaminen zu riechen und zu sehen. Falls sie rennen mussten …

Dann brach Joe aus dem Unterholz hervor. Lana war erst einmal erleichtert, doch das Lachen über ihre Paranoia blieb ihr im Halse stecken, als Joe sich zitternd an sie presste.

»Was ist denn los, Joe?«

Shaun kam aus dem Wald herausgeschlittert. Er wäre beinahe in den schmelzenden Schnee gefallen, doch Eddie erwischte ihn noch und zog ihn wieder hoch.

»Was ist passiert?«, fragte Lana.

»Etwas absolut Komisches da hinten.« Er schob die Brille hoch, die Gläser waren von seinem Atem beschlagen. »Absolut komisch. Wir sollten zum Haus zurück. Wir sollten Max holen.«

»Moment mal. Was habt ihr gesehen?«

»Habt ihr beide Walkies dabei?«, fragte Eddie.

»Nein, wir waren nur kurz spazieren.«

Shaun, vom Rennen noch immer schwer atmend und das Gesicht gerötet, blickte zurück zu den Bäumen. »Ich hole eines. Ich kontaktiere Max – er hat eines mitgenommen – und sage ihm, er soll zurückkommen. Er muss unbedingt zurückkommen.«

»Und zwar pronto«, meinte Eddie.

Shaun rannte los, ungeschickt, immer wieder ausrutschend.

»Eddie.« Lanas Tonfall war scharf; ihre Geduld war zu Ende, ihre Furcht wuchs.

»Habt ihr *Blair Witch Project* gesehen? Ihr wisst schon, den Film?«

»Nein«, erwiderte Lana, während Kim »Klar« sagte.

»Also, ich liebe Gruselfilme.« Eddie tröstete Joe mit einer Hand, während er immer wieder über seine Schulter blickte. »Aber leben möchte ich in keinem. Weißt du noch, wie da all diese symbolischen Dinge von den Bäumen runterhingen?«, fragte er Kim.

»Ja. Schauderhaft.«

»Genau. Da hinten ist ’ne Menge solches Zeug. Hängt da überall herum. Abseits von dem Pfad, den wir benutzen, aber Joe lief dorthin, und wir sahen Fußabdrücke, also haben wir uns das angesehen. All die Symbole, wie – was ist das?« Er zeichnete mit dem Finger etwas in die Luft.

»Pentagramme.« Lanas Brust zog sich zusammen.

»Ja, solche und dann noch diese seltsamen kleinen Puppen.

Aus Zweigen und Gestrüpp und Fäden und so und zerrissenen Lumpen. Ich kenne einiges davon von meinem Grateful-Dead-T-Shirt. *Blair Witch Project*, Baby, und es ist nicht gut.«

»Ich muss das sehen.«

Eddie schüttelte den Kopf. »Es ist schlimm, Lana. So schlimm wie dieser schwarze Kreis. Du kannst es spüren. Und da ist Blut auf dem Schnee. Sah frisch aus. Eine Menge Blut und, äh, auch Eingeweide. Joe hat sich angepisst. Ich auch beinahe.«

»Was für ein schwarzer Kreis?«, wollte Kim wissen.

»Erklären wir dir später. Du musst mir das zeigen. Wenn jemand so nah an das Haus herankommt und schwarze Magie anwendet, muss ich es sehen, um etwas dagegen zu tun.«

»Ich wusste, dass du das sagen würdest.« Eddie rieb sich das Gesicht, ließ die Hände sinken. »Warten wir doch einfach nur auf Max, okay?«

»Eddie, ich muss es sehen. Dann kann ich Max die Symbole erklären, und wir können zusammenstellen, was notwendig ist, um dem entgegenzuwirken.«

»Okay, okay, aber wir gehen nicht weiter als bis zu der Stelle, wo Joe sich anpisste. Da kommt Shaun.«

Shaun kam keuchend angerannt, das Gesicht nun hochrot vor Anstrengung. »Hab's ihnen gesagt.« Er beugte sich vor und stützte die Hände auf seine Knie. »Sie kommen. In zehn oder fünfzehn Minuten, aber sie kommen.«

»Gut. Jetzt bringt mich dorthin, und in zehn oder fünfzehn Minuten werden Max und ich herausfinden, was wir tun müssen.«

»Dorthin?« Shaun war noch immer vornübergebeugt, doch nun hob er den Kopf. Unter der Erschöpfungsröte wurde sein Gesicht bleich. »Dahin? Das mache ich nicht. Keiner von uns sollte da hingehen, auf keinen Fall. Max –«

»Ist nicht hier«, stellte Lana klar.

»Möchtest du lieber allein hier warten?«, fragte Kim und tat den ersten Schritt vorwärts.

»Scheiße, nein!« Er schloss sich ihr an, während er sich bemühte, die Umgebung im Blick zu behalten. »Ich meine bloß, dass das keine gute Idee ist!«

»Symbole schwarzer Magie da oben zu lassen auch nicht«, gab Lana zurück. »Bereits im vorigen Monat haben wir einen gefährlichen Ritualplatz gefunden. Und auch er war zu nahe am Haus. Wir haben ihn gereinigt. Und das machen wir auch mit dem, was immer es ist.«

»Das habt ihr uns gar nicht gesagt«, beschwerte sich Kim.

»Nein, und das war vielleicht ein Fehler.« Eddie hielt an, sie blickte auf den zertrampelten Schnee auf der linken Seite. »Noch näher auf das Haus ausgerichtet.«

»Ja. Man kommt hier schwer voran – viel Gestrüpp, heruntergefallene Äste, Steine. Deswegen bleiben wir auf dem Weg.«

»Wenn wir auf Max warten –«

Kim drehte sich zu Shaun. »Lana ist genauso eine Hexe wie er.«

Um die beiden zu beruhigen, ging Lana auf dem zertrampelten Schnee weiter – um bereits nach knapp zwei Metern abrupt stehen zu bleiben. Sie spürte es pulsieren, pumpen, sickern, triefen. Dunkler und kraftvoller als der Kreis, erkannte sie, und ihre Haut wurde feuchtkalt.

Damals war es lediglich ein Opfer gewesen. Jetzt, fürchtete sie, war es harsche Realität. Die Ausführung.

Sie presste eine Hand auf ihren Bauch, auf ihr Kind, und hätte schwören können, dass sie auch dort ein Pulsieren spürte. Das pulsierende Licht des Lebens.

Sie vertraute ihm und ging weiter.

Blut, Tod. Sex. Sie roch es alles, alles miteinander vermischt und verschmiert.

Und plötzlich – umgekehrte Pentagramme, die von Ästen hingen. Dreizehn mal dreizehn. Blut, rot über den weißen Schnee gespritzt, und geronnenes Blut auf einem provisorischen Altar aus Steinen, auf dem etwas ausgeweidet worden war.

Die Puppen: sechs menschliche, zweibeinige und eine vierbeinige.

Das Dunkle hieb gegen sie, das Licht pulsierte in ihr, dazu eine totale Luftstille, die bitter, undurchdringlich und reglos geworden war. Sie wusste Bescheid.

Und eine tiefe Trauer kam über sie.

Prüfend – Kraft gegen Kraft – hob sie eine Hand, presste ihr Licht gegen die Finsternis und spürte den Schock, als es gierig fast an ihrer Handfläche leckte.

»Wir müssen zurückgehen«, erklärte sie mit absoluter Ruhe. »Ich muss einiges holen.« Und sie brauchte Max.

»Gute Idee!« Shaun trat einen Schritt zurück, erstarrte jedoch, als es im Gebüsch knackte.

»Oh mein Gott, das ist ein *Bär*.« Auch Kim stolperte einen Schritt nach rückwärts.

»Mit dem stimmt was nicht«, behauptete Eddie. Er nahm das Gewehr von der Schulter, Joe hörte auf zu zittern und knurrte leise.

Der Bär trottete vorwärts, während er zuckte und sich krümmte. Die Augen glühten gelblich, und er schnappte in die Luft.

»Nicht rennen.« Mit zitternder Hand ergriff Shaun Kims Arm. »Nicht rennen, sonst verfolgt er dich womöglich. Und er ist schneller. Gehen wir am besten einfach langsam zurück, geben ihm Raum, aber wir bleiben zusammen, damit wir größer wirken. Das ist ein Schwarzbär, die sind nicht aggressiv, aber der da …«

»Der hat etwas.« Eddie atmete langsam. »Hat noch jemand eine Waffe?«

»Ich.« Kim fummelte herum, um an die Pistole an ihrer Hüfte zu kommen.

»Shaun hat recht – nicht rennen. Versuchen wir, uns zurückzuziehen. Schön vorsichtig«, fügte Eddie hinzu. Doch da stellte sich der Bär auf die Hinterbeine und brüllte.

»Scheiße. Scheiße. Das hat nicht geklappt.«

»Er ist krank. Du musst ihn töten. Erschieß ihn«, ordnete Lana an und schleuderte starke Kraft hinaus.

Der erste Schuss traf in die Brust. Er brüllte, fiel auf alle viere – und griff an.

Es fielen Schüsse – aus dem Gewehr, aus der Pistole. Lana presste eine Hand auf ihren Bauch, griff zurück auf ihre Kraft und schleuderte einen gezackten Lichtstrahl auf das Tier.

Der Bär heulte auf, stieß einen Schmerzensschrei aus, der die Luft zerriss, und seine Vorderbeine gaben nach. Lana sah, wie seine Augen leer wurden – nicht, weil er tot war, noch nicht, sondern aus Furcht.

Dann brachte Eddie es zu Ende.

»Zurück zum Haus«, befahl Lana. »Alle zurück zum Haus. Da sind womöglich noch mehr.« Ihrer Intuition folgend, setzte sie die hängenden Symbole in Brand. »Beeilt euch.«

»Eric und Allegra«, stieß Kim hervor, während sie durch den nassen Schnee hasteten. »Sie sind vielleicht noch da draußen. Wir müssen sie finden und ins Haus bringen.«

»Eric und Allegra haben das gemacht. Beeilung!«, wiederholte Lana.

Sie erreichten die Lichtung, auf der das Haus stand. Auf dem Weg standen Eric und Allegra, Händchen haltend.

»Ihr habt unsere Überraschung verdorben.« Allegra strich die Haare zurück, lächelte.

»Ihr habt uns etwas verheimlicht.« Panikschauer liefen Lana über den Rücken. Hier musste sie nicht Kraft gegen Kraft abwägen, nicht, wenn sie sie in sich arbeiten fühlte.

Sie brauchte Max. Sie alle brauchten Max.

»Ich wollte echt nicht angeben.« Allegra legte lachend den Kopf an Erics Schulter. Eine kokette, feminine Geste, so ganz anders als die eisige Freude in ihrer Miene. »Es hat solchen Spaß gemacht zuzusehen, wie ihr mit euren mickrigen Talenten spielt, während die unseren immer größer, dunkler, krasser wurden. Jetzt.«

Sie kreiste mit einem Finger in der Luft und umschloss sie alle mit einem Ring aus schwarzem Feuer. »Wir warten einfach hier, bis der Letzte unserer glücklichen Gruppe nach Hause kommt.«

Kim zog ihre Waffe, doch Lana hielt die Hand hoch. »Die Kugel wird den Kreis nicht durchdringen und könnte einen von uns treffen.«

»Du bist so clever. Dich opfern wir als Letzte.« Erics Gesicht glühte vor tödlich-dunkler Kraft und Schadenfreude. »Der Erste ist Max«, setzte er grinsend hinzu.

Alles in Lana fürchtete sich, als sie Erics Blick begegnete, seine Häme bemerkte.

»Er ist dein Bruder.«

»Scheiß auf 'nen Bruder.« Mit einem Fingerschnippen schoss er Pfeile schwarzen Lichts in den Himmel. »Mein Leben lang ist er immer zuerst gekommen, und ich durfte immer nur ihm folgen, ohne je an ihn heranzukommen. Der gute Sohn, der beste

Student, der bedeutende Schriftsteller. Die Kraft. Jetzt bin ich so viel mehr als er. Und er glaubt, *mir* etwas beibringen zu können? *Mich* etwas zu lehren? *Mich* auszubilden?«

Mit einer pfeilschnellen Handbewegung schleuderte er einen öligen schwarzen Blitz auf eine Kiefer am Waldrand. Sie wurde aufgespalten und die schartigen Hälften schwelten im geschwärzten Schnee.

»Er glaubt, seine weiche weiße, schwache Kraft kann sich mit meiner messen?«

»Er – er ist auf die dunkle Seite gewechselt.« Shaun stotterte es heraus. »So wie, wie Anakin Skywalker.«

Mit einem hässlichen Grinsen schleuderte Eric einen schwarzen Pfeil auf den Feuerring. »Gott, du bist so ein bescheuerter Trottel.«

»Das bist nicht du, Eric.«

Noch immer grinsend, wandte er sich Lana zu, blickte dann auf seine Hand. Etwas Schwarzes, Geschmeidiges hatte sich um seinen Arm gewunden. Er hob ihn hoch, und Krähen zogen über den Himmel, begannen zu kreisen.

»Das bin ich. Endlich, und endlich habe ich, was mir schon immer zustand. Die Menschheit ist tot. Ich stehe vor ihrem verrottenden Leichnam, und ich *bin*. Wir sind«, sagte er zu Allegra. »Wir sind jetzt, was lebt.«

»Gedeiht und nimmt. Was immer wir wollen. Wen immer wir wollen.« Allegra lehnte sich an Eric, rieb ihre Wange an seiner. »Vielleicht sollten wir einen von ihnen behalten, als Haustier.«

»Du bist ja krank, Mann.« Eddie packte Joe am Halsband, hielt ihn bei sich. »Total krank.«

»Vielleicht ihn«, überlegte Allegra. »Nachdem wir seinen Hund am Spieß gegrillt haben.«

335

»Nehmen wir uns doch jetzt gleich einen. Unser Held der Regeln braucht zu lang. Lass uns ein bisschen Spaß haben. Du hast die Wahl, Baby.«

»Hmmm.« Allegra trat vor, ihr helles Haar floss über ihren Rücken, als sie um den Kreis schlenderte. »Schwierige Wahl. Sie sind alle so *langweilig*. Bis auf sie.« Sie blieb vor Lana stehen. »Aber sie muss die Letzte sein – sie und die Ausgeburt, die in ihr wächst. Sie muss die anderen alle sterben sehen.«

»Ich dachte, du bist nur ein bisschen dumm.«

Momentan aus der Fassung geraten, blinzelte Allegra Lana an. »Was?«

»Du hast mich schon verstanden.« Komme, was da wolle, dachte Lana, sie würde ihr Kind beschützen. Und so lächelte sie nur herablassend. »Ein bisschen dumm, ein furchtbarer Jammerlappen und vor allem nutzlos. Ich sehe, ich habe dich unterschätzt. Du bist tatsächlich dumm, jämmerlich und nutzlos. Ich bin mir nicht sicher, was das aus Eric macht – schließlich konntest du ihn mit Sex und ein bisschen plumper Kraft auf deine Seite ziehen.«

»Einen Mann«, sagte Kim hinter Lana. »Einen Mann, der wegen eines Paars Titten durchdreht. Tut mir leid, Jungs, aber wir haben hier ein Paradebeispiel.«

Allegra stand da, die Beine gespreizt, ihr Haar flatterte in einem aufkommenden Wind. »Du hast keine Ahnung, was ich bin, wie lange das, was in mir ist, auf diesen Tag gewartet hat. Aber du wirst es wissen, noch ehe ich diese zappelnde Masse von Zellen aus dir herausreiße. Wirst schon sehen!«

Allegra breitete die Arme aus, und sie wurden zu Flügeln, bleich wie ihr Haar, mit zahnbewehrten, scharfen Rändern. Sie erhob sich über die Gruppe, kreiste, wirbelte über ihnen. Der

dadurch entstehende Wind ließ Rauch aus den Flammen aufsteigen.

»Da ist sie!« Eric hob lachend die Arme. Seine Flügel waren
schwarz, ölig wie der Pfeil, glänzend im Rauchnebel.

»Was sind sie?«, würgte Shaun heraus. »Was sind sie?«

»Tod. Finsternis. Trostlosigkeit«, murmelte Lana. Und arro-
gant, dachte sie.

Während sie kreisten wie ihre Krähen, griff Lana zurück auf
das, was sie war, was sie hatte, und betete, dass es ausreichen
möge.

»Wenn ich sage ›Rennt‹, dann rennt. Zurück zum Haus.«

»Wir sind hier in einer Falle«, wandte Shaun ein.

»Nicht mehr lange.«

Sie schleuderte ihr Licht hinaus, gegen das kreisende Dunkel.
Zerbarst es. »Rennt!«, fauchte sie und zerschmetterte es.

Sie suchte nach mehr, katapultierte es in sich hoch. Sie hörte
ein Geräusch, wie das Brutzeln von Schinken in einer heißen
Pfanne, einen Aufschrei aus Schmerz und Kränkung, und rannte
mit den anderen los.

Feuerpfeile regneten vom Himmel und verwandelten das Haus
in ein Inferno. Die Hitze, die Flammen, warfen sie zurück. Noch
ehe sie sich aufrappeln konnte, fuhr eine von Allegras angesengten Schwingen nieder. Verzweifelt packte Lana sie, drehte sie,
selbst als die Zähne sich in ihre Hände schlugen. Allem Schmerz
zum Trotz intensivierte sie ihre Kraft. Eric sprang hinzu, wollte
Allegra zu sich holen, zog sie von Lana weg.

Eddie half ihr auf die Füße. »Max, Max und Poe. Sie kommen.
Wir müssen einen Unterschlupf suchen.«

Sie hörte Schüsse, rannte blindlings los, Blut tropfte von ihren
Händen. Sie sah Kim anhalten, versuchen, einen stolpernden

337

Shaun hochzuziehen, und feuern, feuern, feuern, mit einer Hand. Voller Entsetzen sah Lana den angesengten, verstümmelten Flügel in Richtung Kim niedersausen. Während sie kämpfte, um sich selbst einigermaßen zu schützen, stieß Shaun Kim zur Seite. Die gezackten Zähne zerfleischten ihn, sein Gesicht, Hals, Brust, Bauch.

Allegra wirbelte herum, stieß einen Schrei des Triumphs aus, als er sein Leben aushauchte.

»Nein, nein, nein.« Kim kroch durch das Blut, eine ganze Lache. »Shaun!«

»Er ist hinüber.« Eddie würgte die Worte heraus, zog Kim beiseite, in den nassen, matschigen Dreck der Straße, auf der Max angefahren kam.

»Ins Auto. Alle!« Max presste die Hände nach oben, bemühte sich, einen Schild zu schaffen. Poe stand neben dem Wagen, die Zähne zusammengebissen, und feuerte aus einem langen Gewehr. »Ins Auto!«

»Nicht ohne dich.« Kreidebleich, bebend befreite sich Lana aus Eddies Griff. »Niemals ohne dich. Sie sind stark, Max. So stark, dass keiner von uns sie allein stoppen kann. Eric …«

»Ich weiß. Aber du musst einsteigen.« Schweiß rann ihm über das Gesicht von der Anstrengung, seine Familie zu schützen. »Es wird nicht ohne mich sein, aber wir müssen schnell sein.«

»Zusammen sind wir schneller.«

»Eric.« Max' Arme zitterten, seine Muskeln brüllten vor Schmerz, doch er hielt den Schild.

»Schau, was sie getan hat.« Allegra legte das Gesicht an Erics Schulter. »Sie hat mich verletzt, Eric. Dafür muss sie büßen.«

»Wird sie. Sie werden alle büßen.«

»Eric, du musst aufhören. Warum tust du das?«

»Weil ich es kann! Weil eure Regeln keine Gültigkeit mehr haben.« Er schleuderte Pfeile gegen den Schild. »Weil eure Zeit um ist, und die meine ist endlich gekommen. Weil es ein verdammt gutes Gefühl ist!«

»Du verdrehst, was in dir ist. Du –«

»Oh, halt einfach die Fresse und stirb!«

Der Schlag warf Max auf die Motorhaube des Autos zurück, seine Nase blutete. Mit klingelnden Ohren blickte er seinem Bruder ins Gesicht, sah nichts als Hass und Gier.

Er traf seine Entscheidung.

»Poe, ans Steuer. Lana nach hinten. Ich kann es nicht mehr lange aushalten.« Er kämpfte sich auf die Beifahrerseite und stieg ein, den Blick unverwandt auf Eric gerichtet.

Lana hielt ihre blutverschmierten Hände hoch. Kim weinte.

»Lana, du musst Poe helfen. Poe, Rückwärtsgang, und schnell. Fahr einfach. Lana, halt uns auf der Straße.«

Sie würden nie schneller sein als das, was kam, dachte sie. Eric und Allegra drehten sich zusammen, mit vereinten Kräften. Der Wind schüttelte den Wagen, und um sie herum begann der Boden aufzubrechen. Auf dem Hügel stand das Haus vollständig in Flammen. Sie brauchten nur den Wagen auf dieselbe Weise in Brand setzen, indem sie Max' Schild durchstießen und einen schwarzen Blitzstrahl auf das Auto schleuderten.

Lana presste eine geschundene Hand auf ihren Bauch, betete für ihr Kind und drehte die andere Hand, um den Wagen auf der Straße zu halten, während Poe mit irrsinnigem Tempo zurückstieß.

»Tut mir leid, Max«, murmelte sie.

»Mir auch. Gott, mir auch.«

Als sie an dem Propangas-Laster vorbeirasten, ließ Max den

Schild fallen und warf diesen und alle Kraft, die er noch hatte, auf den Tank. Auf diese Weise wurde er von den Pfeilen getroffen, die Eric schleuderte.

Lana sah den Schrecken in Erics Gesicht, dann spie die Explosion Feuer und Metall in die Luft. Durch den Lärm der Detonation hörte sie Schreie, schreckliche, entsetzliche Schreie.

»Wende, sobald du kannst.« Max starrte direkt nach vorn. »Fahr ins Dorf. Wir können Flynn, und wer immer bei ihm ist, nicht dalassen. Wenn sie das überleben, nehmen sie sich jeden vor, den sie kriegen können.«

»Sie hat Shaun getötet. Sie beide haben Shaun getötet. Er hat mich zur Seite gestoßen, und sie haben ihn umgebracht. Er hat nie jemandem etwas getan, und sie haben ihn umgebracht.«

Eddie zog Kim an sich, während Poe an einer Haltebucht in drei Zügen wendete. »Der Kerl war ein Held. Ein verdammter Held.«

Joe legte den Kopf in Eddies Schoß und ließ ein trauriges Heulen vernehmen.

»Lanas Hände bluten ziemlich stark.« Poe hielt das Steuer eisern fest. »Da hinten sollte etwas sein, um sie zu verbinden.«

»Sie hat versucht, das Baby umzubringen. Das konnte ich nicht zulassen. Ich kann das Bluten stoppen.« Lana presste die Handflächen zusammen, schloss die Augen. Und öffnete sie wieder, als sie Max' Hand auf ihrer spürte.

Er sah ihr in die Augen, sein Blick war voller Kummer, voller Schuld, voll unaussprechbarer Sorge.

»Du hast uns gerettet«, sagte sie zu ihm.

»Ich habe ihn verloren. Wie konnte ich ihn ansehen und nicht bemerken, dass ich ihn bereits verloren hatte?«

»Du hast ihn geliebt.«

»Was ich liebte, das starb mit dem Aufsteigen der dunklen Seite. Was ich liebte … hat das Verderben getötet. Das Baby? Geht es dem Baby gut?«

»Es geht ihr gut. Ich weiß es.«

»Ihr?«

»Das dachte Allegra. Sie wusste es offenbar, und ich spüre es.«

»Na dann, gratuliere.« Kim wischte sich Tränen von der Wange. »Am meisten hatte sie es auf dich und das Baby abgesehen. Eric am meisten auf Max. Wir anderen waren nur Statisten. Und wir wären alle tot, alle, wenn nicht Lana gewesen wäre, und Max.«

»Tut mir leid, Mann, das mit deinem Bruder. Aber …« Auch Eddie wischte sich Tränen aus dem Gesicht. »Ich hasse es, dass wir Shaun da so liegen lassen mussten.«

»Er war ein Held.« Erschöpft ließ Lana den Kopf nach hinten sinken. »Das Licht wird ihn aufnehmen. Ich … das weiß ich. Er wird nicht allein sein. Er hat sein Leben für eine Freundin geopfert. Er wird nicht allein sein.«

»Wir waren nicht schnell genug. Wir müssen lernen, schneller zu reagieren, und noch einiges anderes.« Max öffnete sein Fenster, lehnte sich hinaus und schaute zurück. »Es folgt uns nichts, das ich sehen oder spüren könnte. Aber es gibt mehr von dieser Sorte. Wir brauchen ein weiteres Fahrzeug und Vorräte. Ebenso Waffen.«

»Wir haben noch einen SUV im Ort gesehen«, erklärte ihnen Poe, »aber wir sind sofort losgefahren, nachdem Shaun – als er uns mit dem Walkie-Talkie kontaktierte, ließen wir die Karre sein und kamen so schnell wie möglich zurück. Verdammte Scheiße.« Tränen der Wut und des Kummers schimmerten in seinen Augen. Er schlug mit der Faust auf das Steuerrad. »Gottverdammte Scheiße!«

Sie fuhren ins Dorf, wo Flynn und sein Wolf mitten auf der Straße standen.

Max stieg aus.

»Wir brauchen Vorräte, ein weiteres Fahrzeug, und du und wer immer sonst noch hier ist, ihr müsst mit uns fahren. Da oben sind dunkle Mächte, die womöglich auch hierherkommen.«

»Wir sind hier sicher.«

»Nicht sicher genug. Meine Frau wurde verletzt«, konterte Max.

Flynns Blick schnellte zu Lana, die aus dem Wagen stieg. Blieb auf ihr ruhen, als er vorwärtsschritt und sanft Lanas Hände ergriff.

»Diese Hände schützen sie, verteidigen die Eine. Sie werden heilen, aber du solltest das Blut abwaschen.«

»Das werde ich. Bitte hör auf Max. Es ist hier nicht mehr sicher.«

»Wir sind bereit. Wir haben nur gewartet.« Er drehte sich um, blickte in die eine und dann in die andere Richtung.

Menschen kamen aus Gebäuden, die meisten waren Kinder. Einige waren noch klein, andere Teenager. Eine Frau in Lanas Alter, ein Mann, weißhaarig und mit einer Fleischerschürze. Und eine Frau, die uralt wirkte und an einem Stock ging.

Fünfundzwanzig, vielleicht dreißig Leute, dachte Lana, die alle, stumm und wartend dastanden.

Joe sprang aus dem Wagen, rannte zu Lupa, freudig mit dem Schwanz wedelnd, schnüffelnd. Lupa stand einen Moment lang still, steif, Achtung gebietend. Dann beugte sie sich nach vorn und hüpfte, wie zu einem Tänzchen aufgelegt, herum.

Eines der Mädchen fing an zu kichern und klatschte in die Hände, als Hund und Wolf miteinander spielten.

»Hier ist die Frau, die die Eine in sich trägt. Die Zeit des Wartens ist vorüber, und die nächste Zeit beginnt. Wir werden mit ihnen gehen.«

»Da werden wir aber mehr als ein zusätzliches Auto brauchen«, meinte Eddie. Flynn lächelte.

»Wir haben mehr als eines. Und einen Anhänger für die Kuh.«

»Ihr habt 'ne Kuh?«

»Eine Kuh bedeutet Milch. Ich zeige dir, wo du dir die Hände waschen kannst«, sagte er zu Lana.

»Danke.« Nach einem Blick auf Max begleitete sie Flynn. »Woher weißt du von dem Baby, von ihr?«

Flynn bedachte sie mit einem langen, ruhigen Blick. »Wie konntest du es nicht wissen?«

Kapitel 17

Arlys saß im ehemaligen Büro eines Dreizimmerhauses und tippte auf einer Uralt-Schreibmaschine Marke Underwood in mühevoller Kleinarbeit ihre Notizen ab. Bill Anderson hatte ihr das Ding aus einem Ramschladen namens Bygones – Alte Zeiten – mitgebracht. Es war groß, schwer, klobig, aber sie konnte damit ein bis zwei Seiten Gemeindenachrichten pro Tag verfassen.

Schließlich war sie noch immer eine verdammte Reporterin.

Das Ganze nannte sie *The New Hope Bulletin*, und sie hoffte sehr, dass Chuck seine Ankündigung wahr machen und das Internet wiederherstellen würde.

Sie teilte sich das kleine weiße Ziegelhaus mit der großen Vorderterrasse und dem kleinen Garten dahinter mit Fred. Chuck wohnte im Haus nebenan; er hatte – große Überraschung – den Keller des Backsteinhauses für sich reklamiert, während Bill und Jonah zwei der drei Schlafzimmer in Beschlag genommen hatten.

Rachel, Katie und die Babys hatten das größere, zweigeschossige Eckhaus auf der anderen Seite bezogen. Sie hatten sich, der Gewohnheit und ihrer Intuition folgend, zusammengetan, und nicht zuletzt war auch ausschlaggebend gewesen, dass sich die Grundschule gleich auf der anderen Straßenseite befand.

Dort hatten Rachel und Jonah eine Art medizinisches Zentrum eingerichtet, dessen Büros gleichzeitig die Untersuchungszimmer waren. Die ehemalige Kantine diente nun als Gemeindezentrum, und in den Klassenzimmern fand eine Kombination von Tagesbetreuung und Unterricht statt.

Arlys hatte auf ihrem Weg nach Süden jedes Stadium der Reise dokumentiert. Auch den Wintersturm kurz vor der Grenze nach West Virginia, wo sie zwei Tage lang in einem ehemaligen Gartencenter Zuflucht gefunden hatten, in dem es nach Erde und Fäulnis roch.

In diesem Gartencenter hatten sie sich mit Samen, Setzlingen, Dünger und Werkzeug eingedeckt.

Die erste Gruppe, der sie dort begegneten, war ostwärts unterwegs gewesen und hatte sich ihnen angeschlossen. Tara, eine frischgebackene Kindergärtnerin und nun Seherin, der zwölfjährige Mike mit seinem schlimm gebrochenen Arm und Jess, sechzehn Jahre alt.

Sie hatten sie in ihre Gruppe aufgenommen und schließlich eine Notfallpraxis gefunden, wo Rachel Mikes Arm wieder einrichten konnte.

Von dort wiederum hatten sie medizinische Versorgungsgüter, einiges an Ausrüstung und einen Truck mitnehmen können.

Zweimal waren sie Umwege gefahren, um Schüssen zu entgehen, fanden andere, die unterwegs waren und ebenfalls Schutz suchten. Nicht alle schlossen sich ihnen an, doch die meisten.

Ihre Gruppe – inzwischen waren es achtundsiebzig Personen – erreichte den Ort Besterville in Virginia Mitte März. Sie fanden eine Geisterstadt vor, aus der die meisten Bewohner offenbar einfach verschwunden waren. Die Türen waren verschlossen, die

Handvoll Geschäfte an der Hauptstraße verrammelt, doch sie fanden keine Anzeichen für Vandalismus oder Plünderung.

Und dort hatten sie haltgemacht. Nach sieben Wochen war sich Arlys noch immer nicht sicher, weshalb es gerade an diesem Ort zu jener Zeit gewesen war. Schließlich waren sie durch viele andere Orte und Wohnsiedlungen, ländliche Gegenden und Ballungsräume gekommen.

Aber sie hatten hier angehalten und zählten nun zweihundertsechs Menschen. Die Zahl änderte sich von Woche zu Woche, weil andere dazukamen, einige weiterzogen.

Sie hatten den Ort umbenannt und ihn mit neuen Schildern versehen. Und New Hope wurde ihr Zuhause.

Obwohl es Tage gab, an denen Arlys aufwachte und vor Sehnsucht nach ihrem früheren Leben körperliche Schmerzen verspürte, erinnerte sie sich auch an die Angst, den Horror des Tunnels, die bittere Kälte. Und an die Leichen, die sie auf ihrem Weg gefunden hatten wie auch in vielen Gebäuden ihrer vormaligen Heimat.

Und so schrieb sie ihre Berichte auf der alten Underwood, auf einem antiken Schreibtisch mit dem gerahmten Weihnachtsfoto von ihr mit ihrer Familie.

In den heutigen Nachrichten würde sie ankündigen, dass Drake Manning, Elektriker, und Wanda Swartz, Ingenieurin, ihre Arbeit fortsetzen würden, um die Gemeinde mit Strom zu versorgen. Als Reporterin, Chefredakteurin und Verlegerin in einem zog sie in Betracht, auch die Berichte der neuesten Mitglieder ihrer Gemeinschaft mit aufzunehmen – nämlich, dass Washington, D.C. im Wesentlichen ein Kriegsgebiet war, in dem sich das Militär, organisierte Raider und verschiedene Lager der Übernatürlichen gegenseitig bekämpften.

Sie wog das Recht der Öffentlichkeit (soweit vorhanden) auf Information gegen die Gefahr, damit Panik zu schüren, ab und brachte dann die Realität mit ins Spiel. Da sich Klatsch sowieso in Windeseile verbreitete, war es wohl besser, die Berichte zu bringen.

All dem fügte sie noch etwas Lokalkolorit hinzu: Sie erwähnte die Fortschritte im Gemeinschaftsgarten – Freds Idee – im hübschen, ausgedehnten Park des Ortes, kündigte eine Märchenstunde für Kinder aller Altersstufen an und erinnerte die Leser daran, gefundene Bücher, die sie nicht behalten wollten, der Bücherei (vormals First Virginia Bank) zu spenden.

Sie schrieb Ankündigungen für Registrierungslisten, in die sich Freiwillige eintragen konnten – für Gartenarbeit, die Essensausgabe, das Vorratszentrum, die Kleiderbörse, den Wachdienst, Vorratsbeschaffung, Viehhaltung.

Mit ihrem zweiseitigen Bericht in der Hand ging Arlys ins Wohnzimmer, dessen Mobiliar eher langweilig war und nur durch Freds persönliche Note aufgewertet wurde.

Ein halbes Dutzend kleine Vasen mit Frühlingsblumen, flache Schalen mit Kieselsteinen aus dem nahen Bach, hier und da ein Farbtupfer aus Stoff, Bänder, in einem Rahmen angeordnete Knöpfe – all das schuf ein fantasiereiches, originelles Ambiente. In dem sauber ausgeputzten Kaminboden sorgte ein Kerzenarrangement für eine behagliche Atmosphäre und bei Dunkelheit für Licht.

Die hässlichen alten Vorhänge an den beiden vorderen Fenstern waren verschwunden. An deren Stelle hatte Fred farbenfrohe Perlenschnüre aufgehängt, die kleine Regenbogen entstehen ließen, wenn die Sonne darauf schien.

Ihr Job war es, zu informieren, dachte Arlys, während Fred mit ihrem Wesen unwillkürlich Freude und Heiterkeit verbreitete. Wer von ihnen der Gemeinde wohl letztlich den besseren Dienst erwies?

Sie trat auf die Terrasse hinaus. Fred hatte sie gedrängt, mit ihr zwei alte Metallstühle grellrosa anzumalen. Auf dem Tisch dazwischen stand ein weißer Topf mit einer einzigen weißen Geranie.

Und um den Türrahmen hatte Fred ihre magischen Symbole gemalt.

Zwei rosafarbene Flamingos bewachten die eine Seite der Terrassenstufen, eine Familie Gartenzwerge die andere. Windspiele klimperten im sanften Frühlingswind.

Arlys stellte es sich als Freds Feenhaus vor und merkte, dass sie sich hier erstaunlich wohlfühlte.

Die Menschen gingen zu Fuß auf der Straße oder radelten. Sie kannte die Gesichter, die meisten Namen, wusste Bescheid über ihre Fähigkeiten oder Schwachstellen im Hinblick auf die Gemeinschaft. Schräg über der Straße entdeckte sie Bill Anderson, der die Schaufenster von Bygones putzte. Er hatte den Laden übernommen und richtete ihn gerade wieder ein. Die Leute nahmen sich, was sie brauchten, und die meisten tauschten dafür Zeit und Fertigkeiten ein.

Eines Tages – darüber hatten sie und die Leute, die ihrer Meinung nach die Kerngruppe bildeten, schon oft gesprochen – würden sie eine klarer definierte Struktur brauchen, Regeln und sogar Gesetze – was bedeutete, dass es auch Strafen geben musste. Einige von ihnen würden also Verantwortung übernehmen müssen.

Sie ging über die Straße zu dem einstöckigen Schulgebäude. Katie saß draußen an einem Tisch und stillte eines der Babys, ein weiteres schlief in einem tragbaren Babybett, und das dritte krähte in einer Babyschaukel.

Was Arlys über Babys wusste, hatte sie praktisch alles in den vergangenen Wochen gelernt, und es war offensichtlich, dass dieses Trio glücklich, gesund und obendrein noch richtig hübsch war.

»Also wirklich, jedes Mal, wenn ich sie sehe, sind sie schon wieder größer geworden.«

»Ja, sie haben alle drei einen gesunden Appetit.« Katie schaute in den Himmel. »Es ist einfach zu schön heute, um drinnen zu sitzen, deshalb habe ich mich hier breitgemacht.« Sie rückte den Briefbeschwerer auf einer ihrer Anmeldungslisten zurecht, die im Wind flatterte. »Die frische Luft tut uns allen gut. Gerade habe ich Fred gesehen.«

Ein schöner Tag, dachte Arlys und setzte sich zu Katie. »Ich dachte, sie ist unten in den Gärten.«

»Sie kam, um ein wenig Zeit mit den Babys zu verbringen. Das neue *Bulletin*?«

»Ja, ganz frisch aus meiner idiotischen Schreibmaschine. Wenn Chuck je mit seinem IT-Wunder fertig wird, dann kriegt er einen dicken Kuss auf den Mund. «

»Ich fange langsam an, mich wieder nach einem Mann zu sehnen.« Katie seufzte. »Ist das treulos von mir? Ich habe Tony so geliebt, ich –«

»Nein, ist es nicht. Es ist menschlich.«

»Vielleicht kommt es daher, dass ich mich hier allmählich heimisch fühle, vor allem seit den letzten zwei Wochen. Inzwischen wache ich nicht mehr jede Nacht aus einem Angsttraum auf. Es vermittelt ein Gefühl … der Ruhe, jeden Tag am selben Ort aufzuwachen, jeden Tag eine Aufgabe zu haben. Ich weiß, ich mache nicht so viel wie die anderen, aber –«

»Das stimmt nicht. Du ernährst drei Babys und ziehst sie auf.«

»Ich habe Hilfe. Alle helfen mir.«

»*Drei* Babys«, wiederholte Arlys. »Außerdem machst du unsere Mitgliederverwaltung und führst die Anmeldelisten. Ich habe heute bemerkt, dass ich mir nicht mehr alle Namen merken kann. Gesichter ja, aber nicht die Namen. Du aber kennst sie. Ich habe gesehen, wie du mit deinem bezaubernden Charme Leute dazu brachtest, sich darin einzutragen oder eine Aufgabe, eine Aktivität zu übernehmen. Du kannst gut mit Leuten. Menschen zu organisieren, das liegt dir im Blut.«

»Einer stillenden Mutter etwas abzuschlagen oder mit ihr herumzustreiten fällt schwer. Und was das Bezaubern von Leuten anbelangt – wir hätten da noch Platz in der Yogagruppe, die jeden Morgen stattfindet. Es ist gut gegen Stress, und du hast zu viel Stress. Sag nicht, du hast keine Zeit. Die haben wir alle.«

»Diese Frau ist seltsam, Katie.«

»Was ist seltsam an einer fünfzigjährigen Fee, die sich Rainbow nennt?« Katie lächelte. »Außerdem ist sie eine gute Lehrerin. Ich habe selbst ein paar Stunden bei ihr genommen und kann dafür bürgen, dass sie Geduld hat und vieles weiß. Versuch's doch mal, okay? Nur einmal. Wenn es dir nicht gefällt, gehe ich dir nie mehr damit auf die Nerven.«

»Na gut. Habe ich vorhin echt ›bezaubern‹ gesagt? Nerven trifft es wohl besser.« Doch Arlys kritzelte ihren Namen auf die Liste. »Wie viele Feen sind das jetzt?«

Katie griff in ihre Windeltasche, zog ein Notizbuch heraus und blätterte durch das Register bis zu ihrer Liste. »Acht, ohne die kleinen, die kommen und gehen. Letzte Nacht habe ich eine gesehen – mitten in der Nacht –, als Duncan unruhig war. Nur Lichter, die im Garten herumtanzten. Und Arlys, heute Morgen blühen Blumen am Zaun entlang, die gestern noch nicht dort waren. Ich muss Fred fragen, was es für welche sind, aber es ist … Vielleicht noch ein Grund, weshalb ich nicht mehr dauernd Angst habe.«

Mit sanftem, mütterlichem Wohlwollen legte sie das Baby – es war Duncan, wie Arlys nun sah – von der Brust an die Schulter. »Jedenfalls haben wir acht Feen. Zumindest acht, die sich gut dabei fühlen, es zu sagen. Vier Elfen. Was hier der Unterschied ist, weiß ich auch nicht recht. Und zwölf, die in die Kategorien Hexe, Magier oder Hexenmeister fallen. Und achtundzwanzig, die eine andere Art von Fähigkeit angeben. Wie Jonah. Ich habe fünf mit prophetischen Träumen, zwei Gestaltwandler – und glaub mir, es ist wirklich fast beängstigend, das zu beobachten. Wir haben vier, die Telekinese beherrschen, einen Alchemisten, zwei Seherinnen und so weiter.«

So viele also, dachte Arlys. Sie war nicht auf dem Laufenden gewesen.

»Rein rechnerisch betrachtet, besitzen über zwanzig Prozent der Gemeinde magische Fähigkeiten.«

»Ich glaube, es sind sogar mehr. Einige sagen es einfach nicht, weil sie Angst haben.« Duncan machte an Katies Schulter ein Bäuerchen. »Wir haben auch einige – nicht viele, aber es gibt sie –, die man wohl, na ja, antimagische Fanatiker nennen muss.«

»Kurt Rove.«

»Der wäre sozusagen der Präsident der Anti-Magier-Koalition. Ich bin froh, dass er jetzt im Futterlager arbeitet, denn so ist er nicht ständig im Ort.«

»Sogar da ist er eine Nervensäge, habe ich gehört.«

»Leute wie ihn und die paar, die mit ihm herumhängen, verstehe ich einfach nicht. Rachel hat mir erzählt, dass Jonah rausgehen und sich mit Don und Lou Mercer auseinandersetzen musste, weil sie Bryar Gregory angepöbelt haben.«

»Sie haben sie angepöbelt?« Bryar war ein ruhiges, gefasstes Mädchen, dachte Arlys, und laut Katies Liste eine Seherin.

»Sie ging spazieren, weil sie nicht schlafen konnte. Die Mercers saßen offenbar auf ihrer Terrasse, hatten ein paar Biere intus – vielleicht auch mehr – und sahen sie. Dann folgten sie ihr, stichelten, stellten sich ihr in den Weg, waren ganz einfach widerlich und ekelhaft. Jonah sah es zufällig und schritt ein. Es wäre womöglich richtig hässlich geworden, aber dann kam Aaron Quince, der Elf, dazu. Ich glaube, er ist in Bryar verknallt, jedenfalls brachte er Bryar dann nach Hause.

»Ich begreife es nicht«, fuhr Katie fort. »Noch vor ein paar Monaten sind die Menschen buchstäblich auf der Straße gestorben. Jeder von uns hat Familie, Freunde, Nachbarn verloren. Wir sind alles, was wir noch haben, aber Leute wie die Mercers, wie Kurt Rove würdigen jene von uns herab und ziehen über sie her, die, sagen wir mal, etwas haben, das helfen könnte, uns alle am Leben zu erhalten. Nur weil sie anders sind.«

»Dazu habe ich eine Theorie«, begann Arlys. »Große, wirklich große Krisen bringen unsere beste wie auch unsere schlimmste Seite ans Tageslicht – und manchmal auch beide. Manchmal haben solche Krisen auf gewisse Typen aber auch gar keine Wirkung. Was bedeutet, dass Arschlöcher eben solche bleiben, egal wie die Umstände sind.«

»Huh. Das ist eine gute Theorie.« Sie herzte Duncan. »Arlys, ich glaube, Duncan und Antonia … Ich glaube, sie sind anders.«

»Warum sagst du das?«

»Sie träumen. Alle Babys träumen – Hannah auch –, aber die beiden … das ist anders. Ich sagte, Duncan war letzte Nacht unruhig, aber es fühlte sich eher wie Aufregung an. Was er träumte, hat ihn aufgeregt. Und eines Nachts letzte Woche, da hörte ich Hannah weinen. Bis ich ins Kinderzimmer kam, hatte sie aber wieder aufgehört. Doch Duncan lag bei ihr im Gitterbett – und war wach. Normalerweise lege ich Antonia und Hannah in das eine Bettchen, Duncan ins andere. Aber da lag er bei den Mädchen, und er und Antonia sahen mich einfach nur an und lächelten. Er lag auf der einen Seite von Hannah, Antonia auf der anderen. Als hätten sie sie wieder zum Einschlafen gebracht.«

»Das ist ja süß!«

»Ja. Das sind sie. Sie passen auf sie auf. Manchmal habe ich sie zusammen im Laufstall, und dann gehe ich für eine Minute raus. Wenn ich dann zurückkomme, liegt ein Spielzeug bei ihnen, das ich nicht hineingetan habe. Und gerade letzte Nacht, als ich Duncan stillte, dachte ich an Tony. Wie sehr er die Babys geliebt hätte und wie sehr ich ihn vermisse. Und da legte Duncan sein Händchen an meine Wange. Er streichelte mich, und als ich zu ihm runterschaute, blickte er mich an …«

Tränen füllten ihre Augen, und Arlys sah, wie das Baby die Wange seiner Mutter streichelte. »Er hat mich so angeblickt, gerade so wie jetzt.«

Sie beugte sich zu ihm, küsste ihn. »Es geht mir gut, Baby. Alles ist gut. Ich bin gesegnet, Arlys, mit diesen drei wundervollen Babys. Sie sind gesegnet. Aber wenn ich an Leute wie Rove und die Mercers denke, bekomme ich Angst. Sie sind so hasserfüllt. Man muss keine magischen Fähigkeiten haben, um das zu sehen, zu wissen. Sie hassen einfach jeden, der anders ist.«

»Da ist viel Angst dabei. Sie hassen, wovor sie sich fürchten und was sie nicht verstehen. Aber wir sind mehr als sie, Katie. Wir werden weiter aufeinander aufpassen, so wie Jonah auf Bryar geachtet hat. Wir bauen hier etwas auf. Ich weiß wirklich noch nicht, was es wird, aber es gehört uns. Und wir behalten es.

Ich werde das Thema ins *Bulletin* setzen und mich mit Rachel besprechen. Und ich glaube, wir werden eine Spezialausgabe machen. Mit einem Leitartikel – über Arschlöcher.«

Nun lachte Katie. »Das würde ich dir zutrauen.«

»Und ob.«

Arlys ging in die Schule und kam in ein Licht, das so seltsam war wie die fünfzigjährige Fee, der sie dort begegnete. Magisches Licht, das einen leicht goldenen Schein verbreitete. Sie heftete das *Bulletin* an die Pinwand und überflog andere Notizen. Angebote, eine Fertigkeit gegen eine andere oder gegen einen Gegenstand zu tauschen. Manche interessierten sich für einen Buchklub, einen Häkelkreis, für Softballspielen.

Menschen, dachte sie, die andere Menschen erreichen wollten.

Das war es, was sie aufbauten, dachte sie, trotz einer Handvoll Idioten, die nicht über ihre eigene Engstirnigkeit hinaussehen konnten.

Sie ging weiter zu den Büros. Durch das Glasfenster sah sie Rachel und Jonah dicht an dicht am Schreibtisch sitzen.

Merkte Rachel nicht, wie er sie anblickte?, fragte sich Arlys. Spürte sie es nicht? Der Mann war so offensichtlich verliebt, dass selbst sie, die in solchen Dingen unerfahren und eher desinteressiert war, es auf eine Meile Entfernung sehen konnte.

Sie klopfte an die halb offene Tür.

»Arlys.« Rachel ließ ihren Bleistift fallen und rollte die Schultern. » Gibt's ein neues *Bulletin*?«

»Hab's eben angeheftet. Heute Nachmittag machen wir noch eine Extraausgabe. Über Bigotterie kontra Toleranz. Über Anstand kontra Arschlochverhalten. Meine Redakteurin meinte, ich soll es ruhig deftig formulieren. Ich habe das von Bryar und den Mercers gehört. Sie hat Glück gehabt, dass du da warst, Jonah.«

Er zuckte die Achseln. »Ich bin mir ziemlich sicher, dass die mich vermöbelt hätten, wenn nicht Aaron dazugekommen wäre. Sie waren betrunken und streitlustig genug, um sich zu schlägern.«

»Ich setze auf dich«, sagte Rachel. »Auch wenn ein deftiger Bericht für noch mehr Verstimmung sorgen könnte. Aber dieses Geschwür an die Oberfläche zu bringen und es zu öffnen ist vielleicht besser, als es weiter vor sich hin eitern zu lassen.«

»Vielleicht braucht es auch mehr als Worte.« Jonah stand auf und rollte seinen Stuhl um den Schreibtisch herum, um ihn Arlys anzubieten. »Setz dich«, sagte er und beugte sich dann über den Tisch. »Ich glaube, wir müssen mal ein Treffen organisieren. Du, Rachel, Katie, Chuck, Fred, Bill. Ich würde noch Lloyd Stenson und Carla Baker dazunehmen.«

»Lloyd war Rechtsanwalt, Carla Hilfssheriff«, fügte Rachel hinzu. »Lloyd ist – wie soll ich es nennen – einer der Tierflüsterer, das bringt also mit Jonah drei von der magischen Seite mit ins Spiel – und alle sind kluge Köpfe.«

»Wir müssen über offizielle Gesetze, Regeln, Konsequenzen reden«, begann Jonah. »Und wir sollten eine Art Verfassung für die Gemeinschaft erstellen, denke ich. Sobald wir die dann haben, berufen wir eine Vollversammlung ein. Die Leute fühlen sich langsam wohl hier, und das ist gut so. Im Großen und Ganzen arbeiten wir auch gut zusammen, aber diese Geschichte mit Bryar war nicht das erste Problem und wird auch nicht das letzte sein.«

»Jeder von uns ist irgendwie bewaffnet«, stellte Rachel fest. »Was passiert, wenn jemand auf einen anderen schießt, anstatt sich auf eine andere Art mit ihm auseinanderzusetzen? Was wäre passiert, wenn die Mercers Bryar verletzt hätten? So etwas müssen wir regulieren, bevor es tatsächlich eintritt.«

»Ich stimme zu.« Hatte sie nicht eben noch über ein Mehr an Struktur nachgedacht?, erinnerte sich Arlys. »Einigen wird das nicht gefallen, also müssen wir sowohl die Regeln als auch die Konsequenzen einfach und klar beschreiben. Und wenn wir Gesetze haben, dann brauchen wir auch jemanden, der sie durchsetzt.«

»Diesbezüglich hoffe ich auf Carla«, meinte Jonah. »Sie hat Erfahrung, sie ist zuverlässig. Und vielleicht könnten wir Bill Anderson bitten, mit ihr zusammenzuarbeiten.«

»Bill?«

»Ebenfalls zuverlässig, und die Leute mögen und respektieren ihn. Ich weiß nicht recht, ob er sich dazu bereit erklären möchte, aber Carla allein wird nicht reichen. Jedenfalls wäre es ein Anfang. Solange wir die – sagen wir mal – Komitees leiten, sollte man vielleicht von Freiwilligen sprechen, und man kann auch durchwechseln.«

»Wir müssen das formeller machen.« Rachel klopfte mit dem Bleistift auf den Tisch. »Heute Morgen hatten wir keine Patienten, deshalb haben Jonah und ich versucht, eine Agenda auszuarbeiten. Bisher mussten wir uns auf Nahrung, Unterkunft, Sicherheit, Medizin, Vorräte fokussieren. Jetzt brauchen wir Struktur.«

Arlys nickte. »Und mit der Struktur kommen Gesetze, Konventionen, Autorität, Konsequenzen. Und Information.«

»Das sehen wir auch so«, erklärte Rachel. »Wir werden Leute ausschicken müssen, Kundschafter. Momentan haben wir das Gefühl, wir sind die Einzigen auf dieser Welt. Aber immer wieder stoßen noch vereinzelt Leute zu uns, also ist klar, dass wir nicht allein sind. Wir müssen wissen, was da draußen los ist. Vielleicht bekommt Chuck wieder eine Kommunikation in Gang, aber wir wissen nicht, mit wem wir dann kommunizieren oder was wir riskieren würden, falls wir mit den falschen Leuten in Kontakt kämen.«

»Nachdem die Menschen nun mal sind, wie sie sind«, murmelte Arlys. »Und die Übernatürlichen ebenso. Nur weil sie anders sind, heißt es ja nicht, dass sie gegen Gewalt immun sind. Es kommt nur eine Ebene hinzu. Was zum Teufel tun wir, wenn wir Gesetze machen und einer unserer Übernatürlichen bricht sie?«

»Das sollten wir besser vorher herausfinden.«

Arlys blickte zu Jonah und atmete aus. »Okay.«

»Wollen wir uns bei mir treffen? Wir haben genug Platz, und Katie kann die Babys ins Bett bringen.« Rachel blickte zu Jonah. »Heute Abend?«

»Je früher, desto besser.«

»Ich sage Fred Bescheid.« Arlys stand auf. »Und ich rede mit Bill und Chuck. Katie ist draußen. Ich sage es ihr gleich. Was haltet ihr von neun?«

»Das klappt. Carla arbeitet im Gemeinschaftsgarten.« Jonah steckte die Hände in die Taschen und blickte zu Rachel. »Da wir so weit klar sind, willst du runtergehen, mit ihr reden? Die anderen können wir zusammentrommeln, wenn wir draußen sind.«

»Klar. Ich nehme ein Walkie-Talkie mit.« Rachel holte die Geräte aus der Schreibtischschublade, legte eines mit dem Schild, das besagte, die Ärztin sei nicht am Platz, aber abrufbar, auf den Tisch und klemmte das andere an ihren Gürtel.

Dann gingen sie zusammen hinaus zu Katie, die gerade Hannahs Windel wechselte. Die Zwillinge lagen auf einer Decke, quiekten, winkten und strampelten mit den Beinchen.

»Sie tun so, als hätte ich gerade jedem eine Tafel Schokolade geschenkt.« Lachend hob sie Hannah hoch und herzte sie.

Jonah legte eine Hand auf Rachels Schulter. »Hörst du das?«

»Was – ja, jetzt höre ich es«, sagte sie, als sie sich nähernde Motorengeräusche vernahm. »Es kommt jemand.«

»Mehr als nur einer.« Jonah ging zum Gehsteig hinunter. Er bemerkte, dass auch andere schauten und aus ihren Häusern oder anderen Gebäuden kamen. Die Augen gegen die grelle Sonne schützend, starrte er verdutzt auf das, was auf sie zukam.

»Heilige Scheiße.«

Rachel zog ihr krächzendes Walkie-Talkie heraus und nahm ein Baby auf den Arm, ehe sie antwortete.

»Der Wachmann hat sie durchgelassen«, rief sie dann Jonah zu und ging zu ihm.

»Ich weiß nicht, ob er da eine Wahl gehabt hat. Das müssen fünfzehn Autos sein, alles Trucks. Und ein Schulbus obendrein.«

Katie ging mit zwei Babys und in Begleitung von Arlys auf den Gehsteig hinunter. Von dort aus beobachteten sie alle zusammen, wie Max seine Gruppe nach New Hope brachte.

Kapitel 18

Argwöhnisch, aber auch neugierig musterte Arlys den Mann, der aus dem ersten Wagen stieg. Groß und schlank, Jeans und ein schwarzes T-Shirt, dunkle Locken, die etwas wirr über den Kragen hingen, abgetragene Stiefel voller Schrammen. Streng und gut aussehend, mit dem etwas ungepflegten Äußeren eines Mannes, der bereits seit Tagen, vielleicht Wochen unterwegs war.

Der hat etwas, dachte sie bei sich. Eine Aura von Selbstvertrauen und Kraft. Er nahm die Sonnenbrille ab, hielt die andere Hand hoch und signalisierte seinem Tross, zu warten. Noch mehr Autos und Trucks rollten heran – mehr als die fünfzehn, die Jonah geschätzt hatte. Einige mit Anhängern, die sie für Pferdetransporter hielt.

Der Mann überblickte die Straße, die Menschen, schien eruieren zu wollen, ob der Trupp willkommen geheißen oder auf Ablehnung stoßen würde. Er schien auf beides eingestellt zu sein.

Jonah bewegte sich neben ihr, dann ging er zu dem Mann und begrüßte ihn.

»Jonah Vorhies.« Nach einem nur kurzen Zögern bot er die Hand zum Gruß.

»Max Fallon.« Max ergriff die dargebotene Hand. »Sind Sie der Chef?«

»Ah —«

Arlys folgte ihrer Intuition. »Wir waren die Ersten hier«, sagte sie, noch während sie zu den beiden hinunterging. »Arlys Reid.«

Auf der Beifahrerseite stieg eine Frau aus – Max warf ihr einen raschen, warnenden Blick zu. Die langen dunkelblonden Haare hatte sie zu einem Pferdeschwanz gebunden. Ein T-Shirt spannte sich über ihren kleinen Babybauch.

»Ich kenne Sie«, sagte sie zu Arlys, als sie um den Wagen herumkam. »Ich habe Ihre Sendungen angesehen. Habe daran gehangen bis zu dem Tag, an dem wir New York verließen. Ich bin Lana. Max und ich, wir wohnten in Chelsea.«

Lana legte eine Hand auf Max' Arm. »Wir sind euren Zeichen gefolgt«, fügte sie hinzu. »Von …«

»Südlich von Harrisburg«, sagte Max, als Lana ihn anblickte. »Wir haben unterwegs Leute aufgenommen.«

»Ja, das sehe ich.« Jonah blieb, wo er war, als nun ein schlaksiger Typ und ein schwanzwedelnder Hund den Wagen verließen. »Wie viele seid ihr?«

»Siebenundneunzig Personen, achtzehn davon unter vierzehn. Acht Hunde – zwei davon Junge –, drei Milchkühe, zwei Holsteiner, eine Guernsey und ein Stierkalb. Zwei Black-Angus-Kälber. Fünf Pferde, einschließlich einer trächtigen Stute, acht Katzen, ungefähr ein Dutzend Hühner und ein Hahn.«

Jonah prustete. »Das ist eine ganze Menge. Ihr seid die größte Gruppe, die je zu uns gekommen ist, sogar ohne das ganze Vieh. Wollt ihr euch hier niederlassen?«

»New Hope. Euren Schildern zu folgen hat den Leuten neue Hoffnung gegeben.« Max schaute zurück; ein muskulöser Schwarzer und ein zäh aussehender Weißer begannen, die Schlange der Fahrzeuge abzuschreiten.

Arlys warf ihnen einen Blick zu und schaute dann genauer hin. Ihr Herz machte einen Sprung in der Brust. »Oh mein Gott! Oh Gott! Will? Will Anderson!« Voller Freude flog sie auf ihn zu, schlang die Arme um ihn. Sie spürte, wie er sich versteifte, zurückwich. »Ich bin Arlys, Will. Arlys Reid.«

»Arlys? Er hielt sie vor sich, starrte sie mit einem aufgewühlten Blick aus blauen Augen an. »Jesus. Jesus! Arlys. Mein Dad? Wo ist mein Dad?«

Sie packte ihn am Arm, spürte, wie er zitterte, und zeigte die Straße hinauf, wo Bill an der Reihe der Autos entlangschritt.

»Dad!«

Bill blieb stehen, seine Knie gaben nach, er musste sich an einem Truck festhalten. Die andere Hand streckte er nach seinem Sohn aus. Will rannte los.

»New Hope«, murmelte Lana und beobachtete, wie Vater und Sohn sich umarmten. »Neue Hoffnung. Das ist es, was wir alle brauchen. Wonach wir alle suchen.«

»Bill hat sie nie aufgegeben.« Jonah seufzte tief. »Sieht aus, als hätten wir unser erstes Verkehrschaos in New Hope. Ich denke, wir sollten zusehen, dass wir damit klarkommen. Wir haben ein System. Es hat zwar noch Macken, aber immerhin ist es eins. Vielleicht fangen wir damit an, dass wir ein paar von diesen Vehikeln auf den Schulparkplatz bringen.«

»Können wir die Tiere irgendwo ausladen?«, fragte Max. »Sie brauchen Futter und Wasser.«

»Ah.« Jonah kratzte sich am Nacken. »Rachel, wir sollten mit der Farm Kontakt aufnehmen. Bis vor Kurzem war es eigentlich keine Farm«, erklärte er Max. »Da lebt ein Paar, aber sie sind zu weit vom Ort weg, deshalb müssen wir, was ihre Sicherheit anbelangt, improvisieren. Wir haben ein paar Kühe, ein paar Pferde, eine Ziege und einige Hühner. Es gibt ein Futterlager, aber mit den Tieren, die ihr mitbringt, werden wir noch mehr Futter brauchen. Wir haben etwas Heu. Ich kann euch darüber nicht viel sagen. Ich bin kein Bauer.«

»Bei uns sind zwei dabei.«

»Das wird ja immer besser. Aaron!« Jonah winkte einem Mann auf der anderen Straßenseite. »Kannst du ein paar Leute holen, die mithelfen, die Anhänger zur Farm zu bringen und sie dort abzustellen?« Er bückte sich und streichelte den Hund, der an ihm schnüffelte. »Ein hübscher Kerl.«

»Der beste Hund aller Zeiten. Das ist Joe. Ich bin Eddie. Ich kann beim Vieh mithelfen«, erklärte er Max. »Und dich habe ich auch im Fernsehen gesehen«, fuhr er, an Arlys gewandt, fort. »Da habt ihr euch ja ein paar hübsche Hosenscheißer besorgt«, meinte er und grinste breit den Babys zu. »Wir haben auch 'ne Handvoll dabei.«

»Lasst uns einige der Wagen auf den Parkplatz fahren. Sagst du es nach hinten weiter, Poe?«

»Na klar.«

»Wir haben übrigens ein Meldesystem. Damit versuchen wir, den Überblick zu behalten. Wir schreiben Namen, Alter und besondere Fähigkeiten auf.« Jonah gestikulierte. »Katie verwaltet das. Bei so vielen könnte sie gut ein wenig Hilfe gebrauchen, denke ich.«

»Ich schaffe es schon«, sagte Katie. »In welchem Monat bist du?«, fragte sie Lana.

»Ungefähr viereinhalb. Sind das … Drillinge?«

»Sie gehören alle mir.«

Lana atmete mit einem hörbaren Beben aus und rieb sich ihren Bauch. »Wow.« Blickte zu Max. »Wow.«

Er legte einen Arm um ihre Schulter und küsste ihre Schläfe. »Bringen wir die Autos von der Straße weg.«

»Mach du das. Mir geht es hier gut. Ich kann … uns anmelden. Max.« Sie legte eine Hand auf sein Herz, als er zögerte. »Vertrauen ist eine beidseitige Sache. Wir hatten unterwegs Probleme«, erklärte sie.

»Die haben wir alle. Habt ihr irgendwelche Medikamente dabei?«, wollte Rachel wissen.

»Ja. Und einen pensionierten Pfleger – er ist fantastisch. Jetzt geh schon.« Lana knuffte Max in die Seite. »Eine Pflegerin in Ausbildung, die sich ebenfalls gut macht. Einen Tierarzt. Einen Feuerwehrmann und zwei Polizisten mit Notfallausbildung. Keinen Arzt, aber –«

»Rachel ist Ärztin«, warf Katie ein. »Und Jonah ist Rettungssanitäter.«

»Eine Ärztin.« Lana legte eine Hand auf ihren Bauch und betrachtete Rachel mit einem Blick voller Erleichterung. »Max.«

Er strich ihr über den Rücken. »Ich bin gleich wieder da. Es würde ihr besser gehen, wenn ein Arzt sie und das Baby untersuchen würde.«

»Das machen wir. Lana – wie noch mal?«

»Lana Bingham.« Sie streckte Rachel eine Hand entgegen, während sie auf sie zuging. »Ich bin achtundzwanzig. Ich bin Küchenchefin – ich war Küchenchefin. Ich –«

Überrascht zuckte sie zurück, denn Duncan griff nach ihr. Er wand sich brabbelnd in den Armen seiner Mutter und wollte ganz offensichtlich zu Lana.

»Ich weiß so gut wie nichts darüber, wie es ist, ein Baby zu bekommen, oder was ich tun muss, sobald ich meines habe.« Sichtlich nervös nahm sie Duncan.

Der Kleine legte eine Hand auf ihr Herz, und die Nervosität war verflogen. Sie spürte sein Licht so deutlich wie jenes, das sie in sich trug.

Gebannt blickte sie in tiefblaue Kinderaugen, deren Iris im Licht der Sonne grün umrandet war.

»Er ist besonders – ich meine, er ist wunderschön.« Sie sah ihn, auch während sie sprach, unentwegt an. »Wenn ihr in New Hope keine Übernatürlichen haben wollt, dann sagt es uns am besten gleich jetzt.«

Duncan legte sein Händchen um ihren Finger, und Licht schimmerte.

»Er ist besonders«, sagte Katie ruhig. »Wie seine Schwester Antonia. Und auch Jonah und noch viele andere in unserer Gemeinschaft.«

Tränen traten in Lanas Augen; sie legte ihre Wange an Duncans Kopf. »Tut mir leid. Die Hormone – das sagt Ray, unser Pfleger, immer zu mir.«

»Katie, warum schreibst du Lanas Beruf nicht einfach auf? Du bist also eine professionelle Köchin?«, fragte Rachel noch einmal nach.

»Ja, und glauben Sie mir, ich weiß viel mehr darüber, wie man einen chilenischen Wolfsbarsch filetiert als über Schwangerschaft, Entbindung oder Mutterschaft.«

»So ist es bei vielen Eltern. Ich bin eine schreckliche Köchin. Wir können Geburtshilfeleistungen gegen Kochstunden tauschen. Und was noch, außer der Küchenchefin?«

»Hexe.«

»Und du bist mit Max zusammen?« Katie saß am Tisch und schrieb so leicht und ohne Umstände mit, dass Lana unwillkürlich lächeln musste.

»Ja. Er ist der Vater meines Kindes und mein Ehemann. Max Fallon. Er ist einunddreißig. Und ich kann ohne Übertreibung sagen, er kann alles, was so zu tun ist. Er hat all das zusammengehalten, all diese Leute. Er ist Schriftsteller, aber –«

»Max Fallon.« Katie blickte auf. »Jetzt hat's klick gemacht. Mein Mann hat seine Bücher geliebt. Ich weiß, dass wir einige in unserer Bibliothek haben.«

»Ihr habt eine Bibliothek?«, fragte Lana, und wieder füllten sich ihre Augen mit Tränen.

»Wir haben eine Bibliothek, einen Gemeinschaftsgarten, eine Tagesbetreuung und eine medizinische Versorgungsstation. Hat Max auch noch andere Fähigkeiten?«

»Hexenmeister.«

»Möchten Sie, dass Max bei der Untersuchung dabei ist?«, fragte Rachel.

»Ja, bitte.«

»Dann hol ihn doch bitte, Katie. Ich bringe Lana inzwischen hinein.«

Jonah nahm Duncan und beobachtete, wie Lana mit Rachel mitging. »Sie sind beide gesund.« Er legte Duncan auf die Decke. »Ich konnte nicht umhin, es zu sehen. Gesund und stark. Das Baby … da ist etwas Helles. Ich weiß nicht, wie ich es beschreiben soll. Etwas … mehr.« Er unterbrach sich, als Max dazukam.

»Sie sind gerade reingegangen. Ich zeige dir den Weg.«

Lana zog ein Untersuchungshemd an, und Rachel erklärte derweil, dass sie alles, was sie an Ausstattung und Zubehör besaßen, unterwegs aus Krankenhäusern zusammengesammelt hatten.

»Wir brauchen noch mehr, aber damals hatten wir nicht genug Platz, um es mitzunehmen. Und einen Teil der Geräte, die wir haben, können wir nicht benutzen, weil wir noch keinen Strom haben. Ich hoffe, das klappt bald. Kommen Sie herein, Max. Als Erstes, Sie schätzen viereinhalb Monate, also achtzehn Wochen?«

»Sie wurde am zweiten Januar empfangen. Das ist sicher.«

»Datum Ihrer letzten Periode?«

»Weiß ich ehrlich gesagt nicht, aber ich weiß das Empfängnisdatum.«

»Gut.« Rachel ging zu einem Kalender an der Wand, blätterte zurück, zählte. »Achtzehn Wochen, drei Tage. Das heißt, der Entbindungstermin wäre … man rechnet vierzig Wochen ab der Empfängnis, also der fünfundzwanzigste September.«

»Aber neun Monate wären doch Anfang September.«

Rachel wandte sich zu ihr um und lächelte. »Eigentlich dauert eine Schwangerschaft zehn Monate. Vierzig Wochen.«

»Warum spricht man dann immer von neun? Siehst du«, sagte sie zu Max, »ich habe keine Ahnung davon.«

»Jetzt weißt du es.«

Rachel zeigte auf die Waage. »Wissen Sie, wie viel Sie vor der Schwangerschaft gewogen haben?«

»Zweiundfünfzigeinhalb Kilo. Oh Gott, jetzt muss ich mich da draufstellen, nicht wahr?« Resigniert trat Lana auf die Waage, schloss jedoch die Augen.

»Größe eins achtundsechzig, Gewicht siebenundfünfzig Kilo.«

»Viereinhalb Kilo?« Lana öffnete abrupt die Augen. »Viereinhalb?«

»Ein exzellenter Wert für Ihr Stadium. Bei Ihrer Größe und Statur wäre eine Gewichtszunahme von gut elf bis knapp sechzehn Kilo sehr gut. Aber jede Frau ist anders, machen Sie sich also deshalb keinen Stress.«

»Haben Sie eben knapp sechzehn Kilo gesagt? Und ich dachte, Ray übertreibt.«

»Setzen Sie sich doch einfach auf die Behandlungsliege – die Beine bitte nicht kreuzen. Dann messen wir Ihren Blutdruck. Schlafen Sie gut?«

»Kommt drauf an. Ich träume sehr viel.«

»Wir konnten nicht immer eine tolle Unterkunft finden«, fügte Max hinzu.

»Mmmm. Der Blutdruck ist gut.« Rachel notierte ihn. »Morgenübelkeit?«

»Noch nie. Ab und zu ein bisschen schwindlig, und ich habe die ganze Zeit Hunger, verdammt.«

»Allergien, Erkrankungen, Medikamente?«

»Nein, nichts.«

»Ist es Ihre erste Schwangerschaft?«

»Ja.«

Rachel stellte Fragen, Lana antwortete. Max ging im Zimmer auf und ab.

»Haben Sie schon irgendeine Bewegung gespürt?«

»Ich glaube – ich spürte … Als wir den Hinweis, auf dem New Hope stand, sahen, da bewegte sie sich. Hat sich erstaunlich angefühlt, wirklich.«

Max drehte sich zu ihr. »Du hast gar nichts gesagt.«

»Da hast du gerade über das Walkie-Talkie mit Poe gesprochen. Du warst besorgt. Wir wussten nicht, ob wir hier willkommen sein würden oder was uns erwarten würde. Und es war anders als die Schmetterlinge, die ich vorher spürte. Ray sagte, das seien die ersten Bewegungen des Fötus. So war es aber nicht. Es fühlte sich irgendwie aufgeregt an. Ist das normal?«

»In dem jetzigen Stadium Bewegungen zu spüren ist gut. Das wird noch zunehmen, aber machen Sie sich keine Sorgen, wenn Sie im Moment nicht jeden Tag etwas spüren.«

Rachel blickte auf das Ultraschallgerät und seufzte, als sie sich Handschuhe aus einer Box nahm. »Sie müssen sich jetzt hinlegen, denn ich mache jetzt eine Kontrolluntersuchung. Wenn hier alles wieder funktioniert, machen wir einen Ultraschall.«

Max zeigte auf das Gerät. »Ist es das da?«

»Ja. Sobald es funktioniert, können Sie das Baby auf dem Monitor sehen und den Herzschlag hören. Ich kann dann Gewicht und Größe messen und vieles andere mehr. Ich könnte auch – wenn Sie das wollen – das Geschlecht bestimmen.«

»Es ist ein Mädchen. Das weiß ich so, wie ich das Empfängnisdatum weiß. Ich weiß, sie ist gesund und stark, aber –«

»Sie machen sich trotzdem Sorgen.«

»Würde ein Ultraschall Ihnen Dinge zeigen, die gegen diese Sorgen helfen könnten?«, fragte Max.

Rachel wusste, dass sich werdende Eltern selbst unter normalen Umständen wegen allem sorgten, und warf Max ein beruhigendes Lächeln zu.

»Babys sind schon lange vor der Erfindung des Ultraschalls gesund und stark auf die Welt gekommen.«

»Aber?«

»Ich bin Ärztin. Ich hätte gern alle Geräte zur Verfügung.«

»Da kann ich helfen.«

Max trat vor das Gerät und legte eine Hand darauf. Rachel spürte die Luft um sich vibrieren; es schaltete sich an.

Lana streichelte Max' Arm. »Max hat eine Begabung für Maschinen, Motoren und alle Arten von Geräten.«

Rachels professioneller Gleichmut wich einer übermütig hochgestreckten Siegerfaust. »Oh ja, ja! Wir haben einen Ingenieur und einen Elektriker – und einen IT-Spezialisten –, die Sie alle so bald wie möglich kennenlernen möchten.«

»Können Sie das Ding jetzt für Lana und das Baby benutzen?«

»Schauen wir mal. Wenn ich gewusst hätte, dass das eine Option ist, hätten Sie die Unterwäsche anbehalten können.«

»Das ist schon okay, es macht mir nichts aus.«

»Na dann gut.«

Rachel holte eine Tube Gel heraus und streifte sich dann die Handschuhe über. »Ich trage das auf Ihren Bauch auf.« Sie schob das Hemd hoch.

»Tut das weh?«, fragte Max und ergriff Lanas Hand.

»Nein.« Rachel bewegte den Schallkopf hin und her. »Da.« Sie nickte in Richtung des Monitors. »Da ist Ihr Baby.«

»Ich kann nicht wirklich … Oh Gott, ich sehe sie!« Lana umklammerte Max' Hand. »Ich sehe sie. Sie bewegt sich. Ich spüre, wie sie sich bewegt.«

»Hören Sie das? Das ist ein guter, starker Herzschlag. Und was die Größe anbelangt, stimme ich Ihrem Empfängnisdatum zu.«

»Sie ist so klein.« Max fuhr die Umrisse auf dem Bildschirm nach.

»Das ist wahr«, stimmte Lana zu. »Wächst sie denn auch richtig?«

»Sie misst jetzt gut fünfzehn Zentimeter und wiegt etwa zweihundert Gramm. Und Sie haben wieder recht. Es ist ein Mädchen.«

»Ich sehe ihre Finger.« Lanas Stimme überschlug sich. »Sie hat schon Finger.«

»Acht Finger, zwei Daumen«, bestätigte Rachel. »Wir sehen mal genauer hin – das Herz, das Gehirn, ihre anderen Organe –, aber ich kann jetzt schon sagen, ich sehe einen perfekten achtzehn Wochen alten weiblichen Fötus. Wie lange kann das Gerät denn angeschaltet bleiben?«, fragte sie Max.

Er verfolgte noch immer die Konturen des Babys, führte Lanas Hand an seine Lippen. »Wie lange brauchen Sie es noch?«

Rachel hatte ein bisschen das Gefühl, gleich selbst weinen zu müssen. »Falls ich es vorhin noch nicht gesagt habe, möchte ich das jetzt nachholen. Willkommen in New Hope.«

Lana kam aus dem Haus mit einer Liste von Ge- und Verboten. Vor Katies Tisch hatte sich inzwischen eine Schlange gebildet. Lana entdeckte Ray, ging zu ihm und umarmte ihn.

»Ich hab's dir doch gesagt, Mama.«

»Die Ärztin meint, sie ist perfekt. Wir sind perfekt. Sie hofft, dass sie mit dir und Carly reden kann, wenn ihr euch ein wenig eingerichtet habt. Ich mag sie, Ray. Ich mag sie wirklich gern.«

Er tätschelte mit seiner großflächigen Hand ihre Wange. »Es war richtig von dir, den Zeichen zu folgen.«

»Hey, ich bin Fred.« Sie sprang auf und strahlte. »Ihr seid Lana, richtig, und Max? Ihr habt Bills Sohn mitgebracht. Er ist so glücklich. Sie sind oben im Bygones. Ich glaube, sie brauchen ein bisschen Zeit zusammen. Aber Jonah sagte, ich soll euch eine Führung geben und euch das Haus zeigen, von dem er meint, dass es gut für euch wäre. Wenn ihr wollt.«

»Ich muss mich erst um ein paar andere Sachen kümmern«, sagte Max zu Lana. »Und um einige Leute.«

»Nur zu. Ich kann ja mit – Fred? Ist das die Kurzform von Frederica?«

»Nein, für Freddie. Meine Mom war ein totaler Freddie-Mercury-Fan. Du weißt schon, Queen?«

Lana lachte. »Ja. Und ich würde mich wirklich gern umsehen und mir das Haus anschauen.«

»Es ist gleich über der Straße. Siehst du?« Sie zeigte auf ein

Haus schräg gegenüber mit gekalkten Ziegeln, zwei Etagen und einer Terrasse. »Es war einmal größer. Siehst du?«, sagte sie noch einmal. »Den einen Teil haben sie zu Apartments umgebaut. Die müssen renoviert werden, aber der andere Teil ist ziemlich gut in Schuss.«

»Ich würde es mir nur zu gern ansehen.«

Lana hob das Gesicht an, um Max zu küssen. »Tu, was du tun musst«, sagte sie und ging mit Fred.

»Ich wohne gleich da. Arlys und ich teilen uns dieses Haus.«

»Habt ihr euch auf dem Weg hierher getroffen?«

»Nein, wir haben zusammen in New York gearbeitet. Ich war Praktikantin beim Sender. Da drüben wohnt Chuck – er hat den Keller, und Bill und Jonah wohnen auch dort. Arlys und ich gingen nach Hoboken zu Chuck – er ist ein Hacker und war ihre wichtigste Informationsquelle.«

»Wie seid ihr nach Hoboken gekommen?«

»Durch die PATH-Tunnels.«

Lana blieb mitten auf der Straße stehen. »Ihr seid durch den Tunnel gelaufen? Nur du und Arlys?«

»Mussten wir. Das war schlimm. Einiges davon war wirklich schlimm, aber jetzt ist es vorbei; wir kamen zu Chuck, und er hatte einen Hummer, mit dem sind wir dann aus der Stadt rausgekommen. Er versucht gerade, die Kommunikationstechnik wieder in Gang zu kriegen. Falls jemand … Unterwegs haben wir Jonah, Rachel, Katie und die Babys getroffen. Ich liebe Babys. Und wir sind den ganzen Weg bis nach Ohio gefahren, weil Arlys' Familie – aber …«

»Das tut mir leid.«

Ohrringe aus vielfarbigen Perlen baumelten an Freds Ohren. »Aber wir trafen Bill, und er fuhr mit uns. Unterwegs stellten wir dann Schilder für Will auf. Und wir trafen Lloyd und Rainbow und ... Ich weiß, ich rede zu viel. Ich bin aufgeregt.«

»Ich auch.«

Direkt vom Gehsteig weg führten Stufen auf die Terrasse. Fred öffnete die Tür. »Wahrscheinlich hat es jemand neu gestaltet, mit offenem Grundriss und so.«

»Ja.«

Es ist geräumig, dachte Lana, und trotz der kleinen Vorderfenster sehr hell.

»Ihr könnt andere Möbel reinstellen, wenn ihr wollt. Es macht niemandem etwas aus, wenn man sie gegen Sachen aus anderen unbewohnten Häusern austauscht. Bald werden gar nicht mehr so viele Häuser leer stehen. Das ist schön.«

»Mir passt es, wie es ist. Ich bin so dankbar dafür.«

Wer immer hier lebte, hatte einen guten, schnörkellosen Geschmack gehabt. Ein Sofa in Grau, dessen Bezug sie an Max' Augenfarbe erinnerte, dazu gemusterte Sessel in Grau und Marineblau. Dunkle Holztische, der Boden aus heller Eiche, ein offener Kamin mit breiter Verkleidung.

Wirklich ans Herz aber ging ihr die Küche. Der helle Holzboden setzte sich darin fort, sodass der Wohn- und Kochbereich fließend ineinander übergingen. Die Anrichte war aus cremefarbenem Holz, mit einer dunkelgrauen Granitplatte.

Sie ging hinein und schlug angesichts des Herdes mit sechs Kochstellen, der Geräte aus Edelstahl, großzügig bemessener Arbeitsflächen begeistert die Hände zusammen. Ein Doppelbackofen, dachte sie, und eine Flügeltür mit Glas, die viel Licht hereinlässt.

»Was für eine tolle Küche.«

»Alles ist staubig, aber –«

»Wir machen sauber. Es ist ein gutes Haus. Mit einem hübschen Garten. Ich habe von einem Gemeinschaftsgarten gehört.
Gibt es da auch Kräuter?«

»Sicher. Wir mussten sie erst aussäen, aber inzwischen haben
wir schon viele Kräuter.«

»Meinst du, ich könnte einige Samen bekommen oder ein paar
Kräuter umpflanzen? Wen müsste ich da fragen?«

»Das ist quasi mein Aufgabenbereich, und sicher kannst Du
ein paar Kräuter haben. Gerne. Willst du noch raufgehen?«

»Ja.«

»Katie sagte, du warst in New York Chefköchin.«

»Ja. Ich war stellvertretende Chefköchin bei Delray's«, erklärte
sie. »Dreieinhalb Jahre lang.«

»Delray's kenne ich!« Fred ging zur Treppe voran. »Ich meine,
ich habe ein paar Beurteilungen gelesen. Ich konnte es mir nicht
leisten, da essen zu gehen, aber ich habe Kritiken gelesen. War ein
echter Hotspot!«

»Das waren noch Zeiten«, murmelte Lana. »Wenn du magst,
koche ich für dich.«

»Wirklich? Wenn ich Käse besorge, kannst du dann Lasagne
machen?«

»Wenn du mir Käse besorgst, mache ich dir die beste Lasagne,
die du je gegessen hast.«

»Wir haben Milchkühe und eine Ziege. Wenn man Milch hat,
kann man Käse und Butter machen. Käse ist schwieriger, aber ich
arbeite daran. Ich habe ein Buch gefunden, und ich benutze Nes-
seln und Disteln zum Fermentieren.«

»Das ist verdammt clever, Fred.«

»Ich habe bereits Hüttenkäse gemacht, und der war gar nicht
so schlecht. Übrigens, ich bin eine Fee.«

»Ich hätte es wissen sollen. Du hast so etwas Heiteres.«

»Dein Baby ist auch so. Hat Jonah gesagt. Er sieht solche Dinge. Ich kann es fühlen, aber er sieht es auch noch. Das hier wäre doch ein wirklich nettes Kinderzimmer.«

Lana dachte an das Baby, an das Licht und schaute in einen Raum, der wahrscheinlich einmal ein Arbeits- und Gästezimmer gewesen war. Aber Fred hatte recht. Er würde ein hübsches Kinderzimmer abgeben. Nicht zu groß, nicht zu klein, mit einem Fenster zum Garten hinaus.

»Wir können das alles ausräumen und Babymöbel besorgen.«

»Ich weiß noch nicht einmal, was ein Baby so alles braucht.«

»Ich helfe dir, und Katie sicher auch. Katie weiß jetzt alles über Babys. Und sie hat auch noch Babykleidung. Außerdem fangen wir gerade einen Häkelkreis an. Die Frauen werden sicher gerne Babysachen häkeln.«

»Ein Häkelkreis.« Eine Fee, die Käse machte, eine Ärztin, ein Haus mit einer tollen Küche, ein hübscher Garten. »Das kommt mir alles wie ein Traum vor.«

»Es gibt leider auch negative Entwicklungen. Wir müssen zum Beispiel Wachen haben, für alle Fälle. Auch akzeptieren uns fast alle, denn die meisten sind froh, uns zu haben, weil wir uns bemühen, ihnen zu helfen.«

Lana musste das *Aber* nicht explizit hören, um zu wissen, dass da eines war. »Nicht jeder akzeptiert Übernatürliche.«

»Das stimmt, auch wenn sie einem das nicht ins Gesicht sagen. Aber es gibt zum Glück mehr Gute als Böse. Das andere Schlafzimmer ist größer und ganz nett eingerichtet«, wechselte Fred das Thema. »Das Badezimmer hier oben – unten ist ja nur ein Gästebad – muss erst vor Kurzem renoviert worden sein. Es ist auf dem neuesten Stand. Nicht so wie bei den Apartments.«

Lana ging hinein und setzte sich auf das Bett.

»Bist du müde? Du kannst dich gerne eine Weile hinlegen.«

»Ich bin nicht müde. Ich bin überwältigt. Ich habe schon angefangen, daran zu zweifeln, ob es echte Freundlichkeit überhaupt noch gibt. Und jetzt werden wir so beschenkt. Wir sind sehr dankbar.«

»Wir sind doch alles, was wir haben. Also sollten wir auch nett zueinander sein.« Fred setzte sich zu Lana. »Ihr tragt zur Gemeinschaft bei, und das macht uns alle stärker. Darf ich das Baby berühren?«

»Sicher.« Lana nahm Freds Hand und legte sie auf ihren Bauch. »Sie tritt!«

»Damit hat sie heute erst angefangen.«

»Sie ist auch glücklich. Hast du Hunger? Wir haben zu Hause Fertiggerichte.«

Welch selbstverständliche Freundlichkeit, dachte Lana beglückt. »Ich habe immer Hunger – oder sie. Aber eigentlich möchte ich mir noch den Gemeinschaftsgarten anschauen.«

»Ja? Das ist ein netter Spaziergang. Wir können dir auch auf dem Weg dahin eine Kleinigkeit besorgen.«

»Queen Fred«, sagte Lana und brachte Fred damit zum Kichern. »Das würde mir gefallen. Es ist nämlich schon eine Weile her, dass ich einen entspannten Spaziergang gemacht habe.«

In der provisorischen Klinik sah sich Rachel neue Patienteninformationen an – von Max' Gruppe hatte sie zweiundzwanzig gezählt – und machte sich einige zusätzliche Notizen.

Jonah kam aus einem ehemaligen Büro, wo sie zusätzliche Vorräte lagerten, blieb stehen und schaute durch die Glasscheibe auf sie.

Sie hatte sich von einer Frau – Clarice, die einmal einen Friseursalon gehabt hatte – die Haare schneiden lassen. Er liebte es, wie ihre Korkenzieherlocken füllig ihr Gesicht umrahmten.

Sie hatten die Klinik zusammen eingerichtet und arbeiteten dort oft stundenlang Seite an Seite. Dabei war seine Achtung für sie als Person und als Ärztin gewachsen, und er hatte mehr über sie erfahren. Kleine Dinge, dachte er.

Sie las gerne Science-Fiction-Romane, hatte sich in der Highschool in Leichtathletik hervorgetan und war noch nie geritten, weil sie vor Pferden etwas Angst hatte.

Sie hatte PEZ-Spender gesammelt – etwas, das er so lächerlich wie total süß fand.

Er hatte mitbekommen, dass sie ein Jahr lang mit anderen Assistenzärzten in einem Reihenhaus gewohnt und das tägliche Drama dort zum Anlass dafür genommen hatte, ihr Budget auf das Notwendigste zu reduzieren, damit sie sich eine eigene Einzimmerwohnung leisten konnte.

Er wusste, wann sie eine Pause brauchte, fünf Minuten für sich sein musste. Und er wusste, dass sich seine Gefühle für sie verändert hatten – er war nicht mehr nur verknallt. Allerdings wusste er nicht, wie er damit umgehen sollte.

In diesem Moment blickte sie auf. Er sah Müdigkeit in ihren Augen und leichte Verwirrung.

Um zu verbergen, dass er sie angestarrt hatte, trat er in die Türöffnung.

»Tut mir leid. Ich wollte nicht stören.«

»Bin gerade fertig. Oder besser gesagt gleich, wenn ich die alle abgeheftet habe.«

»Verstanden. Mach mal Pause, Doc. Ray wird dir doch ein bisschen Arbeit abnehmen können oder nicht?«

»Er ist dazu bereit, und er kann es auch. Aber Carly, die junge Pflegerin, hat auf dem Weg hierher zwar schon einiges gelernt, braucht aber noch mehr Anleitung.«

Er machte die Ablage fertig, sie setzte sich wieder hin und rieb sich den Nacken.

»Kopfschmerzen?«

»Nur eine Muskelverspannung«, antwortete sie. »Wir haben einen Typ-II-Diabetiker. Bisher haben sie es gut mit ihm hingekriegt und ein orales Präparat gefunden, aber der Vorrat ist gering. Einige aus der Gruppe brauchen Medikamente – Betablocker, Blutverdünner, Asthmaspray und so weiter.«

Er nickte, beendete die Ablage. »Ich wollte dir gerade sagen, dass wir Nachschub brauchen. Selbst grundlegende Sachen werden knapp. Im Moment stehen wir zwar noch gut da«, beschwichtigte er sie und wandte sich ihr zu. »Aber wir sind gerade fast hundert Leute mehr geworden. Es wird also Zeit, auf Beutezug zu gehen.«

»Ich gehe mit dir.«

»Wir brauchen dich hier. Wir können uns aber überlegen, wer am besten mitgehen sollte, und die Betreffenden dann darum bitten. Ich glaube, die Besprechung, die wir für heute Abend angesetzt hatten, müssen wir verschieben – wenigstens um einen Tag. Es ist einfach zu viel los. Und wenn wir gut mit den Neuankömmlingen auskommen, dann sollten wir wahrscheinlich Max und – Lana, richtig? – mit einbeziehen.«

»Ja, ich finde auch, wir sollten sie mit einschließen. Und Bill wird seinen Sohn dabeihaben wollen.«

»Will werde ich bald besser kennenlernen. Er zieht bei uns ein. Es hat mir schon immer imponiert, dass er Hunderte von Meilen unterwegs war, um seinen Vater zu finden. Das sagt etwas aus über seine Einstellung und seinen Charakter.«

»Auch da stimme ich dir zu. Aber nicht, was das Verschieben der Besprechung betrifft. Katie hat die Anmeldungen gemacht, und Lloyd hat ihr eine Zeit lang dabei geholfen. Beide kamen zu mir und sagten, Kurt Rove, die Mercers und Denny Wertz würden auf der anderen Straßenseite stehen und sie beobachten. Und Katie sah, wie die Mercers die Straßenseite wechselten und ein Kind anmachten – einen Teenager mit einem Hund. Offenbar drohte einer von ihnen damit, dem Hund etwas anzutun, als der sie anknurrte.«

»Mist. Warum hat Katie mich nicht holen lassen?«

»Das wollte sie, aber dann kam Rove dazu, und Leute aus Max' Gruppe mischten sich ein. Schließlich kam auch noch Max selbst. Was immer er sagte oder tat, bewog Rove und die Mercers, Leine zu ziehen.

Wir brauchen diese Regeln, Jonah. Wir brauchen Ordnung. Und zwar schnellstens.«

»Also gut.« Er rieb sich das Gesicht. »Okay. Wir haben ungefähr drei Stunden. Sollen Max, Lana und Will Anderson mit dabei sein?«

»Ich denke ja. Ich kann Max und Lana Bescheid sagen. Du kannst mit Will reden.«

»Du brauchst eine Pause, Rachel. Wann hast du das letzte Mal etwas gegessen?«

»Es war ein langer Tag, Dr. Vorhies.«

Er holte einen Proteinriegel aus der Schublade.

»Warum können sie die nicht als Schokobecher oder meinetwegen als rosa gebratenes Roastbeef mit Bratensoße machen?« Sie wickelte ihn aus, nahm einen Bissen. »Die sind grässlich.«

»Könnten auch wie Twinkies schmecken, die aus …«

»Zombieland.« Sie lachte ein wenig. »Ich liebe diesen Film. Die

andere gute Nachricht ist: Die Welt mag noch so sehr vor die Hunde gehen, wir haben keine Zombie-Apokalypse.«

»Noch nicht.«

Sie biss mit einem Seufzer noch einmal in den Riegel. »Du verstehst es wirklich, mich aufzuheitern, Jonah.«

»Wie wär's mit einem Spaziergang? Ein bisschen frische Luft würde dir guttun und ein bisschen rauszukommen auch. Unterwegs suchen wir Max auf und erzählen ihm von der Besprechung, ebenso Bill und seinem Sohn. Vielleicht gehen wir sogar runter zu den Gärten.«

»Etwas laufen würde mir guttun, ja.«

Sie stand auf; er vergaß zurückzutreten. Es kam ihm in den Sinn, dass er unter extremen Umständen Zwillinge entbunden hatte. Dann hatte er diese Zwillinge und Hannah, ihre Mutter und Rachel aus New York City herausgebracht. In den letzten vier Monaten hatte er Dinge getan, die er früher nie für möglich gehalten hätte.

Warum also konnte er hier und jetzt nicht einen einfachen Schritt tun?

Er trat nicht zurück und merkte, dass sie es auch nicht tat.

»Ich möchte dich etwas fragen.«

Ihr Blick ruhte auf ihm. »Okay.«

»Wenn nichts von alldem geschehen wäre, wenn alles so geblieben wäre, wie es war, und ich hätte dich gefragt, ob du mit mir etwas trinken gehst oder vielleicht ins Kino, hättest du Ja gesagt?«

Sie zögerte kurz. »Es wäre auf den Film angekommen. Wenn du mich gebeten hättest, einen ausländischen Kunstfilm mit Untertiteln anzusehen, hätte ich Nein gesagt. Weil man sich dabei nach einem harten Tag in der Notaufnahme nicht entspannen kann.«

»Ich habe noch nie einen ausländischen Kunstfilm mit Untertiteln gesehen.«

»Na dann vielleicht schon.« Ihre dunkelbraunen Schokoladenaugen blieben auf ihn geheftet. »Manchmal fällt es mir schwer, mich daran zu erinnern, wie es mal war. Aber vielleicht schon. Warum hast du mich nie gefragt?«

»Ich habe darauf hingearbeitet.«

»Na ja, so wie die Dinge jetzt stehen, hast du deine Chance für einen Kinoabend verpasst. Hast du noch etwas anderes in petto?«

»Ich will nichts kaputtmachen oder dass es zwischen uns irgendwie seltsam wird. Wir arbeiten zusammen und müssen hier etwas aufbauen. Also, wenn du nicht –«

»Oh, um Gottes willen.«

Sie verdrehte die Augen, packte ihn am Nacken und zog ihn zu sich, bis sich ihre Lippen trafen.

Er spürte, wie er dahinschmolz. All das Sehnen, all das Wunschdenken wurde auf einmal – und unversehens – Realität. Er hielt sie, während sein Herz wild klopfte, bis ihre Hand sich beschwichtigend auf seine Brust legte.

»Ich fühle mich gar nicht seltsam.« Die großen, schönen Augen auf ihn gerichtet, atmete sie langsam aus. »Und du?«

»Ich weiß nicht so genau. Ich glaube, ich sollte es noch ein wenig austesten.«

Er hob sie auf ihre Fußspitzen und küsste sie erneut. Keine Frage, warum er so lange gewartet hatte. Weshalb hinterfragen, was perfekt schien?

»Nein. Ich fühle mich nicht seltsam.«

»Gut. Dann lass uns diesen Spaziergang machen. Mit Max reden und mit Bill.«

»Ja.« Er ließ sie los und erinnerte sich daran, dass sie Prioritäten hatten.

»Und dann sollten wir zu mir gehen.«

Sein Blick traf den ihren. »Zu dir.«

»In mein Bett. Wir haben ein paar Stunden für uns. Wie du sagst, brauche ich eine Pause. Und ich glaube, du auch.«

»Ich will dich schon sehr lange.«

»Für mich ist es vielleicht noch nicht so lang, denn ich wäre damals überrascht gewesen, wenn du mich ins Kino eingeladen hättest. Aber irgendwo in Pennsylvania, kurz nachdem wir Arlys, Fred und Chuck trafen, fing ich an, mich nach dir zu sehnen.«

»Wir sollten abschließen.«

»Ja.«

Sie stellte das Walkie-Talkie auf Empfang, wie immer, um bei einem Notfall erreichbar zu sein.

»Rachel?« Sie gingen hinaus, schlossen die Tür hinter sich. »Ich sollte es dir sagen – ich habe, na ja, einen ziemlichen Nachholbedarf.«

»Hmmm.« Rachel warf ihm ein Lächeln zu, und sie gingen zusammen durch das seltsame Licht zum Vordereingang. »Was für ein Glück für dich, denn dafür habe ich ein gutes Heilmittel.«

Und in weniger als einer Stunde fühlte sich Jonah geheilt.

Kapitel 19

In dem großen Wohnzimmer mit seinen bequemen Sofas und dem schönen alten Boden aus Kastanienholz nahm Max das Bier, das man ihm anbot. Er wusste nicht recht, wie er diese Einladung finden sollte, rechnete aber damit, dass Jonah und die anderen, die heute Abend hier zusammenkamen, mit ihm und Lana näher bekannt werden wollten. Und das traf sich gut, denn auch er wollte diese Leute besser kennenlernen. Die Bedenken, die in seinen Gedanken kreisten, wollte er jedoch nicht äußern. Nicht, wenn er sah, wie Lanas Stress weniger wurde, nicht, wenn er die Freude sah, die es ihr bereitete, eine Blume in eine Vase zu stellen in dem Raum, der – momentan – ihr Schlafzimmer war.

Nicht, nachdem er das Kind – ihr gemeinsames Kind – gesehen hatte, wie es sich in ihr bewegte.

Er wollte seine Zweifel erst einmal für sich behalten, wenigstens, bis er die Situation hier besser einschätzen konnte. Doch der Vorfall mit Flynn, das Hässliche, das von den Männern ausging, die versucht hatten, den Jungen zu schikanieren, das konnte er nicht vergessen.

»Katie und Fred werden in einer Minute hier sein.« Rachel zündete noch ein paar Kerzen an und setzte sich dann auf das Sofa zu Jonah. »Sie bringen die Babys ins Bett. Arlys ist noch bei Chuck, um ihn von seinem Computer loszueisen – er arbeitet fast rund um die Uhr daran, ein WLAN einzurichten. Danke, dass ihr gekommen seid. Ich weiß, ihr seid gerade erst angekommen und noch dabei, euch einzurichten.«

»Wie steht es mit den anderen aus eurer Gruppe?«, fragte Jonah.

»Sie packen ihre Sachen aus und kommen ebenfalls langsam an.«

»Gut. Morgen kann ich mithelfen. Möbel, Vorräte, solche Sachen besorgen.«

»Danke.«

»Du und Katie und die Babys, ihr wohnt also hier«, sagte Lana zu Rachel.

»Als wir hierherkamen, waren wir nicht so viele«, erklärte diese ihr. »Aber mit der Zeit wurde es ziemlich eng. Wir sind hier. Jonah, Chuck und Bill – und jetzt auch Will – wohnen nebenan, Fred und Arlys auf der anderen Seite. Wir sind am längsten zusammen.«

»Lloyd Stenson hat sich ein Apartment gegenüber genommen und Carla Parker eine der Wohnungen über dem Bygones. Sie kommen auch noch.« Jonah betrachtete sein Bier. »Wir hatten schon länger geplant, uns heute Abend zu treffen. Und nachdem ihr nun dazugekommen seid, beschlossen wir, dass eure Gruppe auch repräsentiert sein sollte.«

»Wobei?«

Jonahs Blick traf den von Max. »Wir sind jetzt gut dreihundert Leute. Größtenteils kommen alle miteinander zurecht. Jeder trägt etwas bei.«

»Und jeder ist nach wie vor mit dem, was er erlebt hat, beschäftigt«, fuhr Rachel fort. »Was er oder sie verloren, vielleicht aber auch an Fähigkeiten dazubekommen hat. Alle haben viel durchgemacht. Einige tun sich deshalb zu einer Art Therapiegruppe zusammen, andere finden andere Wege, um zurechtzukommen – sie arbeiten im Garten, bilden Interessensgemeinschaften, haben Hobbys. Lloyd zum Beispiel baut alles Mögliche und trägt sehr viel zu unserem Gemeinschaftsprojekt – dem Gewächshaus – bei. Er hat auch den Spielplatz hergerichtet und sauber gemacht, damit die Kinder spielen können, während die Erwachsenen anpflanzen oder Unkraut jäten. Andere wiederum initiieren bestimmte Gruppen wie einen Buchklub oder einen Gebetszirkel.«

»Es gibt auch Leute, die sich abwechselnd um die Tiere kümmern«, fügte Jonah hinzu. »Und jetzt kommt eure Gruppe noch dazu.«

»Du sagst also, dass die meisten einen Weg für sich gefunden haben – und ihren Platz.« Lana nippte an einem Glas Wasser, während sie überlegte. »Aber wohl nicht jeder.«

»Die Leute sind, wie sie sind«, bemerkte Jonah.

»Wie die paar, die heute auf Flynn losgegangen sind.«

Jonah nickte Max zu. »Don und Lou Mercer? Das sind einfach nur Arschlöcher.«

»Flynn aber nicht. Denn wenn er das wäre, hätten sie medizinische Hilfe gebraucht.«

»Es ist nicht das erste Mal, dass sie Streit gesucht haben«, erklärte Rachel. »Und das ist der Grund für dieses Treffen.«

Sie hörte, wie sich die Tür öffnete, und schaute hinüber. »Arlys und Chuck.«

»Ich brauche Strom. Wenn ich den habe, kann ich womöglich wieder an die AOL-Zentrale rankommen, ans Netz.«

Max beobachtete den schlaksigen Mann Anfang zwanzig mit Ziegenbärtchen und ungepflegten Haaren – platinblond mit

Purpurstreifen –, als dieser abrupt stehen blieb und ihn anstarrte.

»Hey – Wahnsinn! Max Fallon! Du bist tatsächlich Max Fallon.«

»Wie ich dir gesagt habe«, kommentierte Arlys.

»Hä? Habe ich nicht gehört.« Er schoss auf Max zu, reichte ihm die Hand und schüttelte sie übertrieben freundlich. »Bin ein Riesenfan. Letztes Jahr war ich bei deiner Buchvorstellung bei Spirit Books, obwohl ich hauptsächlich E-Books lese. *Unter Belagerung.* Wahnsinn! Mein Lieblingsbuch.«

Max war platt. Es war schon eine Weile her – zu lange, merkte er nun –, dass er sich als Schriftsteller gesehen hatte. »Danke.«

»Max Fallon«, wiederholte Chuck. »Ist ja irre.«

»Und das ist Chuck«, sagte Arlys. »Unsere Kellerassel.«

»Ich wohne im Keller. Habt ihr ein Bier? Vielleicht sogar ein kaltes?«

»Fred hat es gekühlt«, sagte Jonah.

»Exzellent.« Er bekam eine Dose, öffnete sie. »Du bist also Max, und … sorry, habe nicht zugehört. Lucy?«

»Lana.«

»Max und Lana. Ihr habt fast hundert Leute mitgebracht? Noch mal Wahnsinn.« Er nahm einen Schluck Bier. »Wie ist es so da draußen?«

»Wir sind euren Schildern gefolgt, eurer Route, deshalb ging es leichter, als wir erwartet hatten. Hier und da mal ein Problem. Neuralgische Punkte mieden wir, wenn es sich einrichten ließ.«

»Raider? Das sind Arschlöcher. Die bringen einen für 'ne Dose Bohnen um.«

»Hier und da«, meinte Max.

»Wir sind außerhalb von Baltimore auf welche gestoßen. Verloren dabei drei Leute. Es wären mehr gewesen, aber …« Chuck verstummte, blickte zu Jonah.

»Schon gut. Wir hatten Übernatürliche dabei, sie errichteten eine Feuerwand. Das vertrieb sie.«

»Sie steckten das Motorrad und den Jeep in Brand«, murmelte Lana. »Die verkohlten Leichen in dem Jeep. Wir kamen daran vorbei.«

»Man sollte sie meiden, wenn es geht«, sagte Jonah. »Oder sich mit ihnen befassen, wenn man keine andere Möglichkeit hat. Wir haben Wachposten, die rund um die Uhr besetzt sind. Harley war einer an der Straße Richtung Norden, auf der ihr hergekommen seid, und ihr seid durchgekommen, weil …«

»Er wusste, dass wir keine Raider waren oder Böses wollten.« Max hörte erneut die Tür, weitere Stimmen, und er entspannte sich etwas, als er die von Will erkannte. Max stand auf, als Will und ein Mann eintraten, der offensichtlich sein Vater war. Dasselbe Kinn, dieselben Augen. Max ergriff Wills Hand. »Du hast ihn gefunden, wie du es gesagt hast.«

»Ja. Dad, das sind Max und Lana. Sie haben mir geholfen hierherzukommen.«

Bill Anderson bot keine Hand an, sondern umarmte überaus herzlich zuerst Max und dann Lana. »Egal, was ihr braucht, jederzeit. Ihr habt mir meinen Jungen zurückgebracht.«

»Mit oder ohne uns, er hätte sowieso keine Ruhe gegeben.«

»Er bedeutet mir alles.« Bill hielt eine Flasche Wein hoch. »Aus meinem Privatkeller!« Er grinste und zwinkerte dazu.

Fred kam tänzelnd die Treppe herunter. »Du bist Will. Bills Will.« Sie eilte zu Bill und umarmte ihn stürmisch. »Ich freue mich so für dich. Ich bin Fred.« Sie neigte den Kopf zur Seite und lächelte Will zu. »Ich habe mitgeholfen, die Schilder zu machen. Mit ein bisschen Feenkraft, Feenpower.«

Will küsste ihre Hand, und sie kicherte. »Oh, ich wette, das sind Lloyd und Carla. Ich verstehe. Katie kommt noch, dann sind wir alle beisammen.«

Max stimmte sich auf die Energien um sich herum ein, sammelte Eindrücke. Lana genoss diese Momente – Menschen, mit denen man sich zwanglos unterhalten konnte, und sie brauchte sich nicht darum zu sorgen, wo sie am nächsten oder am übernächsten Tag sein würden.

Lloyd war etwa so alt wie Bill, um die sechzig, schätzte er, er war drahtig, wirkte beinahe dynamisch. Und Carla, gedrungener Körperbau, sehr kurze Haare, musterte ihn so kritisch wie er sie, dachte Max.

Katie kam die Treppe herunter und entschuldigte sich noch im Laufen. »Tut mir leid. Die Babys waren heute unruhig. Bist du nebenan eingezogen?«, fragte sie Will.

»Ja. Hatte ohnehin nicht viel.«

Sie ließ sich neben Jonah auf das Sofa sinken, und Will setzte sich auf die Lehne von Arlys' Sessel. »Vielleicht können wir noch ein paar Sachen für mich besorgen.«

»Können wir bestimmt.« Sie senkte die Stimme. »Tut mir leid wegen deiner Mom und deiner Schwester.«

»Ich weiß.« Er legte eine Hand auf ihre. »Mir auch wegen deiner Eltern und Theo. Zu betrauern gibt es wirklich viele.«

Rachel tippte Jonah ans Knie. Er rutschte etwas hin und her, schien zu zögern, zuckte die Achseln.

»Okay, dann fange ich mal an. Rachel, Arlys und ich hatten heute Morgen ein Gespräch, noch bevor die neue Gruppe dazukam. Wir alle haben überlebt und einen langen Weg zurückgelegt, bis New Hope unser neues Zuhause wurde. Ich weiß, Strom zu bekommen, steht an erster Stelle, und die Sicherheit ebenfalls. Außerdem brauchen wir mehr Vorräte – vor allem medizinische –, und das bedeutet, wir müssen Leute ausschicken, die diese Dinge besorgen und Erkundigungen einziehen.«

Während er sprach, holte Arlys Notizblock und Stift heraus.

»Vielleicht wird es Zeit für ein Gemeindehaus«, schlug Lloyd vor. »Um unsere neuen Nachbarn vorzustellen und mehr Freiwillige anzuwerben.«

»Ja. Bevor wir jedoch eine – ich würde es mal eine öffentliche Versammlung nennen – einberufen, möchten wir einige Dinge besprechen. Ich denke, alle haben gehört, dass die Mercers gestern Abend Bryar hart zugesetzt haben, und dann auch Aaron.«

»Ich habe gehört, wenn du nicht hinausgegangen wärst und sie weitergeschickt hättest, wäre es eskaliert. Diese Unruhestifter«, fügte Carla hinzu. »Manche sind einfach dazu geboren.«

»Vielleicht. Heute haben sie einen Jungen aus Max' Gruppe angepöbelt.«

»Habe ich auch gehört.« Carla musterte Max. »Und sie verschwanden, als du eingeschritten bist.«

»Wir müssen uns überlegen, was wir tun werden, wenn es zu größeren Ausschreitungen kommt. Bisher waren es ja hauptsächlich verbale Angriffe, vielleicht ein paar Knüffe.« Jonah machte eine Pause. »Aber Bryar sollte sich nicht fürchten müssen, wenn sie abends spazieren gehen will. Niemand hier sollte Angst haben.«

»Fast jeder ist bewaffnet«, warf Carla ein. »Sogar Leute – und ich meine wieder die Mercers –, die es nicht sein sollten.«

»Kurt Rove«, fügte Bill hinzu. »Sharon Beamer. Ich könnte noch einige andere nennen.«

»Wir brauchen einen Plan.« Rachel legte eine Hand auf Jonahs Knie. »Regeln, Gesetze.«

»Aber dann brauchst du auch Leute, die sie durchsetzen, und solche, die Prozesse führen und Gesetze erlassen.« Lloyd runzelte die Stirn. »Manche werden nicht dulden, dass man ihnen sagt, was sie tun dürfen und was nicht. Wer verfasst die Gesetze, wer erlässt sie und setzt sie durch, wer entscheidet über die Folgen eines Gesetzesbruchs?«

»Wir fangen bei null an, richtig?«, fragte Jonah. »Vielleicht berufen wir uns zunächst einmal auf den gesunden Menschenverstand.«

»Solange es niemandem schadet«, sagte Lana und hielt dann gleich eine Hand hoch. »Tut mir leid, ich will nicht unterbrechen. Aber das ist unsere erste Regel.«

»Klingt doch ganz gut.« Bill lächelte ihr zu. »Wir müssten sie nur ein bisschen differenzieren – das hieße, keinem anderen Menschen Schaden zuzufügen oder dessen Eigentum oder Tieren. Auch Vorräte hamstern fügt Schaden zu.«

»Es geht darum, das Gemeinwohl zu fördern.« Arlys schrieb weiter. »Aber das bringt uns zurück zur Durchsetzung und den Konsequenzen.«

»Das bedeutet Polizeiarbeit«, meinte Jonah mit dem Blick auf Carla.

»Ich war Hilfssheriff in einer Kleinstadt, und ich kenne mich aus mit Streitereien unter Nachbarn und so was. Es ist jedoch ein bisschen riskanter, wenn man mehr Waffen hat als Leute – und wenn einige der Leute über etwas verfügen, das man als unkonventionelle Waffen bezeichnen könnte.«

»Wie oft habt ihr Probleme mit Übernatürlichen gehabt?«, fragte Max.

»Eher selten. Ein paar Kids, die mal über die Stränge geschlagen haben«, erklärte Jonah.

»Meistens testen sie nur ihre Grenzen aus«, mutmaßte Fred.

»Yale Trezori hat einen Baum gesprengt, Fred«, erinnerte Chuck sie.

»Ich weiß, aber das wollte er gar nicht, er hatte dabei eine Mordsangst. Er ist erst vierzehn. Ich glaube …«

»Sprich weiter«, ermutigte Rachel sie.

»Ich glaube, es wäre gut, wenn wir eine Schule oder etwas wie ein Trainingszentrum für die Kids einrichten könnten oder auch für Leute, denen diese Fähigkeiten noch unheimlich sind.«

»Eine Hogwarts-Schule«, meinte Chuck und kniff ihr in die Rippen.

»So ungefähr. Bryar wäre da wirklich gut. Sie ist so geduldig.«

»Habt ihr in eurer Gruppe jemanden, der dafür infrage käme?«, wandte sich Rachel an Max. »Der bereit wäre, Kids zu unterrichten und sich um sie zu kümmern?«

»Ja, damit haben wir bereits angefangen.« Er blickte zu Arlys und nannte ihr zwei Namen.

»Wir könnten das im Saal der American Legion einrichten«, meinte Fred. »Der ist nur einen Block von der Hauptstraße weg, also könnten die Kinder zu Fuß hingehen. Ich kann mit Bryar reden, und wenn sie dazu bereit ist, macht sicher auch Aaron mit. Es wäre ein guter Vorwand für ihn, mit ihr zusammen zu sein.«

»Die Idee ist gut.« Jonah blickte erneut zu Max. »Würden sich die Leute, die du genannt hast, auch beim Aufbau beteiligen?«

»Ich rede mit ihnen.«

»Prima. Carla, wärst du bereit, die Polizeiarbeit zu übernehmen?«

»Schon, Jonah, aber werden die Leute bereit sein, das zu akzeptieren? Außerdem war ich noch nie in einer Chefposition, und allein könnte ich es auch nicht machen.«

Jonah hatte ursprünglich daran gedacht, Bill zu fragen, es sich dann jedoch anders überlegt. »Ich hatte gehofft, Max würde das übernehmen.«

Max hob staunend die Augenbrauen. »Wieso ich?«

»Weil du einen guten Chef abgibst«, meinte Jonah. »Und wenn es funktionieren soll, dann müssen alle repräsentiert sein. Außerdem hast du ein paar Polizisten in deiner Gruppe. Das würde die Sache abrunden.«

Max schüttelte den Kopf. »Mike Rozer, ja. Er war Polizist in einer Großstadt, hat ungefähr zehn Jahre Erfahrung. Er ist zuverlässig. Der andere ist Brad Fitz, auch sehr erfahren, aber er ist ein Hitzkopf. Und er ist verbittert. Das ist keine gute Kombination.«

»Okay. Würdest du es machen?«

Ehe Max etwas sagen konnte, berührte Lana ihn am Arm. »Du hast uns alle sicher hierhergebracht. Du hast die Leute immer wieder davon abgehalten, den Kopf zu verlieren. Jeder, der mit uns hierherkam, weiß das und hört deshalb auf dich. Wenn du hier mitmachst, dann werden sie sich ebenfalls als Teil des Ganzen fühlen.«

»Du möchtest, dass ich das übernehme?«

»Ich … ich glaube, es ist dir bestimmt.«

»Also gut.« Er ergriff ihre Hand. »Also gut, versuchen wir es. Aber ihr solltet noch jemanden von euren Leuten auswählen und einen Übernatürlichen. Wegen der Ausgewogenheit.«

»Diane Simmons«, schlug Arlys vor, ohne von ihren Notizen aufzublicken. »Sie ist geistesgegenwärtig und zuverlässig und toleriert keinen Bockmist.«

»Eine Gestaltwandlerin«, sagte Katie.

»Ich stimme zu, Diane und Carla sind vernünftige Leute«, erklärte Lloyd. »Und der erste Eindruck hier sagt dasselbe über Max. Aber die Gesetze auszuführen und dafür zu sorgen, dass sie von der Gemeinschaft als Ganzes akzeptiert werden, wie auch die Autorität der Leute anzuerkennen, die wir ernannt haben, das ist noch einmal etwas anderes.«

»Ich hatte gehofft, du würdest den Menschen die Gesetze darlegen«, sagte Jonah. »Du bist gescheit, und du bist fair – niemand hier würde etwas anderes behaupten. Die Leute respektieren dich, Lloyd, wenn du also die Dinge so klarstellst – und es ist vielleicht nicht die faire Art, aber im Moment die beste –, dass es beschlossene Sache ist, dann werden die meisten das akzeptieren.«

»Und die, die es nicht tun?«

»Werden überstimmt.«

Lloyd rieb sich den Nacken, fasste sich ans Kinn. »Lasst mich überlegen. Wenn wir das tatsächlich hinkriegen, was machen wir dann mit Gesetzesbrechern? Sperren wir sie ein?«

»Gesetzesbrecher mit magischen Fähigkeiten würden sich von einer verschlossenen Tür nicht aufhalten lassen«, erklärte Max. »Lana und ich hatten da eine andere Methode.«

»Wir nannten es die Zeit der Stille.« Lana lachte. »Dazu gehörte, den Betreffenden das Gefühl zu geben, sich idiotisch benommen zu haben. Für beide Kontrahenten galt dieselbe Regel. Sie mussten eine gewisse Zeitspanne in der Stille verbringen.«

»Eine Zeit innerhalb des Kreises«, erklärte Max. »Keine Kommunikation. Zeit, um runterzukommen, Zeit, um über das eigene Fehlverhalten nachzudenken. Es hat ziemlich gut funktioniert.«

»Bei mir hat es zehn Minuten gebraucht«, räumte Will ein.

»Gleich am Anfang unseres Kontakts. Es ist demütigend, und es isoliert. In der ersten Minute, die ich drin war, wollte ich nichts anderes als rauskommen und Max in den Arsch treten. Neun Minuten später hatte ich eine andere Sichtweise.«

Das Grinsen, das Max ihm zuwarf, zeigte die ungezwungene Zuneigung zwischen ihnen. »Du hast schnell gelernt.«

»Gut, ich denke mal darüber nach«, meinte Lloyd. »Ich versuche, die passenden Worte zu finden, und ein geeignetes Vorgehen.«

»Das genügt.« Jonah blickte wieder zu Max. »Wir hoffen, dass du zwischenzeitlich bei der Energieversorgung mitarbeitest. Und uns ein paar Leute gibst, die bei den Besorgungen und beim Auskundschaften mitmachen.«

»Ich kann mithelfen. Ich bin mir nicht sicher, was ich in Sachen Strom tun kann, wenn wir von einem ganzen Ort sprechen, aber wir werden sehen. Und als Kundschafter ist niemand besser als Flynn und Lupa.«

»Das ist der Junge von heute«, sagte Rachel. »Und Lupa?«

»Sein Wolf.«

»Du meinst, es ist ein richtiger Wolf?«

»Ja. Ein Elf und sein Wolf, die über zwei Monate die Sicherheit eines Dorfes mit fast dreißig Leuten gewährleisteten und sie mit Nahrung versorgten. Ich würde auch noch Eddie und Joe – Eddies Hund – mitschicken.«

»Einen normalen Hund?«

»Ein normaler Hund und ein guter Mann. Für die Besorgungen Poe und Kim. Eddie, Poe und Kim sind in die Apartments bei unserem Haus eingezogen«, berichtete Lana. »Sie sind am längsten mit uns zusammen. Sie sind keine Magier, aber sie sind klug und zuverlässig.«

»Schickt einen Magier mit«, schlug Bill vor. »Das wäre von Vorteil.«

»Vielleicht Aaron?« Rachel wandte sich Jonah zu. »Und du solltest auch mitgehen. Ein Sanitäter – falls es Probleme gibt, und zudem weißt du am besten, was an medizinischen Dingen fehlt.«

Das hatte auch Jonah schon gedacht und nickte deshalb. »Können deine Leute bei Tagesanbruch bereit sein, Max?«

»Ja.«

»Ich glaube …« Fred sah sich im Raum um. »Ich denke, wir sollten nicht von Max' Leuten sprechen. Wenn wir zusammen sind, dann sind alle zusammen. Jeder gehört zu uns.«

»Fred hat recht, wie meistens.« Arlys schloss ihren Notizblock. »Und das ist eine ziemlich große Agenda für die wohl erste Sitzung der Kommune von New Hope.«

Es fühlte sich fast normal an, als Lana beim ersten Licht des Tages Max zum Abschied küsste. Ihr Mann fuhr zur Arbeit, und auch sie hatte ihre Erledigungen und Aufgaben im Kopf.

»Viel Glück. Vielleicht wäre es von Vorteil, wenn ich mitkäme.« Sie nahm seine Hand und hakte ihre Finger ineinander.

»Das könnte durchaus sein. Wir werden sehen. Aber lass uns optimistisch bleiben. Achte darauf, dass im Haus alles ausgeschaltet ist.«

»Das mache ich. Nachher arbeite ich im Gemeinschaftsgarten und bringe im Austausch Kräuter mit nach Hause.«

»Arbeite nicht zu viel körperlich.« Er legte eine Hand auf ihren Bauch.

»Rachel meinte, Bewegung in einem vernünftigen Rahmen ist gut für mich und das Baby. Danach werde ich mir die Lebensmittelvorräte ansehen. Arlys sagte, beim Saal der American Legion, wo sie das Trainingszentrum für die Kids einrichten wollen, ist eine große Küche dabei. Vielleicht kann ich dort eine Gemeinschaftsküche organisieren. Um Brot zu backen und ähnliche grundlegende Dinge.«

Er beugte sich zu ihr, küsste sie auf den Kopf. »Du bist glücklich.«

»Ja. Du nicht? Sheriff?«

Kopfschüttelnd und mit einem Lachen richtete er sich wieder auf. »Ich glaube, den Titel geben wir besser Mike.« Von ihrer Terrasse aus blickte er die Straße hinunter und sah sich die Häuser an. »Seltsame Zeiten, Lana.«

»Du wirst wieder schreiben. Du wirst über seltsame Zeiten schreiben. Die Menschen brauchen Geschichten, Max, und die, die sie erzählen. Deshalb werde ich dir ein Arbeitszimmer einrichten.«

»Es klingt fast so, als würde dein Tag geschäftiger werden als meiner.«

Die Tür am anderen Ende der Terrasse öffnete sich. Joe kam angeflitzt, begrüßte Max und Lana, Eddie folgte ihm. »Hallo Nachbarn!«

»Bist du fertig?«, fragte Max.

Eddie deutete auf seinen Rucksack und hängte das Gewehr über die Schulter. »Jou. Poe und Kim sind auch gleich da.«

Lana tätschelte Joe noch einmal, und da kamen auch schon Poe und Kim. Etwas Gutes bei all der Tragik, dachte sie. Sie hatten einander gefunden und schienen wirklich gut zusammenzupassen.

»Braucht ihr irgendetwas für die Apartments?«, fragte sie alle drei. »Bill Anderson sagte, er würde bei der Einrichtung helfen.«

»Joe und ich, wir brauchen nichts.«

»Wir dachten auch, wir können es eine Weile so aushalten.« Kim blickte zu Poe auf. »Wenn das unser neues Zuhause wird, hätte ich nichts dagegen, die Wände neu zu streichen. Zumal es in einem Raum eine echt hässliche Tapete gibt.«

»Das ist alles halb so wild. Wir wollen nur, dass wir uns ein bisschen wohler fühlen«, fügte Poe hinzu. »Also bisher kein Grund zu klagen. Wer ist eigentlich dieser Aaron, mit dem wir fahren? Wir haben Jonah getroffen. Wissen die, was Sache ist, Max?«

»Jonah kennt Aaron ganz sicher, und da er ihn vorschlug, würde ich beides bejahen.«

Er sah Jonah und einen zweiten Mann die Straße heraufkommen. Etwas jünger, schlanker, Bewegungen wie ein Tänzer, dachte Max. »Ihr könnt euch gleich mal kennenlernen. Passt aufeinander auf.«

»Könnte mal wieder Hundeleckerlis gebrauchen«, sagte Eddie.

»Wir werden sehen, was wir tun können. Was steht auf deiner Wunschliste?«, fragte Kim Lana.

»Wenn ihr irgendwie einen guten Satz Küchenmesser auftreiben könntet …«

»Wie die, die du in den Bergen hattest?«

»Alles, was denen auch nur nahekommt, wäre fantastisch. Und jedes andere anständige Küchenutensil auch.«

»Ist notiert.« Poe stupste Kim an. »Los, gehen wir shoppen.«

»Ich hole noch Flynn und … oh, da ist er schon. Mist, man weiß nie, wann der Typ auftaucht.«

Flynn stand mitten auf der Straße, still, reglos, neben ihm Lupa. Joe bellte freudig, sauste nach unten, um den Wolf zu begrüßen.

»Alles klar zum Rock 'n' Roll?«, rief Eddie.

Flynn nickte, lächelte. »Ich fahre.«

»O je.« Eddie nahm die Baseballmütze ab, kratzte sich die dichten Haare, setzte die Mütze wieder auf. »Bis später, falls er uns nicht an einen Baum fährt. Elfen können einfach nicht Auto fahren«, fügte er hinzu und trottete dann nach unten.

»Das muss meine Gruppe sein«, sagte Max.

»Viel Glück.« Lana hob das Gesicht zu einem letzten Kuss. »Pass auf dich auf.«

»Übertreib es nicht«, warnte er sie.

Lana beobachtete, wie sich die drei Gruppen mischten und alle zum Parkplatz neben der Schule gingen.

Sie beschloss, sich keine Sorgen zu machen. Sorgen halfen nichts. Max hatte sie schließlich alle hierhergebracht. Durch Stürme, Überfälle, vom Frühjahrshochwasser überschwemmte Straßen. Er hatte sie angeführt, dachte sie, weil jemand das tun musste. Weil die, die sich ihnen anschlossen, nach und nach auf ihn geschaut, ihm vertraut hatten.

Er hatte es getan und dabei um einen Bruder getrauert, den sein Machtrausch verrückt gemacht hatte.

Ja, sie würde ein Arbeitszimmer für ihn einrichten, beschloss sie. Sie mussten beide wenigstens wieder ein Stück zu den Menschen werden, die sie gewesen waren. Die Umstände hatten ihn zu einer Autorität gemacht. Ein Hexenmeister, dessen Kraft mit jeder Meile der Reise weiter gewachsen war.

Und er war Schriftsteller. Er war jemand, der darüber schreiben konnte, was der Welt und in der Welt geschehen war, wer übrig geblieben war und wie sie um den Wiederaufbau kämpften, selbst wenn andere sie noch immer zu zerstören versuchten.

Er musste schreiben, sich die Zeit dafür nehmen. Vielleicht

würde ihm das auch über den Kummer hinweghelfen, den er noch in sich trug.

Ebenso musste auch sie sich in dieser seltsamen neuen Realität ihren Platz schaffen. Ein Zuhause für ihr gemeinsames Kind etablieren, Arbeit finden – nicht nur eine, die getan werden musste, sondern eine, die auch ihre Bedürfnisse befriedigte.

Sie würde also eine Küche organisieren. Sie würde kochen. Das war es, was sie am besten konnte.

Er hatte gefragt, ob sie glücklich sei, und das war sie. Glücklich, die Chance zu haben, einen Platz für sich, für ihn und für das Baby zu schaffen. Wenn sie sich gelegentlich fragte, ob sie New York, das Leben, das sie dort gehabt hatte, wohl ewig vermissen werde, dann sagte sie sich, dass sie dieses Leben beiseiteschieben müsse.

Es wirkte inzwischen wie ein längst vergangenes Märchen auf sie.

Kapitel 20

Jonah fuhr die Straße entlang, navigierte immer wieder zwischen herrenlosen Autos hindurch.

»Wir sind schon an ein paar Häusern vorbeigekommen«, gab Kim zu bedenken. »In verlassenen Häusern findet sich fast immer etwas Nützliches.«

»Auf dem Rückweg können wir uns dort immer noch umsehen. Das Wichtigste sind im Moment medizinische Artikel. Etwa zehn Ausfahrten weiter kommt ein Krankenhaus. Da haben wir schon vor ungefähr sechs Wochen rausgeholt, was wir konnten. Aber wir brauchen noch mehr.«

Poe überblickte die Straße. »In diesem UPS-Truck haben wir ziemlich viel Platz, aber falls wir in Schwierigkeiten kommen, wäre es sicherer, nicht die ganze Straße zu brauchen.«

Das hatte Jonah mit einkalkuliert, bevor er sich für den großen Kastenwagen entschied. »Wir müssen Schwierigkeiten aus dem Weg gehen. An dem Autobahnkreuz vor uns ist eine Tankstelle. Vielleicht können wir auf dem Rückweg tanken und auch die großen Kanister vollmachen, die wir mitgenommen haben.«

Kim lehnte sich nach vorn und deutete mit dem Finger auf ein Gebäude. »Ist das ein Einkaufszentrum?«

»Ja. Eines von diesen Indoor-Outdoor-Dingern. So eine Art Outlet.«

»Könnte doch was für uns sein. Wart ihr da schon mal?«

Nun richtete sich Aaron auf. »Wir haben es dort vor einigen Wochen schon mal probiert. Da hatte es aber bereits eine andere Gruppe für sich reklamiert. Und die waren nicht besonders freundlich.«

»Ihr werdet noch feststellen, dass Aaron gern … na ja, untertreibt«, kommentierte Jonah. »Die fingen schon an zu schießen, noch bevor wir auf den Parkplatz gefahren waren. Eine Gruppe von ungefähr – was meinst du? – zwanzig Leuten?«

Aaron zuckte mit den Schultern. »Ungefähr. Was ihnen an Strategie fehlte, glichen sie durch Feuerkraft aus. Wenn sie gewartet hätten, bis wir auf den Parkplatz einfuhren, hätten sie uns womöglich tot von der Straße aufgelesen.«

»Aber es wäre vielleicht noch mal einen Versuch wert oder? Zwanzig Leute haben es wahrscheinlich nicht komplett ausgeräumt«, meinte Poe. »Und vielleicht sind sie ja weitergezogen. Ich meine, warum in einem Einkaufszentrum wohnen, wenn es Häuser gibt?«

Jonah warf Aaron – der nichts sagte – einen Blick von der Seite zu. Seufzte. »Nach dem Krankenhaus können wir ja noch mal hier vorbeischauen.«

Während Jonahs Gruppe zum Krankenhaus abbog, blickte Eddie aus dem Seitenfenster des Kundschafter-Pick-ups. »Hier sollten mehr Leute sein. Und, ja, ich weiß, ich habe das schon mal gesagt, aber Mann, es sollten wirklich mehr Leute hier sein. Wie weit sind wir gefahren?«

»Zwölf Meilen. Nicht weit.«

»Vielleicht könnten wir noch einmal zehn Meilen fahren, auf Nebenstraßen. Eventuell finden wir dann eine Siedlung wie die unsere und erfahren was von jemandem, der aus dem Süden raufgekommen ist.«

Noch ehe Eddie seinen Satz beendet hatte, riss Flynn das Steuer plötzlich nach rechts und bog holpernd auf eine schmale Straße ein, die sofort eine scharfe Kehre nach rechts machte.

»Teufel noch mal, Flynn! Ich habe gesagt –«

»Motoren.« Er fuhr von der Straße ab und parkte den Truck an einer Stelle, wo er aufgrund der Kurve und der Bäume von der Hauptstraße aus nicht zu sehen war. »Wartet.«

Flynn lief über einen kleinen Hügel, und dann – obwohl er es nun schon öfter gesehen hatte – starrte Eddie noch immer verblüfft, als Flynn einfach mit einem der Bäume verschmolz.

Praktisch … zum Baum wurde. Ein bizarres und, verdammt ja, total cooles Elfen-Ding.

Aber er bekam noch immer Zustände, wenn er es sah.

»Ihr bleibt brav hier, Jungs. Sitz«, befahl er Lupa und Joe. Dann stahl er sich aus dem Truck und kauerte sich mit dem Gewehr griffbereit daneben.

Nun hörte auch er die Motoren, wahrscheinlich Motorräder. Ein tiefes, donnerndes Dröhnen, das rasch näher kam. Von dem Baum aus – in dem verdammten Baum – konnte Flynn die Straße unbehindert einsehen.

Eddie hoffte, das Gewehr nicht benutzen zu müssen, wenngleich er sich damit abgefunden hatte. Bei einem Angriff auf ihre Gruppe südlich von Charles Town in West Virginia hatte er einen Mann erschossen – einen großen, kräftigen Raider.

Er würde diesen Augenblick nie mehr vergessen. Und es war keine Tat, die er wiederholen wollte. Aber …

Das Gedröhn schwoll an, ließ die Luft vibrieren, verebbte dann. Mit klopfendem Herzen rappelte sich Eddie auf.

Flynn glitt aus dem Baum. »Raider.«

»Sicher?«

»Fünf Motorräder – drei davon mit Frauen auf dem Sozius. Ein Truck, vier in der Kabine, zwei auf der Ladefläche. Ein Wohnmobil. Ich konnte nur zwei darin sehen. Totenkopf mit gekreuzten Knochen an der Seite. Sie hatten einen nackten Mann auf das Dach des Wohnmobils gebunden. Tot.«

»Oh Gott. Gerade wenn man denkt, beschissener kann die Welt nicht mehr werden. Gute Ohren, Mann.«

Elfenohren, dachte Eddie, was bedeutete, dass er heute wohl niemanden töten musste.

»Sie fahren nicht in Richtung New Hope, das ist schon mal gut.« Erleichtert blickte Eddie zu ihrem Truck zurück. »Wir könnten auch auf dieser Straße bleiben oder? Es bringt nichts, das Risiko einzugehen, dass sie womöglich umdrehen. Bringt auch nichts, es mit so vielen aufnehmen zu wollen.«

»Wir sollten zuerst etwas laufen.«

»Weil?«

»Sie können ebenfalls Motorengeräusche hören. Und einige von diesen Pflanzen hier«, Flynn zeigte auf das kleine Gehölz, »die Wildblumen und Kräuter, können uns nützlich sein. Wir sollten einige ausgraben.«

»Wir haben den Auftrag, die Gegend auszukundschaften, nicht zu gärtnern.« Doch Eddie gab den Hunden ein Signal, woraufhin sie von der Ladefläche des Trucks sprangen, während Flynn auf das Wäldchen zuging. »Da hinten müssen ein paar Häuser sein«, fuhr er fort, als Flynn niederkauerte und mit seinem Messer zu graben begann. »Auch wenn wir nichts besorgen sollen, kann es nicht schaden, einmal nachzusehen. Vielleicht hat sich da ja jemand versteckt.«

Lupa knurrte leise, warnend, woraufhin Flynn sofort aufstand, jedoch rückwärts taumelte, als ein Mädchen, mit einem Messer fuchtelnd, aus einem Baum schnellte.

Eddie legte das Gewehr an, senkte es aber, sobald Flynn ein zweites Mal zurückwich. »M-mhh, nein, nein. Ich schieße doch nicht auf ein Kind!«

»Sie ist alt genug, um mich aufzuschlitzen!«, fauchte Flynn.

Lupa löste das Problem. Er sprang auf, stieß das Mädchen um, stellte sich auf ihre Schultern, während sie die Luft einsog, die ihr beim Sturz weggeblieben war.

Flynn war so schnell, dass sich die Konturen seiner Gestalt verwischten; er nahm ihr das Messer aus der Hand, bevor sie auf Lupa einstechen konnte.

»Er tut dir nichts. Wir tun dir nichts.«

Aus goldbraunen Augen blitzte sie Flynn zornig an. »Rühr mich nicht an. Oder ich tue *euch* etwas.«

»Niemand tut hier irgendwem was.« Eddie hängte das Gewehr wieder über die Schulter und hielt die Hände hoch. »Alle regen sich jetzt mal ab, okay?«

Da robbte Joe zu ihr und leckte ihr übers Gesicht. Sie schloss die Augen, und ihre Lippen bebten.

Flynn steckte sein Messer in die Scheide und ihres in seinen Gürtel. Dann kauerte er nieder und legte eine Hand auf Lupas Kopf.

Und sprach mit seinen Gedanken zu dem Mädchen.

Ich bin wie du.

Ihre Augen öffneten sich abrupt. *Lüge, Lüge.*

Nein. Ich bin wie du. Ich bin Flynn. Eddie ist nicht wie wir, aber er ist bei uns. Wir sind nicht wie die, die auf der Straße vorbeigefahren sind.

»Komm schon, Flynn, ruf Lupa zurück. Lass die Kleine aufstehen.«

»Wir reden.«

»Ihr ... Oh, okay. Cool.«

Du musst nicht wegrennen. Aber wenn du das willst, werden wir dich nicht verfolgen. Wir haben etwas zu essen dabei, das kannst du haben.

»Vielleicht hat sie Hunger? Sie ist ziemlich dünn.« Dünn, dreckig und ganz schön sauer, Eddies Einschätzung nach. »Willst du was zu essen, Kleine?«

Flynn lächelte. »Siehst du? Er gehört zu uns. Sie hat Durst«, sagte er zu Eddie und holte eine Flasche Wasser aus seinem Rucksack. »Schon gut, Lupa.«

Der Wolf trat zurück, setzte sich.

»Rührt mich nicht an.«

Flynn stellte das Wasser wortlos neben sie, stand auf und trat zurück.

»Hör mal, sie ist vielleicht zwölf. Wir können sie nicht allein hier zurücklassen.«

»Vierzehn«, korrigierte Flynn, ihre Gedanken lesend.

»Wie auch immer. Sie ist hier nicht sicher, Mann.«

»Sie kann sich um sich selbst kümmern. Aber sie muss nicht allein bleiben«, fuhr Flynn fort, als sie das Wasser nahm und trank. »Es sei denn, du willst allein sein. Wir haben Leute, gute Leute.«

»Mädchen«, steuerte Eddie bei. »Es sind nicht nur Jungs und so. Du solltest mit uns kommen.«

»Ich kenne euch nicht.«

»Ja, Fremde bedeuten Gefahr, aber trotzdem. Allein hier draußen, das ist zu gefährlich.«

»Wir tun dir nichts. Du würdest es wissen, wenn du uns ansiehst.«

Sie trank noch einmal, musterte Flynn dabei eingehend. »Ich weiß nicht, woher das kommt. Ich weiß nicht, wie ich dich in meinem Kopf hören kann.«

»Oder wie du der Baum, der Felsen werden kannst?« Er lächelte ihr ermutigend zu. »Das ist, was wir sind. Ich kann dir helfen, es zu lernen. Wir zwingen dich nicht mitzukommen, aber es wäre besser.«

»Hast du dich vielleicht verirrt?«, meinte Eddie. »Wenn du Leute hast, können wir dir helfen, sie zu finden.«

»Sie sind tot. Alle tot!«

Flynn holte ihr Messer heraus und legte es auf den Boden. »Wir anderen müssen leben. Wir gehen zu den Häusern hier in der Nähe und sehen nach, ob da noch jemand lebt und Hilfe braucht. Wenn wir niemanden antreffen, nehmen wir Vorräte mit, die wir vielleicht dort finden. Komm mit uns. Da, wo wir jetzt wohnen, sind mehr von uns. Und auch mehr wie Eddie.«

Sie nahm das Messer, stand auf. Ihr Haar, es hatte fast die Farbe wie das von Flynn und war zu Strähnen verfilzt. Ihre Augen, groß und dunkel, zeigten eher Streitlust als Furcht.

»Ich kann gehen, wann ich will.«

»Okay.« Flynn marschierte los. Eddie ging mit ihm, obwohl es ihn nervös machte, ein wildes Mädchen mit einem Messer hinter sich zu haben.

»Hat der Hund einen Namen?«, fragte sie.

»Das ist Joe. Ein super Hund«, antwortete Eddie. »Und Lupa ist auch ein guter Hund, dafür, dass er ein Wolf ist.«

Flynn machte sich nicht die Mühe zurückzublicken. »Hast du auch einen Namen?«

Sie legte etwas unsicher eine Hand auf Joes Kopf, der sie daraufhin glücklich ansah und die Zunge heraushängen ließ. Zum ersten Mal seit Wochen verzogen sich ihre Lippen fast zu einem Lächeln.

»Starr. Ich heiße Starr.«

Sie beluden den Truck am Hintereingang des Krankenhauses, denn so konnten sie von der Straße aus nicht gesehen werden. Kim stand vor dem Gebäude Wache.

Seit der letzten Fahrt hatte jemand anderes das Gebäude aufgesucht. Jemand, der sich mehr für Opiate und Morphine interessiert hatte als für Nahtmaterial, Verbände und Antibiotika. Jonah lud ein EKG-Gerät und einen Wehenschreiber ein, und im Gedanken an die Entbindung der Zwillinge nahm er auch alles aus der Neugeborenenintensivstation mit. Poe rollte Sachen auf einer Transportliege zum Truck, Aaron folgte ihm mit einem Sterilisiergerät und anderen Dingen.

Wie schon früher ignorierte Jonah die getrockneten Blutspritzer an Wänden und Türen. Wenigstens mussten sie dieses Mal keine Leichen hinaustragen und verbrennen.

Doch der Verwesungsgeruch hielt sich hartnäckig.

»Eine gute Ladung«, entschied Jonah, als der Kastenwagen fast voll war. »Poe, kannst du den fahren?«

»Klar.«

»Aaron, dann schauen wir mal, ob wir einen Rettungswagen mitnehmen können. Würde nicht schaden, einen zu haben, und den machen wir dann auch noch voll, soweit es geht.«

Poe fuhr vor das Gebäude. »Sie versuchen, einen Rettungswagen mitzunehmen.«

»Schlau.« Kim stieg bei ihm ein.

»Ja. Ich habe ein ziemlich gutes Gefühl, was die beiden betrifft.«

»Max vertraut ihnen, und das will etwas heißen. Ich möchte
mir dieses Einkaufszentrum ansehen, Poe. Wie viel Platz haben
wir hinten noch?«

»Genug, vor allem, wenn sie … Da sind sie ja. Nett.« Er warf
Kim ein Lächeln zu und folgte dem Rettungswagen.

Max stand in einem Zimmer voller Computer, Schalter und Monitore, zusammen mit einem Mann und einer Frau, die mit Taschenlampen ausgerüstet waren und über Stromnetze, Verteiler-
kästen, Verstärker, Trafos, Luft- und Erdkabel redeten.

Er verstand sie weniger, dachte er bei sich, als sie ihn. Nämlich
meistens gar nicht. Sie hatten Werkzeug und wussten offenbar
damit umzugehen und ignorierten ihn einfach, solange sie arbeiteten.

Chuck saß in seiner neuen Version eines Kellers und führte,
ständig vor sich hin murmelnd, eine Operation an den Eingewei-
den eines Computers durch. Im Wesentlichen ging es dabei, soweit Max es mitbekam, darum, den Computer mithilfe einer not-
dürftigen Batterie so lange zum Laufen zu kriegen, dass er sich in
das System einhacken konnte.

Alles war irgendwie durchgebrannt, kaputt. Eine Abschaltung,
so viel verstand Max, die sich wie eine Woge verbreitet und überall den Strom hatte ausfallen lassen – nicht nur in einem Rechner,
sondern im gesamten Netz, und dabei sämtliche Transformatoren
zerstört hatte.

Max verstand nichts von Watt oder Verstärkern und veralteten
Kabeln, wohl aber etwas von Kraft. Und davon, wie man mit
Kraft etwas zünden konnte.

Er ignorierte das Gerede darüber, wieder in die Eingeweide zu kriechen, etwas abzusichern, etwas anderes abzuklemmen, und studierte die Platine vor ihm.

Er streckte eine Hand aus und stellte sich vor, Kraft zu transferieren. Einen Schalter zu betätigen, ein Licht einzuschalten. Zu viel, zu groß, erkannte er und engte das Ganze ein. Ein Schritt, dachte er, eine Kerze in der Dunkelheit.

Er zögerte einen Moment und noch einen. Was, wenn dieser Kraftschub den Fortschritt zerstörte, den die Technik bislang möglich gemacht hatte? Zu wissen, wie man ein Licht anschaltete, hieß noch lange nicht, auch zu wissen, wie dieses Licht tatsächlich funktionierte.

Oder einen Motor zu starten, dachte er – er wusste nicht, wie man einen baute, aber er wusste, wie er das, was er hatte, einsetzen konnte, um einen zum Leben zu erwecken.

Glaube, dachte er. Glauben. Akzeptieren. Sich öffnen.

Der Monitor, vor dem er stand, blinkte und schaltete sich ein.

Max tippte Chuck auf die Schulter und deutete auf den Monitor.

»Kannst du mit dem arbeiten?«

»Was? Hä? Wow, Baby!«

Chuck rollte seinen Bürostuhl wieselflink den Tresen entlang. Seine Finger senkten sich über eine Tastatur, hielten knapp darüber inne. »Mann, das ist das erste Mal, dass mich Technik nervös macht. Haltet euch fest, Jungs. Und Mädchen.«

Drake Manning knuffte Chuck in den Arm. »Wie hast du den angekriegt?«

»Das war ich nicht.« Chuck nahm kurz die Hand von den Tasten, um auf Max zu zeigen.

»*Du* hast ihn angekriegt?«

»Könnte man so sagen.«

»Schweinepriester.« Manning – sein Gürtel zeigte, dass er schon einmal dicker gewesen war, grau meliertes Haar, das unter einer Baseballmütze hervorlugte – lachte gackernd. »Wie lang wird er laufen, Mr Wizard King?«

»Ich weiß es nicht. Ist mein erster Arbeitstag.«

»Bin drin, bin drin!« Chucks Finger flitzten über die Tasten. »Hey, Baby, ich hab's noch voll drauf.«

»Kannst du den hier auch starten?«, wollte Manning wissen.

»Ist der Papst katholisch? Gib mir 'nen Moment. Oh Gott, habe ich das vermisst. Wie nichts sonst.«

»Den da.« Manning beugte sich über Chuck und berührte den Bildschirm. »Nur den. Wenn wir gleich wieder alles zum Laufen bringen wollen, geht das System vielleicht zum Teufel. Nur diesen Rechner. Bring ihn ans Netz, und wir testen ihn. Einen Schritt nach dem anderen.«

»Und fertig. Hoffen wir das Beste.«

Manning atmete schwer. »Probier die Lichter, Wanda. Nur die Lichter.«

Als sie beim Einschalten angingen, schüttelte Chuck die erhobene Faust. Manning presste einfach nur die Finger auf die Augen. Dann ließ er die Hände sinken und musterte Max. »Am Ende deines ersten Arbeitstages gebe ich das Bier aus.«

Er drehte sich zu Wanda um, sie grinsten beide. »Okay, Team, machen wir weiter.«

Auf dem Parkplatz des Einkaufszentrums lagen Autos auf der Seite oder auf dem Dach, wie Schildkröten auf ihren zertrümmerten Panzern.

Krähen, Geier, Ratten pickten und nagten an Kadavern von

Hunden, Katzen, Rehen. Und solchen, die einmal menschlich gewesen waren. Die Luft stank nach Verwesung und Müll.

Jonah fuhr an Gebeinen vorbei, die an einer Schlinge baumelten. Ein Pappschild hing noch am Hals.

ÜBERNATÜRLICHE SCHLAMPE FAHR ZUR HÖLLE

Er kreiste auf dem Parkplatz, doch außer überfressenen Vögeln und gut genährten Ratten war kein Lebenszeichen zu sehen. Irgendwann, dachte er, würden sie ein paar Freiwillige herschicken, um die Toten zu verbrennen oder zu begraben, den Müll und die Fäkalienhaufen zu beseitigen.

Er fuhr vor den Haupteingang, direkt vor die zertrümmerten Glastüren, und fragte sich, was manche Menschen so verdorben hatte.

Als Poe neben ihm zu stehen kam, stieg er aus.

»Die sind längst weg.« Kim stieg ebenfalls aus, das Gesicht wie versteinert. »Die Leichen müssen mindestens zwei, drei Wochen alt sein.«

»Sie könnten zurückkommen«, meinte Poe.

»Weshalb? Die Welt ist groß und leer. Es gibt genügend andere Orte zu schänden und zu zerstören. Wären wir bloß nicht hergekommen.«

Ihre Stimme überschlug sich, Poe legte einen Arm um sie. Sie versteifte die Schultern. »Aber nun sind wir hier. Wir sollten mitnehmen, was wir können.«

»Die Toten verdienen etwas Besseres.«

Jonah nickte Aaron zu. »Wir geben ihnen etwas Besseres. Wir kommen zurück, sobald wir können.«

Er dachte an die Erhängte. Sie sollten sie herunterholen, bevor sie wegfuhren. Das zumindest konnten sie jetzt tun, bis sie dann zur Beerdigung oder zum Verbrennen zurückkamen.

»Zuerst müssen wir uns um die Lebenden kümmern.«

Lana befolgte Freds Rat und pflanzte einige Kräuter in Töpfen an. Sie neben der Küchentür in die Sonne zu stellen schenkte ihr einen glücklichen Moment. Sie zu sehen, zu riechen, zu ernten würde ihr noch viele weitere geben, das wusste sie.

Sie hatte zum ersten Mal in ihrem Leben gegärtnert, mitgeholfen, Reihen von Karotten und Bohnen zu hacken und zu jäten, und sie hatte sich zeigen lassen, wie man Tomaten hochband. Sie hatte kleine Hügel mit Kartoffeln gesehen, die kriechenden Ranken von Kürbissen und Auberginen; die hochwachsenden Stängel von Mais.

Und sie hatte beim Arbeiten Kinder spielen gehört.

Und das Beste war, dass sie nach einer gründlichen Inspektion der künftigen Gemeinschaftsküche Pläne geschmiedet hatte.

Sie entschied sich, diese bei einem Glas Sonnentee auf der Terrasse weiterzuverfolgen. Geistesabwesend legte sie eine Hand auf die Stelle, wo das Baby trat, und schaute dann auf, als sie Arlys gewahrte.

»Ich habe gehört, du bist fleißig.«

»Ich hatte einen wundervollen Tag. Hast du eine Minute? Ich trinke gerade einen Sonnentee.«

»Klingt gut.«

»Ich hole dir ein Glas.«

Noch wundervoller, dachte Lana beim Hineingehen, eine Besucherin zu haben, sich einfach hinsetzen und reden zu können, ohne sich fragen zu müssen, welche Gefahr auf dem nächsten Abschnitt des Weges lauern könnte.

»Kein Eis, aber ich habe ihn gekühlt.« Lana wackelte mit den Fingern, als sie Arlys das Glas anbot.

»Danke. Ist das deine Wunschliste?« Sie deutete auf Lanas Notizblock.

»Das Projekt Gemeinschaftsküche. Kennst du Dave Daily?«

»Klar. Mordskerl, Mordslache.«

»Er war Koch in einem Schnellrestaurant und ganz begeistert von der Sache. Und wir haben einige Leute, die Erfahrung beim Zubereiten von Wild haben. Ich hätte gern eine Räucherkammer – für Schinken, Speck und so weiter. In der Bibliothek habe ich sogar ein Buch darüber gefunden, wie das geht.«

Beeindruckt und interessiert studierte Arlys Lana über den Rand ihrer Brille hinweg. »Da hast du dir ja einiges vorgenommen. Ich habe heute etwas Zeit mit Lloyd verbracht, wir haben an der Tagesordnung für die Vollversammlung gearbeitet.«

»Du machst dir Sorgen deswegen.«

»Es wird auf jeden Fall Einwände geben, Leute, die nicht wollen, dass man ihnen sagt, was sie tun dürfen und was nicht. Aber wir brauchen diese Versammlung, und wir brauchen sie, bevor etwas passiert. Wir haben jedoch keine solide Struktur, wie wir vorgehen sollen. Ich habe etwas geschrieben zum Thema Toleranz und Fanatismus, Akzeptanz und antiquierte Ängste. Es hat aber nicht unbedingt allen gefallen.«

»Ich habe heute Morgen im Gemeinschaftsgarten gearbeitet. Fast alle sind freundlich und hilfsbereit. Nur ein paar Leute hielten Distanz. Auch von Fred. Wie man Fred ansehen und etwas anderes empfinden kann als Licht und Freude ist mir ein Rätsel.«

»Sie war meine erste persönliche Erfahrung mit Magie. Vielleicht ist es deshalb leichter für mich als für manch andere. Einige

haben ihre erste Erfahrung mit den Furchterregenden, den Tod-
bringenden gemacht. Mit den dunklen Übernatürlichen. Denen
fällt es dann schwerer, zu akzeptieren, dass die, die über Fähigkeiten jenseits der unseren verfügen, nicht unbedingt schlimm oder
böse sind.«

Nein, dachte Lana, nicht alle Magier verbinden sich mit dem
Licht.

»Max' Bruder. Sein eigener Bruder. Er hatte sich anders entschieden. Er und die Frau, mit der er zusammen war. Ich glaube,
sie war immer dunkel und hat ihn umgewandelt. Sie haben einen
aus unserer Gruppe getötet. Einen harmlosen Mann – eigentlich
noch ein Junge. Sie wollten uns alle umbringen, vor allem …« Sie
legte eine Hand auf ihren Bauch. »Max musste sich entscheiden,
und er wählte das Licht. Er entschied sich für das Richtige, obwohl das bedeutete, seinen eigenen Bruder zu zerstören. Er liebte
Eric, aber er wählte das Licht.«

»Es muss schrecklich für ihn gewesen sein.«

»War es und ist es noch. Ich habe noch nie solche Kraft gesehen. Riesig und schwarz.« Sie verfolgte Lana noch immer in ihren
Träumen. »Sie waren wie benommen davon, wie betrunken.«

»Fred und ich haben das in den Tunnels auf dem Weg aus New
York heraus gesehen.« Beim Gedanken an das … *Wesen*, das
durch den Tunnel flog, nickte sie zu ihren Worten. »Riesig und
schwarz.«

»Dann kennst du es auch. Es ist nicht schwer zu begreifen,
weshalb jeder Angst hat, der das gesehen hat.«

Lana entdeckte den Pick-up und stand auf. »Das sind Eddie
und Flynn.«

Arlys stellte sich zu ihr. »Da ist noch jemand dabei.«

Als Flynn die beiden sah, hielt er vor dem Haus an.

Das sind gute Menschen, teilte er Starr mit.

Ich kenne sie nicht.

Wenn du hier sitzen bleibst, lernst du sie nie kennen.

Sie stieg widerstrebend aus, und die Frauen kamen von der Terrasse herunter. Lupa und Joe sprangen aus dem Wagen.

»Das ist Starr. Sie will nicht angefasst werden.«

Ein zerrissenes Hemd, eine zerschlissene Jeans über einer spindeldürren Gestalt, stellte Lana fest. Die Haare wirr und verfilzt. Argwöhnische Augen.

»Ich bin Lana. Das ist Arlys.«

Starr zog die Schultern hoch, denn auch andere kamen näher oder blieben stehen und gafften.

»Ich bin erst gestern hierhergekommen«, fuhr Lana fort. »Ich weiß, am Anfang macht es ein bisschen Angst, aber –«

»Ich habe keine Angst, und ich muss auch nicht bleiben.«

Fred kam angelaufen, eine pinkfarbene, strassbesetzte Sonnenbrille auf den wippenden roten Locken. »Hab den Truck zurückkommen sehen. Hey, hi!«

»Das ist Fred.« Arlys legte eine Hand auf Freds Arm und hielt sie zurück. »Starr will nicht angefasst werden.«

»Oh.« Freds Miene zeigte spontane Sympathie. »Fühlt sich komisch an, ja, wenn alle dich angaffen und sich wundern? Aber das hier ist ein guter Ort. Vielleicht willst du ja mit mir kommen – Arlys und ich wohnen gleich da unten. Du könntest mit reinkommen, dich ein wenig zurechtmachen.«

»Ich muss nicht bleiben.«

»Na ja, bevor du gehst, könntest du zumindest noch saubere Klamotten haben und vielleicht etwas essen. Dann kannst du immer noch entscheiden.« Fred trat zurück und bedeutete ihr zu folgen. »Na, komm.«

Starr machte einen Schritt und einen zweiten. Dann ging sie hinter Fred her.

»Sie ist voller Licht«, bemerkte Lana.

»Gut, dass wir sie nicht mehr an der Backe haben.« Eddie verdrehte die Augen. »Ich glaube zwar nicht, dass sie mir ihr Messer zwischen die Rippen jagen würde, aber die Rückfahrt war trotzdem ganz schön aufregend.«

»Sie wird Fred nichts tun. Sie hat Angst, und sie ist verwundet.« Flynn deutete auf sein Herz.

»Sie wollte auf dich einstechen, aber du hast recht, trotzdem. Wir haben sie ungefähr fünfzehn Meilen nördlich von hier gefunden. Flynn sagt, sie ist wie er.«

»Aber davor hat sie auch Angst. Da war eine Gruppe Raider, die nach Süden fuhren. Sie haben uns nicht bemerkt. Außer Starr haben wir niemanden angetroffen. Ein paar Tote, aber keine Lebenden. Wir haben auch etwas mitgebracht, dachten jedoch, dass wir das Mädchen erst mal herbringen sollten. Wegen Vorräten können wir ja morgen noch mal rausfahren.«

»Ich weiß nicht, ob das …« Lana verstummte, zeigte auf etwas. Neben der Tür eines Hauses auf der anderen Straßenseite ging ein Licht an.

»Verdammte Hacke! Und ich habe vorhin noch von einem warmen Essen, einer heißen Dusche und – *verdammte Hacke*!« Eddie schlang einen Arm um Flynns Schultern. »Mann! Es werde verdammt noch mal Licht!«

In der Küche des Hauses, das sie sich mit Arlys teilte, stellte Fred eine Tüte Kartoffelchips und eine Dose Cola hin, die sie gekühlt hatte.

»Eigentlich solltest du etwas Gesundes essen, aber das hier geht schnell, und ich würde es auch essen wollen. Ich bin eine Fee«, bemerkte sie ganz nebenbei und nahm sich ebenfalls eine Tüte Chips. »Aber du bist wie Flynn, ja? Im Raten bin ich ziemlich gut geworden.«

Starr beäugte die Chips argwöhnisch. Und sehnsüchtig. »Ich weiß nicht, was ich bin.«

»Oh, das ist okay. Ich bin anfangs total ausgeflippt, als ich die hier bekam.« Sie brachte ihre Flügel hervor, flatterte damit und schob sich dabei weiter Chips in den Mund. »Mir und Arlys wollten einige Leute anfangs auch wehtun. Aber dann haben wir andere Menschen gefunden, gute Menschen. Und jetzt sind wir hier.«

Hilfsbereit öffnete sie für Starr die Tüte und die Coladose.

Starr griff vorsichtig hinein, um sich einen einzigen Chip zu nehmen. Nach einem winzigen prüfenden Biss stopfte sie ihn in den Mund und holte sich mehr.

Und begann, während sie aß, dicke, lautlose Tränen zu weinen.

»Ich fasse dich nicht an.« Vor Mitgefühl füllten sich auch Freds Augen mit Tränen. »Aber du könntest dir vorstellen, dass ich dich in die Arme nehme. Was immer dir auch zugestoßen ist, das tut mir leid. Ich wünschte, schlimme Dinge würden einfach nicht geschehen.«

»Es ist alles schlimm.«

»Nein, nicht alles. Aber es kann sich so anfühlen.«

»Es hat meinen Vater umgebracht, meinen kleinen Bruder. Das Böse. Das Verderben.«

»Ich umarme dich noch mal. Deine Mom?«

»*Sie* haben sie umgebracht. Die, die uns jagen.«

Ein Schauder lief Fred über den Rücken. »Raider.«

Starr schüttelte den Kopf. »Die nicht. Andere. Wir versuchten wegzurennen, aber sie erwischten uns. Sie vergewaltigten uns, immer wieder. Und lachten. Wir sind Übernatürliche, und sie glauben, sie können mit uns machen, was sie wollen.«

Freds Flügel erschlafften, verschwanden. »Ich setze mich zu dir. Ich werde dich nicht berühren, aber ich muss mich setzen.«

»Und sie haben uns wehgetan.« Die Worte purzelten aus Starr heraus, bitter und bissig. »Immer weiter, immer weiter. Meine Mutter sagte – in meinem Kopf befahl sie mir wegzulaufen und in den Baum zu gehen. Dort zu bleiben, bis es sicher war. Nicht herauszukommen, egal, was passiert.«

Starr wischte sich über das Gesicht, verschmierte Schmutz mit Tränen. »Meine Mutter schrie und kämpfte und versuchte wegzulaufen – weg von mir, damit sie mich in Ruhe ließen und ihr wehtaten. Und in meinem Kopf brüllte sie *LAUF!* Also lief ich immer weiter. Als ich sie hinter mir kommen hörte, ging ich in den Baum. Ich hörte meine Mutter schreien, aber ich kam nicht heraus. Ich kam nicht heraus, bis sie weg waren. Sie haben sie umgebracht. Und an einem Baum aufgehängt.«

»Oh, Starr, das tut mir so leid. Deine Mom hat dich geliebt. Sie wollte, dass dir nichts passiert.«

»Sie haben sie umgebracht, weil ich weggelaufen bin.«

»Nein.« Fred stand auf, holte eine Papierserviette und zerriss sie in zwei Teile. »Sie hätten euch beide umgebracht, und das wusste sie. Sie liebte dich und hat dafür gesorgt, dass sie dich nicht auch noch töteten.«

»Ich hatte damals noch kein Messer, deshalb konnte ich nicht auf den Baum klettern und sie abschneiden. Aber ich fand später eines und ging zurück. Ich versuchte, sie zu finden, weil ich sie umbringen wollte. Aber ich konnte sie nicht finden.«

»Ich glaube, deine Mom war so tapfer und liebevoll, wie eine

Mom nur sein kann. Ich glaube, sie wäre froh, dass du jetzt hier bei uns bist. Du könntest bei mir und Arlys wohnen, wenn du möchtest. Wir haben genug Platz.«

Da Starr nur den Kopf schüttelte, versuchte Fred, die bestmögliche Lösung zu finden. »Vielleicht möchtest du fürs Erste einen eigenen Ort, ganz für dich. Wir haben auch Apartments. Du könntest eines haben. Dann wärst du bei uns, aber auch für dich allein. Ich kann dir eines zeigen und dir Klamotten und andere Sachen bringen. Du könntest, du weißt schon, dich zurechtmachen, etwas Richtiges zu essen bekommen, vielleicht eine Weile ausruhen.«

»Ich kann gehen, wann ich will.«

»Sicher, aber ich hoffe, dass du das nicht willst. New Hope ist ein guter Ort, um …« Sie unterbrach sich, blickte zur Deckenlampe. »Machst du das?«

»Ich mache gar nichts.«

»Das Licht ist an. Wenn du nicht … Heilige Scheiße, ich glaube, die haben den Strom wieder hingekriegt.« Fred wischte sich die Tränen weg, lächelte. »Ich glaube, das macht dich zu unserem Glücksbringer. An dem Tag, an dem du kommst, ist auch der Strom wieder da.«

Als Max und seine Leute in den Ort einfuhren, wurden sie von Jubel begrüßt. Menschen kamen herbei und sammelten sich um den Truck.

Max sah Lana lachen, auf ihn zulaufen; er fing sie auf, als sie sich in seine Arme warf.

»Du hast es geschafft.«

»Ich habe ihnen den Funken gegeben. Den Rest haben sie selbst erledigt.«

Sie presste die Lippen an sein Ohr. »Wir nehmen eine heiße Dusche. Zusammen.«

»Gibt es etwas Besseres!?«

Jemand klopfte ihm auf den Rücken; ein anderer drückte ihm ein Bier in die Hand.

Eddie holte seine Harmonika hervor. Am Straßenrand saß eine Frau mit einem Banjo. Als Jonah angefahren kam, tanzten die Leute bereits auf der Straße.

»Wir haben wieder Strom!« Jonah sagte es fast ehrfürchtig. »Sie haben den Strom wieder angestellt. Los, Aaron, geh zu Bryar. Ausladen können wir später.«

»Mache ich.« Aaron öffnete die Tür und schaute ihn an. »Trag es nicht zu lange mit dir herum.«

Jonah fuhr den Rettungswagen auf den Schulparkplatz. Er stieg aus und wandte sich dann zu Poe und Kim um, die ihren Truck hinter ihm geparkt hatten. »Geht los und feiert. Gleich werden wir eine Menge Freiwillige haben, die beim Ausladen helfen.«

Er warf ihnen ein Lächeln zu, das jedoch verschwand, sobald sie weg waren. Er konnte keine Leute um sich herum haben, konnte nicht einmal durch die Menge zu seinem Haus gehen, um sich dort einzuschließen. Deshalb nahm er den Seiteneingang und ging in die Schule hinein. Dort setzte er sich hinter ein Pult und stützte den Kopf auf die Hände.

Er hörte nicht, wie sich die Tür erneut öffnete. Innerlich zu weit weg, gewahrte er nichts als seine eigenen gequälten Gedanken, bis Rachel ihn am Arm berührte.

»Ich konnte dich nicht finden. Poe sagte, er sah dich hier hereingehen. Deshalb …«

»Wir gehen besser.« Max nahm Lana bei der Hand.

»Nein, nein, nicht.« Bleich, die Augen voller Elend, setzte sich Jonah auf.

»Was ist passiert?«, fragte Rachel. »Poe hat nichts gesagt.«

»Wir haben eine Menge Sachen und Ausrüstung aus dem Krankenhaus mitgebracht. Es gab keine Probleme dort. Und dann fuhren wir zu dem Einkaufszentrum, in dem wir schon mal Schwierigkeiten hatten.«

»Raider?« Der Griff der Hand an seinem Arm wurde fester. »Ihr seid auf Raider getroffen?«

Er schüttelte den Kopf. »Nein, die waren schon weg. Haben vieles kaputt gemacht, drinnen und draußen. Gott, die haben auf Stapel und Ständer voller Klamotten gepisst. Kim hat sie trotzdem eingepackt. ›Das wäscht sich raus‹, sagte sie. Wir fanden den gewöhnlichen Vandalismus vor. Zerbrochenes Glas, obszönes Zeug an die Wände geschmiert, Abfall, ganze Berge davon. Und Leichen. Menschen, verstümmelt, verwesend. Auch Tiere. Drinnen und draußen. Ratten und Aasfresser zerrten daran. Wir …«

Er hielt inne, räusperte sich. »Wir müssen mit einigen Leuten zurück, Gräber schaufeln oder … vielleicht noch eine Massenverbrennung. Die Leichen lagen schon eine Weile da. Ich …«

Er blickte zu Max und Lana.

»Man kann den Ort energetisch reinigen«, erklärte Max. »Das können wir machen. Und man kann auch die Seelen der Verstorbenen segnen.«

»Das muss unbedingt geschehen. Aaron hat es auch gespürt. Wir haben nicht viel darüber geredet, aber ich weiß, er sieht es genauso. Und ich, und ich – haben wir einen Whiskey?«

Rachel ging zu einem Schrank, holte eine Flasche und ein Glas heraus, schenkte zwei Fingerbreit ein.

Jonah trank ihn in einem Zug.

»Ich glaube nicht, dass das nur Raider waren. Da war … noch etwas anderes. Und wer immer, was immer, das fühlte sich schlimmer an. Sie haben eine Frau erhängt – eine Übernatürliche. Wir spürten alle, dass wir sie nicht so zurücklassen konnten. Wir mussten sie wenigstens abnehmen. Also besorgten wir eine Leiter. Ich stieg hinauf, um das Seil zu kappen.

»Ich sehe den Tod«, erklärte er Max und Lana. »Das ist meine *Gabe*. Tod, körperliches Trauma, Krankheit. Ich stieg hinauf, um das Seil durchzuschneiden, und ihre sterblichen Überreste drehten sich, streiften meinen Arm. Da sah ich ihr Leben. Ich sah Momente dessen, wer sie gewesen war. Ich sah, was sie ihr antaten. Ich hörte ihre Schreie. Ich sah ihren Tod.«

Er presste das Gesicht an Rachels Brüste; sie legte die Arme um seinen Kopf. »Ihr Name war Anja. Sie war zweiundzwanzig. Sie war wie Fred. Sie hackten ihre Flügel ab, bevor sie –«

»Nicht.« Rachel streichelte seine Haare, seinen Rücken. »Nicht.«

Max nahm sich einen Stuhl und setzte sich neben das Pult. »Ist es neu für dich, Bilder aus dem Leben eines anderen Menschen oder dessen Tod zu sehen?«

»Ja. Noch so eine Gabe.«

»Das ist schwer für dich, aber ich glaube, es ist tatsächlich eine Gabe. Ein Geschenk für die, die einmal lebten. Jemand gedenkt ihrer. Es ist etwas, das wir alle uns wünschen. Dass jemand unserer gedenkt. Wir können dir helfen. Lana mehr als ich.«

Max sah sie an, da sie nichts sagte. »Du kannst dich in ihn hineinfühlen. Deine Berührung kann ihn heilen.«

Sie trat näher. »Ich glaube, du hast, was du hast, Jonah, weil du diese Gabe der Berührung ebenfalls hast.«

»Was bedeutet es, dass ich, wenn ich die fände, die sie vergewaltigten, verstümmelten, ermordeten, sie ohne jeden Skrupel
töten würde?«

Max stand auf. »Es bedeutet, dass du ein Mensch bist. Ich fahre
mit dir zurück, um sie zu beerdigen.«

»Wenn ihr ihren Namen auf das Grab schreibt«, sagte Lana mit
einer Hand auf dem Kind, das sich in ihr regte, »wenn ihr die
Worte über sie sprecht, werdet ihr ihre Seele befreien. Und eure
eigene besänftigen. Schreibt ihren Namen auf ihr Grab, sprecht
ihren Namen laut aus.« Lana blickte zu Max. »Ich fühle das.«

»Dann ist es richtig. Dann werden wir das tun. Ich fahre jetzt
mit dir hin. Für das andere können wir morgen einige Leute hin-
schicken.«

Jonah nickte, stand auf und schüttelte Max' Hand. »Ich danke
dir.«

Spätnachts lag Max mit klaren Bildern im Kopf wach im Bett. Er
hatte nicht gesehen, nicht gespürt, was Jonah gesehen und gespürt hatte, als sie die geschändeten Überreste einer jungen Frau
begruben, die niemandem etwas getan hatte.

Er hatte auch nicht ihr Leben gesehen, den Glanz dieses Lebens. Sondern nur Tod, nur Grausamkeit, nur Verfall. Und er
hatte sich nur zu gut die Angst vorgestellt, die Qual am Ende
dieses Lebens, als Jonah den Stein auf den Grabhügel legte und
er selbst mit Feuer den Namen darauf eingeprägt hatte.

Schreibt ihren Namen, sprecht ihren Namen laut aus. So war
es geschehen, und Max hoffte, die junge Frau, die nichts Böses
getan hatte, würde nun Frieden finden.

Jonah, so glaubte er, hatte zumindest für den Moment durch
dieses Ritual der Würdigung Frieden gefunden.

Anders als Max, der im Dunkel der Nacht dalag, in der Stille, in der Leere zwischen all dem, was zu tun war.

Er dachte an Eric, daran, wie fasziniert er damals, als er auf die Welt kam, und später als kleiner Junge von seinem Bruder gewesen war. Er erinnerte sich daran, wie frustriert Eric mit fünf und sechs Jahren gewesen war, wie er unbedingt mit einem Bruder mithalten wollte, der acht Jahre älter gewesen war.

Und doch war er, Max, der Erste gewesen, den Eric in das Geheimnis darüber eingeweiht hatte, was er war, was er hatte. Weil Vertrauen zwischen ihnen geherrscht hatte. Brüderlichkeit.

Wie konnte er die Veränderungen nicht bemerkt haben? Wie konnte er so blind gewesen sein? Wenn er sich zugestanden hätte, sie zu sehen, hätte er genug Zeit gehabt, Eric vom Rand der Finsternis wegzuziehen, bevor er sich mit ihr verbündete.

Er hätte sich um ihn kümmern sollen. Er hätte achtsamer sein sollen. Stattdessen hatte er seinen Bruder getötet.

Doch was Eric am Ende geworden war, konnte nicht alles auslöschen, was er davor gewesen war. So wie auch das entsetzliche Ende dieser jungen Frau, die sie beerdigt hatten, nicht alles auslöschte, was sie gewesen war.

Aber er würde nie die Gelegenheit haben, seinen Bruder zu beerdigen, seinen Namen auf einen Stein zu schreiben, seinen Namen zu sprechen. Seiner Seele Frieden zu senden.

Um mit der Entscheidung, die er getroffen hatte, leben zu können, beschäftigte er sich weiterhin mit all dem, was als Nächstes zu tun war. Nahrung und eine Unterkunft besorgen. Den Zeichen folgen. Er würde wieder töten, um das Leben derer zu verteidigen, die seiner Verantwortung unterstanden. Solange es niemandem schadet – ein Gelübde, an das er mit jeder Faser seines Körpers glaubte. Dennoch hatte er es gebrochen, hatte diese

Entscheidung gefällt, weil er keine andere Wahl gehabt hatte, und akzeptiert, dass er diese Entscheidung womöglich erneut würde treffen müssen.

Nun hatte er die Chance, hier ein Leben aufzubauen, mit Lana, mit ihrem Kind, mit den Kindern, die vielleicht noch kamen. Also würde er tun, was als Nächstes zu tun war.

Neben ihm bewegte sich Lana im Schlaf, wie sie es nun häufig tat. Träume verfolgten sie im Schlaf, Träume, an die sie sich nicht erinnern konnte. Wenigstens behauptete sie das. Doch dieses Mal schmiegte sie sich nicht an ihn, sondern drehte sich weg und stand auf.

»Ist alles in Ordnung?«

Sie trat vor das Fenster, stand nackt im blauen Licht des Mondes.

»Die Retterin zu zeugen ist dein Schicksal. Leben aus Tod, Licht aus Finsternis. Die Retterin zu retten ist dein Schicksal. Leben aus Tod, Licht aus Finsternis.«

Er stand auf, ging zu ihr. Er berührte sie nicht, sprach nicht, als sie durch das Fenster starrte mit Augen so tiefdunkel wie die Nacht.

»Die Kraft fordert Opfer, um ihr schreckliches Gleichgewicht zu erreichen. Sie fordert Blut und Tränen und nährt sich doch von Liebe und Freude. Du, Sohn der Tuatha de Danann, hast zuvor gelebt, wirst wieder leben. Du, Zeuger der Retterin, Zeuger der Einen, erfassest die Augenblicke und bist ihnen zugeneigt, da Augenblicke vergehen und enden. Doch Leben und Licht, die Kraft dessen, was kommt, das Vermächtnis darin, sind unendlich.«

Lana ergriff seine Hand, presste sie auf die Rundung ihres Bauches. »Sie ist. Ein schlagendes Herz, schlagende Flügel, sich regendes Licht. Sie ist das Schwert, das glänzt, der Pfeil, der wahrhaft trifft. Sie ist die Antwort auf noch nicht gestellte Fragen. Sie wird sein.«

Lana hielt seine Hand fest, ging zurück zum Bett. »Sie ist dein Blut. Sie ist deine Gabe. Schlaf nun und sei im Frieden.« Lana zog ihn hinab, legte sich zu ihm. Legte eine Hand auf seine Wange. »Du bist geliebt.« Sie schloss die Augen, seufzte. Schlief.

Und so auch er.

VIERTER TEIL

AUS DER FINSTERNIS
ANS LICHT

Und das Licht leuchtet in der Finsternis,
und die Finsternis hat's nicht ergriffen.

– Johannes 1, 5

Kapitel 21

Der selbst ernannte Gemeinderat beschloss, dass es nie einen besseren Termin für eine Vollversammlung geben werde. Wieder Strom zu haben, beflügelte die Moral und die Stimmung, aber es würde wohl nicht lange dauern, bis dieses kleine Wunder wieder als Normalität angesehen wurde.

Also beschlossen sie loszulegen, solange die Stimmung noch von Dankbarkeit und Wertschätzung getragen war.

Allen Bescheid zu sagen stellte kein Problem dar, ebenso wenig, Freiwillige zu finden, die den Saal der American Legion bestuhlten, denn die Kantine würde nicht ausreichen, falls wie erwartet alle kamen.

Auf der Bühne wurde eine lange Tischreihe aufgestellt, und Chuck brachte die Lautsprecheranlage in Gang.

Arlys stand in der leeren Halle und stellte sich alle möglichen Szenarien vor – von wirklich schönen bis zu hässlichem Chaos.

»Meinst du, wir sind so weit, Lloyd?«

»Mehr können wir nicht machen, schätze ich.« Er schaute auf die Heftmappe in seinen Händen. »Es ist eine gute Agenda, eine vernünftige. Was nicht heißt, dass wir alle Punkte durchkriegen. Angefangen damit, dass wir alle bitten, ihre Schusswaffen da draußen in der Diele zu lassen. Einige werden das nicht tun.«

»Und ich befürchte, die einigen, die es nicht tun werden, sind genau die, die am ehesten Schwierigkeiten machen.« Sie drehte sich um; Lana kam mit einem riesigen Korb herein. Arlys schnupperte. »Oh Gott, was ist das für ein herrlicher Duft?«

»Brot. Frisch gebacken.« Lana stellte den Korb auf die Bühne, er war voller kleiner Scheiben und Laibe. »Ich biete eine Auswahl an verschiedenen Appetithappen an. Wir hatten abgepackte Hefe, aber die hält sich nicht ewig, deshalb backe ich noch mehr. Und ich werde versuchen, Trockenhefe herzustellen.«

»Du kannst Hefe machen?« Arlys vergrub beinahe das ganze Gesicht in dem Korb.

»Ja. Sie wächst in Früchten, Kartoffeln, sogar Tomaten. Ich will ein wenig experimentieren. Irgendjemand muss noch herauskriegen, wie man Mehl mahlt.«

»Also, wenn ich davon nicht gleich einen ordentlichen Happen kriege« – Lloyd atmete hörbar durch die Nase ein –, »dann sterbe ich hier auf der Stelle.«

»Bedien dich. Die Idee war, jedem Haushalt etwas davon zu geben. Sie sind klein, ich weiß, aber –«

»Oh, himmlisch«, sagte Lloyd mit vollem Mund.

»Das nenne ich eine Gemeinschaftsaktion.« Arlys brach sich ein Stück von Lloyds Scheibe ab. »Wir geben uns Regeln, wir schaffen uns eine Struktur, aber …« Sie biss hinein. »Wir werden auch Brot haben, das dir die Tränen in die Augen treibt. Es ist noch warm!«

»Brot steht für Gastfreundschaft. Wir brechen das Brot gemeinsam.« Lana lächelte angesichts des Korbes. »Ich fand es gut, die Gemeinschaftsküche auf diese Weise in Betrieb zu nehmen.«

»Willst du mich heiraten?« Lloyd nahm sich noch ein Stückchen.

»Hey!« Arlys stieß ihn mit dem Ellbogen an. »Da musst du dich hinten anstellen!«

Lachend schwenkte Lana die Hand mit dem Ring, den Max ihr in einer stillen Frühlingsnacht angesteckt hatte.

»Schon vergeben, aber ich backe Brot für euch. Und als Nächstes befassen Fred und ich uns ernsthaft damit, Käse zu machen.«

»Wenn ihr das schafft, werden wir euch zu den Königinnen von New Hope krönen.«

Lana lachte über Arlys und schüttelte sich die Haare auf. »Eine Krone würde mir bestimmt stehen. Ich hole Nachschub.«

Arlys setzte sich neben den Korb. »Wir schaffen das, Lloyd.«

Er setzte sich auf die andere Seite, teilte den Rest der Brotscheibe und bot ihr die Hälfte an. »Und ob.«

Um acht war die Halle von Stimmengewirr erfüllt. Einige hatten wegen der Verordnung, die Waffen draußen zu lassen, gemurrt, andere hatten sie schlicht ignoriert. Doch die meisten hielten sich daran.

Die fast an Urlaubslaune erinnernde Stimmung bestätigte ihnen, dass der Zeitpunkt für das Treffen gut gewählt war. Arlys beobachtete, wie Kurt Rove hereinkam – die Waffe noch am Gürtel. Er sah sich mit stählernem Blick um und schritt dann zu den Mercers, die einen Platz für ihn frei gehalten hatten.

Wenn es zu Problemen kam, das wusste sie, dann würden sie dort ihren Anfang nehmen.

Sie setzte sich an den langen Tisch und schlug ihren Notizblock auf. Es würde wohl vieles zu protokollieren geben.

Fred beugte sich zu ihr. »Ein paar sind jetzt schon sauer.«

»Ja, habe ich gemerkt.«

Jonah trat auf die Bühne. Sein »Ähhh« hallte im Raum wider, ließ zunächst alle überrascht verstummen, und dann kam Gelächter auf. »Dank Chuck haben wir eine Tonanlage.« Er wartete das Ende des Applauses ab. »Und die haben wir, weil wieder Strom da ist – und zwar dank Manning, Wanda, wieder Chuck und Max.«

Donnernder Applaus; Rufe und Pfiffe ertönten.

Arlys bemerkte, wie Rove die Arme vor der Brust verschränkte.

»Wir bitten alle, mit dem Strom sparsam umzugehen. Wer keine Waschmaschine im Haus hat, Manning hat den Münzautomaten im Waschsalon überbrückt. Wir haben dort eine Anmeldeliste ausgelegt. Waschmittel haben wir fürs Erste auf Lager, und Marci Wiggs leitet die Seifenmachergruppe. Marci, steh doch bitte auf und sag uns, wie weit ihr schon seid.«

Klug, dachte Arlys, als die Frau aufstand und zu sprechen begann. Zuerst andere grundlegende Dinge ansprechen, auf Kooperation hindeuten.

Er nannte weitere Freiwillige – rund um die Themen Kerzenherstellung, Kleidung, Feuerholz, Tierhaltung, die Gärten, das Gewächshausprojekt, Aufrechterhaltung der Gemeinschaft.

»Einige von euch kennen vielleicht Lana – kannst du aufstehen, Lana? Sie organisiert die Gemeinschaftsküche hier in der Halle für diejenigen von uns, die noch nicht mal wissen, wie man Wasser kocht.«

Gelächter und Applaus.

»Sie beginnt damit heute Abend. Lana?«

»Viele haben mir geholfen, die Küche in Gang zu bringen.« Sie rasselte die Namen aller herunter, die mit geputzt und organisiert hatten. »Dank Poe und Kim, Jonah und Aaron haben wir einiges an Ausstattung, und wir werden davon Gebrauch machen. Dave,

Miriam und ich haben beschlossen, die Küche mit dem grundlegendsten und wichtigsten Nahrungsmittel einzuweihen. Nämlich mit Brot.«

Sie hob ihren Korb hoch. »Ein Symbol des Lebens, der Gastfreundschaft, der Gemeinschaft. Wir haben genug, dass jeder Haushalt sich einen Laib mitnehmen kann.« Sie neigte den Korb, damit alle den Inhalt sehen konnten, und lächelte ob der erfreuten Reaktion. »Wir stellen in der Diele Körbe auf. Nehmt euch euren Anteil, wenn ihr später nach Hause geht. In der Zwischenzeit haben wir –«

»Ich nehme nichts von ihr.« Die Arme nach wie vor verschränkt, starrte Rove auf Lana, schürzte sogar die Lippen. »Woher sollen wir wissen, was sie da reingetan hat? Wer sagt, dass sie hier die Küche schmeißen kann? Ehe wirs uns versehen, hat sie vielleicht einen Hexenkessel am Dampfen.«

»Die Molchaugen sind mir gerade ausgegangen«, erwiderte Lana kühl. »Aber ich habe einige Appetithappen und einige ausgedruckte Rezepte, falls jemand sie mitnehmen will.«

»Ich nehme Kurts Anteil!«, schrie jemand.

Lana wartete, bis das Gelächter abgeebbt war. »Wir werden auch eine Räucherkammer hinter der Küche bauen. Wenn jemand Erfahrung im Räuchern von Fleisch hat – ich würde gern mit ihm oder ihr sprechen. Dave und ich werden in den nächsten Tagen Würste machen. Arlys schreibt es ins *Bulletin*, wenn sie fertig sind. Wir hoffen, die Küche sechs Tage in der Woche offen zu haben, und wir freuen uns über alle, die wie Jonah lernen wollen, wie man Wasser kocht.«

Als sie wieder Platz genommen hatte, rieb Max ihr unter dem Tisch das Knie.

»Danke, Lana. Diese Frau kann wirklich kochen«, fügte Jonah

hinzu. »Ich habe gestern Abend ihre molchfreie Pasta gekostet. Rachel, kannst du uns das Neueste aus der Klinik berichten?«

Sie stand auf. »Ich möchte zuerst Jonah, Aaron, Kim und Poe danken. Wir haben in der Ambulanz nun alles vorrätig und verfügen über einiges an Geräten und Ausrüstung. Und dank der Arbeit des Strom-Teams können wir diese Geräte auch benutzen. Auch unsere Medizinschränke sind wieder gut gefüllt. Und was die Kräuter-Medizin anbelangt, haben wir dank Fred, Tara, Kim und Lana bereits einen guten Grundstock.«

Sie blickte kurz auf ihre Notizen. »Jonah und ich setzen jeden ersten Mittwochabend im Monat um sieben unseren Kurs in Wiederbelebung fort, und Erste-Hilfe-Kurse finden jeden Montagabend um sieben statt. Wie immer ist die Klinik täglich ab acht geöffnet, und Jonah oder ich stehen jederzeit für medizinische Notfälle zur Verfügung. Wir haben inzwischen auch Ray, einen Krankenpfleger, Carly, eine Pflegeschülerin, und Justine, eine Heilerin, in unserem Klinik-Team. Wir arbeiten zusammen mit dem Ziel, dass New Hope gesund bleibt.«

»Eine Heilerin, du liebe Scheiße!«, rief Lou Mercer. »Was tut die, legt sie dir die Hände auf, und dein gebrochener Arm ist wieder ganz?« Er lachte prustend, einige andere lachten mit.

»Jeder kann wählen, wie er medizinisch behandelt werden möchte«, entgegnete Rachel in eiskaltem Ton. »Es steht dir ja auch frei, dich hier hereinzusetzen und dumme Sprüche zu klopfen. Deine Hämorrhoiden behandeln wir trotzdem.«

»Pass mal auf, du Zicke –«

»Dr. Zicke«, unterbrach sie ihn. »Und als die einzige Ärztin in der Gemeinschaft sage ich allen hier, dass die herkömmlichen Arzneien, die wir haben, irgendwann verbraucht sein werden. Sie werden definitiv zu Ende gehen. Ohne einen Chemiker, einen

Pharmazeuten, ein Labor, ohne alle diese Möglichkeiten werden wir auf andere Arten der Medizin und des Heilens angewiesen sein, und auf die Menschen, die über das entsprechende Wissen und Können verfügen. Wir müssen nun mal in der Welt leben, die wir haben.«

»Ich habe Diabetes.« Einer von Rachels Patienten stand auf. »Und ich bin nicht der Einzige, der jeden Tag Medikamente braucht. Ich bin verdammt dankbar dafür, dass ein paar meiner Nachbarn losgezogen sind und vieles von dem gefunden haben, was wir brauchen. Und ich bin verdammt dankbar, wenn ich weiß, dass auch dann, wenn es nichts mehr gibt, jemand da ist, der versucht, mich am Leben und möglichst gesund zu erhalten. Das ist alles, was ich zu sagen habe.«

»Ich denke, dem ist nichts mehr hinzuzufügen.« Rachel trat zurück und setzte sich.

Jonah wartete einen Moment, bis das Gemurmel im Raum sich legte. »Jeder, der nicht hören möchte, was heute Abend besprochen werden muss, braucht nicht zu bleiben. Ebenso wie niemand, dem nicht gefällt, was getan werden muss, um diese Gemeinschaft aufzubauen und zu schützen, in New Hope bleiben muss. Wir haben überlebt und sind bis hierher gekommen. Jetzt aber reicht überleben allein nicht mehr aus, und deshalb übergebe ich die Leitung dieser Versammlung nun an Lloyd.«

Lloyd kam zum Podium, öffnete seine Heftmappe und holte seine Brille aus der Hemdtasche. Über den Rand hinweg blickte er auf die Versammlung.

»Ich bin am ersten April nach New Hope gekommen. Das war ein scheußlicher Tag – eisiger Regen, Graupelschauer, eine Menge Wind. Ich kam allein an; die Gruppe, mit der ich einige Wochen lang unterwegs gewesen war, war von Raidern angegriffen

435

worden. Wir wurden getrennt, und ich schätze, ich hatte Glück, denn als wir planlos in alle Richtungen auseinanderrannten, fiel ich in einen Abflusskanal. Habe mir den Kopf angeschlagen und ein Bein verletzt. Aber ich überlebte. Von den anderen weiß ich nichts, denn als ich wieder zu Bewusstsein kam und herauskroch, war ich allein. Viele von uns waren seit den frühen Januartagen allein. Jetzt sind wir das nicht mehr.«

Einige applaudierten.

»Ich hatte Glück«, fuhr er fort. »Ich bin weggehumpelt, und an diesem ersten Tag im April humpelte ich nach New Hope. Bill Anderson hatte an dem Tag Wache, und er brachte mich direkt in die Klinik, wo Rachel mein Bein behandelte und mir eine Flasche Wasser gab. Die junge Fred da drüben schenkte mir eine Orange und einen Schokoriegel. Und ich schäme mich nicht zu sagen, dass ich heulte wie ein Baby. Es war Arlys, die mir mit neuen Klamotten beisprang, und sie und Katie sorgten dafür, dass in dem Haus, zu dem Chuck mich brachte, Decken und etwas zu essen und Wasser waren. Das Haus, in dem ich heute wohne.

Ich war verletzt, und sie haben sich um mich gekümmert. Ich hatte Hunger, und sie gaben mir zu essen. Ich war nicht nackt, aber bei Gott, ich war fertig und zerlumpt, und sie haben mich eingekleidet. Sie gaben mir Obdach. Sie gaben mir, was jeder von uns hier heute hat: Gemeinschaft.«

Er pausierte, rückte die Brille zurecht. »Jeder hier hat eine Geschichte, die nicht sehr viel anders ist. Ich möchte, dass ihr euch daran erinnert. Ich möchte, dass ihr nicht vergesst, dass ihr Glück habt, denn Jonah hat recht: Es geht nicht mehr nur ums Überleben. Als ich nach New Hope gehumpelt kam, lebten hier einunddreißig Menschen. Jetzt sind wir über dreihundert.

Die Gruppe, bei der ich war, rannte blindlings los – wie ich auch –, als sie uns überfielen. Wir hatten keinen Anführer, dachten nur an unser Überleben. Wir hatten keinen Plan, keine Struktur. New Hope hat jetzt schon mehr, und wir werden das weiter ausbauen. Wir haben bereits über einige der Wege gesprochen, wie wir das machen wollen, und über Pläne, wie wir weiter vorgehen werden. Nun werden wir darüber reden, wie wir unsere Gemeinschaft vor Raidern schützen und vor denen, die den Frieden von außen bedrohen, wie auch vor jenen, die diesen Frieden im Inneren brechen.«

Er nahm die Brille ab und putzte sie gedankenverloren am Hemdsärmel. »Wir hatten einige Vorfälle, die man vielleicht geringfügig nennen könnte. Faustkämpfe, Gewaltandrohung, körperliche Einschüchterung. Unsere Bryar wurde belästigt, bekam Angst, weil sie von zwei Männern bedrängt wurde – mitten auf der Hauptstraße beim Spazierengehen. Dem kleinen Dennis Reader wurde das Rad, das Bill für ihn repariert hatte, von der Terrasse des Hauses gestohlen, in dem er wohnt. Hässliche Worte wurden an die Tür des Hauses gemalt, in dem Jess und Flynn und Dennis und einige andere Kids leben. Unsere älteste Mitbewohnerin, die wir liebevoll Ma Zee nennen und die in dem Apartment gegenüber meinem wohnt, kam nach der Arbeit im Gemeinschaftsgarten – sie ist sechsundachtzig und verbringt viel Zeit dort – nach Hause und musste feststellen, dass man ihre Wohnung durchwühlt hatte.«

Er legte erneut eine Pause ein, stützte beide Hände auf das Podium. »Und deshalb frage ich euch jetzt: Sind wir eine Gemeinschaft, die die Hände in den Schoß legt und nichts unternimmt, wenn eine junge Frau nicht in Frieden spazieren gehen kann, wenn das Zuhause eines alten Menschen verwüstet oder einem kleinen Jungen das Fahrrad von seiner Terrasse gestohlen wird?«

Die »NEIN!«-Rufe und die harten oder heimlichen Blicke in Richtung der Mercers gaben Lloyd genau das, was er wollte.

»Ich freue mich, das zu hören.« Er erhob eine Hand, um den Lärm zu unterbinden. »Ich freue mich, das zu hören. Ich stimme zu. Die Gründer dieser Gemeinschaft stimmen zu. Die Leute, die euch aufnahmen, eure Wunden versorgten, euch Essen und Obdach gaben, stimmen zu. Wir haben überlebt, und wir arbeiten Tag für Tag daran, unser Zuhause vor jedem zu schützen, der hierherkommt, um uns etwas anzutun. Nun ist es an der Zeit, Gesetze zu erlassen, um uns alle vor jenen in unserer Gemeinschaft zu schützen, die Schaden anrichten wollen.«

Rove sprang auf. »Gesetze? Erstens, hierherzukommen gibt niemandem das Recht, uns anderen zu sagen, was wir zu tun und wie wir zu leben haben. Wir haben schließlich größere Sorgen als das Fahrrad von irgendeinem Kind. Schaut euch an, wer da oben sitzt und uns Vorschriften machen will. Die Hälfte davon sind keine wie wir!«

»Was du hast, das hast du wegen der Leute hier oben. Aber wenn du woanders hingehen willst, hält dich niemand auf.« Lloyd wurde nicht lauter, sein Ton auch nicht schärfer.

Doch seine Worte zeigten Wirkung.

»Wie alle anderen, die sich dafür entschieden haben, woanders hinzugehen, bekommst du Vorräte und gute Wünsche für deine Reise.«

»So soll das werden?«

»So soll das werden.«

»Aber wer entscheidet das?« Eine Frau in der ersten Reihe erhob die Hand. »Wer macht die Gesetze, und was geschieht, wenn sie gebrochen werden?«

»Das ist eine gute Frage, Tara. Wir beginnen mit dem, was meiner Meinung nach jeder vernünftige Mensch in diesem Raum unterstützen wird. Gesetze gegen Gewalttätigkeit, gegen Diebstahl und Vandalismus. Ich habe die unserer übereinstimmenden Meinung nach wichtigsten Gesetze aufgeschrieben. Davon werden wir Kopien verteilen, anstatt dass ich mich hierherstelle und jedes Einzelne durchgehe. Als Beispiel nehme ich nur den Tatbestand der Tötung.«

Er atmete scharf durch die Nase ein. »Also, ich glaube, wir sind uns alle einig, dass es nicht toleriert werden kann, jemandem sein Leben zu nehmen. Aber was, wenn es dabei um Selbstverteidigung geht oder darum, jemand anderen zu verteidigen? Das muss geregelt werden. Und damit kommen wir zu der Vollstreckung von Gesetzen. Wir haben Carla, die sechs Jahre lang als Deputy Sheriff gearbeitet hat, Mike Rozer, der zehn Jahre lang Polizist war, und Max Fallon, der fast hundert Leute sicher nach New Hope gebracht hat. Diese drei sind willens und fähig, der Gemeinschaft in dieser Funktion zu dienen.«

Dieses Mal sprang Don Mercer auf. »Ich lasse mir doch nichts sagen von einem blöden Weiber-Deputy-Sheriff! Die ist doch wahrscheinlich nur auf ihrem fetten Arsch gehockt und hat Doughnuts gefuttert! Und auch nicht von irgendeinem scheiß Bullen, den hier nicht einmal einer kennt! Und von dem da« – er deutete auf Max – »lass ich mir schon gleich zweimal nichts vorschreiben! Mit seinesgleichen hat das alles doch angefangen, und das wissen die meisten von uns. Was soll denn diesen bescheuerten Spinner davon abhalten, irgendeinen von uns niederzuschlagen, wenn's ihn grade überkommt? Einer von der Sorte war es doch, der deinen Mann umgebracht hat, was, Lucy?«

Eine dünne Frau mit kurzen grau melierten Haaren nickte. »Einer von der Sorte hat Johnny umgebracht. Hat sich auf uns

439

gestürzt wie ein Teufel aus der Hölle. Ich bin grade noch mit dem Leben davongekommen.«

»Wahrscheinlich war es auch so einer, der die Wohnung der alten Frau verwüstet hat. Und das Rad von diesem Kind hat er wahrscheinlich auch mitgehen lassen. Gesetze, meine Fresse! Das ist doch bloß 'ne Finte, damit sie mit richtigen menschlichen Wesen wie uns umspringen können, wie sie wollen!«

Max erhob sich sehr langsam und würdigte Rove kaum eines Blickes, als dieser mit der Hand an seiner Waffe aufstand. »Es waren menschliche Wesen, die drei aus unserer Gruppe ermordeten, die uns überfielen und drei menschliche Wesen töteten, noch bevor wir sie aufhalten konnten. Wenn du uns also in verschiedene Lager aufspalten willst – sage ich dir, beide Seiten haben Finsternis in sich. Das weiß ich nur zu genau. Es war einer wie ich, und wiederum auch nicht, der den Tod eines jungen Mannes verursachte, welcher uns Zuflucht gewährt hatte. Der sich gegen alles stellte, woran wir Magier glauben. Er und die Frau, die ihn umwandelte, nahmen ein Leben, hätten auch das meiner Frau und meines Kindes, das meiner Freunde genommen. Er war mein Bruder, mein Fleisch, mein Blut, meine Familie; und um ihn vom Töten abzuhalten, indem er das, was eine Gabe war, zerstörerisch einsetzte, deshalb habe ich sein Leben genommen.«

Sein Blick schweifte über die Köpfe und blieb kalt und ausdruckslos an Rove hängen. »Glaub mir, wenn du diese Waffe ziehst und irgendjemanden hier damit bedrohst, werde ich dich davon abhalten. Ebenso wie jemanden, der die Gabe hat und jemand anderem Schaden zufügen will.

Du hast meine Frau beleidigt, die ihr Können dafür einsetzte, allen ein Brot zu schenken. Doch das ist kein Verbrechen, das ist nur Unwissenheit. Aber wenn du den Unterschied kennenlernen willst, dann zieh die Waffe.«

»Das ist doch Bockmist!« Lou Mercer sprang auf. »Wie kommt er dazu, uns damit zu drohen, dass er seinen Hokuspokus gegen einen von uns einsetzt?«

»Was berechtigt Kurt, jemanden mit seiner Knarre zu bedrohen?«

Kurt drehte sich blitzschnell zu Manning um. »Meine Waffe steckt im Halfter.«

»Dann sei gescheit, und lass sie da und setz dich hin, Teufel nochmal!«

»Das ist doch alles Scheiße.« Lou schwenkte die Arme. »Scheiß Gesetze wollen die hier machen? Eine unfähige Bullentruppe will uns hier was reinwürgen, und das Ganze nur, weil einige von denen da oben vor uns anderen hier waren. Ich sage, wir stimmen darüber ab. Wir sind hier schließlich immer noch in Amerika, und da können wir wählen. Uns sagt man nicht einfach was.«

»Vielleicht möchtest du dir die Gesetze durchlesen, bevor –«

»Halt einfach die Fresse!«, schrie Lou, an Lloyd gewandt. »Du hast nicht mehr Rechte als ich. Ich sage, wir stimmen über diese Scheiße ab. Wir stimmen ab, ob wir uns von einem Haufen Arschlöchern sagen lassen, wie wir zu leben haben.«

»Also gut, Lou, wir können eine Wahl abhalten. Wir stimmen durch Handzeichen ab«, schlug Lloyd vor. »Jeder, der keine gesetzliche Struktur in New Hope will, keine ernannte Behörde, um die besagten Gesetze durchzusetzen, und kein Justizsystem, das Konsequenzen anordnet für den Fall des Brechens besagter Gesetze, der hebe die Hand.«

Er blickte sich prüfend im Raum um. Er hatte bereits eine ziemlich gute Vorstellung davon gehabt, wo er erhobene Hände finden würde, und stellte zufrieden fest, dass er noch immer ein ganz guter Menschenkenner war.

»Ich zähle vierzehn Gegenstimmen. Arlys?«

»Vierzehn Gegenstimmen«, bestätigte sie.

»Das ist doch Scheiße!«, begehrte Lou auf.

»Du wolltest eine Abstimmung. Also stimmen wir ab. Jeder, der für eine gesetzliche Struktur in New Hope ist, für eine er-nannte Behörde, um die besagten Gesetze durchzusetzen, und ein Justizsystem, das Konsequenzen anordnet für den Fall des Brechens besagter Gesetze, der hebe die Hand.«

Er nickte. »Da eindeutig mehr als zweihundert dafür sind und damit die Mehrheit, ist mit dieser Abstimmung die Einführung von Gesetzen beschlossen. Eddie und Fred, könnt ihr bitte die Texte austeilen, damit jeder lesen kann, was beantragt wird?«

Während die beiden für jede Reihe einen Stapel zum Weitergeben aushändigten, drängelte sich Rove nach vorn, riss Eddie einen Zettel aus der Hand, zerknüllte ihn und warf ihn zu Boden.

»Hey, mach hier nicht einen auf Idiot.«

Mit Feuer im Blick riss Rove einen Arm hoch und ballte die Faust. Sein Schlag zielte auf Eddies Gesicht, verfehlte es jedoch knapp. Das Feuer erstarb zu Schock, zu Frustration. Und schließlich zu Abscheu.

»Ich wusste es, dass du einer von denen bist.«

»Ist er nicht.« Lana stand auf. »Nicht so, wie Sie meinen. Ich habe Ihren Schlag abgelenkt, Mr Rove«, fuhr sie fort und stieg von der Bühne herunter. »Denn ich lasse nicht zu, dass Sie einen Freund belästigen und körperlich angreifen.«

»Ah, Lana, ich kann mir schon selber helfen.«

Sie klopfte Eddie auf die Schulter. »Ich weiß. Verteile einfach weiter deine Zettel.« Eddie fuhr fort, und Lana trat direkt vor Rove.

Sie tippte vor seiner Faust mit dem Finger in die Luft. Er rollte die Schulter und ließ den Arm fallen.

»Möchten Sie mir auch gern eine reinhauen, Mr Rove?« Sie hielt eine Hand hoch, während Max aufstand. »Oder belassen Sie es bei Beleidigungen und Borniertheit?«

Sie erkannte den Hass in ihm, konnte durch ihn hindurchsehen, die Demütigung erkennen, die diesen Hass verursachte, sehen, wie sehr er ihr wehtun wollte. Und wie sehr er sie gleichzeitig fürchtete.

Weitere Menschen verließen ihre Plätze, als er dastand, die Faust noch immer geballt, zitternd. Einige stellten sich zu ihr, hinter sie.

»Geh nach Hause, Kurt«, riet Manning und zog Lana sanft zurück. »Geh nach Hause und beruhige dich.«

Rove machte auf dem Absatz kehrt, schritt nach hinten. Von den vierzehn, die mit ihm gestimmt hatten, verließen nur neun die Halle mit ihm.

»Du bist ganz schön mutig«, sagte Manning zu Lana. »Wenn ich das mal so sagen darf.«

»Da habe ich nichts dagegen, denn das ist noch gar nicht lange so.«

Kapitel 22

Eine Woche lang und dann noch eine weitere, als aus dem Mai der Juni wurde, gedieh New Hope.

Ein Gewächshaus, eine Räucherkammer, ein Picknickplatz hinter dem Gemeinschaftsgarten. Zweimal kamen Neuzugänge – eine Gruppe aus drei und eine aus fünf Leuten.

Der Strom funktionierte wieder zuverlässig, Chuck kombinierte seine Art der Magie mit der von Max, und zusammen brachten sie das Internet zurück. Der Verbindungsaufbau war langsam und unregelmäßig, doch es war ein weiterer Hoffnungsschimmer.

Viele, die geliebte Angehörige vermissten, standen täglich vor der neuen Gemeindebücherei an, um E-Mails zu schicken oder nachzusehen, ob sie eine Antwort erhalten hatten.

Auch wenn keine kam, lebte die Hoffnung weiter.

Und obwohl Chuck seine Suche nicht aufgab, kam keine Kommunikation mit der Welt draußen in Gang. Arlys konnte also nicht im Netz surfen, doch sie hatte wenigstens die Software, um das *Bulletin* zu veröffentlichen, ohne auf der alten Underwood herumhämmern zu müssen.

Und Max schrieb.

Jonah zog still und leise mit Rachel zusammen.

Der Gemeinschaftsgarten florierte, unterstützt von ein wenig magischer Hilfe, und niemand beschwerte sich.

»Es fühlt sich an, als hätten wir eine gute Balance gefunden.«
Lana saß auf ihrer Terrasse – auf einem fröhlichrot gestrichenen
Stuhl – und genoss Sonnentee und eines der Zuckerplätzchen, die
sie aus ihrem Anteil der Vorräte gebacken hatte.

Arlys saß bei ihr, wie so oft am Ende des Tages.

»Es ist die reinste Idylle«, fuhr sie fort. »Und das von mir, die
ein Leben lang in der Stadt gewohnt hat. Wir haben frische Kir-
schen, Trauben –«

»Was dich an Hefe denken lässt.«

»Und an Torten, Marmelade und Gelees. Wir ernten auch
schon einige Tomaten und anderes Gemüse, wunderbaren frischen Salat und anderes Grünzeug. Bill hat zwei Kästen Einmach-
gläser in die Gemeinschaftsküche gebracht. Ich beobachte, wie
der Mais wächst, was für eine Städterin wie mich ganz erstaunlich
ist. Rachel sagte, das Baby ist perfekt – und wiegt nun schon ein
gutes Pfund. Ich schwöre, sie fühlt sich viel schwerer an.«

Mit einem zufriedenen Seufzer streichelte sie ihren Bauch.
»Was die Hefe anbelangt, haben wir welche gemacht und ge-
trocknet. Und dank Chuck muss ich meine Rezepte nicht mit
der Hand schreiben, bis ich einen Krampf bekomme. Ein weiteres Plus ist, dass Rove und die Mercers und diese böse Sharon
Beamer seit der Vollversammlung keine Probleme mehr bereitet
haben.«

»Das ist nur eine Frage der Zeit.«

»Mag sein, aber das verdirbt mir nicht die gute Laune. Da ist
Will.« Lana winkte ihn herbei. »Wie geht's dir mit ihm?«

»Wie meinst du das?«

»Na du und Will?« Lana wackelte mit den Augenbrauen. »Ich
habe da definitiv was gespürt.«

»Da liegst du falsch. Wir sind nur Freunde, mit einer gemeinsamen Kindheit.« Arlys nippte an ihrem Wein und beobachtete, wie Will die Straße überquerte. »Aber er sieht gut aus.«

»Ladys.«

»Bier haben wir keines mehr«, sagte Lana zu ihm. »Aber dafür Wein.«

»Da würde ich nicht Nein sagen. Wir sind gerade zurückgekommen – Jagdgesellschaft.«

»Sag mir nicht, dass ich schon wieder Wildsalami machen werde.«

»Wieso, die schmeckt doch prima.«

»Na dann. Ich hole dir ein Glas.«

»Du bleibst sitzen«, befahl Arlys ihr. »Ich hole es. Du hast schließlich schwer zu tragen«, fügte sie hinzu, stand auf und ging hinein.

Lana strich über ihren Babybauch und lachte Will an. »Nimm dir ein Plätzchen.«

»Da sage ich auch nicht Nein.« Er kostete eines und schloss genießerisch die Augen. »Oh Mann, das ist wirklich gut. Damit könntest du dein Geld verdienen.«

»Das waren noch Zeiten.«

Arlys kam mit dem Glas, schenkte ein. Will lehnte sich an den Zaunpfosten. Er schaute zurück; drei Rehe trotteten die Hauptstraße hinunter.

»Gut, dass Fred daran gedacht hat, diesen unsichtbaren Zaun um den Gemeinschaftsgarten zu machen«, bemerkte er. »Wir müssen nicht weiter als eine halbe Meile gehen, um ein Reh zu erbeuten.«

»Gut ist auch, dass wir die Anordnung trafen, innerhalb des Ortes keine Feuerwaffen zu dulden«, fügte Arlys hinzu. »Sonst hätten wir am Ende noch mehr Fenster, die ganz zufällig kaputt geschossen werden.«

»Das kann man wohl sagen. Wir haben übrigens vor, heute Abend bei Rachel einzufallen, um ein wenig DVD-Roulette zu spielen. Machst du mit?«

Arlys zog die Brauen nach oben. »Wer ist ›wir‹?«

»Dad und ich – und Chuck, falls wir ihn aus dem Keller rauskriegen – und noch einige. Sie haben diesen großen Bildschirm und den Player. Der Eintritt ist ein Snack oder ein Getränk.«

»Das klingt spannend«, meinte Arlys und lächelte ihm zu. Er sieht wirklich gut aus, dachte sie, als Lana aufstand und zur anderen Seite der Stufen ging. »Was ist mit dir, Lana? Hast du auch Lust auf einen Abend mit DVD-Roulette?«

»Es kommt etwas. Alles verändert sich. Es kommt etwas. Es war immer so. Etwas kommt. Es endet. Es beginnt.«

Will ging auf sie zu und machte einen Satz, als sie schwankte.

»Hey, hey, hey.« Er gab Arlys sein Glas und hielt Lana fest.

»Ist schon gut. Mir war nur kurz schwindlig.«

»Ich hole Rachel. Und suche Max«, sagte Arlys.

»Nein, nein, mir war nur schwindlig. Es geht mir gut.«

»Ich hole Rachel«, beharrte Arlys und eilte über die Straße.

»Hier.« Will führte sie zu ihrem Stuhl und setzte sie darauf. »Was ist das?« Lana erwiderte: »Sonnentee.«

»Okay, das ist wahrscheinlich gut. Trink ein bisschen. Du bist wirklich blass geworden. Was kommt denn?«

»Ich weiß nicht.« Sie legte eine Hand auf das Baby. »Es war einfach nur dieses Gefühl von Unvermeidlichkeit. Und Sorge. Ich übe, aber nicht so viel, wie ich sollte. Ich weiß nicht, wie ich das schaffen kann, so viel zu beherrschen oder zu deuten, wie ich sollte.«

Rachel, in einem T-Shirt und Cargo Shorts, überquerte eilig die Straße. »Was ist los?«

»Ich hatte gerade so ein seltsames Gefühl«, sagte Lana, während Rachel ihr den Puls fühlte. »Es kam und ging. Es geht mir gut.«

»Dein Puls ist viel zu schnell.«

»Es hat mir Angst gemacht. Es war eines dieser Gefühle, die mich manchmal überrollen. Sie erfassen mich dann einfach. Ich kann es nicht erklären. Sie strömen aus mir heraus und durchdringen mich. Das ist nichts Körperliches. Nicht in einem normalen Sinn.«

»Ich hole Max.«

»Oh, nein«, bat Lana, als Will zurücktrat. »Beunruhige ihn nicht. Es geht mir gut.«

»Er würde mir in den Hintern treten – und ich müsste ihm dabei noch helfen –, wenn ich ihn nicht holen würde.«

»Also gut, okay. Ich kann nicht die Verantwortung dafür übernehmen, dass ihr euch beide in den Hintern tretet. Rachel, wirklich, du hast mich und das Baby erst heute Morgen untersucht. Ich weiß, was es war – es ist nichts Medizinisches, und es ist vorbei.«

Sie nahm Rachels Hand, dann die von Arlys. »Etwas kommt, und zwar bald. Das ist alles, was ich sicher weiß.«

»›Alles verändert sich‹«, wiederholte Arlys. »›Es endet. Es beginnt.‹«

»Habe ich das gesagt? Es ist ein bisschen, als wäre ich außer mir. Oder in mir. Ich bin keine Seherin.« Sie schaute auf ihren Bauch. »Aber sie könnte eine sein. Ich kann nicht sehen, was sie sieht. Ich fühle es nur.«

Sie hörte schnelle Schritte sich nähern, doch es war nicht Max, sondern Chuck, der angerannt kam.

»Ich habe etwas!« Er wedelte mit dem Papier in seiner Hand, als er auf die Terrasse heraufkam. »Kontakt. Oder so ähnlich.«

»Internetkontakt?« Arlys nahm ihm das Papier ab, noch ehe er Atem schöpfen konnte.

ACHTUNG
ALLE GOTTESFÜRCHTIGEN MENSCHEN

Wenn du dies liest, bist du einer der Auserwählten. Ohne Zweifel hast du deine Lieben verloren und Verzweiflung gespürt und spürst sie womöglich noch immer. Ohne Zweifel hast du selbst die Gräuel erlebt, die die Welt entweiht haben, welche Unser Herr geschaffen hat. Womöglich glaubst du, dass das Ende der Zeit über uns gekommen ist.

Aber fasse dir ein Herz!
Du bist nicht allein!
Glaube!
Habe Mut!

Wir, die diese dämonische, von den Kindern Satans bewirkte Plage überlebten, stehen vor einer großen Prüfung! Nur wir können unsere Welt, unser Leben, unsere Seelen verteidigen. Bewaffnet euch und schließt euch dem Heiligen Kreuzzug an! Wollt ihr tatenlos zusehen, wie unsere Frauen vergewaltigt, unsere Kinder verstümmelt werden, wie das nackte Überleben der Menschheit bedroht wird von den Gottlosen, von den Übernatürlichen? Die Zukunft der menschlichen Rasse liegt in unseren

Händen. Um sie zu retten, müssen wir sie mit dem Blut des Dämons durchtränken.

Sammelt euch, Auserwählte Krieger! Jagd, tötet, zerstört das BÖSE, das uns bedroht. »Du sollst nicht dulden, dass eine Hexe lebt«, so spricht der Herr. Dies ist die Zeit der Vergeltung! Dies ist die Zeit des Gemetzels! Dies ist die Zeit der Krieger der Säuberung, der Purity Warriors!

Ich bin bei euch. Ich bin einer von euch. Ich bin erfüllt vom Licht der gerechten Rache.

Reverend und Gebieter Jeremiah White

»Was für ein miserabler Text«, brachte Arlys schließlich heraus. »Fanatisch, gekünstelt und scheußlich einschüchternd.«

»Purity Warriors. Lana hielt sich am Geländer der Terrasse fest. »Flynn sagte, er hat Starr endlich dazu gebracht, ein bisschen zu reden. Die Bande, die ihre Mutter tötete, nannte sich Purity Warriors, und sie hatten Tattoos. Zu einem *X* gekreuzte Schwerter und darunter ein *P* und ein *W*.«

»Ich weiß. Diesen Jeremiah kenne ich auch.« Arlys gab Chuck das Blatt zurück. »Er rief schon im Januar zu Blutvergießen auf, in den ersten Wochen des Verderbens.«

»Er hat eine total primitive Webseite«, erklärte Chuck. »Ich habe sie zufällig gefunden. Aber es gibt noch mehr. Er hat einige Fotos hochgeladen – ziemlich grausam. Und er hat auch eines von dem Tattoo, das du erwähnt hast. Er nennt es das Zeichen der Erwählten. Völlig bekloppt, Mann. Krank und völlig daneben. Er behauptet, ein Forum einzurichten. Ich habe mich da reingehackt, und er hat über zweihundert Treffer. Das bedeutet, wir sind nicht die Einzigen mit Strom und Internet.«

»Wir sind sicher auch nicht die Einzigen, die über diesen Mist entsetzt sind«, bemerkte Arlys. »Aber ...«

»Einige werden davon begeistert sein.« Rachel blickte erbost. »Einschließlich einer Handvoll Leute in New Hope. Kannst du sagen, wann er das gepostet hat? Wo es herkommt?«

»Ich glaube, er ist mobil – was es noch beängstigender macht, weil ich nicht weiß, wie er das schafft. Aber jetzt, wo ich das gefunden habe, kann ich es nachverfolgen. Alles andere, was ich bisher fand, ist aus der Zeit vor dem Verderben. Zeug, das schon im Netz stand, bevor alles zusammengebrochen ist. Aber wenn da ein völlig Bekloppter ist, dann gibt es auch noch mehr.«

Er unterbrach sich, denn vor dem Haus parkte Max einen Truck und stieg dann zusammen mit Will aus.

»Es geht mir gut«, sagte Lana rasch.

»Will sagte, du warst ohnmächtig.«

Sie warf Will einen enttäuschten Blick zu. »Mir war ein bisschen schwindlig.«

Er umfasste ihr Gesicht und sah sie prüfend an. »Du hattest eine Vision?«

»Nein, eigentlich nicht ... Es ist schwer zu erklären. Ich glaube, das Baby hatte eine, und das ist irgendwie durch mich hindurchgegangen.«

»Ihr seid ja nicht nur physisch miteinander verbunden«, erklärte Rachel. »Auch wenn ich über diese andere Seite der Dinge nichts weiß, kommt es mir vor, als könnte auch auf dieser Ebene eine direkte Verbindung bestehen.«

»Es ist nicht das erste Mal«, pflichtete Max bei. »Könnte es schädlich für sie sein?«

»Ich würde sagen, mit dem Autofahren ist es jetzt vorbei.«

Lana blickte entsetzt. Sie hatte das Autofahren lieben gelernt. »Nein, bitte!«

»Ich stimme Rachel zu«, erklärte Arlys. »Du bist echt wegge- treten, Lana. Du warst woanders. Ich würde das Fahren und das Bedienen schweren Geräts wirklich sein lassen«, fügte sie hinzu im Versuch, ihr Argument mit etwas Leichtigkeit aufzulockern.

»Außerdem bist du sowieso eine lausige Fahrerin.« Max küsste sie auf die Stirn.

»Dafür büßt du mir später, denn wir haben noch etwas, was uns Sorge macht. Chuck?«

Während Chuck Max das Papier reichte und zu erklären be- gann, setzte sich Lana wieder, dachte erneut nach. Keine Risiken, beschloss sie. Was immer ihr schadete, schadete dem Baby.

Und umgekehrt offenbar ebenso.

Rachel schenkte Lana Sonnentee nach. »Trink etwas. Und ich will es wissen, wenn du noch weitere Schwindelanfälle hast. Oder irgendwelche ungewöhnlichen Gefühle, seien sie körperlicher oder anderer Natur. Es bringt nichts, sich wegen dem, was Chuck gefunden hat, Stress zu machen. Das ist ein Fanatiker in einem sehr großen Land.«

»Das stimmt, aber wie gesagt, wir haben eine Handvoll solcher Leute auch hier bei uns, die dieser Aufforderung tatsächlich fol- gen könnten.«

»Die meisten sind gar nicht mehr hier.« Max las das Papier noch einmal. »Mike und ich haben nach Rove geschaut. Das müsst ihr euch ansehen. Er ist abgezogen, und die Mercers und Sharon Beamer, Brad Fitz und Denny Wertz auch.«

»Das erklärt, weshalb wir sie in den letzten Tagen nicht gesehen haben.« Arlys nickte. »Sie haben keine Vorräte geholt und sich auch zu nichts gemeldet. Na gut, das tut mir nicht weh.«

»Ich bin froh, dass sie gegangen sind«, sagte Lana. »Dann kann ich ab jetzt besser schlafen.«

»Das erklärt aber auch, warum uns zwei Trucks fehlen«, fuhr Max fort. »Achtzig Liter Benzin, Lebensmittel. Waffen. Deshalb hatten wir nachgesehen.« Er strich geistesabwesend über Lanas Arm und blickte über die Straße. »Trotzdem glaube ich, dass die meisten diesen Verlust angesichts dessen, dass sie weggegangen sind, als Gewinn betrachten.«

»Ich gehe mal wieder runter und sehe nach, ob ich noch jemanden finde, der online ist.« Chuck kämmte sich mit den Fingern durch den zotteligen Bart. »Hier kriege ich nur 'nen Depri. Wenn ich mir all die Nerds und Hacker in der Welt vor dem Verderben vorstelle, und jetzt finde ich im Netz praktisch nichts?« Seine Schultern hoben und senkten sich. »Das musst du dir mal durchrechnen! Das bedeutet ja, dass das Verderben mehr als fünfzig Prozent – 'ne ganze Menge mehr – ausgelöscht hat. Wie auch immer.« Er verstummte und machte sich auf den Weg.

»Er hat recht.« Max' Hand strich tröstend und beruhigend an Lanas Arm auf und ab. »Anhand dessen, was wir alle auf dem Weg hierher gesehen haben, und anhand der Tatsache, dass die Anzahl der Menschen, die in den letzten beiden Wochen zu uns gekommen oder auch nur durchgereist sind, auf praktisch null gefallen ist, scheint es genau so zu sein.«

»Umso wichtiger wird es, das, was wir haben, weiter aufzubauen und zu erhalten«, warf Arlys ein. »Gesetz, Ordnung, Bildung, Wasser, Nahrungsreserven.«

»Sicherheit«, fügte Max hinzu. »*Ein* Fanatiker in einer großen Welt«, wiederholte er. »Aber einer mit Anhängern. Dazu noch Raider und dunkle Übernatürliche. Welche Gesetze und Regierungen da draußen auch immer noch existieren mögen, sie reichen nicht bis hierher. Und selbst wenn es noch eine Regierung gäbe, wissen wir nicht, wer oder was da das Sagen hat. Deshalb müssen wir uns selbst schützen.«

»Ich stimme zu. Ich stimme alldem zu«, sagte Rachel, die Hände in den Taschen, den Blick auf die Straße gerichtet. Auf den Frieden innerhalb ihres Ortes. »Wir haben in kurzer Zeit große Fortschritte gemacht. Selbst nur ein Gerüst von Regeln und Verantwortung für die Gemeinschaft zu haben hat den Leuten bereits ein Fundament gegeben. Vielleicht wird es noch besser, wenn die, die dieses Fundament nicht wollen – wie Rove – gehen. Die Welt ist groß, und wir haben die Chance, diesen Teil davon sicher und stabil zu machen.«

»Es muss aber mehr geben als Regeln und Verantwortlichkeiten. Wir leben!« Lana legte eine Hand auf ihr Kind, das sich regte. »So viele von uns trauern, auch wenn sie tun, was getan werden muss.« Sie blickte zu Will. »So viele von uns haben Verluste zu beklagen. Aber wir haben auch Gutes gefunden. Wir fanden Dinge in uns, von denen wir nichts wussten. Wir leben«, wiederholte sie. »Vielleicht ist es an der Zeit, das zu feiern. Es ist beinahe Sonnenwende.«

Max lächelte ihr zu. »Der längste Tag. Ein Anlass zum Feiern.«

»Ja, einige von uns werden das sicher tun. Aber ich glaube, für eine Feier der ganzen Gemeinde ist es schon fast zu spät – bis Sonnwend sind es nur mehr ein paar Tage. Um das zu planen, benötigen wir mehr Zeit. Dennoch denke ich, wir brauchen eine große Feier für die ganze Gemeinschaft.«

»Vierter Juli, Nationalfeiertag, das war früher immer mein Lieblingsfeiertag.«

Arlys drehte sich zu Will um und lächelte ihn an. »Ich erinnere mich: Barbecue, Marschkapellen, Hotdogs und Feuerwerk.«

»Der Kirschkuchen meiner Mom.«

»An den erinnere ich mich auch noch, bestens sogar.«

»Ein Unabhängigkeitstag im Stil von New Hope. Wir haben ungefähr drei Wochen für die Vorbereitung«, erklärte Will. »Und die wird die Leute in Schwung bringen, richtig?«

»Der amerikanischste aller Feiertage.« Arlys legte den Kopf schräg. »Essen, Spiele, Kunsthandwerk, Musik, Tanz. Das mag ich. Das mag ich wirklich sehr.«

»Wir könnten den Tag mit einer Gedenkfeier für die Menschen beginnen, die wir verloren haben.« Lana griff nach Max' Hand. »Um Freunde und Familienmitglieder zu ehren, die nicht mehr bei uns sind. Und ihn dann mit Feiern ausklingen lassen.«

»Das gefällt mir sogar noch besser. Ich werde ein *Bulletin* dazu schreiben«, beschloss Arlys. »Und es noch heute herausbringen.«

»Ich hätte da noch ein paar Ideen«, wandte sich Will an Arlys.

»Ich helfe dir. Das ist eine gute Sache, Lana. Eine sehr gute Sache.«

»Ich gebe Jonah Bescheid. Und Will hat recht.« Rachel berührte Lanas Arm. »Das ist eine gute Sache.«

Allein auf der Terrasse mit Lana saß Max da und blickte über den Ort. »Bist du glücklich hier? Wir sind allein«, sagte er, noch ehe sie antworten konnte.

»Es ist nicht das Leben, das ich mir für uns vorgestellt hatte. Und es kommt immer noch vor, dass ich aufwache und glaube, wir sind in unserer Wohnung in New York. Es gibt vieles, das ich vermisse. Im Lärm in der Menschenmenge nach Hause zu gehen zum Beispiel. Ich erinnere mich, dass wir gerade angefangen hatten, über ein paar Wochen Urlaub zu reden, nach Italien oder Frankreich zu fahren. Ich erinnere mich daran und vermisse es auch. Aber ja, ich bin glücklich hier. Ich bin bei dir, und in einigen Monaten haben wir eine Tochter. Wir leben, Max. Du hast uns aus einem Albtraum befreit und hierhergebracht.

Bist du hier glücklich?«

»Für mich ist es auch nicht das Leben, das ich mir vorgestellt hatte, und ich vermisse auch vieles. Aber ich bin bei dir. Wir bekommen ein Kind. Wir können beide einer Arbeit nachgehen, die uns befriedigt, und wir haben Kräfte, die zu verstehen wir beide noch lernen. Es gibt eine Bestimmung. Wir leben, und wir haben eine Bestimmung. Das werden wir feiern.«

Der Tag des Fests brach an mit einem blassrosa Morgenrot am Himmel.

Lana verbrachte den Morgen wie schon den Vortag mit Essensvorbereitungen mit ihrem Küchenteam. Sie konzentrierte sich auf ihr Gebiet und überließ das Dekorieren Fred und deren Helfern.

Sie hatte viele Pasteten aus Wildbret und wildem Truthahn gemacht und dabei zugehört, wie Musikanten übten und Handwerker hämmerten. Auf dem Flur vor der Küche bastelten Bryar und andere zusammen mit Kindern Papierlaternen – rot, weiß und blau – und Papiersterne mit den Namen verlorener Angehöriger.

Als das Rosa von Blau verdrängt wurde, trat Lana hinaus und stellte fest, dass sich viele versammelt hatten, nicht zuletzt ein neu gegründeter Chor, der »Amazing Grace« anstimmte.

Sie beobachtete Bill und Will Anderson, die ihre Sterne an die Äste der alten Eiche am Rand der Grünfläche hängten. Bei ihnen stand Arlys mit ihren eigenen Sternen.

Wie noch viele andere, die mit diesen Symbolen ankamen, bis sie in großer Zahl von den unteren Ästen baumelten.

Es berührte sie, Starr zu sehen, die sich ebenfalls beteiligte.

In der Abenddämmerung würden die Feen die im Park aufgestellten Lichter entzünden. Blumengirlanden schmückten Laternenpfähle und neu errichtete Lauben. Auf einem extra Küchenareal waren in einer Reihe Grills aufgebaut.

Mittags spielten Musiker in einem Pavillon auf, den Freiwillige erst am Abend zuvor noch gestrichen hatten. Die Grills rauchten.

Auf Tabletts wurden Bastelarbeiten präsentiert – alles zum Tausch. Kinder ließen sich die Gesichter bemalen oder ritten auf Ponys. Andere spielten Boccia oder Hufeisenwerfen.

Der Gemeinschaftsgarten offerierte ein Bankett – Tomaten, Zucchini, Mais.

Wegen des heiteren und heißen Wetters saßen viele im Schatten und tranken mengenweise Sonnentee, den die Küche ausschenkte.

Sie hörte ein paar Leute davon reden, Softball-Teams zu gründen, eines für Erwachsene, eines für Kinder, und dafür den kleinen Sportplatz eine halbe Meile außerhalb der Ortschaft zu nutzen.

Außerdem, die Farm zu erweitern und sie auf einen der Höfe eine Meile entfernt zu verlegen.

Gute Gespräche, dachte sie, Hoffnung machende Gespräche.

Sie tanzte mit Max über das Gras in einem Sommerkleid, das sich über ihren Bauch spannte. Aalte sich in der Sonne und unterhielt sich mit Arlys, während Eddie auf seiner Mundharmonika improvisierte. Auf den Schaukeln schwangen Fred und Katie mit Babys auf dem Schoß hin und her.

War sie glücklich? Das hatte Max sie vor einigen Wochen gefragt. An diesem Tag, in diesem Augenblick, konnte sie ihm mit einem uneingeschränkten Ja antworten.

Sie winkte Kim und Poe zu und seufzte. »Das machen wir jetzt jedes Jahr, nicht wahr?«, sagte sie zu Arlys.

»Ja, das glaube ich ganz definitiv. Und«, fügte diese hinzu, »wir lassen uns etwas für die Feiertage einfallen – Weihnachten oder Chanukka.«

»Ja! Wintersonnenwende.« Lana ließ die Hand über ihrem Bauch kreisen. »Das wird ihre erste.«

Arlys schüttelte ihr Haar nach hinten – dank Clarice war es wieder von kecken Strähnchen durchzogen. »Habt ihr noch immer keinen Namen für das Baby?«

»Wir überlegen hin und her, aber bis jetzt hat sich noch kein Name stimmig angefühlt. Letzten Sommer erst bin ich mit Max zusammengezogen. Das kam mir schon so bedeutsam vor, so erstaunlich. Und jetzt erwarten wir ein Kind. Schau mal, Max spielt Hufeisenwerfen. Ich würde meinen gesamten Vorrat an Backpulver darauf verwetten, dass er das noch nie in seinem Leben gemacht hat.«

Sie lachte, schaute zu, wie er eines warf, es in der Luft anhalten und um sich selbst drehen ließ und es schließlich zielgenau um den Metallpflock fiel.

»Und er schummelt!«

Seine Finesse ließ seine Partnerin Carla jubeln und Manning, einen seiner Gegner, in gespielten Ärger ausbrechen. Max erhob in einer Unschuldsgeste die Hände und blickte dann zu Lana. Er grinste und winkte.

»Was seine Gabe betrifft, ist er inzwischen etwas lockerer geworden; so wie jetzt hätte er früher nie gespielt. Es tut gut, zu sehen, wie er sich entspannen kann. Ich hole noch etwas Mais – und feuere unterwegs das andere Team ein wenig an.«

»Ich helfe dir«, bot Arlys an.

Lana stand auf und ging zusammen mit Arlys zu den Spielenden. Wir brauchen definitiv noch mehr Mais, dachte Lana bei einem Blick über die Tische. Und Tomaten. Und sie wollte auch nachsehen, wie viele Wild- und Truthahnburger noch da waren.

Doch zuerst lenkte sie Mannings Hufeisen, ließ es drei Überschläge machen, bevor es mit einem klingenden Geräusch an den Pfosten schlug. Dann grinste sie Max zu und blinzelte.

Manning jauchzte laut auf, vollführte ein Tänzchen und warf ihr eine Kusshand zu.

Ja, dachte sie, es war gut, so gut, einfach zu spielen.

»Hey.« Will gesellte sich zu ihnen und zog Arlys am Arm. »Wir brauchen noch jemanden beim Boccia.«

»Ich wollte gerade –«

»Oh, geh nur. Ich bin eine geübte Maisernterin.«

»Ich habe von Boccia doch keine Ahnung.«

»Gut, ich auch nicht.« Will nahm ihre Hand und blickte auf die Sterne, die in den Baumkronen schwangen. »Es ist ein guter Tag.« Er beugte sich spontan zu Lana und küsste sie auf die Wange. Drehte dann Arlys zu sich und küsste sie langsam, sacht auf den Mund. »Ein wirklich guter Tag.«

Lana grinste den ganzen Weg bis zum Maisfeld.

Es roch grün und erdig, und die Musik, die Stimmen, das Klingen von Metall auf Metall folgten ihr, als sie die Kolben von den Stängeln drehte. Sie hörte Kinder lachen, ein magischer Klang in ihrem Ohr, den die sanfte Sommerbrise ihr zutrug.

Alles war so friedlich, die Weite des blauen Himmels, die hohen grünen Stängel, das Gefühl, wenn sie ihre Haut streiften.

Sie blieb einen Augenblick stehen, die Arme voller Maiskolben, und dankte für alles, was sie hatte.

Das Baby trat – rasche, nervöse Stöße, die sie bis in die Ohren spürte. Sie hörte eines von Katies Babys aufschreien, lang und schrill über der Musik und den Stimmen. Als sie sich umdrehte, um zurückzugehen, flatterte etwas vor ihr auf die Erde.

Sie blickte darauf. Erstarrte.

Es war versengt, an den Rändern gewellt und geschwärzt, doch sie erkannte das Foto von sich und Max, das Foto, das sie eingepackt hatte, bevor sie New York verließen. Das Foto, das in dem Haus in den Bergen gewesen war, als …

Am Himmel, der sich plötzlich verdunkelte, kreisten Krähen.

»Max!« Der Mais fiel polternd zu Boden, sie rannte, schob sich durch die unreifen Stängel. Hörte die ersten Gewehrsalven.

Schreie hallten wider, während sie sich den Weg freikämpfte.

Menschen rannten, zerstreuten sich, suchten Schutz, erwiderten das Feuer.

Sie sah Carla auf der Erde liegen, die Augen weit aufgerissen, starrend. Und Manning, oh Gott, Manning lag blutend auf der weichen Erde um den Hufeisenpfosten.

Lanas Schrei blieb ihr in der Kehle stecken, als Kurt Rove den Kolben seines Gewehrs in Chucks Gesicht rammte.

Überall um sie herum schossen Menschen mit Feuerwaffen und Pfeilen wahllos um sich, während Männer und Frauen, die sie kannte, Kinder packten, um sie zu schützen oder in Sicherheit zu bringen.

Rainbow, die jeden Morgen Yoga unterrichtete, warf einen schimmernden Schild über eine Frau mit einem Kleinkind. Dann wurde ihr Körper von einer Kugel, die sie in den Rücken traf, nach vorne geworfen.

Lana sah einen Mann – groß, schlank, mit wehender goldblonder Mähne – ein Gewehr anlegen, auf Fred zielen, die jedoch aufflog, mit wild schlagenden Flügeln, eines der Babys in den Armen haltend.

In nur wenigen Sekunden veränderte sich die Welt.

Lana hatte keine Waffe, aber ihre Kraft, und sie schleuderte sie hinaus, rein instinktiv. Das auf Fred und das Kind gerichtete Gewehr wurde dem Mann entrissen. Und er wandte seinen wirren Blick aus intensiv blauen Augen auf sie.

»Da!« Er deutete auf sie. Der Mann neben ihm – dunkel und muskulös, das Purity-Warriors-Tattoo prangte auf seinem Bizeps – hielt in beiden Händen eine Waffe. »Knall sie ab, die Hexe!«

Gerade als Lana die Hände erhob, um zu kämpfen und ihr Kind zu beschützen, krachte ein heftiger Donner. Die Erde erbebte davon.

»*Die gehören uns!*«

Hinter dem Gebäude stiegen mit versengten Flügeln, die Gesichter voller Narben, Eric und Allegra empor.

Alles schien anzuhalten. Die Schreie, die sie hörte, die Schüsse, sogar das heftige Rascheln der Maisstängel, durch die einige rannten, um sich zu verstecken.

Sie hatten überlebt. Sie lebten. Und sie sah den Tod in ihren Augen.

Lana raffte alles, was sie hatte, um zu kämpfen, zusammen.

Max sprintete auf sie zu, schob sie nach hinten. »Lauf!«

»Wohin?« Eric spie schwarze Blitze in den Himmel, lachte. »Da gibt es nichts, wo man hinlaufen, sich verstecken könnte. Tritt zur Seite, Bruder. Dieses Mal wollen wir dich nicht.«

»Wir wollen, was in ihr ist!« Mit einem Schlag ihrer Flügel sank Allegra weiter herunter. Max holte aus, schob Lana zurück.

461

»Lauf! Rette unsere Tochter!«

»Zusammen sind wir stärker. Haben wir mehr.« Lana ergriff Max' Hand.

»Das ist nicht nötig, Eric, nichts von alldem!«, rief Max. »Du schließt dich mit einem Irren zusammen, der uns verfolgt. Aber er wird sich gegen dich wenden. Sie werden sich alle gegen euch wenden!«

»Wow, daran habe ich ja noch nie gedacht.« Er warf Allegra einen überraschten Blick zu. »Vielleicht sollten wir darüber nachdenken. Bloß … Ja, eines habe ich vergessen. Du hast versucht, mich zu *töten*. Ich habe einen Fehler gemacht, Max. Wir wollen dich doch. Und zwar tot!«

»Beide. Alle drei!«, schrie Allegra. Ihr bleiches Haar flatterte. »Wir rufen die Finsternis. Wir regieren die Finsternis! Und verbannen mit ihr das Licht.«

Lana ergriff Max' Hand, Allegra die von Eric. Grollender Donner, schwarze Blitze. Mit Max zusammen blockte Lana die Schläge ab, drängte sie zurück. Und spürte, wie die Kraft den Boden unter ihren Füßen erbeben ließ.

Blut schoss aus Max' Arm, wo ein Pfeil ihn durchbohrte. Jenseits des Feldes rannten andere auf sie zu. Flynn und Lupa, Jonah, Aaron.

Einen Moment lang spürte sie Hoffnung. Zusammen, alle zusammen, würden sie die Finsternis zurückdrängen.

»Sie kommen uns zu Hilfe. Wir müssen nur –«

Lana sah die schwarze Woge, spürte die erste beißende Schärfe, bevor Max sie umdrehte. Ihre Blicke trafen sich, er umhüllte sie, umhüllte ihr Kind mit seinem Körper.

Ihn traf die volle Kraft des Hasses, der Finsternis. Der Schock jagte durch ihn hindurch, fuhr in sie, als sie zusammen flohen, zusammen in das Maisfeld fielen. Blut floss aus der Wunde, die die beißende Schärfe in ihren Arm gerissen hatte.

Atemlos, schwindlig, kroch sie, befreite sich, rollte, versuchte, Max mit sich in Sicherheit zu ziehen.

Er lag da, blutüberströmt, mit zahllosen Wunden übersät, seine Haut zerfetzt, verbrannt.

»Nein. Nein. Max.« Schon als sie seinen Körper in ihre Arme zerrte, ihr Gesicht an seines presste, wusste sie, dass er gegangen war.

Gegangen. Genommen. Ermordet.

Die Wut, der Schmerz, der rasende Zorn brachen aus ihr hervor. Bedeckt von seinem Blut, eigenes vergießend, entließ sie ihre Gefühle mit einem Aufschrei, der die Luft zerschnitt gleich einer Klinge.

Wild und rot brandete ihr Schrei gegen das ölige Schwarz.

Sie hörte, wie er mit Schmerzgeheul beantwortet wurde.

Lauf. Er hatte sie aufgefordert wegzulaufen, doch sie hatte nicht auf ihn gehört. Er hatte ihr aufgetragen, ihrer beider Kind zu retten, doch er hatte sein Leben gegeben, um sie beide zu retten.

Da war nichts, wo man hinlaufen, sich verstecken konnte. Würgend und schluchzend arbeitete sie sich an Max' Pistolenhalfter heran. Zog zärtlich den Ring von seinem Finger, schob ihn auf ihren Daumen. Sie küsste sein Gesicht, seine Lippen, seine Hände.

Rette das Kind, koste es, was es wolle.

Sie hörte seine Stimme in ihrem Kopf, in ihrem Herzen, arbeitete sich schluchzend durch das Maisfeld voran, auf den Wald zu. Dann begann sie zu rennen.

Eine Bewegung auf der rechten Seite ließ sie herumwirbeln, die

Hände kampfbereit hochgerissen, bereit, sich zu verteidigen. Starr trat heraus aus dem Baum.

»Du bist verletzt.«

Lana konnte nur den Kopf schütteln.

»Du hast sie stärker verletzt.«

Starr deutete nach hinten, und Lana blickte in Richtung des Parks. Was immer aus ihr herausexplodiert war, dieser wahnsinnige rote, tobende Schmerz hatte einige der Angreifer zu Boden gestreckt. Sie sah kein Zeichen von Eric oder Allegra außer einem dünnen, rauchigen Dunst, der den Himmel verschmutzte.

Es zerrte an den wunden Rändern ihres ohnehin zerrütteten Herzens, zu sehen, wie Arlys zu Carlas Leiche humpelte, Rachel neben dem bewusstlosen, blutbesudelten Chuck kniete. Andere, die sie kannte, die ihr lieb waren, zu Hilfe eilten oder auf die Straße liefen, mit Waffen in der Hand.

»Katie, die Babys?«

»Jonah hat sie ins Haus gebracht. Sie haben Rainbow getötet. Sie war gut. Sie kamen, um dich zu töten. Sie«, sagte Starr, streckte den Arm aus und berührte zum ersten Mal seit Wochen jemanden – Lanas Kind.

»Ich kann nicht bleiben. Die kommen wieder. Ich kann nicht … Sie haben Max umgebracht.«

»Das tut mir leid. Er war ein guter Mensch.« Starr ließ den Kopf hängen. »Sie wollen uns töten, uns alle, aber vor allem die Retterin.«

»Sie ist nicht die Retterin«, erwiderte Lana heftig. »Sie ist meine Tochter!«

»Sie ist beides. Ich habe es von ihnen gehört.« Starr presste eine Hand an ihren Kopf. »Ich hörte all den Hass. Es tut meinem Kopf weh, deshalb rannte ich weg und versteckte mich, wie damals bei meiner Mutter. Ich habe nicht gekämpft, aber nächstes Mal tue ich es. Bestimmt. Sie werden dir helfen, sie werden dich beschützen – und sie, die Retterin.«

»Ich muss sie beschützen. Ich kann nicht hierbleiben. Sie werden zurückkommen und es erneut versuchen.«

Starr nickte. »Dann musst du laufen. Du musst dich verstecken. Ich höre sie noch immer in meinem Kopf. Ich werde Max' Namen für dich an den Baum schreiben.«

Blind vor Tränen, rannte Lana los. Und rannte in all die Träume hinein, die sie nachts verfolgt hatten.

Kapitel 23

Tagelang hielt Lana sich von den großen Straßen fern. Sie suchte Schutz und sah sich in entlegenen Häusern nach Kleidung und Nahrung um.

Einmal fand sie bei den Kleidungsstücken eine Kette, die sie durch Max' Ring zog, um ihn am Hals tragen zu können.

Sie aß, was sie finden konnte, und machte sich Sorgen um das Baby.

Immer wenn sie Krähen am Himmel sah oder sie schreien hörte, änderte sie die Richtung.

Einmal ließ sie sich erschöpft am Fuß eines toten Baums nieder, zu sehr von Müdigkeit und Kummer überwältigt, um weiterzugehen.

Sie starrte durch die nackten Äste in den Himmel, ließ sich treiben, träumte. Träumte von einer schlanken jungen Frau mit grauen Augen und schwarzem Haar, die ihr auftrug, aufzustehen und weiterzugehen.

Also stand Lana auf und ging weiter.

Schreckliche Tage gingen über in schreckliche Nächte.

Ohne Gefühl für Zeit und Entfernung schlief sie in einem leer stehenden Auto am Straßenrand und wachte beim ersten Morgengrauen durch das Geräusch von Motoren auf.

Ihr erster Impuls war, um Hilfe zu rufen, doch etwas Stärkeres in ihr befahl ihr, still und reglos zu bleiben. Und dieses Stärkere ließ sie schaudern, als die Motoren erstarben.

Autotüren wurden geöffnet, zugeschlagen. Männerstimmen drangen durch die Fenster, die sie in der Hoffnung auf eine Brise offen gelassen hatte.

»Wir sollten in dieses Kuhkaff zurückfahren und es dem Erdboden gleichmachen. Irgendeiner dort weiß bestimmt, wo das Miststück ist.«

»Der Reverend sagt, dort ist sie nicht, also ist sie dort auch nicht.«

Sie hörte Schritte sich nähern und umfasste die Pistole, mit der sie immer schlief, fester. Dann das unverkennbare Geräusch eines Reißverschlusses, von Wasser, das auf Asphalt traf.

»Benzinverschwendung, wenn du mich fragst, und wenn die beiden Freaks sie so unbedingt haben wollen, hätten sie sie umlegen sollen, als sie die Gelegenheit dazu hatten. Stattdessen haben wir sechs gute Männer verloren. Wir sollen Freaks umnieten, nicht mit ihnen arbeiten.«

»Der Reverend weiß, was er tut. Er hat einen Plan, und ich rechne damit, dass wir diese Freaks kaltmachen, sobald wir die Frau erledigt haben. Verfluchte Hexe. Mit der habe ich jetzt eine Rechnung offen.«

»Ah, hat sie dir dein hübsches Gesicht versaut?«

»Leck mich, Steed.«

Ein freudloses Lachen, erneut das Reißverschluss-Geräusch. »Soviel ich weiß, sind die Freaks noch schlimmer dran als du, und deswegen fahren wir quer durch die Hölle und zurück und suchen nach einer schwangeren Dämonen-Hure.«

»Wenn ich sie zuerst finde, jage ich ein Messer mitten durch sie und ihren Balg.«

»Hexen müssen hängen oder brennen.«

»Das kommt noch. Wir sollten die paar Autos hier durchsehen, ob es was gibt, was sich mitzunehmen lohnt.«

»Vergiss es. Ungefähr zwanzig Meilen östlich von hier ist eine Tankstelle mit Mini-Markt. Da finden wir mehr.«

Das Auto schaukelte; Lana umklammerte fest die Pistole.

»Die Karre ist sowieso nur 'n Stück Scheiße.«

Sie hielt den Atem an, als die Schritte sich entfernten, Autotüren zugeschlagen wurden. Lag reglos da, als ein Motor aufheulte, Reifen quietschten.

Sie zählte die Schläge ihres Herzens noch, während der Wagen davonbrauste und wieder Stille eintrat.

»Ich hätte nicht zugelassen, dass sie dich berühren«, murmelte sie, als sie zitternd aus dem Wagen kroch.

»Östlich. Sie fahren nach Osten, also gehen wir nach Westen.«

Aber nicht zu Fuß. Auch wenn sie lange marschiert war, sie hatte nicht genügend Distanz zwischen ihr Kind und jene gebracht, die ihm Böses wollten.

Sie würde es auf der Straße riskieren, zumindest jetzt wollte sie das Risiko eingehen.

Also setzte sie sich ans Steuer und legte die Waffe auf den Sitz neben sich. Es dauerte einen Moment, bis sie sich gesammelt hatte und die Kraft heranziehen konnte, die sie zurückgenommen hatte seit dem Tag, an dem sie in roter, mörderischer Rage von ihr übermannt worden war.

Der Wagen sprang nicht an, als sie die Hand erhob. Er knatterte, pochte, stockte. Erst mit der Kraft der hinter ihr aufgehenden Sonne konnte sie losfahren.

Die Sonne stand hoch, als der Motor erstarb. Sie ließ den Wagen stehen, wo er zum Stehen kam, und ging zu Fuß weiter. Um sie herum erhoben sich Berge am Horizont.

Die Zeit zerrann, Lana lief, fuhr weiter, als sie erneut ein Fahrzeug fand, suchte sich Nahrung, Wasser. Auch wenn sie sich fragte, wie weit weit genug sein würde, mied sie jeden Ort, an dem womöglich Menschen versammelt waren.

Wie sollte sie wissen, ob sie es mit Freund oder Feind zu tun hatte?

Sie sperrte ihr altes Leben weg, tötete Kaninchen und Eichhörnchen, nahm sie aus, briet das Fleisch über einem mit ihrer Kraft entzündeten Feuer, um sich und ihr Baby zu ernähren.

Sie, die einst geglaubt hatte, Essen könne, solle Kunst sein, aß, um zu überleben und um zu ernähren, was in ihr lebte.

Ihre Welt wurden Bäume, Felsen, Himmel, endlose Straßen, die erbärmliche Hoffnung, ein Haus zu finden mit frischen Klamotten und Stiefeln, die halbwegs passten.

Ihr Trost wurde zu fühlen, wenn sich das Baby in ihr bewegte. Zur Freude wurde, einen Pfirsichbaum zu finden und die frischen, süßen Früchte zu schmecken, den Saft ihre von der Sommerhitze ausgedörrte Kehle hinunterlaufen zu lassen.

Sicherheit wurde, keine menschliche Stimme außer ihrer eigenen zu hören und eine menschliche Gestalt nur in ihrem eigenen Schatten zu sehen.

In diesen Wochen wurde sie zur Nomadin, zur Eremitin ohne einen Plan außer Fortbewegung, Nahrung, Obdach.

Bis …

Sie stieg auf eine dicht mit Bäumen bewachsene Anhöhe und suchte sich dann sofort eine Deckung.

Ein Haus stand auf sanft gewelltem Land, dahinter war es flach. Dort breitete sich ein Garten in seinem schönsten Sommergewand aus. Sie zerrte an dem Rucksack, den sie gefunden hatte, und holte ein kleines Fernglas heraus.

Tomaten, rot und reif, Erbsen, Bohnen, Paprika, Karotten. Reihen von Salat und Kohl, Erdhaufen mit Kürbissen, Auberginen. Das hochwachsende Maisfeld brachte den Geruch von Blut, von Tod zurück.

Von Max.

Sie kauerte sich einen Moment lang zusammen, kämpfte gegen Wogen von Sorge und Kummer an, setzte das Glas dann wieder an die Augen.

Ein paar Pferde standen zusammen, durch einen Zaun von einer schwarz-weißen Kuh getrennt, dann ein weiterer Zaun und schwarze Kühe – Mastrinder mit einem Kalb.

Sie entdeckte einen Pferch, in dem sich fünf Schweine rekelten.

Hühner! Der Gedanke an Eier rührte sie beinahe zu Tränen.

Das Haus selbst war breit und gediegen, weiß getüncht, mit einer breiten Terrasse. Daneben stand eine kleine, traditionelle Scheune in fröhlichem Rot.

Ihr Blick strich über einen Stall, ein kleines, gedrungenes Silo, zwei Windräder, ein Gewächshaus, einige Zierbäume und -sträucher, etwas, das ihr wie ein Bienenstock vorkam. Dahinter noch mehr Felder. Weizen, meinte sie, Weizen, und vielleicht auch Hafer.

Offensichtlich nicht verlassen, dachte sie, und da vor dem Haus ein Truck stand, war wahrscheinlich jemand drinnen.

Eier, frisches Gemüse, Obstbäume.

Sie konnte warten.

Und während sie wartete, döste sie ein.

Plötzlich weckte ein Bellen sie auf und ließ ihr das Herz bis zum Hals schlagen.

470

Zwei Hunde rannten vor dem Haus herum, tollten zusammen, purzelten über ein Stück Rasen.

Sie nahm wieder das Fernglas zur Hand und sah einen Mann aus dem Haus kommen. Braun gebrannt, kräftig aussehend, in verwaschener Jeans und einem T-Shirt. Auf den struppigen braunen Haaren saß eine Baseballmütze, eine Sonnenbrille verdeckte die Augen.

Er lud einige Körbe voller Obst und Gemüse auf den Truck und ging zurück ins Haus. Kam mit noch zwei Körben wieder und pfiff dann den Hunden.

Sie sprangen auf die Ladefläche. Nachdem er die anderen Körbe aufgeladen hatte, stieg er ein und fuhr davon.

Sie zählte bis sechzig, wartete noch etwas und stand dann auf.

Nichts war zu hören außer Vögeln und den Lauten von Eichhörnchen. Mit einer Hand ihren Babybauch haltend, arbeitete sie sich den felsigen Hang hinunter, den Blick immer auf das Haus gerichtet.

Wenn er nicht allein lebte, war womöglich noch jemand darin. Obwohl sie eigentlich sofort zum Garten rennen wollte, näherte sie sich vorsichtig dem Haus, umkreiste es, spähte in Fenster.

Hinten gab es noch eine Terrasse, auf welcher in der kräftigen Sonne Kräuter wuchsen. Sie holte ihr Messer hervor, schnitt Basilikum, Rosmarin, Thymian, Oregano, Schnittlauch, Dill, schwelgte in den Gerüchen, als sie ihre Beute in einen Plastikbeutel aus ihrem Rucksack steckte.

Jemand konnte im Haus sein, im Obergeschoss. Doch sie wollte es riskieren.

Sie lief so schnell, wie es ihr verlagerter Schwerpunkt erlaubte, und pflückte eine Tomate. Biss hinein wie in einen Apfel und wischte sich den Saft vom Kinn.

Sie pflückte Erbsenhülsen, eine Handvoll Stangenbohnen, eine glänzende Aubergine, zog eine Karotte heraus, eine Knoblauchknolle. Sie erntete Salat, aß ein Blatt, während sie soviel sie konnte in ihren Rucksack und in ihre Taschen steckte.

Äpfel und ein bisschen Grünzeug wanderten in den Rucksack, dazu rote Weintrauben. Einige aß sie dort, wo sie stand und auf zwei Steintafeln im Schatten des Apfelbaums herunterschaute.

Ethan Swift
Madeline Swift

Sie waren an der Seuche gestorben, wusste Lana, im Februar, innerhalb von zwei Tagen.

Und jemand – der Farmer? – hatte für sie Gräber angelegt und einen sonnengelben Rosenbusch zwischen sie gepflanzt.

»Ethan und Madeline, ich hoffe, eure Seelen haben Frieden gefunden. Ich danke euch für das Essen.«

Mit geschlossenen Augen stand sie in dem gesprenkelten Schatten und wünschte, sie könnte sich unter den Baum legen und einfach schlafen – um dann in einer Welt ohne Furcht und ständiges Weiterziehen aufzuwachen. In der Max seine Arme um sie legen und ihr Baby in Frieden und Sicherheit geboren werden konnte.

Jene Welt, dachte sie, war vorbei. Und in dieser zu leben bedeutete zu tun, was als Nächstes getan werden musste.

Sie schaute zu den gackernden Hühnern, während sie sich vorstellte, Hühnchen in einer der Butterportionen zu sautieren, die sie gehortet hatte, gewürzt mit frischem Knoblauch und Kräutern.

Und dann dachte sie, dass der Farmer wahrscheinlich das Gemüse nicht vermissen würde, sehr wohl aber ein Huhn. Da sie womöglich einen oder zwei Tage in dieser Gegend bleiben wollte, würde sie zurückkommen und ihn um eine der Hennen erleichtern, bevor sie dann weiterzog.

Für den Moment würde sie sich mit ein paar Eiern zufriedengeben.

Also ging sie durch die pickenden Hühner in den offenen Stall, wo sie unterhalb einer Henne, die auf einer Stange saß und sie so argwöhnisch beäugte wie umgekehrt, ein einziges braunes Ei fand.

»Er hat die Eier schon eingesammelt«, murmelte sie. »Mein Glück, dass du länger gebraucht hast.«

»Das tut sie meistens.«

Lana wirbelte herum und hielt das Ei in ihrer Hand so fest, als sei es eine Granate; die andere Hand hielt sie hoch, bereit, Kraft zu ihrer Verteidigung hinauszuschleudern.

Er hielt beide Hände hoch, weg von der Pistole an seiner Hüfte.

»Ich werde dir nicht wegen eines Eis oder was du dir sonst noch genommen hast, Kummer bereiten. Insbesondere, da du ja für zwei isst. Ich habe Wasser, falls du welches brauchst. Milch auch. Und ein bisschen Speck, zu dem Ei dazu.«

Sie musste sich räuspern, ehe sie zum ersten Mal, seit sie New Hope verlassen hatte, mit einem menschlichen Wesen sprechen konnte. »Warum?«

»Warum was?«

»Warum würden Sie mir irgendetwas schenken? Ich habe Sie bestohlen.«

»Jean Valjean auch.« Er zuckte die Achseln. »Das ist die Hauptfigur in dem Roman ›Die Elenden‹. Er hatte ebenfalls Hunger.

Also, du kannst das Ei nehmen und gehen oder du kommst mit herein und isst anständig. Es ist deine Wahl.«

Sie senkte die Hand, legte sie auf ihren Bauch und dachte an das Baby.

Er hatte für seine Verstorbenen einen Rosenbusch gepflanzt. Das würde sie als Zeichen nehmen.

»Ein warmes Essen wäre wirklich wunderbar. Ich kann etwas dafür tauschen, und auch für das Obst und Gemüse, das ich genommen habe.«

Er lächelte. »Was hast du denn?«

»Ich kann dafür arbeiten.«

»Gut.« Er kratzte sich am Hinterkopf. »Darüber können wir reden.«

Er trat zurück, wobei er ihr viel Raum ließ.

Sie konnte immer noch davonlaufen, dachte Lana.

»Lady, wenn ich dir etwas hätte tun wollen, dann hätte ich es schon getan.«

Jetzt drehte er sich um und ging auf die Hunde in der Nähe des Hühnergeheges zu, die herumtänzelten und mit dem Schwanz wedelten.

»Woher wussten Sie, dass ich hier bin?«

»Ich habe die Reflexion der Sonne auf deinem Fernglas bemerkt. Zumindest dachte ich, dass das ein Fernglas sein muss. Die Hunde und ich beschlossen loszufahren, oben an der Straße anzuhalten und zurückzulaufen, um zu sehen, was du vorhast. Sie tun dir nichts.«

Als wollten sie es gleich beweisen, kamen sie – beide mit dichtem Fell und glücklichen Augen – zu ihr und rieben sich an ihren Beinen. »Das ist Harper und das Lee. *Wer die Nachtigall stört* war das Lieblingsbuch meiner Mutter.«

Sie sah, wie er zu dem Apfelbaum und den Gräbern schaute. Es kam ihr dumm vor, das Ei weiter festzuhalten, also gab sie es ihm. »Ihre Eltern?«

»Ja. Ja«, sagte er und ging los in Richtung Haus. »Diese Stiefel haben aber schon einige Meilen auf dem Buckel.«

»Das war schon so, als ich sie fand.«

Er akzeptierte diese Antwort kommentarlos und ging weiter. Als er die unverschlossene Haustür öffnete und Lana zögerte, schnaufte er ungeduldig.

»Ich bin in diesem Haus aufgewachsen und von den beiden großgezogen worden, die ich da draußen begraben habe. Sie haben hier fünfunddreißig Jahre lang gewohnt und sich und mir ein gutes Leben geschaffen. Also werde ich mich nicht respektlos verhalten, indem ich mit einer schwangeren Frau rummache, die ich unter das Dach bringe, das sie mir gegeben haben. Rein oder raus?«

»Tut mir leid. Ich habe vergessen, dass Menschen auch anständig sein können.«

Sie ging hinein und betrat ein geräumiges, gemütlich wirkendes Wohnzimmer mit einem großen, gemauerten offenen Kamin, behaglichen Möbeln in verschiedenen, einladend gemischten Stilen.

Allerdings war es ziemlich staubig und überall voller Hundehaare.

Eine Treppe führte nach oben. An ihrem Fuß stand ein Wäschekorb voller zerknüllter Laken und Handtücher.

Er ging weiter einen Flur entlang, bis er vor einem Zimmer voller Regale mit Büchern und Nippes haltmachte.

»Meine Mutter hat viel gelesen. In letzter Zeit mache ich es ihr nach.«

Träumte sie? Das Zimmer zog sie an wie ein Traum, die Erinnerung an ein Leben, das sie einmal gehabt hatte, stieg in ihr auf. Und mehr noch die Liebe, die sie spürte, als sie nach einem Buch griff.

»Max Fallon. Den mochte sie sehr. Ich habe noch nichts von ihm gelesen. Magst du ihn?«

Sie schaute auf, mit wässrigen Augen, drückte das Buch, das Foto ihres Liebsten, an ihr Herz. »Mein … mein Ehemann.«

»Er hat ihn gemocht?«

»Max.« Sie begann zu wanken, zu weinen. »Max. Max.«

»Mist.« Er nahm die Mütze ab, kämmte sich mit den Fingern durch die Haare. »Vielleicht solltest du dich hinsetzen. Das Buch kannst du behalten. Also … Ich hole jetzt besser den Truck zurück. Bis gleich …« Er deutete einen Gruß an und verließ rasch das Zimmer.

Sie setzte sich auf die Lehne eines großen marineblauen Ledersessels und weinte sich die Seele aus dem Leib.

Er ging die Straße hinauf zu seinem Truck, brachte ihn zurück und stellte einen Kessel Wasser auf den Herd.

Im Hühnerhaus hat sie total angespannt gewirkt, dachte er. Bereit – und wohl auch fähig –, sich zu behaupten. Augen – groß und sommerblau – erschöpft, aber entschlossen. Und der Babybauch – sie war wirklich schwanger –, es war ihm vorgekommen, als würde er ihr die Ausstrahlung einer Kriegerin verleihen.

Doch dort, im Lesezimmer seiner Mutter, war das alles weggefallen, und plötzlich hatte sie sich zerbrechlich, verletzlich, gebrochen gezeigt.

Mit ihrer entschlossenen, tüchtigen Seite kam er besser klar.

Als er sie kommen hörte, stellte er eine Bratpfanne auf den Herd.

»Tut mir leid«, sagte sie.

»Jemanden zu verlieren ist hart. So ziemlich jeder, der noch am Leben ist, weiß wie hart.« Er ging zum Kühlschrank, nahm in ein Tuch eingewickelten Speck heraus. »Max Fallon war also dein Mann.«

»Ja.«

»Hast du ihn durch das Verderben verloren?«

»Nein. Er brachte uns aus New York heraus. Er hat uns wegge-bracht und uns beschützt. Sie haben ihn getötet. Sein Bruder hat ihn umgebracht.«

»Sein Bruder?«

»Sein Bruder wandte sich der Finsternis zu, sein Bruder und die Hexe, die ihn umgedreht hat. Sein Bruder und die Männer, die uns hassen, weil wir nicht sind wie sie. Sie wollten auch mich umbringen. Sie.«

Sie legte die Arme um ihren Babybauch. »Max hat uns geret-tet. Er starb für uns. Sie haben ihn getötet. Sein Bruder Eric und die Purity Warriors. Sie ermordeten Max und andere, mit denen zusammen wir uns wieder ein Leben aufbauten. Sie ver-suchten, noch mehr Menschen zu töten. Ich musste fliehen, weil sie es auf mich abgesehen hatten und jeden getötet hätten, der ihnen im Weg stand. Sie jagten mich. Sie jagen mich vielleicht noch immer. Sie werden versuchen, Sie zu töten, wenn Sie mir helfen.«

Er nickte. »Hmmm.« Wandte sich dann wieder dem Herd zu. »Möchtest du Spiegel- oder Rühreier?«

Beim Erzählen ihrer Geschichte war sie fast atemlos geworden. Nun fielen ihre Hände nach unten. »Wer sind Sie?«

»Swift. Simon Swift. In einem anderen Leben war ich Captain Swift, U.S. Army. In diesem bin ich Farmer. Wer bist du?«

Langsam nahm sie ihren Rucksack ab und stellte ihn auf den Boden. »Lana Bingham. Ich war Küchenchefin. Ich bin eine Hexe.«

»Letzteres habe ich draußen im Hühnerstall gespürt, da hast du mir einen kleinen Knuff verpasst.«

»Das habe ich nicht beab–«

»Nur ein bisschen. Aber du hast mehr drauf. Eine Küchenchefin? Wieso koche ich dann?«

Sie atmete hörbar aus und wieder ein und kauerte sich dann zu ihrem Rucksack. Nahm Kräuter, eine Tomate, eine Paprika, ein paar Frühlingszwiebeln heraus. »Möchten Sie ein Omelett?«

»Sicher.«

»Das ist ein schöner Herd. Und eine schöne Küche.«

Wieder bebte ihre Stimme. Er sah und hörte, wie sie um Fassung rang. »Woher bekommen Sie Ihr Gas?«

»Gasbrunnen.«

»Ein was?«

»Erdgasbrunnen.« Er deutete vage auf das Fenster. »Es wird ins Haus geleitet. Wir haben Gaslicht, Gasherd, Gas-alles. Und ein bisschen Windenergie.«

Sie wusch sich die Hände im Spülbecken, danach kamen die Kräuter und das Gemüse an die Reihe. »Ich brauche ein paar Sachen. Mehr Eier, eine kleine Schüssel, einen Schneebesen.«

»Habe ich.«

Sie erhitzte die Pfanne, legte den Speck hinein. Nahm sich ein – sehr gutes – Küchenmesser aus einem Block, dazu ein Schneidbrett und begann zu schneiden, während es in der Pfanne brutzelte.

Kochen. Ganz normal in einer Küche. Wie konnte irgendetwas normal sein?

Und dennoch, beim Kräuterschneiden fühlte sie sich so sehr bei sich selbst wie seit Wochen nicht mehr.

»Sie waren in der Armee.«

»Ja, ungefähr zehn Jahre lang. Ich hatte schon lange genug davon, aber hauptsächlich bin ich deshalb raus, weil meine Mutter krank wurde. Krebs. Sie brauchten hier Hilfe, während sie dagegen ankämpfte. Sie kämpfte, besiegte den Krebs. Und dann ... Na ja, das verfluchte Verderben.«

»Mein Beileid.«

Einige Minuten arbeiteten sie beide schweigend. Er brachte ihr den Behälter, in dem er Schmalz aufbewahrte, die Plastikwanne für den Küchenkompost. Und schaute ein wenig ehrfürchtig zu, wie sie kochte.

»Wie lange bist du schon unterwegs?«, fragte er.

»Ich weiß nicht. Ich habe mein Zeitgefühl verloren. Es war der vierte Juli, als ich ... flüchtete.«

»Also ungefähr sechs Wochen. Woher kommst du?«

»Wir waren in einem Ort namens New Hope, in Virginia. Ich glaube, das ist südlich von Fredericksburg. Wo bin ich denn jetzt?«

»Du hast einiges geschafft. Wir sind hier in Maryland, im westlichen Teil.«

»Was sind das für Berge?

»Die Blue Ridge Mountains.«

»Gibt es hier noch andere Leute?«

»Einige. In der Nähe ist eine Stadt – inzwischen mehr eine Siedlung. Wir handeln ein wenig. Ich bringe Obst und Gemüse dorthin. Und es gibt auch eine Mühle. Ebenso einen Schmied und einen Metzger. Man arbeitet mit dem, was man hat.«

Sie nickte und goss das Ei über das Gemüse. »Habt ihr auch einen Arzt?«

»Noch nicht. Nur die Assistentin eines Tierarztes, weiter haben wir's noch nicht gebracht.«

Sie gab das Omelett auf einen der Teller, den er bereitgestellt hatte, schnitt es in zwei Hälften und schob die eine auf den zweiten Teller.

»Gibt es auch Übernatürliche?«

»Ein paar. Niemand hat ein Problem damit. Möchtest du etwas Milch?«

»Eigentlich mag ich keine Milch, aber sie ist wahrscheinlich gut für das Baby.«

Er holte den Krug heraus, schenkte ihr ein Glas ein.

Dann setzten sie sich an die Küchentheke aus marmoriertem grauem Granit. Beim ersten Biss musste sie vor Genuss und Glück die Augen schließen.

Er langte kräftiger zu. »Okay, das mit der Küchenchefin, das nehme ich dir ab. Ich habe seit einer halben Ewigkeit nichts mehr gegessen, das so gut geschmeckt hat.«

Sie aß langsam, während sie nachrechnete. »Wenn ich ein paar Tage bleiben könnte, würde ich Ihnen das mit Kochen bezahlen. Außerdem hatten wir einen Garten in New Hope, da habe ich gärtnern gelernt. Auf diese Weise könnte ich also auch mithelfen. Ein paar Tage, das sollte sicher sein.«

Für uns beide.

»Und was dann?«

»Weiß ich nicht. Ich habe noch an nichts anderes gedacht als daran, weiterzuziehen, wegzulaufen, das Baby in Sicherheit zu wissen.«

»Wann kommt sie? Du sagtest, es ist ein Mädchen, ja?«

»Ja. In der letzten Septemberwoche.«

»Und du willst sie allein entbinden, auf der Straße?«

Sie wusste, wie das klang, und sie hatte sich ständig deswegen Sorgen gemacht, aber keine Alternative gesehen.

»Ich hoffe, einen Ort zu finden und ... zu tun, was ich tun muss. Ich lasse nicht zu, dass ihr irgendetwas zustößt. Was auch immer geschieht, ihr wird nichts passieren.«

»In der Siedlung sind Frauen – auch vereinzelte Häuser in der Umgebung.«

»Ich kann nicht ... So viele Leute, das kann ich nicht riskieren. Die Purity Warriors sind unberechenbar.«

Ein hübscher Park, eine fröhliche Feier. Verstreute Leichen, aufsteigender Rauch. Max' Blut, das in die braune Erde sickerte.

»Ja, ich weiß, ich kenne sie. Einige von ihnen kamen vor ein paar Wochen durch die Siedlung. Sie wurden nicht freundlich empfangen.«

Erneut schwang Furcht in ihrer Stimme. »Sie waren also hier.«

»Nach dem, was ich höre, treiben sie sich gerne irgendwo herum und suchen nach Gleichgesinnten. Wie gesagt, bei uns haben sie niemanden gefunden.«

Er aß, überlegte. Mit Purity Warriors, Raidern und allen möglichen anderen Arschlöchern war die Straße für eine Frau, die allein unterwegs war, nicht eben sicher. Dazu kam, dass diese Frau in circa acht Wochen ein Kind gebären würde.

Und was auch immer sie antrieb, sie hatte ganz offenbar ein Ziel vor Augen.

Er aß den letzten Rest seines Omeletts, dann wandte er sich ihr zu. »Du solltest dir überlegen hierzubleiben. Du könntest die Küche übernehmen, das ist schon mal ganz klar. Wenigstens bis du das Kind hast. Oben sind vier Schlafzimmer. Ich benutze nur eines.«

»Sie könnten mich finden. Eric –«

»Ist das der Bruder?«

»Er ist machtbesessen. Etwas an meinem Baby ist besonders. Bedeutsam. Ich weiß auch nicht. Aber Eric und Allegra wollen sie umbringen.«

»Na ja, wenn sie besonders und bedeutsam ist, dann ist das nur ein Grund mehr, sie hier zu bekommen, wo es sicher ist. Ich mag keine Leute, die Schwierigkeiten machen, Kriege anfangen, ganz allgemein Mist bauen. Die können sein, wer oder was sie wollen, ich mag das nicht.«

»Sie kennen mich doch gar nicht.«

Er schob seinen leeren Teller beiseite, zuckte die Achseln. »Was soll das schon für einen großen Unterschied machen?«

Nichts, was er hätte sagen können, hätte sie mehr beruhigt.

»Ich bin Ihnen sehr dankbar. Und ich bin so müde. Einfach nur müde. Können wir einfach jeden Tag so nehmen, wie er kommt?«

»Sicher. Du kannst dir ein Schlafzimmer aussuchen. Welches das meine ist, versteht sich von selbst.« Er stand auf und begann abzuräumen.

»Ich kümmere mich um das Geschirr. Das gehört zur Küche dazu.«

»Das nächste Mal gern. Sei mir nicht böse, aber du siehst ziemlich fertig aus. Also, geh rauf, such dir ein Bett aus, mach Feierabend. Ich muss noch ein paar Sachen in die Stadt fahren. Du solltest das Zimmer meiner Eltern nehmen. Das ist eines der großen, mit einem eigenen Bad.«

»Simon. Vielen Dank.«

Er brachte das Geschirr zum Spülbecken. »Kannst du Hackbraten machen?«

»Wenn Sie das Fleisch haben und dazu all die Sachen, die ich schon gesehen habe, kann ich einen hervorragenden Hackbraten machen.«

»Wenn du einen zum Abendessen machst, dann sind wir quitt.«

Kapitel 24

Im Obergeschoss entdeckte Lana das Schlafzimmer mit dem Himmelbett. Es hatte eine waldgrüne gesteppte Bettdecke und vier Dekokissen in derselben Farbe, die mit einem mattgoldenen, zur Farbe der Wände passenden Band umrandet waren.

Hier waren seine Eltern gestorben, erinnerte sie sich. Er hatte ihr Zimmer wieder in Ordnung gebracht, hatte sauber gemacht, was herzzerreißend gewesen sein musste, und dem Raum jegliche Anzeichen von Krankheit genommen.

Trotz ihrer quälenden Müdigkeit begriff sie, dass seine Sorge, das Zimmer wieder so herzurichten, wie seine Mutter es wohl gewollt hätte, etwas über den Sohn aussagte.

Diesen Mann, der ihr Essen und Obdach angeboten hatte. Es erinnerte sie an Lloyd, daran, was er der Gemeinschaft bei der ersten Vollversammlung gesagt hatte.

Dennoch sperrte sie die Tür hinter sich ab und fügte einen Zauber gegen jegliches Eintreten hinzu. Sie fand es auch nicht übertrieben, eine Stuhllehne unter die Klinke zu klemmen.

Sie wollte schlafen, einfach nur für eine Weile weg sein. Auf einem sauberen Laken, mit Kissen, unter einem waldgrünen Federbett. Beim Gedanken an seine Mutter fiel ihr ein, wie schmutzig sie von der Reise war, und ging in das angrenzende Badezimmer.

Sie wollte sich gegenüber der Frau, in deren Zuhause sie Unterschlupf fand, nicht respektlos zeigen, indem sie ihr Bett benutzte, ohne vorher zu duschen.

Auch im Bad war alles in Ordnung gebracht. Ein Stapel flauschiger Handtücher auf der sauberen, wenn auch etwas staubigen Anrichte. Sie stellte ihren Rucksack beiseite, öffnete die Glastür der Dusche.

Duschgel, Shampoo, Haarspülung, sogar ein Damenrasierer. Da ihre eigenen Sachen immer weniger geworden waren, beschloss Lana, alles zu benutzen, was immer sie nun brauchte, und sich später zu entschuldigen.

Falls sie ein wenig weinte, als das warme Wasser über sie rann, und sie zusah, wie der Schmutz – gegen den hektisches kurzes Waschen in Bächen und Flüssen nicht geholfen hatte – in den Abfluss lief, sagte sie sich, dass sie wohl auch ein Recht auf ein paar Tränen hatte.

Sie genoss das alles – wer konnte schon sagen, wie lange diese Wohltätigkeit anhalten würde? –, wickelte sich anschließend ein Handtuch um den Kopf und ein zweites um den Körper.

Weich, so herrlich weich.

Sie drehte sich um, betrachtete sich im Spiegel. Ihre Brüste, ihr Bauch, voll und reif. Es musste nun die dreiunddreißigste oder vierunddreißigste Woche sein. Sie glaubte mit ganzem Herzen daran, dass ihre Tochter gesund und stark bleiben würde. Sie fühlte dieses Licht, dieses Leben – das ganz auf sie angewiesen war, auf sie vertrauen musste.

Wenn das bedeutete, dass *sie* auf die Großzügigkeit eines Fremden vertrauen musste, dann würde sie das tun. Mit Vorsicht, aber sie würde es tun.

Sie sah sich die Körbe auf dem offenen Regal neben dem Spiegel an.

Bodylotion, Hautcreme, alles so wunderbar weiblich.

»Madeline Swift«, murmelte sie. »Ich bin sehr dankbar und hoffe, es macht Ihnen nichts aus.«

Sie rieb sich ein, spürte geradezu, wie ihre durstige Haut die Feuchtigkeit aufsog. Da nichts in ihrem Rucksack mehr sauber war, lieh sie sich den Morgenmantel aus, der an der Badezimmertür hing.

Bewegt vor Dankbarkeit, schlug sie die Decke zurück, legte sich ins Bett und fiel sofort in einen traumlosen Schlaf.

Irgendwann wachte sie jäh auf, ihr Herz pochte, und sie versuchte, sich zu erinnern, wo sie war.

Das Farmhaus, der Mann mit dem ausdrucksvollen Gesicht und der arglosen Großzügigkeit. Sie stand auf, so schnell ihr schwerer Bauch es zuließ, strich das Bett glatt, hängte den Morgenmantel auf. Zog sich an.

Der Stand der Sonne sagte ihr, dass es nach Mittag war. Sie hatte also mindestens zwei Stunden geschlafen. Wenn sie über Nacht bleiben wollte – oh Gott, sie wollte tatsächlich über Nacht bleiben –, dann musste sie sich das verdienen.

Neugierig ging sie leise im Obergeschoss umher und fand ein zweites Badezimmer, kleiner als das ihr zugewiesene, das er offenbar selbst benutzte.

Über der Tür der Dusche hing ein Handtuch, eine Zahnbürste stand in einem Glas auf einem kleinen Waschtisch.

Als Nächstes fand sie ein Gästezimmer – denn sie glaubte nicht, dass Simon Swift unter einer Decke schlief, die mit hübschen Veilchen bedruckt war – und einen weiteren Raum, der wohl eine Kombination aus Schlaf- und Wohnzimmer war, mit einer Nähmaschine unter dem Fenster.

Zuletzt warf sie einen Blick in sein Schlafzimmer – ungemachtes Bett, ein über eine Stuhllehne geworfenes Hemd und die Luft darin erinnerte schwach an Erde und Gras.

Sie bemerkte das Gewehr in einer Ecke, billigte, dass er beim Schlafen eine Waffe in seiner Nähe hatte.

Unten fand sie ihn nicht, deshalb schaute sie zu den Fenstern hinaus, bis sie ihn schließlich im Garten arbeiten sah. Mit schweißnassem Hemd hackte er zwischen Reihen von Pflanzen. Die Hunde schliefen unter dem Apfelbaum, neben den Grabplatten, und die Pferde beobachteten ihn mit den Köpfen über dem Zaun.

Ihr erster Gedanke war, hinauszugehen und ihre Hilfe anzubieten, doch dann bemerkte sie, dass das Geschirr, das sie am Morgen benutzt hatten, nun sauber und trocken neben der Spüle stand. Sie sah kein Anzeichen dafür, dass er inzwischen etwas zubereitet hätte, während sie geduscht, geschlafen und sich umgesehen hatte.

Sie würde sich also ihren Unterhalt verdienen, indem sie die Küche erkundete und ihm ein Mittagessen kochte.

Als er kurze Zeit später verschwitzt und hungrig zusammen mit den Hunden hereinkam, sah er sie am Herd stehen. Es roch verdammt gut, und etwas davon, bemerkte er, war sie – Weiblichkeit.

Ihre Haare waren irgendwie hochgebunden und glänzten wie Karamellbonbons. Sie drehte sich um, und ihr Gesicht faszinierte ihn. Stille, achtsame Schönheit.

Die Achtsamkeit galt ihm, erkannte er, denn die hereinpreschenden, wild schwanzwedelnden Hunde schienen sie nicht zu stören.

»Was riecht denn hier so gut?«, fragte er leichthin.

»Eine Chinapfanne – Gemüse und Reis. Ich dachte, ein Mittagessen könnten Sie jetzt besser brauchen als Hilfe im Garten.«

»Gut erkannt.« Er trat vor die Spüle, um sich den Schmutz von Händen und Armen zu waschen. »Wo hast du denn gekocht? Ich meine beruflich?«

»In New York.«

»Aha, in der Großstadt.«

»Ja.« Sie richtete einen Teller für ihn her und reichte ihm eine der Stoffservietten, die sie in einer Schublade gefunden hatte. »Ich habe im Kühlschrank einen Sauerteig gesehen.«

»Ja, mein Vater hat gern Brot gebacken. Kochen konnte er praktisch nichts, aber Brot hat er gern gemacht. Ich habe mich um den Sauerteig gekümmert, aber ...«

»Ich backe ein Brot, wenn Sie möchten.«

»Das wäre gut.« Er setzte sich. »Isst du nichts?«

Sie nickte, holte sich aber keinen Teller und nahm auch nicht Platz. »Ich möchte Ihnen danken –«

»Das hast du doch schon.«

»Richtig geduscht habe ich schon seit ... Entschuldigung, falls ich jetzt emotional werde. Das hat zum Teil auch mit den Hormonen zu tun. Aber meine Haare waschen zu können ... ich habe das Shampoo Ihrer Mutter benutzt und ihr Duschgel. Und sie hat – hatte – eine Hautcreme. Sie war offen, und ich habe etwas davon benutzt. Ich habe es einfach benutzt, ohne ...«

»Du würdest mir einen Gefallen tun, wenn du deswegen nicht gleich losheulen würdest.«

Er sah sie an, und seine haselnussbraunen Augen blickten fast etwas ärgerlich. »Das verdirbt mir den Spaß am Essen, das so verdammt gut schmeckt. Ihr würde das nichts ausmachen, und mir schon gleich gar nicht. Weißt du, so bin ich auch mit den Sachen meines Vaters umgegangen. Ihre konnte ich nicht durchsehen. Also, nimm dir davon, was du willst.«

»Sie hat auch noch ungeöffnete Packungen. Dafür könnten Sie etwas anderes eintauschen.«

»Nimm du sie!« Dieses Mal verriet sein Ton definitiv etwas Ärger. »Wenn ich ihre verdammte Hautcreme für etwas anderes eintauschen wollte, hätte ich das längst gemacht.«

Sie verstand seinen Groll, sein Gefühl des Verlusts, und sagte nichts mehr, bis sie sich einen Teller genommen hatte und ebenfalls zu essen begann.

»Gibt es denn im Haus irgendwelche Räume, die ich nicht betreten soll?«

»Bis auf den abgesperrten Raum im Keller mit all den verstümmelten Leichen meiner Opfer, nein.«

Sie schob sich eine Gabel in den Mund. Er hatte recht. Es schmeckte verdammt gut. »Okay, da gehe ich also nicht hinein. Haben Sie irgendwelche Lebensmittelallergien?«

»Nein, aber ich mag keinen Spinat.«

»Dann kommt auch keiner in den Hackbraten.«

Simon ließ Lana viel Raum. Er hatte kein Problem damit, ihr diesen Raum und auch Zeit zu geben, vor allem, da diese Frau göttlich gut kochen konnte.

Dazu kam, dass sie trotz des Gewichts, das sie ohne Frage zu tragen hatte, den Haushalt für ihn machte. Vielleicht hatte er den Staub und die Hundehaare bisher nicht gesehen – aber er merkte es, als beides verschwunden war. Vielleicht hatte er tatsächlich kein Problem damit, sich Klamotten oder Handtücher aus einem Wäschekorb zu schnappen, doch es tat ihm auch nicht weh, die Sachen schön zusammengelegt dort zu finden, wo sie hingehörten.

Die Hunde mochten sie. Einmal spätabends war er am Lesezimmer vorbeigekommen und hatte sie gesehen, wie sie im

Dunkeln dasaß und um ihren Mann trauerte – mit Harpers Kopf auf ihrem Knie und Lee auf ihren Füßen liegend.

Er dachte daran, sobald sie sich einigermaßen gesammelt hatte, sie in die Siedlung mitzunehmen, um sie einer der Frauen vorzustellen, die er dort kannte. Sicher wusste jede von ihnen mehr über Schwangerschaft und das ganze Drumherum bis hin zur Geburt als er.

Was ihr Beharren darauf anging, dass ihr Baby besonders und ein Ziel dunkler Mächte sei, würde er sich einfach zurückhalten. Natürlich war er allein auf sich gestellt, um auf sich und die Farm aufzupassen, aber es ging nicht an, sie einfach hinauszuwerfen.

Dazu war er einfach zu gut erzogen worden. Er *war* zu gut, um so etwas zu tun.

Vom Reden hielt sie offenbar nicht allzu viel, aber auch das war gut, denn er hatte sich an die Stille gewöhnt.

Er betrachtete sie als eine vorübergehend bei ihm im Haus wohnende Arbeitskraft, die ihm drei gute Mahlzeiten am Tag servierte und sich um den Haushalt kümmerte, sodass er das nicht tun musste.

Eine, die nicht darauf aus war, unterhalten zu werden, und dazu noch gut aussah, vor allem, als sie nach ein paar Tagen diesen Ausdruck blank liegender Nerven verlor, den man in ihren Augen gesehen hatte.

Genau genommen musste er sich eingestehen, dass er es vermissen würde, nach der frühmorgens anstehenden Arbeit ins Haus zu kommen mit dem Wissen, dass ein warmes Frühstück auf dem Tisch stand – und dass da jemand war, der auch mit Nutzpflanzen umgehen konnte.

Um das Maisfeld machte sie einen großen Bogen – warum, das fragte er jedoch nicht.

Bis zum vierten Tag hatten sie bereits eine so angenehme Routine entwickelt, dass er sich Sorgen zu machen begann. Aus Routine konnte nur allzu leicht Abhängigkeit werden.

Wäre es nicht besser, sie dazu zu bringen, in die Siedlung zu ziehen, sie dort einzuquartieren, bis sie ihr Kind hatte?

Bei einem Abendessen – Brathähnchen mit Kartoffelsalat, ein Wunsch seinerseits – versuchte er, sie sanft in diese Richtung zu bringen.

»Morgen fahre ich eine Ladung Obst und Gemüse in die Siedlung.«

»Wenn Sie tauschen, dann könnten Sie Mehl mitbringen.«

»Du weißt inzwischen besser, was in der Speisekammer knapp wird. Du solltest mitfahren. Es würde dir ein Gefühl für die Umgebung geben.«

Ihr Blick wanderte aufwärts – tiefes, trauriges Blau – und traf den seinen. »Ich könnte eine Liste machen.«

»Könntest du. Wahrscheinlich gibt es auch einiges, was du brauchst. Persönliche Dinge.«

»Ich brauche nichts. Wenn Sie möchten, dass ich gehe –«

»Das habe ich nicht gesagt.« Gedacht vielleicht, aber das war etwas anderes. »Hör mal, es gibt da Frauen, die durchgemacht haben, was dir bevorsteht. Du weißt schon, die Babys gekriegt haben. Vielleicht ist inzwischen auch jemand gekommen, der in Sachen Medizin was draufhat.«

Ihre Finger bewegten sich ruhelos über den Ring, den sie am Hals trug. »Ich habe noch Zeit. Ich kann noch mehr machen, bis –«

»Gott, Lana.« Er benutzte ihren Namen kaum und tat es jetzt nur aus Frustration. »Gib mir eine kleine Chance. Ich sage doch nur, es ist besser für dich, bei Leuten zu sein, die wissen, was sie zu tun haben, wenn sich das Kind entschließt, zu kommen. Wenn dich das nicht nervös macht, dann hast du gottverdammte Nerven wie Drahtseile.«

»Ich stehe Todesängste aus. Ich habe schreckliche Angst. Obwohl ich weiß, ganz sicher weiß, dass es ihr bestimmt ist, geboren zu werden, zu leben und zu leuchten und erstaunliche Dinge zu tun, habe ich entsetzliche Angst.«

Er musterte sie, lehnte sich zurück. »Das sieht man dir aber nicht an.«

Sie blickte ihn unverwandt an und legte eine Hand auf ihren Babybauch. »Bevor ich von dem Hügel herunterschaute und die Farm sah, konnte ich mir nicht erlauben, Angst zu haben, wenn ich müde war. Wenn sich Ängste einschlichen, musste ich sie verdrängen oder ich hätte aufgehört, zu leben. Einfach aufgehört und aufgegeben. Ich sagte mir, ich würde einen Platz finden, einen sicheren Ort, um sie auf die Welt zu bringen. Dann schaute ich hinunter und sah die Farm. Das Haus, die Felder, die Tiere – wie ein Bild aus der Zeit, bevor die Welt zusammenbrach.«

Nun malte ihre Hand langsam Kreise über dem Baby.

»Trotzdem hielt ich mich bewusst zurück, etwas zu erhoffen. Ich sah Tomaten am Strauch, hörte summende Bienen, gackernde Hühner. Ich dachte an essen, weil ich etwas essen musste. An Obdach oder Rast zu denken erlaubte ich mir nicht. Bis Sie mit mir sprachen. Sie sagten, ich soll ins Haus kommen und etwas essen, und da begann ich zu hoffen.

Es ist nicht fair, meine Hoffnung auf Sie zu richten, aber ich tue es. Weil sie es von mir verlangt.«

Nein, sie sieht nicht so aus, als hätte sie Angst, dachte er. Weder ihre Stimme noch ihre Miene ließen etwas von einer Bitte erkennen. Einer Bitte, der er nie widerstanden hätte. Sie offenbarte nichts als eine stille, beständige Stärke.

Und eben das wirkte noch unwiderstehlicher auf ihn.

»Wie wär's, wenn wir einen Kompromiss schließen? Ich bringe eine dieser Frauen mit hierher – sie heißt Anne. So eine Art Oma-Typ. Wahrscheinlich würde sie mir dafür, dass ich das sage, in den Hintern treten. Du könntest sie kennenlernen und sehen, wie es dir mit ihr geht. Ich weiß, sie hat Kinder. Wenn es so weit ist, könnte ich sie holen, damit sie dir hilft.«

»Sie kommt zuerst in DEINE Hände.«

»Wie bitte?«

Ihre Augen hatten sich verändert, schienen, dunkel wie die Nacht, direkt in ihn hineinzusehen.

»In die deinen, in der windumtosten Nacht. Und Blitze kündigen die Geburt der Einen an. Wirst du sie lehren zu reiten und denken, sie sei wissend geboren worden? Ich lehre sie die alten Sitten, alles, was ich kann, aber sie hat so vieles mehr. Geschützt, Zeit außerhalb der Zeit, während die Finsternis wütet. Bis sie im Zauberbuch, in der Quelle des Lichts, ihr Schwert und ihren Schild ergreift. Und mit dem Aufstieg der Magie nimmt sie ihren Platz ein. Sie wird alles auf sich nehmen, um ihre Bestimmung zu erfüllen, dieses kostbare Kind der Tuatha de Danann. Dafür wächst sie in mir, dafür kommt sie in deine Hände.«

Sie war sehr blass geworden und griff nun mit unsteter Hand nach ihrem Wasserglas.

»Was war das?«

»Das ist sie.« Lana nippte langsam, bis ihre Benommenheit verging. »Ich kann es nicht erklären. Manchmal sehe ich sie so klar, wie ich dich sehe. Sie ist so schön.« Sie nippte erneut, und ihre Augen füllten sich mit Tränen, die jedoch nicht fließen wollten.

»So stark und stürmisch und entzückend. Manchmal höre ich sie, eine Stimme in meinem Kopf. Ich glaube, ohne diese Stimme, die mir befahl weiterzugehen, hätte ich vielleicht schon ein Dutzend Mal aufgegeben. Und manchmal, so wie jetzt, spricht sie durch mich. Oder lässt mich wissen, wie ich für sie sprechen soll.«

In diesem Augenblick glaubte Simon ihr. Absolut. »Was ist sie?«

»Die Antwort. Wenn ich Angst habe, dann um ihretwegen, davor, was von ihr gefordert werden wird. Ich weiß, was ich von dir verlange«, setzte sie hinzu, und ihr wurde auf einmal bewusst, dass sie ihn geduzt hatte und damit die Distanz aufgab, die ihr so wichtig gewesen war. Für Simon schien es keinen Unterschied zu machen. Er blickte zu den Hunden, die sich von ihrem Abendschläfchen aufrappelten.

»Ja, ich höre es.« Den Blick auf Lana gerichtet, stand Simon auf. »Es kommt jemand. Du solltest in den Rübenkeller runtergehen, bis ich weiß, wer es ist. Nimm die Flinte mit«, sagte er und steckte die Pistole ein, die er vor dem Essen auf den Kühlschrank gelegt hatte.

Auf dem Weg zur Vorderseite des Hauses griff er sich das Gewehr, das neben der Tür lehnte. Trat auf die Terrasse hinaus und beobachtete den unbekannten Truck, der auf der Zufahrt angefahren kam.

Er befahl den Hunden stillzusitzen und wartete, bis zwei Männer, beide bewaffnet, aus dem Fahrzeug stiegen.

»Abend«, sagte er scheinbar leichthin, beobachtete ihren Gang, ihre Hände, ihre Mienen.

Er witterte Ärger, bereitete sich darauf vor.

Das Gesicht des einen war böse von einer Narbe entstellt, von unterhalb des rechten Auges bis zur Kieferpartie unter dem linken Ohr, wie von einer Klaue aufgerissen.

Sie verzerrte seinen Mund zu einem hässlichen Grinsen.

»Hübsch hast du's hier.« Der mit dem zotteligen grau melierten Bart sprach als Erster.

»Ja. Gefällt mir.«

»'ne Menge Vieh und Pflanzen für einen allein.«

»Hält mich auf Trab. Kann ich etwas für euch tun?«

»Wir suchen eine Frau.«

Simon grinste. »Wer nicht?«

Der Bärtige lachte, holte ein Papier aus der Tasche und faltete es auf. »Die hier vor allem.«

Simon betrachtete das Bild, eine hervorragende Skizze von Lana. »Die ist ja echt ein Hingucker. Hätte nichts dagegen, sie selber zu finden.«

»Sie ist schwanger, im siebten oder achten Monat. Wir haben gehört, sie könnte sich hier in der Gegend aufhalten.«

»Ich glaube, an das Gesicht würde ich mich erinnern, und an eine schwangere Frau, die hier in der Gegend rumläuft. Wie habt ihr sie verloren?«

»Das geht dich nichts an«, knurrte der mit der Narbe.

»Ich meine ja nur. Habe hier nicht viel Besuch.«

Der Bärtige fasste sich an die Nase. »Muss ganz schön einsam sein, hier draußen so allein.«

»Wie gesagt, ich habe zu tun.«

»Trotzdem. Du bist hier ziemlich abgelegen … abgeschnitten quasi. So wie es aussieht, hast du hier genug zu futtern für 'ne ganze Armee. Und wir haben ganz zufällig eine. Wir nehmen uns deinen Anhänger da und zwei von den Kühen.«

»Ich habe nicht vor zu handeln, aber trotzdem danke für das Angebot.«

»Keiner hat was von handeln gesagt.« Der Narbige zog seine

Waffe. »Wir nehmen uns das. Und du hängst diesen Hänger jetzt schön an unseren Truck.«

»Also, das ist nicht sehr freundlich von euch.«

Simon war schnell. Der Narbige hielt seine Knarre wie ein Cowboy aus einem schlechten Western, pure Show, kein Verstand. Simons Unterarm schoss nach vorn, sein anderer Ellbogen traf den Bärtigen voll ins Gesicht, und mit einer dritten Bewegung hatte er die Pistole des Narbigen in der Hand.

»Ich würde euch beide sofort umlegen«, sagte er in freundlichem Ton, ohne jede Kälte. »Aber ich habe keine Lust, Gräber zu schaufeln. Und du, du solltest erst mal nachdenken, bevor du zu deiner Knarre greifst«, warnte er den Bärtigen. »Jetzt nimm sie langsam raus – mit zwei Fingern – und leg sie auf die Terrasse. Oder ich verpasse deinem Freund eine Kugel in den Bauch und lasse ihn von dir wegschaffen, damit er in deinem Truck verblutet.«

»Habe nicht gesagt, dass er ein Freund ist.«

Simon wäre mit der Situation fertiggeworden, wollte das auch. Doch plötzlich hörte er Lanas Stimme.

»Mir macht Gräber schaufeln nichts aus.«

Lanas Stimme, dachte Simon und versuchte, sich nichts anmerken zu lassen, denn die Frau, die mit der Flinte auf die ungeladenen Gäste zielte, sah so gar nicht wie Lana aus.

Sie war kräftig gebaut – nicht schwanger –, klein, hatte dunkle Haare anstatt der karamellfarbenen blonden. Und ein Grinsen, das gut zu dem harten, hageren Gesicht passte.

»Ist ja nicht so, als würden wir's das erste Mal tun.«

»Na ja, nun schieß mal nicht, solange es nicht sein muss, Liebes«, meinte Simon in gespielt amüsiertem Ton und riss dem zweiten Mann die Waffe aus dem Halfter. »Wir haben die verdammte Terrasse doch erst letztes Frühjahr neu gestrichen. Sie ist böser als ich«, merkte Simon an. »Und die Männer oben und draußen in der Scheune? Die ihre Gewehre auf euch richten? Die sind noch böser als sie – und das will was heißen. Eine Armee, habt ihr gesagt. Ja, wir essen hier ziemlich gut. Und ehrlich, wir hätten euch gern ein bisschen etwas mit auf den Weg gegeben, aber schlechte Manieren kann man nicht auch noch belohnen. Stimmt's, Liebes?«

»Du weißt ja, wie ich das sehe, und der da blutet schon auf die verdammte Terrasse. Vielleicht schieße ich dem anderen einfach nur ins Bein.«

»Ich hab's euch gesagt – sie ist böse. Also, wenn ich an eurer Stelle wäre, ich würde mich in den Truck setzen und so schnell wieder abhauen, wie ihr gekommen seid. Sonst wird sie nämlich richtig wütend und schießt auf euch. Und dann kommen die anderen alle und spielen mit euch Bonnie und Clyde.«

»Ich hätte gern meine Waffe zurück.«

»Den Verlust schreibst du am besten als eine Folge schlechter Manieren ab. Und jetzt verschwindet von meinem Land, oder sie schießt doch noch ein Loch in euch. Und dann lasse ich die Hunde auf euch los.«

Bei dem Wort *los* knurrten beide Hunde und fletschten die Zähne.

Die Männer zogen sich zurück und stiegen in ihren Truck. Simon bemerkte eine Bewegung des Narbigen und wartete ab, bis er am Seitenfenster eine weitere Waffe hochriss.

Er schoss ihm mitten in die Stirn und richtete das Gewehr dann auf den Fahrer. Der Truck setzte hektisch zurück, schleuderte Staub und Kies in die Luft, wendete und jagte den Weg hinauf. Oben angekommen, blieb er stehen. Simon hob die Waffe erneut an, hielt jedoch inne, als die Beifahrertür geöffnet wurde und der Fahrer seinen toten Kumpel hinauswarf.

»Verdammt, sieht aus, als müsste ich doch noch schaufeln.«

Er wartete, bis der Truck hinter der Anhöhe verschwand.

»Du hast mir gar nicht gesagt, dass du eine Gestaltwandlerin bist.«

»Bin ich auch nicht.« Lana senkte die Flinte, taumelte die wenigen Schritte zur Terrasse und sank dann schwer auf die Stufe. »Das war nur eine Sinnestäuschung, eine Illusion«, erklärte sie, als diese gerade verblasste. »Etwas wie ... ein Kostüm. Ich habe es noch nie ausprobiert. Es war hart.«

»Du hast ihn getötet.«

»Seine Entscheidung, nicht meine.«

Sie nickte. »Sie waren bei dem Angriff auf New Hope dabei. Sein Gesicht – das des Toten –, ich habe ihm diese Narbe beigebracht. Ich weiß nicht wie. Vor einer Weile hätten sie mich schon einmal beinahe gefunden.«

»Ich hatte doch gesagt, du sollst in den Rübenkeller gehen.«

»Und was tun?« Sie riss den Kopf hoch, und die Wildheit zeigte sich erneut. »Zittern und warten, erwarten, dass jemand mich und mein Kind beschützt? Damit habe ich schon vor Langem Schluss gemacht. Fühlt sich an, als wäre es in einem anderen Leben gewesen. Ich dachte, wenn ich mich ihnen zeige – also die Illusion –, dann hätten sie mehr Grund, dir zu glauben, dass du mich nicht gesehen hast. Und würden Ruhe geben. Vor allem als ich hörte, dass sie etwas mitnehmen wollten, da wusste ich, dass sie nicht einfach wieder wegfahren würden.«

Sie saß schweigend da. Er ließ die Hunde laufen, setzte sich zu ihr, und die Hunde stupsten sie beide an, um auf sich aufmerksam zu machen.

»Ich werde morgen früh aufbrechen. Ich möchte nur sicher sein, dass er bis dahin ein gutes Stück weit weg ist.«

Seit sie in seine Welt gekommen war, hatte er darauf geachtet, sie nicht zu berühren, doch nun nahm er ihr Kinn und drehte ihr Gesicht zu seinem. »Du gehst nirgendwo hin. Ich habe dir einen Platz zum Bleiben angeboten, weil du einen brauchtest. Gott weiß, du hast ihn dir verdient. Ich dachte, du würdest dir einbilden, dass jemand hinter dir und dem Kind her ist. Ich gebe zu, ich hielt das erst einmal nur für Paranoia. Da habe ich mich geirrt.«

»Er könnte zurückkommen, andere mitbringen.«

Simon streichelte die Hunde, schüttelte den Kopf. »Die Sorte ist nur auf leichte Beute aus. Das sind wir nicht, und das weiß er jetzt. Du kannst deine Hoffnung auf mich setzen. Ich komme damit klar.«

Er stand auf. »Ich wäre übrigens auch allein mit den beiden fertiggeworden«, fügte er hinzu.

»Ich weiß. Ich habe es gesehen. Was hast du in der Armee gemacht?«

Er lächelte. »Befehle befolgt.«

»Und gegeben. Du warst ein Captain, hast du gesagt.«

»Das ist lange her. Jetzt bin ich Bauer.« Er setzte sich wieder auf die Stufe und blickte über die Felder hinaus. »Aber ich weiß mein Land und mein Zuhause zu verteidigen. Und das, was drin ist.«

Ein Krieger, dachte sie. Unter seiner lockeren und mühelosen Art verbarg sich disziplinierte Kühnheit. Sie kannte diese Beherrschung von Max, hatte gesehen, wie sie sich bei ihm entwickelte, je mehr er zur Führungspersönlichkeit gereift war und man sich auf ihn verlassen hatte.

Nun saß sie hier mit einem weiteren Krieger, einem weiteren Anführer.

»Gemeinsam ist man stärker. Ich kann mich auch verteidigen.«

»Den Eindruck habe ich auch. Und zwar schon, seit ich dich im Hühnerhaus fand.«

»Ich war aber nicht immer so. In New York – ist das wirklich erst ein paar Monate her? – bin ich gerne shoppen gegangen und habe meine Dinnerpartys geplant. Mein Traum war, eines Tages mein eigenes Restaurant zu eröffnen. Ich hatte nie eine Waffe in der Hand gehabt, geschweige denn mit einer geschossen. Und meine Kraft … die war nicht mehr als ein Flüstern.«

»Dann hast du jetzt anscheinend deine Stimme gefunden.«

»Es war eher ein Gefundenwerden. Wenn du nicht zurückgekommen wärst, um deinen Eltern zu helfen, wärst du dann in der Armee geblieben?«

»Nein, es war an der Zeit, damit aufzuhören.«

»Was wolltest du machen?«

Er bemerkte, dass sie das längste und sicher auch unbeschwerteste Gespräch führten, seit sie sich kannten. Mit einem Toten nur ein paar Meter entfernt. Oh Gott, er fragte sich, weshalb ihm das nicht höchst seltsam vorkam.

»Ich dachte daran, vielleicht ein Geschäft aufzumachen, in dem Ort oben an der Straße, der jetzt kein Ort mehr ist.«

»Was für ein Geschäft?«

»Eine Möbelschreinerei. Das war eine Art Hobby meines Vaters, und er hat es mir ebenfalls beigebracht. Eine Beschäftigung mit den Händen, nach meinem eigenen Zeitplan, so wie es mir gefällt, nicht weit von zu Hause weg, weil ich so viel Zeit auswärts verbracht hatte.«

Es wurde langsam Abend, und es fiel ihm nur zu leicht, einfach hier zu sitzen, mit ihr über alte Träume zu reden und die Nacht hereinbrechen zu lassen.

»Wie auch immer, ich muss jetzt noch ein Grab ausheben.«

Er ging los, um eine Schaufel zu holen.

Lana blieb, wo sie war, und verschränkte die Hände über ihrem Bauch. Trotz des Todes, der Gewalt, der Bedrohung, fühlte sie sich sicher.

Kapitel 25

Am Ende setzte Lana sich durch. Sie konnte nicht in die Siedlung fahren und auch niemanden von dort herkommen lassen. Beides hätte Leben in Gefahr bringen können für den Fall, dass die Purity Warriors zurückkamen.

Ihr Kind hatte zu ihr und durch sie gesprochen. Für den Moment glaubte sie, alles sei so, wie es bestimmt war.

Sie kochte, gärtnerte, sammelte Eier ein und fand Trost in der Einfachheit und Ruhe.

Als sich der Sommer dem Herbst zuneigte, erntete sie Gemüse und konservierte es für den Winter. Sie kochte Marmelade und Gelee ein, während Simon mähte und Heu machte, Weizen und Mais einbrachte.

Eines Tages brachte er Samen mit, die er eingetauscht hatte – je drei Zwergorangen und Zwergzitronen. Sie waren für Lana so kostbar wie Diamanten.

»Könnte funktionieren«, sagte sie, als sie die Samen für das Gewächshaus in Töpfe einsetzte.

»Nächsten Sommer gibt es dann Limonade auf der Terrasse«, meinte Simon.

»Und Ente à l'orange nächsten Herbst.«

»Vielleicht finden wir Limetten. Zum Tequila.«

Sie lachte, während sie einen Samen mit Erde bedeckte.

»Tequila musst du mögen«, meinte er. »Das ist das erste Mal, dass ich dich wirklich lachen höre.«

»Ich pflanze Orangensamen in Erde, die mit Hühnerkacke gedüngt ist, und stelle mir dabei vor, wie ich mir Tequila hinter die Binde kippe. Das ist schon ziemlich lustig.«

»Mein Dad sagte immer, ein bisschen Hühnerscheiße bringt so gut wie alles zum Wachsen.«

»Na, das werden wir ja sehen.«

Neugierig geworden, ließ sie sich von ihrer Intuition leiten und hielt die Hände über den Topf. Sie ließ es fließen, in ihr, von ihr, aus ihr heraus.

Sie spürte das Aufstreben, den Puls und die Kraft.

Ein zarter grüner Schössling brach durch die Erde und streckte sich nach dem Licht.

Wieder lachte sie, zunächst klang es erstaunt, doch dann nur noch freudig. Strahlend blickte sie zu Simon, der sie verblüfft anstarrte.

»Das ist ja eine Wahnsinnssache«, stieß er hervor.

»Wenn es dir lieber ist, dass ich nicht –«

»Hältst du mich für einen Trottel?«, fragte er. Seine Augen loderten grün-golden. »Die Welt ist, was sie verdammt nun einmal ist. Und wie es aussieht, bin ich ein Farmer mit einer Hexe, die das Wachstum von Pflanzen ankurbeln kann. Hast du ein Problem damit, was du bist?«

»Nein, aber –«

»Und warum sollte ich dann eins haben? So wie ich es sehe, war das größte Problem von Anfang an, dass die Leute mit dem Finger auf die zeigen, die nicht so sind wie sie. Dieses Mal sollten wir versuchen, es besser zu machen. Könnte unsere letzte Chance sein, es richtig hinzukriegen.«

Er deutete auf einen weiteren Topf. »Probier's mit dem da.«

Sie ließ es kommen, nun voller Freude. Dann trat sie von dem zarten Spross zurück.

»Ich weiß nicht, ob ich es bin oder sie oder wir gemeinsam. Aber ich weiß, sie hat mich verändert. Wenn ich morgen aufwachen würde, und all die Monate wären ein Traum gewesen, wäre ich trotzdem noch verändert. Oh!« Wieder lachte sie, wobei sie eine Hand an die Seite ihres Bauchs legte.

Solche Gesten machten ihn nervös. »Alles okay?«

»Ja. Sie tritt nur ein bisschen.« Lana ergriff seine Hand, drückte sie auf ihren Leib und überraschte sie beide damit.

Er spürte einen Schlag, der direkt in ihn fuhr. Leben, das gegen seine Hände trat – und aus Gründen, die er nicht begriff, auch in sein Herz.

Etwas wächst da drinnen, dachte er. Ein unschuldiges, hilfloses Wesen. Doch der Stärke dieses Tritts nach ist es gar nicht so hilflos.

»Die … ist ja ganz schön frech.«

Nun trat er zurück, denn Lanas Gesicht war fast so strahlend wie eben, als sie aus der Erde Leben hervorgeholt hatte. Ihr Anblick, kühn und glühend, rührte etwas in ihm an, so wie das Kind sich in ihr rührte.

Dabei hatte er so aufgepasst, um genau das zu vermeiden.

»Ich muss mich wieder an meine Arbeit machen. Kommst du mit dem hier klar?«

»Ja.«

Als er ging, stand sie still da mit dem Geruch von Erde und allem, was wuchs.

Simon beschäftigte sich und behandelte Lana, wie er eine Schwester behandelt hätte, sofern er eine gehabt hätte. Zweimal zogen im September Gruppen vorbei. Sie blieb im Haus, außer Sicht, misstrauisch.

Er schenkte ihnen Vorräte und wies ihnen den Weg zur Siedlung. Einige wollten dort bleiben, von anderen wusste er, dass sie weiterziehen würden. Auf der Suche nach etwas anderem, nach mehr. Einfach nur auf der Suche.

Nachdem Simon die zweite Gruppe verabschiedet hatte, kam er in die Küche, wo sie in einem Eintopf rührte, die Flinte neben sich angelehnt.

Er brachte die Waffe an die Hintertür.

»Acht Leute. Einer hatte Flügel. Ich kann mich immer noch nicht an diesen Anblick gewöhnen. Sie sind vor einigen Tagen an Washington, D. C. vorbeigekommen.«

Der Tisch war schon gedeckt, und wieder einmal bewunderte er insgeheim die geschmackvolle Dekoration, mit der sie das Essen servierte.

»Sie hörten Schüsse, sahen Rauch. Einer von ihnen ist aus der Stadt geflohen und schloss sich den anderen an. Er sagte, Gerüchten zufolge – Gott, wie heißt sie noch?« Er unterbrach sich, rieb sich die Schläfe. »MacBride ist noch am Leben, und was von der Regierung übrig ist, versucht, die Stadt zu halten. Jedes Mal, wenn sie die Kommunikationstechnik zum Laufen kriegen, setzt jemand sie wieder außer Gefecht.«

»Es klingt wie aus einer anderen Welt. Wie eine Geschichte über eine andere Welt.«

»Ja, stimmt. Leider ist es aber nicht so. Es gibt auch Gerüchte über Leute in Lagern und Laboren.«

»Magier?«

»Ja, aber nicht nur. Man schätzt …« Er hatte ernsthaft überlegt, ihr nichts davon zu sagen.

Aber er konnte es nicht.

»Ich erzähle dir das, weil es nicht richtig wäre, wenn du nichts davon weißt, aber es ist nicht bewiesen, okay?«

Sie wandte sich ihm zu. »Okay?«

»Es heißt, die Seuche ist vorüber, hat ihren Verlauf genommen. Das ist die gute Nachricht. Die schlechte ist, sie hat Schätzungen zufolge etwa achtzig Prozent der Bevölkerung den Tod gebracht. Der Weltbevölkerung. Das sind mehr als fünf Milliarden Menschen. Könnten auch noch mehr sein.

Ich brauche einen Drink.«

Er ging in die Speisekammer, holte eine Flasche Whiskey und schenkte sich zwei Fingerbreit ein.

»Das habe ich schon einmal vor ein paar Tagen gehört.« Er leerte das Glas halb. »Im Ort lebt ein Amateurfunker, der sogar Kontakt nach Europa hat, und da ist es auch nicht besser. Wenn man dann noch die dazuzählt, die sich selbst ausgeschaltet haben, und die, die einfach so umgebracht wurden, kann man den Prozentsatz noch heraufsetzen. New York ... Willst du das hören?«

»Ja. Sprich weiter, ich muss es hören.«

»New York wird von den dunklen Übernatürlichen beherrscht. Man spricht von Menschenopfern, von Menschen, die so sind wie du und die auf dem Scheiterhaufen sterben – Menschen, die anders sind. Einige Gebiete, vor allem westlich des Mississippi, sind vom Militär besetzt, aber so wie ich es verstehe, ist die Befehlskette ziemlich angeschlagen. Es gibt Zweigstellen, die für die Ergreifung aller Übernatürlichen eine Belohnung aussetzen: egal, ob sie aus dem dunklen oder lichtvollen Bereich kommen.«

»Die Purity Warriors.«

»Das sind die Anführer. Die Raider bleiben mobil, sind für Überfälle verantwortlich. Und betreiben Kopfgeldjagd.«

Sie schöpfte ruhig Eintopf in eine der schicken Schüsseln seiner Mutter. »Es ist also für alle schlimm, und Menschen wie ich werden von allen Seiten gejagt. Schwer zu glauben, was du neulich gesagt hast – dieses Mal hätten wir die Chance, es besser hinzukriegen.«

Sie brachte die Schüssel zum Tisch.

»Ich muss es glauben.«

Nun gab sie Eintopf aus der Schüssel in die Teller.

Sie setzte sich und wartete darauf, dass auch er Platz nahm.

»In New Hope habe ich gesehen, was Menschen zusammen machen, miteinander erreichen können. Aber es gab auch andere, die das zu zerstören versuchten. Du warst selber Soldat.«

»Ja.«

»Das war Max letztendlich auch. Er entschied sich dafür, zu kämpfen, zu führen, weil es getan werden musste. Du hast dasselbe getan, hast getötet, um jemanden zu schützen, den du kaum kennst. Du gabst den Leuten, die hier waren, Dinge zu essen, die aus deiner Arbeit erwuchsen, und auch das war eine Entscheidung. Die, die zu zerstören versuchen, werden nicht gewinnen, denn es wird immer Menschen geben wie Max und dich oder die Menschen, die ich verlassen habe.«

Im Moment sah sie die Dinge optimistischer als er. Und dagegen hatte er nichts einzuwenden.

»Ich habe eines seiner Bücher gelesen. Nicht das, das du hast«, sagte er, als sie ihn anstarrte. »Eines der anderen. Es war gut. Er war ein guter Schriftsteller.«

»Ja, das war er.« Sie lächelte trotz des Schmerzes in ihrem Herzen. »Er war gut.«

* * *

Gewöhnlich arbeitete Simon nach dem Abendessen und den häuslichen Pflichten am Abend noch in der Scheune. Und gewöhnlich entspannte er sich vor dem Zubettgehen ein oder zwei Stunden mit einem Buch im Lesezimmer seiner Mutter.

Er vermisste das Fernsehen und schämte sich nicht, das zuzugeben, doch Bücher waren kein schlechter Ersatz. Er vermisste auch das Bier und hoffte sehr darauf, dass die Gruppe, die versuchte, eine kleine Brauerei einzurichten, erfolgreich sein würde. Die meisten Abende gab er sich mit Tee zufrieden und war – fast – auf den Geschmack gekommen.

Doch für Bier war Tee nun einmal kein Ersatz.

Die Hunde machten es sich in der Regel bei ihm bequem, und auf diese Weise endete der Tag meist ganz geruhsam. Bevor er sich schlafen legte, ließ er sie zu einer letzten Runde noch einmal aus dem Haus.

Das Buch lenkte ihn ab von der Arbeit, der Welt und der Frau, die oben schlief. Die Arbeit würde immer da sein; was die Welt betraf, konnte er schlicht nichts tun. Und seine Gedanken bezüglich Lana begrenzte er, soweit es eben ging.

Die letzten Abende hatte er viel gelernt. Dafür waren Bücher ebenso gut wie zur Unterhaltung.

In den Monaten seit dem Tod seiner Eltern hatte er viel herumgestöbert. In der gegenwärtigen Lage eine Farm zu führen, war etwas völlig anderes als auf einer aufzuwachsen, so wie es damals gewesen war.

Den Bücherbestand hatte er beträchtlich erweitert.

Aus Büchern lernte er vieles über Bienenhaltung, das Schlachten – obwohl er froh gewesen war, diese Aufgabe an den Metzger in der Siedlung delegieren zu können –, wie man Butter und Käse machte und wie man ganzheitlich medizinisch behandelte.

Und er lernte sogar kochen – bis Lana zu ihm gekommen war.

Er stellte sich neuen Herausforderungen mit einer Mischung aus Faszination und Entsetzen – und manchmal auch einem guten Schuss Furcht.

Als er sie kommen hörte, war er so überrascht, dass er das Buch zuschlug und aufstand. Sie verließ sonst nie ihr Zimmer, wenn sie sich einmal zurückgezogen hatte.

Doch nun kam sie herein, die Haare wallten über ihre Schultern, das große, ausgebeulte T-Shirt spannte sich über den Baby-Bauch und reichte kaum bis zur Mitte ihrer Schenkel.

Verdammt schöne Beine, dachte er, schob diese Gedanken aber sofort wieder weg.

»Tut mir leid. Ich konnte nicht schlafen.«

»Kein Problem. Brauchst du etwas?«

»Ich dachte, vielleicht ein Buch ...« Sie verstummte, als sie sah, welches er in der Hand hielt. »*Handbuch der Hausgeburt?*«

Ihre Beine hatten ihn durcheinandergebracht, und er hielt das Buch so, dass sie den Titel sehen konnte.

»In der Siedlung kann man viele Bücher ausleihen. Dieses hier habe ich heimlich mitgehen lassen, weil ich nicht wusste, wie ich erklären sollte, dass ich es ausleihen möchte. Ich dachte, ich sollte wissen, was zum Teufel ich tun muss, wenn es so weit ist.«

»Gute Idee, dann weiß es wenigstens einer von uns.« Sie presste eine Hand auf ihr schmerzendes Kreuz. »Ich habe ein paar Mal mit Rachel geredet – der Ärztin in New Hope. Wir wollten im September mit den Geburtsvorbereitungsstunden anfangen. Das war der Plan. Jedenfalls, ich dachte, vielleicht finde ich ein interessantes Buch, und ich würde uns auch noch einen Tee machen.«

»Ich mache ihn. Du siehst ein bisschen fertig aus.«

»Wenn ich mich nicht tatsächlich so fühlen würde, wäre ich jetzt beleidigt. Sollte ich das denn lesen?«

»Nicht, wenn du heute Nacht schlafen willst.« Er hängte ein Lächeln an, das sie zum Lachen brachte.

Und dazu, eine Hand an ihre Seite zu drücken. »Ohhh.«

»Muss schwer sein zu schlafen, wenn sie von innen tritt.«

»Ich weiß nicht. Rachel sagte, Vorwehen sind wie eine Vorschau kommender Attraktionen.« Sie sprach leicht abgehackt und drückte sich an die Lehne des Sofas.

»Hast du Schmerzen?«

»Es ist nur … Es ist nicht so schlimm. Aber es reicht, um mich wach zu halten.« Sie atmete hörbar aus und richtete sich auf.

»Vielleicht sind es …«

»Was meinst du? Wehen? Oh nein, es sind nur diese Braxton-Hicks-Kontraktionen. Wehen – das würde ich wissen. Ich meine, ich muss es wissen. Ich glaube, ein Kamillentee und ein Buch. Vielleicht auch nur den Tee.«

»Okay.« Er legte das Buch weg und ging mit ihr in die Küche. »Ich kann ihn dir nach oben bringen.«

»Danke, aber auf zu sein ist eigentlich ganz gut. Ich bin einfach nur ruhelos. Die Hunde anscheinend auch. Soll ich sie rauslassen?«

»Ja, tu das.« Er setzte den Kessel auf, sie öffnete die Tür.

Wind fegte herein.

»Das bläst ja ganz schön«, murmelte sie und blieb stehen, um die kühle Luft zu spüren. »Kann sein, dass ein Sturm aufzieht.«

Er wandte sich ab von dem Anblick ihrer fliegenden Haare, dem Hemd, das hoch an ihren Schenkeln flatterte, erschreckt davon, wie attraktiv sie ihm erschien.

Sie ist eine schwangere Frau, ermahnte er sich. Eine Frau, die ihm vertraute und auf ihn angewiesen war. Eine Frau, die um den Mann trauerte, den sie geliebt hatte.

»Dunkle Nächte voller Wunder, wenn Magier verharren, um sich dann zu erheben. Max hat das geschrieben, oder so ähnlich. So fühlt sich dieser Abend an.«

Sie stieß einen kurzen Laut des Erschreckens aus und legte einen Arm um ihren Bauch. Dann platzte ihre Fruchtblase.

Beide standen da, sie an der Tür, im wehenden Wind, er am Herd mit dem dampfenden Kessel, und starrten einander an, völlig verschreckt.

»Oh mein Gott. Meine Fruchtblase ist geplatzt. Hast du es gehört? Ja? Es hat *ping* gemacht. Oh, Jesus Christus! Ich glaube, das sind jetzt doch richtige Wehen.«

»Okay, okay. Warte.« Er drehte das Feuer des Gasherds zurück. Aber er würde das kochende Wasser brauchen, zum Sterilisieren … Denk jetzt noch nicht darüber nach.

»Ich glaube, warten ist keine Option.«

»Ich meine nicht, du sollst warten. Ich meine … Okay.« Die Militärausbildung fing an zu wirken. Er schaltete einfach auf Kampfmodus.

»Bringen wir dich nach oben.«

»Der Boden ist voller Fruchtwasser.«

»Das kann ich später aufwischen. Oben habe ich alles, was wir brauchen.«

»Was *wir* brauchen?«

Den ersten Punkt löste er, indem er sie auf die Arme nahm. Eine gewichtige Ladung, doch er hatte genug Kraft. »Ich habe das Buch gelesen, ja? Sauberer Duschvorhang, Handtücher, Decken und so weiter. Habe ich alles parat.«

»*Ich* brauche das.«

»Ich habe eine Stoppuhr. Wir müssen die Kontraktionen messen. Also, du hattest zwei – ungefähr wie viele Minuten nacheinander, fünf?«

»Ich weiß nicht wie viele. Ich dachte, das waren diese anderen. Warum gibt es da noch welche? Wer hat sich das ausgedacht?«

Einer von ihnen, wenigstens einer, musste ruhig bleiben. »Schätze mal ungefähr, wie weit sie auseinanderlagen.«

»Ein paar Stunden, denke ich. Ich bin eine Idiotin.«

»Ein Anfänger ist etwas anderes als ein Idiot.« Im Schlafzimmer seiner Eltern stellte er sie neben das Himmelbett. »Ich hole alles. Kannst du hier warten?«

»Ja. Ich bin schon okay.«

Da er nicht wusste, wie lange das so bleiben würde, beeilte er sich. Er holte die stapelbaren Boxen, kam mit ihnen zurück, breitete den Duschvorhang aus, richtete die Handtücher her.

»Ich besorge dir ein anderes Hemd. Das da ist nass.«

Sie blickte an sich hinab und zu ihm hinauf. Schloss für einen kurzen Moment die Augen. »Ich glaube, genieren bringt jetzt nichts mehr.«

Sie zog es aus, stand da im trüben Licht der Gaslampe und kam ihm vor wie eine Fruchtbarkeitsgöttin. Reif, wunderschön, überirdisch.

Sie war, er erinnerte sich, eine Frau in den Wehen.

Und er der designierte Doktor.

»Ich helfe dir ins Bett, und dann muss ich noch die anderen Sachen holen.«

Als sie auf dem Bett lag, breitete er eine Decke über sie und schaltete den kleinen Gas-Kaminofen ein, den seine Mutter so geliebt hatte.

»Bin gleich wieder da. Ah, durch die Wehen durchatmen, ja? Ein durch die Nase, aus durch den Mund. Warte, hier.« Er drückte ihr eine Stoppuhr in die Hand. »Miss die nächste. Wie lang sie dauert und dann den Zeitraum dazwischen.«

Er beeilte sich, sterilisierte eine Schere, drückte Eiswürfel in eine Tasse, bereitete eine Schüssel warmes Wasser und Tücher vor. Wusch sich gründlich die Hände, bürstete die Nägel, wünschte, er hätte irgendwo ein Paar sterile Gummihandschuhe mitgenommen.

Er organisierte alles, während sie durch eine Kontraktion atmete.

»Sie sind heftiger. Wirklich heftiger. Das war ungefähr eine Minute, nach vier Minuten dazwischen.«

»Verstanden. Also, das Buch sagt, kurz bevor es so weit ist, kann ich den Kopf des Kindes sehen, wie er gegen ... da unten drückt. Ich sollte, äh, nachsehen. Die nächste Kontraktion.«

Von Kissen gestützt, blickte sie ihm direkt in die Augen. »Wann ist dein Geburtstag?«

»Mein Geburtstag?«

»Ich muss ein paar persönliche Dinge von dir wissen.«

»Komisch, aber am zweiten Juni.«

»Dein zweiter Vorname.«

Er lächelte ein wenig. »James.«

»Wann du das erste Mal Sex hattest.«

»Na komm.«

»Im Ernst. Du bist gerade dabei, dir meine Vagina anzuschauen.« Als er leicht stutzte, zog sie die Brauen nach oben. »Wenn du mich schon so studierst, solltest du auch in der Lage sein, mit dem Namen dafür klarzukommen. Und verglichen damit habe ich nur eine einfache Frage gestellt.«

»Ich war sechzehn. Und bevor du fragst, sie hieß Jessica Hobbs, und wir haben es eines Nachts in meinem Pick-up aus dritter Hand am Straßenrand ausprobiert. Das zweite Mal war besser, für beide.«

»Gut.« Sie schaute zum Fenster. »Hast du die Hunde wieder hereingelassen? Da draußen stürmt es ganz schön.«

»Ja, sie sind im Haus. Schlafen in meinem Zimmer. Willst du –«

Sie keuchte, schob sich nach oben. »Jetzt gilt es.«

Er hob die Decke an, schob vorsichtig ihre Beine hoch, sodass ihre Füße auf dem Bett standen.

Nicht denken, nicht reagieren, befahl er sich. Er hatte Kühe kalben, Stuten fohlen gesehen. Er würde … Lieber Gott.

»Ich sehe sie nicht, also haben wir noch Zeit.«

Er befeuchtete ein Handtuch, wischte ihr verschwitztes Gesicht ab und fragte sich, weshalb die Weibchen irgendeiner Spezies damit einverstanden waren, diese vor dem Aussterben zu bewahren.

Drei aufreibende Stunden später wusste er verdammt gut, dass es eine bessere Methode geben musste. Die Technik, die Medizin hätten einen Weg finden sollen. Die Kontraktionen wurden immer heftiger; er wischte ihr mit der heilen Hand den Schweiß ab. Die andere hatte sie ihm ziemlich lädiert, weil sie sie jedes Mal, wenn die Schmerzen am stärksten waren, wie verrückt zusammenquetschte.

Er fütterte sie mit Eischips, wie im Buch beschrieben, und rannte zwischen zwei Wehen nach unten, um Nachschub zu holen. Alle paar Kontraktionen schaute er nach, ob es endlich so weit war, und fragte sich, ob er je wieder in der Lage sein würde, mit einer Frau Sex zu haben.

Er atmete mit ihr, während draußen der Wind heulte und ihre vor Schmerzen glasigen Augen in die seinen starrten – während er den künftigen Gebrauch seiner rechten Hand opferte. Oh Gott, was hatte diese Frau für einen Händedruck.

Gegen Stunde vier sank sie in die Kissen zurück; der Ring, den sie an einer Kette um den Hals trug, glänzte zwischen ihren Brüsten.

»Warum kommt sie denn nicht raus?!«

»Das Buch sagt, vor allem beim ersten Kind kann es dauern.« Ratlos strich er ihr die schweißnassen Haare aus der Stirn. »Ich weiß noch, meine Mom sagte, ich habe ungefähr zwölf Stunden gebraucht.«

Er hatte seine Mutter nicht dafür gewürdigt, nicht annähernd genug.

»Zwölf? *Zwölf?*«

Er begriff, dass das die falsche Taktik war, denn sie bäumte sich mit gefletschten Zähnen auf, packte ihn am Hemd und zog ihn zu sich. »Tu etwas!«, knurrte sie.

»Du musst ruhig bleiben. Wir stehen das durch.«

»Wir? Wir? Gib mir eine Zange, gib mir eine gottverdammte Zange, damit ich dir ein paar Zähne rausreißen kann, und zwar ohne Betäubung, und dann kannst du von *wir* reden. Sag du mir nicht, ich soll ruhig bleiben, du verdammter Irrer … Oh Gott. Oh Gott, jetzt geht es wieder los!«

»Atme, atme. Komm schon, Baby. Ich sehe mal nach. Atme weiter. Mann, Wahnsinn, ich sehe ihren Kopf! Ich sehe ihren Kopf. Sie hat Haare.« Aus irgendeinem Grund entzückte ihn das, und er grinste, als er aufschaute, während Lana heftig keuchte.

»Dann zieh sie raus! Zieh sie einfach raus!«

Mit einem lang gezogenen Stöhnen fiel sie wieder in sich zusammen. Schloss die Augen.

»Du hast wirklich ihren Kopf gesehen?«

515

»Ja. Dunkle Haare. Sie sind nass, aber sie sehen dunkel aus.«

Er gab etwas Eis in ein Tuch, um es zu kühlen, strich damit über ihr Gesicht. »Okay, hör mir zu. Du machst das großartig. Ich weiß, es tut weh. Ich weiß auch nicht, warum zum Teufel es so wehtun muss. Das ist eine scheiß Methode, aber wir kommen der Belohnung immer näher. Du schaffst das.«

»Ich schaffe das. Entschuldige den verdammten Irren.«

»Schon gut. Genau so komme ich mir ja vor.«

»Aber das bist du nicht, und falls ich dich wieder mal so nenne oder noch Schlimmeres von mir gebe, sage ich dir jetzt, du bist ein Held. Bist du«, beharrte sie, als er den Kopf schüttelte. »Ich erkenne Helden. Oh, Scheiße!«

Er war im Gefecht gewesen. Er hatte Männer geführt, verloren, getötet. Doch nichts hatte ihn auf die Härte vorbereitet, einer in den Wehen liegenden Frau zu helfen, die darum kämpfte, ein Kind in die Welt zu pressen.

Er kniete auf dem Bett, stemmte seine Hände gegen ihre Füße und drückte jedes Mal, wenn sie nach unten presste, mit seinem ganzen Gewicht dagegen.

Nun pulsierte diese Wildheit aus ihr heraus, machte ihre Augen noch eindringlicher, ließ ihr Gesicht erglühen – und ihre Schreie hatten etwas Kriegerisches. Als er sein Hemd durchgeschwitzt hatte, streifte er es ab, warf es beiseite.

Wie Lana trug auch er eine Kette, daran ein Medaillon mit einem Bild des Erzengels Michael.

»Atme es heraus, atme es heraus.« Sie lehnte sich zurück, um sich zu sammeln, und er wischte sich mit dem Arm über die Stirn. »Wir sind ganz nah dran.«

Lana krümmte sich, japste nach Luft. Presste, während das erste Donnergrollen sich mit dem heulenden Wind vereinte.

»Da ist ihr Kopf. Jesus, Lana, schau. Da ist ihr Kopf. Nein, hecheln, nicht pressen. Warte, hecheln, nicht pressen. Okay, ja.« Sorgsam hob er die Nabelschnur vom Hals des Babys. »Und jetzt holen wir sie ganz und gar raus. Fertig?«

Tränen und Schweiß mischten sich, so sehr setzten ihr die Geburtswehen zu. Dennoch bekam sie mit, wie Simon erst die eine, dann die andere Schulter herausbrachte.

Das Zimmer, der Nachthimmel erstrahlten. Auf dem Kaminsims über dem kleinen Gasfeuer flammten die Kerzen auf.

Mit einem wilden Schrei seiner Mutter glitt das Baby in Simons Hände. Und entließ mit dem ersten Atem einen Schrei des Triumphs.

»Ich habe sie!« Fassungslos, ehrfurchtsvoll, überwältigt starrte Simon auf das sich windende Baby. »Ich habe sie. Ohhh!«

»Sie ist schön. Oh, ist sie nicht wunderschön!«

Lana streckte die Hände aus, und Simon reichte ihr das Kind. »Und ob sie das ist. Ich mache sie gleich ein wenig sauber, okay? Und wir müssen sie warm halten.«

Lachend, weinend drückte Lana ihre Lippen an die Wange des Säuglings. »Hier ist mein Baby. Sie ist da. Sie ist wunderschön.« Wieder zuckte ein Blitz, als sie Simon ansah. »Aus mir heraus in deine Hände und in meine. Sie ist auch die deine.«

Er konnte nicht sprechen, nickte lediglich.

Sich mit praktischen Aufgaben zu befassen beruhigte ihn, und bis er mit dem Saubermachen und Aufräumen fertig war, schimmerte die Sonne rosarot durch die Fenster. Inzwischen saugte das Baby an der Brust seiner Mutter.

Es war ein Bild, das er für den Rest seines Lebens im Kopf behalten würde. »Wie wär's, wenn ich ein paar Eier aufschlage und dir den Tee mache, zu dem wir vorhin nicht mehr gekommen sind?«

»Das wäre wunderbar.« Sie strich mit einem Finger über die Haare des Babys. Max' dunkles Haar. »Mir fehlen die Worte, Simon. Ich habe einfach keine.«

»Wie willst du sie nennen?«

»Fallon. Sie heißt Fallon. Geboren im Jahr eins. Gezeugt und gerettet von einem Mann, entbunden in die Hände eines anderen. Ich weiß, sie wird sie beide ehren. Das weiß ich.«

Er brachte ihr etwas zu essen, stellte sicher, dass sie es bequem hatte, und ging dann das Vieh versorgen. Die Felder konnten warten.

Als er später nach ihnen schaute, fand er sie schlafend und nützte die Zeit für eine Dusche. Er stemmte die Hände gegen die Fliesen, ließ das Wasser auf sich niederprasseln und versuchte, seine Gefühle zu sortieren.

Zu viele, um sie zu ordnen.

Kurze Zeit später ging er in die Scheune hinaus, um das zu holen, woran er wochenlang an den Abenden gearbeitet hatte.

Eine Wiege, hüfthoch, aus Kiefer, die er kräftig dunkelbraun gebeizt hatte. Ein kleiner Schubs ließ sie sanft hin- und herschaukeln.

Das Baby öffnete die Augen. Ihr dunkles, irgendwie magisches Blau schien geradewegs in ihn hineinzusehen.

»Mann«, murmelte er und streichelte mit einem Finger ihre Wange. »Du schaust, als wüsstest du alles, was es zu wissen gibt, und noch mehr. Ich gönne mir jetzt auch mal eine Mütze Schlaf. Also …«

Was, wenn sie ihn brauchten?

Mit einem Achselzucken streckte er sich neben Lana aus.

Wenn sie ihn brauchten, dachte er beim Einschlafen, dann

würde er da sein. Das Baby wimmerte, er blinzelte und öffnete noch einmal ein Auge.

»Weck sie nicht auf, okay?«, flüsterte er und tätschelte den winzigen Körper unbeholfen. »Wenn ich sie wäre, würde ich einen ganzen Monat schlafen.«

Als die Kleine noch einmal wimmerte und sich ruhelos bewegte, drehte er sich zu ihr.

»Okay, versuchen wir mal das.« Er nahm sie zu sich, und als sie sich an seine Brust schmiegte, rieb er sanft ihren Rücken. »Ja, das ist besser. Das ist besser. Das ist mein Mädchen.«

Als er schlief, beobachtete Fallon ihn. Erkannte ihn.

Epilog

Am letzten Tag des ersten Jahres stand Lana am Fenster und schaute in ein leichtes, wunderschönes Schneegeriesel. Sie herzte Fallon und fragte sich, was das neue Jahr wohl bringen würde.

Vor einem Jahr war sie mit Max auf einer Party in SoHo gewesen, hatte Wein getrunken, gelacht, getanzt, während Tausende auf dem Times Square versammelt waren, um den berühmten »Ball Drop« zu verfolgen.

Sie dachte oft an Max. Sie musste sich nur Fallon ansehen, ihr schon jetzt dichtes rabenschwarzes Haar und die Augen, die sich langsam von Blau zu Rauchgrau veränderten.

Sie hatte sich von der Geburt erholt, und das Baby hatte an der Heilung einen Anteil gehabt.

Wie auch Simon, das wusste sie.

So wie sie auch von seinen Gefühlen für sie und seiner bedingungslosen Liebe für das Baby wusste.

Sie würde dieses Jahr, dieses erste Jahr beenden mit Erinnerungen an den Mann, den sie liebte, Erinnerungen, die sie immer hochhalten würde. Und sie würde das nächste damit beginnen, dass sie ihr Herz dem Mann schenkte, den sie zu lieben gelernt hatte.

»Du bist das Band zwischen uns, mein Baby.« Sie strich mit den Lippen über Fallons Haar. Hob sie hoch, sodass sie gluckste und mit den Beinchen strampelte.

Die Hunde bellten, und sie drückte das Baby an sich. Sie sah einen Mann auf einem Pferd sich dem Haus nähern.

Als Erstes kam die Angst. Würde es immer so bleiben?

Sie holte schnell das Tragetuch, das sie gemacht hatte, sicherte Fallon darin, um die Hände freizubekommen, und griff nach der Flinte. Bereit, zu schützen und zu verteidigen, verfolgte sie, wie Simon auf den Reiter zuging.

Der Mann stieg ab. Er trug einen langen dunklen Mantel, hielt die Zügel seines Braunen in einer Hand. Er hatte keinen Hut; Schnee fiel auf seine gewellte Mähne. Sein Bart, gestutzt und dunkel wie das Haar, wies einen weißen Streifen auf.

Sie sprachen miteinander. Simon blickte auf das Haus und ließ den Mann dann mit seinem Pferd im Schnee stehen.

»Wer ist das?«, fragte Lana, als Simon die Haustür öffnete. »Was will er?«

»Er sagt, sein Name ist Mallick. Er sagt, er sei gekommen, um der Einen und ihrer Mutter Achtung zu bezeugen, und will nicht ohne eine Einladung von dir eintreten. Er behauptet, er hätte dir einiges zu sagen. Und er ist nicht bewaffnet.«

»Er weiß von dem Baby?«

»Er weiß, in welcher Nacht sie geboren wurde, Lana. Er weiß sogar die Stunde. Er kennt ihren Namen. Er sagt, er habe einen Eid auf sie geleistet. Ich glaube ihm.« Simon nahm ihr die Flinte ab. »Aber wenn du nicht mit ihm reden willst, sage ich ihm, er soll gehen.«

»Er hat Kraft«, sagte sie. »Ich spüre sie. Er lässt sie mich spüren, damit ich weiß, dass er sie nicht zum Bösen verwenden wird. Ich wünschte, ich müsste nicht mit ihm reden. Ich wünschte, sie wäre einfach nur ein Baby, mein Baby. Aber …«

Lana trat an die Tür und schaute hinaus. »Bitte, komm herein.«

»Danke. Gibt es einen Platz für mein Pferd, wo es sich vor dem Wetter geschützt ausruhen kann? Wir haben einen weiten Weg hinter uns.«

»Ich zeige ihn dir.« Simon strich über Fallons Haar, drückte dann beruhigend Lanas Arm. »Niemand wird ihr etwas tun.«

»Bring ihn in die Küche. Ich mache ihm etwas zu essen.«

Während die Männer das Pferd des Fremden versorgten, erhitzte Lana die Suppe, kochte Tee, machte Brot warm. Und stählte ihren Mut, als Simon Mallick hereinführte.

»Meine Segenswünsche für dich«, sagte Mallick. »Und für das Licht, das du der Welt gebracht hast.«

»Ich habe etwas zu essen für dich vorbereitet.«

»Das ist sehr freundlich. Darf ich mich setzen?«

Sie nickte, hielt jedoch einen Arm schützend um das Baby in dem Tragetuch. »Woher weißt du von meiner Tochter?«

»Ihr Kommen ist beschrieben, besungen, vorhergesagt worden. Heute vor einem Jahr zerriss der Stoff, und alles geriet aus den Fugen, als das Blut der Verdammten heiligen Boden entweihte. Dem folgte die Reinigung, und die Magie schlägt zurück. Du hast nichts von mir zu befürchten.«

»Warum habe ich dann solche Angst?«

»Du bist eine Mutter. Welche Mutter ängstigt sich nicht um ihr Kind, vor allem eine, die Hinweise auf das Schicksal ihres Kindes hat. Darf ich anfangen zu essen? Ich habe zu Ehren der Einen drei Tage lang gefastet.«

»Ja. Tut mir leid.«

Simon hob Fallon aus dem Tragetuch. Sie lallte ihm sofort etwas vor und zog an seinen Haaren. Dann blickte sie feierlich zu Mallick.

»Sie erinnert sich noch an einiges aus der Zeit des Wartens und sieht einiges von dem, was kommt. Sie kennt diese Zeiten so gut wie das Hier und Jetzt. Du siehst das auch«, sagte er zu Lana.

Die schwere Bürde des Schicksals spürend, nahm Lana Platz. »Gibt es keine Wahlmöglichkeit für sie?«

»Oh, sie wird viele Möglichkeiten haben, wie wir alle. Wenn Max nach Norden anstatt nach Süden gegangen wäre, wenn du dich dafür entschieden hättest, in New Hope zu bleiben, anstatt zuerst an das Kind und deine Freunde zu denken, wenn Simon dich abgewiesen hätte, dann wären wir jetzt alle woanders. Aber nun sind wir hier, und ich breche mein Fasten mit dieser köstlichen Suppe.«

Beim Essen musterte er Fallon. »Sie wird eine große Schönheit werden – das ist natürlich keine Wahlmöglichkeit. Sie hat viel von dir und ihrem leiblichen Vater. Du wirst sie lehren, was du weißt, wie auch ihr Ziehvater. Und wie auch ich, wenn die Zeit kommt.«

»Du?«

»Das ist meine Aufgabe. Und meine Entscheidung. Lass mich dich als Erstes trösten. Dreizehn Jahre lang wird sie in Sicherheit sein. Sie werden sie jagen, sie werden das Land geißeln, aber sie werden sie nicht finden. Wenn du mich wiedertriffst, musst du sie mir für zwei Jahre anvertrauen.«

»Ich werde nicht –«

»Es wird deine Wahl sein, und auch ihre. Zwei Jahre, um sie zu lehren, was ich weiß, um sie zu dem zu machen, wofür sie geboren wurde. In diesen Jahren wird die Welt brennen und bluten. Einige werden aufbauen, andere zerstören. Wie viel leichter ist es doch zu zerreißen, als zu erneuern. Wie viele Jahre es sind, bis sie bereit ist, bis sie Schwert und Schild ergreift, das kann ich nicht sehen. Doch ohne sie und jene, die sie anführt, ist das Leiden endlos.«

»Und wenn wir Nein sagen«, fragte Simon. »Dann ist das das Ende?«

»Ihr habt dreizehn Jahre, um eure Wahl abzuwägen. Euch darauf vorzubereiten. So wie sie. Ich habe Geschenke für sie.«

Er drehte seine Hand und hielt eine reine weiße Kerze darin. »Nur sie kann sie entzünden, und sie wird sie durch die Finsternis führen.« Er stellte die Kerze ab, öffnete die Hand noch einmal. Und hielt eine Kristallkugel darin. »Nur sie kann sehen, was sie enthält, und sie wird ihr den Weg zeigen.«

Er legte die Kugel neben die Kerze. »Und …« Ein rosafarbener Teddybär erschien in seiner Hand. »Denn nicht alles sollte Pflicht sein. Ich hoffe, er spendet ihr Trost und Freude. Ihr sollt wissen, dass sie mein Schwert, meine Faust, meine Kraft haben wird – immer. Mir fällt die Ehre zu, der Lehrer, der Trainer, der Beschützer von Fallon Swift zu sein. Habt Dank für das Essen.«

Er entschwand.

Simon trat mit dem Baby einen vollen Schritt zurück. »Er ist einfach … Wer macht so etwas? Kannst du das?«

»Ich habe es nie probiert.«

»Ist vielleicht besser so. Aber auch wenn er einfach so verschwindet – niemand wird *sie* uns wegnehmen, wenn wir sagen, verpiss dich. Niemand bringt uns dazu, sie für ein paar Jahre irgendeinem Zauberer in irgendeinem magischen Erziehungslager zu überlassen.«

»Ich wusste es, als ich sie in mir trug«, murmelte Lana. »Sie wusste es. Dreizehn Jahre. Sie wird beschützt sein.«

»Ich werde sie jeden Tag meines Lebens beschützen.«

»Das weiß ich. Ich weiß es.« Sie stand auf und wandte sich ihm zu. »Am Tag ihrer Geburt wachte ich auf, und du schliefst neben mir und hast sie gehalten. Da wusste ich es. Du hast ihr mit dei-

524

ner Hände Arbeit eine Wiege gebaut, hast an sie gedacht, noch ehe sie geboren war. Und ich wusste es.

Er nannte sie Fallon Swift. Wirst du ihr deinen Namen geben?«

»Ich ... klar. Ich würde ihr alles geben, aber –«

»Ich habe Max geliebt. Und auch sie wird ihn lieben. Ich werde ihr alles über ihn erzählen, was ich weiß.«

»Natürlich wirst du das.«

»Was hat mich hierhergeführt, Simon? War sie das?« Lana trat näher und lächelte, als Fallon ihren Finger ergriff und daran zu lutschen versuchte. »War ich es? War es Max, der mich zu jemandem führte, der uns lieben und beschützen würde? Dem er vertrauen, den er respektieren könnte. Vielleicht war es all das. Vielleicht war es auch etwas in dir, das uns hierherzog.

Auch du bist ihr Vater. Du bist der Vater, der sie nachts im Arm hält, der mithelfen wird, sie das Laufen und Sprechen zu lehren. Der sich um sie sorgen, auf sie stolz sein wird. Sie hat das große Glück, zwei gute Männer als Väter zu haben. Sie trägt Max' Namen. Ich möchte, dass sie auch deinen trägt.«

»Sie trägt ihn.« Seine Gefühle überwältigten ihn nahezu. »Es macht mich stolz, ihr meinen Namen zu geben.«

»Fallon Swift.« Lana nahm die Kette mit Max' Ring ab. »Den werde ich von nun an für sie aufbewahren.« Sie legte ihn zu den Geschenken auf dem Tisch. »Und diesen ...« Sie zog ihren Ehering von der linken Hand ab und steckte ihn an die rechte. »Diesen werde ich tragen zu Ehren des Mannes, den ich liebte. Kannst du das akzeptieren?«

»Ich weiß nicht, worauf du hinauswillst.«

Er würde diesen Schritt nicht tun, dachte sie, würde diese Linie nicht überschreiten. Weil er wusste, was Ehre bedeutete. Weil er ehrenhaft lebte.

Deshalb tat sie ihn, überschritt die Linie, berührte seine Wange mit einer Hand, bevor sie ihre Lippen auf die seinen legte. »Ich hatte das Glück, einen guten Mann zu lieben und von ihm geliebt zu werden. Und ich habe das Glück, noch einen zu lieben und von ihm geliebt zu werden. Liebst du mich?«

Fallon schmiegte den Kopf an seine Schulter, und Simon war verloren. »Ich glaube, schon seit ich dich mit dem Ei in der Hand erwischt habe. Ich kann warten«, meinte er, doch sie küsste ihn erneut.

Dieses Mal zog er sie an sich, das Baby zwischen ihnen, und genoss sein Glück.

»Das Jahr geht zu Ende«, sagte sie. »Dieses schreckliche, wundersame, bittere und freudvolle Jahr. Das nächste will ich mit dir beginnen. Ich will mit dir zusammen allen nächsten Jahren entgegenblicken. Ich will deine Familie sein.«

Sie spürte die Freude dabei, als er sie festhielt, die selige Wärme, als ihre Lippen sich wieder trafen. Leben, das gelebt sein wollte.

Das Kind strampelte zwischen ihnen und gurrte freudig.

Bewegte eine Hand und entflammte die Kerze.

Werkverzeichnis der im
Heyne und Diana Verlag
erschienenen Titel von
Nora Roberts

© Bruce Wilder

Die Autorin

Nora Roberts wurde 1950 in Silver Spring, Maryland, als einzige Tochter und jüngstes von fünf Kindern geboren. Ihre Ausbildung endete mit der Highschool in Silver Spring. Bis zur Geburt ihrer beiden Söhne Jason und Dan arbeitete sie als Sekretärin, anschließend war sie Hausfrau und Mutter. Anfang der Siebzigerjahre zog sie mit ihrem Mann und den beiden Kindern nach Maryland aufs Land. Sie begann mit dem Schreiben, als sie im Winter 1979 während eines Blizzards tagelang eingeschneit war. Nachdem Nora Roberts jedes im Haus vorhandene Buch gelesen hatte, schrieb sie selbst eins. 1981 wurde ihr erster Roman *Rote Rosen für Delia* (Originaltitel: *Irish Thoroughbred*) veröffentlicht, der sich rasch zu einem Bestseller entwickelte. Seitdem hat sie über 200 Romane geschrieben, von denen weltweit über 450 Millionen Exemplare verkauft wurden; ihre Bücher wurden in mehr als 30 Sprachen übersetzt. Sowohl die Romance Writers of America als auch die Romantic Times haben sie mit Preisen überschüttet; sie erhielt unter anderem den Rita Award, den Maggie Award und das Golden Leaf. Ihr Werk umfasst mehr als 190 New-York-Times-Bestseller, und 1986 wurde sie in die Romance Writers Hall of Fame aufgenommen.

Heute lebt die Bestsellerautorin mit ihrem Ehemann in Maryland.

E-Books

Alle Romane in diesem Werkverzeichnis sind auch als E-Book erhältlich.

Besuchen Sie Nora Roberts auf ihrer Website
www.noraroberts.com

1. Einzelbände

Licht in tiefer Nacht *(Come Sundown)*
So lange Bodine denken kann, liegt ein Schatten über dem Familienanwesen. Ihre Tante Alice lief mit achtzehn fort und wurde nie wieder gesehen. Was niemand ahnt: Alice lebt. Nicht weit entfernt, ist sie Teil einer Familie, die sie nicht selbst gewählt hat ...

Dunkle Herzen *(Divine Evil)*
Eine New Yorker Bildhauerin erlebt in ihren Albträumen eine »Schwarze Messe«, welche in ihrem Heimatort in Maryland stattfindet. Sie erinnert sich an den grauenvollen Tod ihres Vaters und entschließt sich zur Heimkehr in ihr Elternhaus. Dunkle Mächte werden daraufhin wiedererweckt.

Erinnerung des Herzens *(Genuine Lies)*
Eine alleinerziehende Mutter und erfolgreiche Autorin soll für eine Filmdiva die Memoiren verfassen. Sie erhält deshalb immer häufiger Drohbriefe, je mehr sich die Diva in ihren brisanten Informationen öffnet.

Gefährliche Verstrickung *(Sweet Revenge)*
Die schöne Adrianne führt ein Doppelleben: bei Tag elegante Society-Lady, bei Nacht gefürchtete Juwelendiebin. Doch all ihre Einbrüche sind bloß Fingerübungen für ihren größten Coup: Sie will jenen Mann bestehlen, der einst ihrer Mutter das Leben zur Hölle machte. Nur einer könnte ihre Pläne zunichtemachen: Philip Chamberlain, Ex-Juwelendieb und Interpol-Agent ...

Das Haus der Donna *(Homeport)*
Eine amerikanische Kunstexpertin wird zu einer wichtigen Expertise über eine Bronzefigur aus der Zeit der Medici nach Florenz eingeladen, doch vorher wird sie überfallen und mit einem Messer bedroht. Die Echtheit der Figur und der Überfall stehen in einem gefährlichen Zusammenhang.

Im Sturm des Lebens *(The Villa)*
Teresa Giambelli legt die Führung ihrer Weinfirma in die Hände ihrer Enkelin Sophia und in die von Tyker, dem Enkelsohn ihres zweiten Mannes, beide charakterlich sehr unterschiedlich. Als vergiftete Weine der Firma auftauchen, erkennen beide, dass sie gemeinsam für ihre Familie und das Weingut kämpfen müssen.

Insel der Sehnsucht *(Sanctuary)*
Anonyme Fotos beunruhigen die Fotografin Jo Hathaway, und deshalb kommt sie nach Jahren zurück in ihr Elternhaus auf der Insel Desire. Dort findet sie ihren Vater und die Geschwister vor. Jo versucht herauszufinden, weshalb ihre Mutter vor langer Zeit verschwand.

Lilien im Sommerwind *(Carolina Moon)*
South Carolina. Tory Bodeen findet keine Ruhe, seit vor achtzehn Jahren ihre beste Schulfreundin Hope ermordet wurde. Heimlich stellt sie Nachforschungen an, unterstützt von Hopes Bruder. Sie stellen fest, dass Hope das erste Opfer einer Mordserie ist.

Nächtliches Schweigen *(Public Secrets)*
Der Sohn eines umjubelten Bandleaders wird entführt und dabei versehentlich getötet. Die Tochter Emma beobachtet die Untat, stürzt dabei und verliert jede Erinnerung an die Täter.

Sie quält sich mit Vorwürfen und versucht mithilfe eines Poli-
zeibeamten, ihr Gedächtnis wiederzuerlangen. Dadurch gerät
sie in große Gefahr.

Rückkehr nach River's End *(River's End)*
Auf mörderische Weise verliert die kleine Livvy ihre Eltern, ein
Hollywood-Traumpaar. Die Großeltern bieten ihr im fried-
lichen River's End eine neue Heimat. Jahre später kommen die
Erinnerungen und damit die Gefahr, dass bedrohlicher Besuch
eintreffen könnte.

Der Ruf der Wellen *(The Reef)*
Auf der Suche nach einem geheimnisumwitterten Amulett vor
der Küste Australiens wird James Lassiter bei einem Tauchgang
ermordet. Dessen Sohn Matthew und sein Onkel sind weiter
auf der Suche, zusammen mit Ray Beaumont und dessen Tochter Tate, und entdecken ein spanisches Wrack.

Schatten über den Weiden *(True Betrayals)*
Nach der Trennung von ihrem Mann erhält Kelsey einen Brief
von ihrer totgesagten Mutter. Diese widmet sich seit ihrer Ent-
lassung aus dem Gefängnis der Pferdezucht in Virginia. Kelsey
entdeckt dort ihre Wurzeln, verliebt sich, beginnt aber auch in
der Vergangenheit ihrer Mutter zu forschen: Weshalb wurde ihr
ein mysteriöser Mord zur Last gelegt?

Sehnsucht der Unschuldigen *(Carnal Innocence)*
Innocence am Mississippi ist für die Musikerin Caroline Waverly
der richtige Ort der Erholung nach einer monatelangen Tournee
mit Beziehungskonflikten. Tucker Longstreet, Erbe der größten
Farm in Innocence, verliebt sich in Caroline. Drei Frauen werden

innerhalb einiger Wochen ermordet, eine von ihnen war die ehemalige Geliebte von Tucker.

Die Tochter des Magiers *(Honest Illusions)*
Roxanne teilt das geerbte Talent für Magie mit Luke, einem früheren Straßenjungen, den ihr Vater, ein Zauberkünstler, einst aufnahm. Allerdings erleichtern sie Reiche auch um deren Juwelen. Sie werden Partner in der Zauberkunst und in der Liebe. Ein dunkler Punkt in Lukes Vergangenheit lässt ihn verschwinden – Jahre später taucht er wieder auf ...

Tödliche Liebe *(Private Scandals)*
Die erfolgreiche Fernsehmoderatorin Deanna Reynolds hat Glück im Beruf – und in der Liebe mit dem Reporter Finn Riley. Doch eine eifersüchtige Kollegin und anonyme Fanpost machen ihr das Leben schwer.

Träume wie Gold *(Hidden Riches)*
Philadelphia. Die Antiquitätenbesitzerin Dora Conroy kauft eine Reihe von Objekten und gerät damit ins Blickfeld von internationalen Schmugglern. Sie und der ehemalige Polizist Jed Skimmerhorn beginnen, Diebstähle und Todesfälle im Umkreis der geheimnisvollen Lieferung zu untersuchen.

Verborgene Gefühle *(Hot Ice)*
Manhattan. Auf der Flucht vor Gangstern landet der charmante Meisterdieb Douglas Lord im Luxusauto von Whitney. Dabei erfährt sie von Douglas' Plan, im Dschungel von Madagaskar einen sagenhaften Schatz zu suchen.

Verlorene Liebe *(Brazen Virtue)*
Zwei Schwestern. Während Grace unbekümmert alleine als Krimiautorin lebt, arbeitet Kathleen als Lehrerin an einer Klosterschule und verdient sich nebenbei Geld mit Telefonsex für den Scheidungsanwalt. Ein lebensgefährlicher Job, denn Grace findet Kathleen mit einem Telefonkabel erdrosselt.

Verlorene Seelen *(Sacred Sins)*
Washington. Blondinen sind die Opfer eines Frauenmörders, die Tatwaffe immer eine weiße Priesterstola. Mithilfe der Psychiaterin Tess Court versucht Police Sergeant Ben Paris, die Mordserie aufzuklären. Doch nicht nur er hat ein Auge auf Tess geworfen.

Der weite Himmel *(Montana Sky)*
Montana. Der steinreiche Farmer Jack Mercy verfügte in seinem Testament, dass seine drei Töchter aus drei Ehen erst dann ihren Erbteil erhalten, wenn sie ein Jahr lang friedlich zusammen auf der Farm verbringen. Sie versuchen es, doch in dieser Zeit geschehen auf der Farm mysteriöse Dinge.

Tödliche Flammen *(Blue Smoke)*
Reena Hale ist Brandermittlerin und kennt durch ein schlimmes Kindheitserlebnis die Macht des Feuers. Neben Bo Goodnight interessiert sich noch jemand sehr für sie – allerdings verfolgt dieser Unbekannte ihre Spur, um die Macht des Feuers für seinen Racheplan zu benützen.

Verschlungene Wege *(Angels Fall)*
Reece Gilmore ist auf der Flucht: vor der Erinnerung und vor sich selbst. Als sie sich endlich in einem Dorf in Wyoming dem

einfühlsamen Schriftsteller Brody anvertraut, glaubt sie, zur Ruhe zu kommen. Doch die Vergangenheit holt sie bald ein.

Im Licht des Vergessens (High Noon)

Phoebe MacNamara kennt die Gefahr. Geiselnehmer, Amokläufer – kein Problem für die beim FBI ausgebildete Expertin für Ausnahmezustände. Aber erst die Liebe zu Duncan hat sie unverwundbar gemacht. Glaubt sie. Bis sie von einem Unbekannten brutal überfallen wird. Fortan muss sie um ihr Leben fürchten.

Lockruf der Gefahr (Black Hills)

Tierärztin Lilian führt auf ihrer Wildtierfarm in South Dakota ein erfülltes, aber auch abgeschiedenes Leben. Fast zu spät erkennt sie die Gefahr, der sie ausgesetzt ist, als ein Mann sie und ihre Familie bedroht. In letzter Minute nimmt sie die Hilfe ihrer Jugendliebe Cooper an. Kann er sie retten?

Die falsche Tochter (Birthright)

Als die Archäologin Callie Dunbrook an den Fundort eines fünftausend Jahre alten menschlichen Schädels gerufen wird, ahnt sie nicht, dass dieses Projekt auch ihre eigene Vergangenheit heraufbeschwören wird.

Sommerflammen (Chasing Fire)

Die Feuerspringerin Rowan kämpft jeden Sommer erfolgreich gegen die Brände in den Wäldern Montanas. Doch seit ihr Kollege dabei ums Leben kam, plagen sie Schuldgefühle. Hätte sie Jim retten können?

Gestohlene Träume *(Three Fates)*

Tia Marshs Leben gehört der Wissenschaft. Dass das Interesse für griechische Mythologie ihr einmal zum Verhängnis wird, ahnt sie nicht – bis sie Malachi Sullivan begegnet. Der attraktive Ire ist dem Geheimnis dreier Götterfiguren auf der Spur, und nicht nur er will die wertvollen Statuen um jeden Preis besitzen …

Das Geheimnis der Wellen *(Whiskey Beach)*

Eli Landon wird unschuldig des Mordes an seiner Frau verdächtigt. Im Anwesen seiner Familie an der rauen Küste Neuenglands sucht er Zuflucht. Auch seine hübsche Nachbarin, Abra Walsh, will dort ihre schmerzhaften Erinnerungen vergessen. Doch während sich die beiden näherkommen, holt sie die Vergangenheit ein.

Ein Leuchten im Sturm *(The Liar)*

Nach dem Unfall ihres Mannes erfährt Shelby, dass Richard ein Betrüger war. Der Mann, den sie geliebt hat, ist nicht nur tot – er hat niemals existiert. Shelby flüchtet mit ihrer Tochter zu ihrer Familie nach Tennessee, wo sie Griffin kennenlernt. Doch Richards Lügen folgen ihr und werden zur tödlichen Bedrohung.

2. Zusammenhängende Titel

a) Quinn-Familiensaga

– Tief im Herzen *(Sea Swept)*

Maryland. Der Rennfahrer Cameron Quinn kehrt zurück in die Kleinstadtidylle an das Sterbebett seines Adoptivvaters. Dieser bittet ihn, sich mit den beiden Adoptivbrüdern um den zehnjährigen Seth zu kümmern. Er ist ein ebenso schwieriger Junge, wie es Cameron einst war. Hinzu kommt, dass sich die Sozialarbeiterin Anna Spinelli einmischt, um zu prüfen, ob in dem Männerhaushalt die Voraussetzungen für eine Adoption gegeben sind.

– Gezeiten der Liebe *(Rising Tides)*

Ethan Quinn übernimmt während der Abwesenheit seiner Brüder die Rolle des Familienoberhaupts. Seine Arbeit als Fischer und die Verantwortung für den zehnjährigen Seth binden ihn an die kleine Stadt. Außerdem liebt er Grace Monroe, eine alleinerziehende Mutter, welche den Haushalt der Quinns führt.

– Hafen der Träume *(Inner Harbour)*

Gemeinsam kämpfen die drei Quinn-Brüder um das Sorgerecht für Seth, denn sie wissen, dass Seths Mutter eher am Geld als an dem Jungen gelegen ist. Da kommt die Bestsellerautorin Sybill in die Stadt und will unbedingt verhindern, dass Seth von Philipp und seinen Brüdern adoptiert wird.

– Ufer der Hoffnung *(Chesapeake Blue)*
Seth Quinn hat sich durch die Fürsorge seiner älteren Brüder zu einem erfolgreichen Maler entwickelt. Als er aus Europa
nach Maryland zurückkehrt, wird er von seiner leiblichen Mutter mit der Publikation seiner Kindheitsgeschichte erpresst. Seth
lernt Drusilla kennen, welche sich auch nicht mehr mit ihrer
leiblichen Familie identifizieren kann.

b) Garten-Eden-Trilogie

– Blüte der Tage *(Blue Dahlia)*
Tennessee. Die Witwe Stella Rothchild kehrt mit ihren kleinen
Söhnen in ihre Heimat zurück. Die Gartenarchitektin beginnt,
sich ein neues Leben in der Gärtnerei Harper aufzubauen, unterstützt von der Hausherrin Rosalind. Alles ist gut, bis Stella dem Landschaftsgärtner Logan Kitridge begegnet. Doch jemand will diese Verbindung verhindern.

– Dunkle Rosen *(Black Rose)*
Rosalind Harper hat sich in die Arbeit gestürzt, um den Tod
ihres Mannes zu überwinden. Besonders der Gartenkunst
widmet sie sich. Doch in dem harperschen Anwesen geht ein
Geist um. Rosalind engagiert den Ahnenforscher Mitchell
Carnegie, um zu erfahren, um welche übernatürlichen Kräfte
es sich dabei handelt.

– Rote Lilien *(Red Lily)*
Hayley Phillips kommt mit ihrer neugeborenen Tochter Lily zu
ihrer Cousine Rosalind Harper und findet dort ein neues Heim.

Für Rosalinds Sohn Harper empfindet sie tiefe Gefühle, doch dann ergreift eine dunkle Macht von Hayley Besitz.

c) Der Jahreszeiten-Zyklus

– Frühlingsträume *(Vision in White)*
Gemeinsam mit ihren Freundinnen Parker, Laurel und Emma betreibt Mac eine erfolgreiche Hochzeitsagentur. Sie lebt und arbeitet mit den drei wichtigsten Menschen in ihrem Leben – wozu braucht sie da noch einen Mann? Doch als Mac Carter trifft, gerät ihr so gut ausbalanciertes Leben ins Wanken.

– Sommersehnsucht *(Bed of Roses)*
Freundschaft und Liebe – das geht nicht zusammen. Zu dumm nur, dass sich Emmas langjähriger Freund Jack völlig überraschend als ihre große Liebe erweist. Nun steckt Emma in der Klemme, zumal sie weiß, wie sehr Jack an seiner Freiheit hängt.

– Herbstmagie *(Savor the Moment)*
Laurel verliebt sich in den smarten Staranwalt Del, den Bruder ihrer Freundin Parker. Er ist für sie die Liebe ihres Lebens, aber sieht der heiß begehrte Junggeselle das ebenso?

– Winterwunder *(Happy Ever After)*
Parker ist anscheinend mit ihrem Beruf verheiratet – bis Malcolm in ihr Leben tritt. Aber wie soll sie mit ihm eine Beziehung führen, wenn er sich weigert, über seine Vergangenheit zu sprechen?

d) Die O'Dwyer-Trilogie

– Spuren der Hoffnung *(Dark Witch)*

Iona verlässt Baltimore, um sich im sagenumwobenen County Mayo auf die Suche nach ihren Vorfahren zu machen. Als sie den attraktiven Boyle trifft, bietet er ihr an, auf seinem Gestüt zu arbeiten. Schnell spüren beide, dass sie mehr verbindet als die gemeinsame Leidenschaft für Pferde. Doch dann droht ein dunkles Familiengeheimnis das Glück der beiden zu zerstören.

– Pfade der Sehnsucht *(Shadow Spell)*

Ionas Cousin Connor O'Dwyer hat die Frau fürs Leben noch nicht gefunden, doch auf wundersame Weise fühlt er sich immer mehr zur leidenschaftlichen Meara hingezogen. Das Glück wird getrübt, als Cabhan, der alte Feind der Familie, Meara benutzt, um sie alle zu vernichten. Hält der Kreis der Freunde dieser Herausforderung stand?

– Wege der Liebe *(Blood Magick)*

Branna und Fin waren schon mit siebzehn ein Paar, doch dann ist ihre Liebe zerbrochen. Branna liebt Fin zwar noch immer, sie fühlt sich aber von ihm verraten und misstraut ihm seither. Doch sie gehören beide zum magischen Kreis der Freunde und kämpfen gemeinsam gegen Cabhan, den unversöhnlichen Feind des O'Dwyer-Clans. Aber welche Rolle spielt Fin eigentlich in diesem Kampf? Ist er in die Machtspiele seines Vorfahren verwickelt, oder steht er aufseiten von Iona, Connor und Branna?

3. Sammelbände

a) Die Unendlichkeit der Liebe

(Drei Romane in einem Band)

Auch als Einzeltitel erschienen:

– Heute und für immer *(Tonight and Always)*
Kasey gewinnt das Herz von Jordan und seiner Nichte Alison, aber jetzt fürchtet Großmutter Beatrice, dass sie die Macht über ihre Familie verliert.

– Eine Frage der Liebe *(A Matter of Choice)*
Ein Antiquitätenladen im Herzen Neuenglands. Ohne Jessicas Wissen dient er einer internationalen Schmugglerbande als Umschlagplatz für Diamanten. Zu ihrem Schutz reist der New Yorker Cop James Sladerman nach Connecticut, wo ihm Jessica die Ermittlungen aus der Hand nimmt.

– Der Anfang aller Dinge *(Endings and Beginnings)*
Die beiden erfolgreichen Fernsehjournalisten Olivia Carmichael und T.C. Thorpe sind erbitterte Konkurrenten im Kampf um die neuesten Meldungen. Sie kommen sich näher, doch da gibt es einen dunklen Punkt in Olivias Vergangenheit.

b) Königin des Lichts
(A Little Fate)

(Drei Fantasy-Kurzromane in einem Band)

– Zauberin des Lichts *(The Witching Hour)*
Aurora muss den Königsthron zurückerobern, nachdem Lorcan ihre Eltern getötet und ihre Heimatstadt zerstört hat. Verkleidet gelangt sie an den Hof des Tyrannen. Dort trifft sie auf dessen Stiefsohn Thane und verliebt sich.

– Das Schloss der Rosen *(Winter Rose)*
Der schwer verletzte Prinz Kylar wird von Deidre, Königin der Rosenburg, auf welcher ewiger Winter herrscht, gerettet und gepflegt. Dafür will Kylar die Rosenburg von ihrem Fluch befreien.

– Die Dämonenjägerin *(World Apart)*
Kadra ist auf der Jagd nach den Bok-Dämonen. Dabei erfährt sie, dass sich der Dämonenkönig Sorak des Tors zu einer anderen Welt bemächtigt hat. Um beide Welten vor dem Untergang zu bewahren, folgt sie Sorak dorthin. Sie landet mitten in New York, in der Wohnung von Harper Doyle. Sie braucht seine Hilfe.

c) Im Licht der Träume
   (A Little Magic)

   (Drei Romane in einem Band)

– Verzaubert *(Spellbound)*
Der amerikanische Fotograf Calin Farrell begegnet im Schlaf
der Hexe Bryna, welche ihn um Hilfe bittet, und wird dazu
bewogen, nach Irland zu reisen, ins Land seiner Vorfahren. Dort
kommt er dem Rätsel auf die Spur: Die Vorfahren von Calin
und Bryna waren vor tausend Jahren ein Paar. Doch der Magier
Alasdir hatte ihr Leben zerstört – und er versucht es aufs Neue.

– Für alle Ewigkeit *(Ever After)*
Allena aus Boston soll eigentlich ihrer Schwester in Irland helfen. Durch Zufall verbringt sie stattdessen einige Tage im Haus
von Conal O'Neil. Die offenbar zufällige Begegnung scheint
vom Schicksal vorbestimmt zu sein, denn die beiden fühlen sich
stark zueinander hingezogen.

– Im Traum *(In Dreams)*
Die Amerikanerin Kayleen landet durch einen Sturm im Haus
des Magiers Draidor. Kayleen verliebt sich sofort in Draidor,
und er bereitet ihr einen im wahrsten Sinne des Wortes zauber-
haften Aufenthalt.